Unterricht und Reflexion

AF272522

Waxmann Verlag GmbH
Steinfurter Straße 555, 48159 Münster
info@waxmann.com

Empirische Erziehungswissenschaft

herausgegeben von

Rolf Becker, Sigrid Blömeke, Wilfried Bos,
Hartmut Ditton, Cornelia Gräsel, Eckhard Klieme,
Rainer Lehmann, Thomas Rauschenbach,
Hans-Günther Roßbach, Knut Schwippert,
Ludwig Stecher, Christian Tarnai, Rudolf Tippelt,
Rainer Watermann, Horst Weishaupt

Band 44

Waxmann 2013
Münster / New York / München / Berlin

Corinne Wyss

Unterricht und Reflexion

Eine mehrperspektivische Untersuchung
der Unterrichts- und Reflexionskompetenz
von Lehrkräften

Waxmann 2013
Münster / New York / München / Berlin

Bibliografische Informationen der Deutschen Nationalbibliothek
Die Deutsche Nationalbibliothek verzeichnet diese Publikation in
der Deutschen Nationalbibliografie; detaillierte bibliografische
Daten sind im Internet über http://dnb.d-nb.de abrufbar.

Die vorliegende Arbeit wurde von der Philosophischen Fakultät der Universität
Zürich im Herbstsemester 2011 auf Antrag von Prof. Dr. Matthias Baer und
Prof. Dr. Kurt Reusser als Dissertation angenommen.

Empirische Erziehungswissenschaft, Band 44

ISSN 1862-2127
ISBN 978-3-8309-2987-1

© Waxmann Verlag GmbH, 2013
Postfach 8603, 48046 Münster

www.waxmann.com
info@waxmann.com

Umschlaggestaltung: Pleßmann Design, Ascheberg

Gedruckt auf alterungsbeständigem Papier,
säurefrei gemäß ISO 9706

Laut Dewey ist die Reflexion, die effektives Problemlösen und eine Verbesserung der Lernwirksamkeit bewirkt, das Gütezeichen intelligenten Verhaltens. (Seel, 2000, S. 232)

Zusammenfassung

Die Anforderungen an Lehrpersonen sind gestiegen und damit haben sich auch die Kompetenzen diversifiziert, die eine Lehrperson während der Ausbildung und der berufsbiographischen Entwicklung erwerben sollte. Die Ansprüche an Lehrpersonen wurden empirisch ausgelotet und in kompetenzorientierten Ansätzen definiert. Die Fähigkeit der Lehrperson, ihren eigenen Unterricht und das eigene Handeln zu reflektieren, wird dabei heute als eine zentrale Kompetenz der professionellen Lehrperson betrachtet. Demzufolge hat sich die Aus- und Weiterbildung der Lehrpersonen in den letzten Jahren um die Implementation und Förderung der Reflexion bemüht.

Obwohl jedoch Einigkeit über die Wichtigkeit der Reflexionsfähigkeit von Lehrpersonen besteht, sind Erkenntnisse zur Diagnose des eigenen Unterrichts noch kaum vorhanden. Eine Schwierigkeit stellt hier auch die Problematik der Messbarkeit von Kompetenzen dar. Die wenigen Studien, die sich bislang mit der Analyse der Reflexionskompetenz von Lehrpersonen auseinandersetzen, weisen darauf hin, dass Lehrpersonen keine guten Beurteiler ihres eigenen Unterrichts sind und sich auch ungern mit der Evaluation des Unterrichts beschäftigen.

Die vorliegende Untersuchung setzt hier an, indem die Reflexionsfähigkeit und -praxis junger und erfahrener Lehrpersonen untersucht wird. Um ein möglichst umfassendes Bild zeichnen zu können, kommen mehrere Instrumente der Datenerhebung zum Einsatz, die Aussagen zur Unterrichts- und Reflexionskompetenz der Lehrperson zulassen. Befragt wurden damit insgesamt 21 junge Lehrpersonen im ersten Berufsjahr und 9 erfahrene Lehrpersonen. Mit den Junglehrpersonen wurde die Datenerhebung zu zwei Zeitpunkten durchgeführt, zu Beginn und am Ende des ersten Berufsjahres, mit den erfahrenen Lehrpersonen einmal, zum gleichen Zeitpunkt wie die zweite Datenerhebung bei den Junglehrpersonen.

Die Ergebnisse umfassen einige positive Befunde, sind jedoch insgesamt als eher kritisch zu beurteilen. Sehr erfreulich ist, dass die befragten Lehrpersonen insgesamt positive Einstellungen gegenüber der Reflexion von Unterricht äussern. Gemäss den Angaben der Lehrpersonen gehört die Reflexion zu den alltäglichen Arbeiten und die Reflexion von Unterricht wird regelmässig vorgenommen. Als Ziel der Reflexion werden insbesondere die Verbesserung der Unterrichtsqualität und die Unterrichtsentwicklung genannt. Eine Verbesserungsmöglichkeit sehen die Lehrpersonen in der kollegialen Reflexion, die im Berufsalltag bislang eher zu kurz kommt. Die Aussagen der befragten Lehrpersonen legen nahe, dass die motivationalen und volitionalen Voraussetzungen für eine gelingende Reflexionspraxis grundsätzlich vorhanden sind.

Für die vorgefundene Qualität der Reflexion muss ein kritischeres Fazit gezogen werden. Die Reflexion wird von den befragten Lehrpersonen sehr breit aufgefasst, Kenntnisse über mögliche Kriterien, Ziele und Inhalte der Reflexion sind nur ansatzweise vorhanden. Es fehlt den Lehrpersonen an klaren Vorstellungen (Konzepten, Begriffen, Theorien) über das Unterrichten und besonders das Lernen der Schülerinnen und Schüler. Die Reflexion findet insbesondere individuell und in Gedanken, häufig eher zufällig und wenig strukturiert statt. Leider bleibt die Reflexion der Lehrperson vielfach auf einem rein beschreibenden Niveau stehen, die Inhalte sind einseitig auf einzelne Aspekte des Unterrichts ausgerichtet, das Lernen der Schülerinnen und Schüler wird kaum thematisiert und alternative Handlungsmöglichkeiten werden zumeist nicht vorgesehen.

Bemerkenswert ist, dass sich bei den Junglehrpersonen der Stichprobe im ersten Berufsjahr nur unwesentliche Veränderungen ereignen. Der Einstieg ins Berufsleben scheint bei der vorliegenden Stichprobe, zumindest über die Dauer des ersten Berufsjahres, kaum Auswirkungen auf das berufsbezogene Handeln der jungen Lehrpersonen zu haben. Zu beobachten ist ausserdem, dass in der vorliegenden Stichprobe zwischen den jungen Lehrpersonen am Ende des ersten Berufsjahres und den erfahrenen Lehrpersonen nur geringfügige Unterschiede vorhanden sind. Die im Studium erworbenen Fähigkeiten und Kenntnisse scheinen sich mit zunehmender Berufserfahrung nicht wesentlich zu entwickeln. Zumindest kann festgestellt werden, dass die Veränderungen, wo denn solche vorhanden sind, grundsätzlich positiv zu beurteilen sind.

Einen erweiterten Einblick in die Reflexionspraxis der Lehrpersonen konnte durch die Triangulation der Daten gewonnen werden. Hier zeigt sich, dass sich eine positive Einstellung gegenüber der Reflexion sowie eine funktionierende Reflexionspraxis im Schulkollegium positiv auf die Qualität des Unterrichts auswirken können. Wie Lehrpersonen reflektieren, scheint durch verschiedene Kriterien bestimmt zu sein. Die persönliche Einstellung gegenüber der Reflexion, die Wahrnehmung des Unterrichts sowie Persönlichkeitsmerkmale scheinen einen Einfluss auf die Ausgestaltung der Reflexion zu haben.

Die Ergebnisse der vorliegenden Untersuchung sind in Anbetracht der Befunde bisheriger Studien nicht überraschend, vielmehr bestätigen sie die eher betrübliche Bilanz, die für die Reflexionskompetenz der Lehrperson gezogen wird. Umso wichtiger ist es, sich in Zukunft vermehrt mit der Analyse und Förderung von Reflexion im Lehrberuf auseinanderzusetzen. Auf Basis der gefundenen Erkenntnisse werden im letzten Teil der vorliegenden Arbeit einige Anregungen und Gedanken dazu formuliert.

Abstract

The demands placed on teachers have grown, and as a consequence, the competences which teachers need to develop during teacher training and in the course of their career have diversified. Current research has empirically explored and defined the requirements of teachers according to competence-oriented approaches.

Currently, a teacher's ability to reflect upon his or her own instructional practice is seen as a central competence of the professional teacher.

However, although consensus has now been reached regarding the importance of teachers' ability to reflect, studies investigating teachers' actual reflecting processes are rare. One challenge with such studies is that measuring any competences in teachers is difficult. The few results that are available, however, indicate that teachers are not highly effective at rating their own instruction and are also reluctant to do so.

The current research project addresses this issue. It examines the reflecting ability and practise of new and experienced teachers. To create a comprehensive picture, several instruments for data analysis were used. Twenty-one new teachers in their first year on the job and nine experienced teachers took part in the experiment. With the new teachers, the complete data collection was undertaken twice, once at the beginning and once at the end of their first year on the job. We gathered data only once with the experienced teachers, at the same time as the second data collection of the new teachers.

Though the results reveal some positive findings, they primarily highlight areas in need of attention and further development. It is very encouraging that the teachers express positive attitudes towards the process of reflection on their lessons. According to the teachers' statements, reflection belongs in everyday practice and reflection upon their lessons is carried out regularly. As a goal of the reflection process, the teachers specifically mention the improvement of teaching quality and teaching development. As a possibility for improvement, teachers suggest peer reflection, but state that currently it is only done infrequently. Teacher statements such as these, suggest that motivational and volitional conditions for a successful reflecting practise do exist.

However, in judging the quality of teachers' reflection, a more negative conclusion must be drawn. Reflection as a process is only very broadly understood by the teachers. For example, knowledge about possible criteria, goals and content of the reflection exists only to some extent. The teachers lack clear images (draughts, concepts, theories) about the teaching and particularly the learning of their students. In general, reflection takes place individually, often by chance, and in an unstructured manner. Unfortunately, the reflection often goes only so far as to describe the content of the lesson, and is primarily focussed on single elements of the lessons. The learning of their students is hardly mentioned and possibilities for alternative teaching strategies are rarely discussed either.

It is worth noting that for the new teachers in the first year on the job, only minor changes in their teaching practice can be observed. The entrance to the labour force seems to have, at least for the duration of the first year in profession, hardly affected the professional practice of the new teachers. Moreover, only slight differences exist between the new teachers at the end of the first year in the profession and the experienced teachers. The abilities and knowledge acquired during their university study do not seem to develop substantially with increasing work experience. However, the data does show that the changes one can find in teacher practice over time are positive.

Further insight into the reflecting practise of the teachers was accomplished by triangulation of the data. The results show that a positive attitude towards reflection, as well as a functioning reflecting practise of the school board, can positively affect the quality of teaching. The way in which teachers reflect seems to be determined by different criteria. Personal attitude towards reflection, perception of the lessons, as well as personality traits, seem to have an influence on the form and quality of reflection.

The results of this investigation are not surprising in consideration of the findings of former studies. Unfortunately, they confirm concerning conclusions that have already been found about the weak reflecting competence of teachers. For this reason, it is even more important that we continue further research and support for the process of reflection in the teaching profession. Some further suggestions and thoughts are explained in the last part of this work, based on the findings of the present study.

Inhalt

Vorwort

Und es ist einfach so, wie bei einem
Marathonläufer, wenn er eigentlich
nicht mehr mag, aber er muss noch.
(Zitat aus dem Interview einer Junglehrperson)

Reflexion, reflexive Praxis, Reflexionsfähigkeit, reflexive Kompetenz – die Begriffe sind in aller Munde. Doch was genau ist darunter zu verstehen? Wie könnte eine Analyse bzw. Messung davon vorgenommen werden? Und wie sieht die praktische Umsetzung von Reflexion im Unterrichtsalltag von Lehrpersonen aus? Diese Fragen standen am Anfang der vorliegenden Arbeit und waren wegleitend für die Ausarbeitung der Untersuchung.

Auf der Suche nach Antworten in theoretischer Literatur und empirischen Befunden, beim Austausch mit Kolleginnen und Kollegen sowie den eigenen Untersuchungen konnten viele Erkenntnisse gewonnen werden; die nachfolgenden Kapitel geben Einblick in sie. Äusserst spannend waren die Gespräche mit den jungen und den erfahrenen Lehrpersonen, die in den Interviews bereitwillig über ihre Erfahrungen mit Reflexion und über die eigene Reflexionspraxis berichtet haben. Es wurde deutlich, dass Reflexion im Berufsalltag der Lehrpersonen von Bedeutung ist, diese jedoch in unterschiedlicher Form und Intensität vorgenommen wird. Die Resultate zeigen, wie und inwiefern Lehrpersonen Reflexion umsetzen und welche Möglichkeiten zur Förderung der Reflexion in der Aus- und Weiterbildung von Lehrpersonen denkbar sind. An dieser Stelle möchte ich mich bei den Lehrpersonen, die sich an der umfangreichen Untersuchung beteiligt haben, recht herzlich bedanken.

Grosser Dank gebührt Prof. Dr. Matthias Baer für die Unterstützung und Begleitung der Arbeit. Die wohlwollenden, aber auch kritischen Rückmeldungen waren für die Ausarbeitung der Dissertation stets sehr hilfreich. Des Weiteren bedanke ich mich bei Prof. Dr. Johannes Mayr, Institut für Unterrichts- und Schulentwicklung der Alpen-Adria Universität Klagenfurt, Prof. Dr. Richard Shavelson, School of Education der Stanford University, Prof. Dr. Sigrid Blömeke und Dr. Heike Schaumburg, Abteilung systemische Didaktik und Unterrichtsforschung der Humboldt Universität zu Berlin, für die Gastfreundschaft und die wissenschaftlichen

Diskurse sowie beim Schweizerischen Nationalfonds und der Aebli Näf Stiftung für die finanzielle Unterstützung. Bedanken möchte ich mich auch bei Prof. Dr. Kurt Reusser, Institut für Erziehungswissenschaft der Universität Zürich, sowie der Pädagogischen Hochschule Zürich, der Pädagogischen Hochschule der Fachhochschule Nordwestschweiz und den studentischen Hilfskräften, die um die Videografierung der Unterrichtsstunden besorgt waren. Herzlich bedanken möchte ich mich auch bei lic. phil. Anita Bachmann und Dr. Jörg Troger für das sorgfältige Korrekturlesen, Dr. Caroline Lanz für die Unterstützung bei der Konzeption und Prüfung des Kodiermanuals für die Auswertung der Stimulated Recall Interviews, Prof. lic. phil. Martin Keller für die Anregungen und Rückmeldungen, Dr. Urs Grob, Prof. Dr. Alex Buff und Dr. Jürg Schwarz für die methodische Beratung sowie Dr. Mirjam Kocher und Dr. Trond Maag für die moralische Unterstützung. Sie alle haben dazu beigetragen, dass die Arbeit einen erfolgreichen Abschluss gefunden hat. Schliesslich danke ich meiner Familie und Freundinnen und Freunden, die mich während der ganzen Zeit unterstützt und begleitet haben.

THEORETISCHER TEIL

1 Einleitung

> Can the qualities of a reflective (and
> an intuitive) practitioner be defined?
> I think we have tried and should con-
> tinue to do so. (Ghaye, 2000, S. 141)

1.1 Ausgangslage

Durch die ernüchternden Resultate der TIMSS und später der PISA-Studie (vgl. Prenzel, 2004; Lenzen & Baumert, 2004; Zahner Rossier et al., 2004, 2005) wurde ein breites Spektrum bildungs- und schulbezogener Diskussionen eröffnet. Neue Forschungsfragen entstanden und konkrete Forschungs- und Entwicklungsprojekte wurden ins Leben gerufen (Terhart, 2002). Gemäss Helmke (2003) lassen sich zwei Tendenzen feststellen, einerseits eine verstärkte Output-Orientierung anstelle der bis anhin gepflegten Input-Orientierung, andererseits die Rückbesinnung auf den Unterricht als wesentlicher Faktor der Schule. Fragen nach Qualitätskriterien des Unterrichts und die dafür nötigen Kompetenzen der Lehrperson sowie Standards für die Lehrerinnen- und Lehrerbildung wurden aktuell und sind es bis zum heutigen Tage (Seidel, 2011).

Einigkeit scheint derzeit darüber zu bestehen, dass die professionelle Lehrperson in Anbetracht der vielfältigen Aufgaben, die sie im täglichen Berufsleben zu bewältigen hat, ihre eigenen Handlungen konsequent reflektieren sollte, um sich beruflich weiterentwickeln und sich den praktischen Anforderungen anpassen zu können (Larrivee, 2008). Das Handeln der Lehrperson ist damit nicht bloss ein gewohnheitsmässiges Tun, sondern ein intelligentes Handeln, das durch explizites und implizites Wissen gesteuert ist und sich auf vielfältige Reflexionen abstützt. Hinter diesem Konzept steht ein Menschenbild, das die Lehrperson nicht als Reiz-Reaktions-Objekt, sondern als urteils- und entscheidungsfähiges, reflexives Subjekt betrachtet, welches ihr berufliches Handeln in der Auseinandersetzung mit konkreten Anforderungen und mit anderen Personen selber entwickelt (Messner & Reusser, 2000b).

Die geistigen Vorväter dieser Entwicklung sind John Dewey, der in den 1930er Jahren das Bild vom „reflective practitioner" eingeführt, und später Donald Schön, der die Ideen von Dewey aufgegriffen und sie in den 1980er Jahren in die Lehrer-

bildung[1] gebracht hat. In der Folge wurden, vorerst im angloamerikanischen und
später auch im deutsch-französischen Sprachraum, eine Vielzahl an Ausbildungs-
programmen und Weiterbildungskonzepten ausgearbeitet, um die Reflexion im
Lehrberuf zu implementieren und zu fördern (Bengtsson, 1995). Trotz diesen Bemühungen, die Reflexion in der Praxis der Lehrpersonen zu begünstigen, bleibt die
theoretische und empirische Auseinandersetzung mit der Thematik noch unbefrie-
digend. Es fehlt an klaren Vorstellungen darüber, was unter Reflexion zu verstehen
ist und welche Eigenschaften sie aufweisen sollte. Gleichzeitig sind die Kriterien
für eine qualitativ gute Reflexion vage und empirische Arbeiten zur Messung der
Güte noch wenig verbreitet (Lee, 2005). Daraus ergeben sich folgende Problemati-
ken:

(1) Da keine klare Vorstellung darüber besteht, wie Reflexion definiert bzw.
    nach welchen Kriterien die Qualität gemessen werden kann, ist die Umset-
    zung in der Aus- und Weiterbildung von Lehrpersonen als problematisch zu
    betrachten. Die Förderung von Reflexion kann nur erfolgreich ablaufen,
    wenn gewisse Kenntnisse vorhanden sind, auf deren Grundlage die Ausbil-
    dung von Reflexion konzipiert und umgesetzt werden kann.

(2) Empirische Befunde über die Reflexionsfähigkeit und Reflexionspraxis der
    Lehrpersonen sind bis heute kaum vorhanden. Demgemäss gibt es nur weni-
    ge Erkenntnisse dazu, ob die ergriffenen praktischen Massnahmen zur För-
    derung der Reflexion auch die intendierte Wirkung erzielen, inwiefern diese
    in der Berufspraxis der Lehrpersonen überhaupt zur Anwendung kommen
    und welche Möglichkeiten zur Verbesserung der Reflexionspraxis vorhan-
    den sind.

Obwohl sich in den letzten Jahrzehnten bereits viele Personen der Lehrerbildung
wie auch der Bildungsforschung dem Thema Reflexion gewidmet haben, scheinen
doch viele Fragen noch ungeklärt. Wenn Lehrpersonen in der Aus- bzw. Weiterbildung lernen sollen, wie sie gezielt und strukturiert ihr berufliches Handeln reflektieren und weiterentwickeln können, und dies im Unterrichtsalltag auch effektiv
umsetzen sollen, so braucht es auf theoretischer und empirischer Seite noch weitere
Bemühungen. Die vorliegende Arbeit soll hierzu einen Beitrag leisten. Im Fokus
der Untersuchung stehen das unterrichtsbezogene Handeln der Lehrperson, und

---

1   In der vorliegenden Arbeit wurde auf eine geschlechtergerechte Sprache geachtet. Wenn im-
    mer möglich wurden geschlechtsneutrale Begriffe gewählt oder sowohl die maskuline wie die
    feminine Form verwendet. Für die bessere Lesbarkeit wurde teilweise allerdings lediglich die
    männliche Form gebraucht, in diesem Fall bezieht sich die männliche Form auf beide Ge-
    schlechter.

daran anschliessend die Reflexion der Lehrperson zum eigenen Unterricht. Welche Fragestellungen und Zielsetzungen verfolgt wurden, wird im nächsten Kapitel erläutert.

1.2 Zielstellung

Auf Grund der oben dargestellten Forschungsdesiderata hat die vorliegende Arbeit zum Ziel, den Erkenntnisstand im Bereich der Reflexion im Lehrberuf zu erweitern und die bereits bestehenden Befunde zu ergänzen. Im Fokus der Arbeit steht dabei die Reflexion der Lehrperson zum eigenen Unterricht. Dazu werden die folgenden Hauptfragestellungen verfolgt:

(1) Wie gross ist die Bereitschaft von jungen[2] und erfahrenen Lehrpersonen, den eigenen Unterricht zu reflektieren?

(2) Wie gross ist die Fähigkeit junger Lehrpersonen zur Analyse des eigenen Unterrichts im ersten Berufsjahr?

(3) Unterscheiden sich junge und erfahrene Lehrpersonen bezüglich der Fähigkeit zur Selbstreflexion von Unterricht?

(4) Welche Zusammenhänge bestehen zwischen der Reflexion der Lehrperson, deren berufspraktischen Kompetenzen und Variablen ihrer Persönlichkeit?

(5) Welche Einstellungen zur und Vorstellungen von Unterrichtsreflexion haben junge und erfahrene Lehrpersonen?

Eine erweiterte Fragestellung bezieht sich auf den methodischen Bereich. Für die Untersuchung wurde auf der Grundlage bestehender Instrumente ein eigenes Instrument zur Analyse der Reflexionsfähigkeit von Lehrpersonen konzipiert und eingesetzt. Da auch in dieser Hinsicht noch wenig Wissen und Erfahrung besteht, soll diesem Gebiet ebenfalls Aufmerksamkeit zugewendet werden. Die diesbezügliche Frage lautet:

(6) Inwiefern eignet sich das eigene, für die Untersuchung entwickelte Instrument, um die Qualität der Reflexion von Lehrpersonen zu erfassen und zu beurteilen?

Um die Fragestellungen beantworten zu können, kommen in der vorliegenden Untersuchung verschiedene Instrumente zum Einsatz. Durch eine Kombination von

---

2   Die Bezeichnung ‚junge Lehrpersonen' bezieht sich nicht auf das biologische Alter der Personen, sondern auf den beruflichen Status der Personen als Novizen im Lehrberuf.

Selbst- und Fremdbeurteilung sollen unterschiedliche Aspekte erfasst und ein möglichst umfassendes Bild gezeichnet werden. Mit den Junglehrpersonen (N=21)
wurde die Datenerhebung zu zwei Zeitpunkten durchgeführt, zu Beginn und am
Ende des ersten Berufsjahres, mit den erfahrenen Lehrpersonen (N=9) einmal, zum
gleichen Zeitpunkt wie die zweite Datenerhebung bei den Junglehrpersonen.
Dadurch wird ein Vergleich der Daten der Junglehrpersonen über zwei Zeitpunkte
möglich wie auch ein Quervergleich der Novizen mit den erfahrenen Lehrpersonen.
Die nachfolgende Tabelle gibt einen Überblick über die Untersuchungsinstrumente.

Tabelle 1:   Überblick über die Untersuchungsinstrumente

Fremdeinschätzung	**Selbsteinschätzung**
	(1) *Reflexionsbogen Lehrperson:* Selbstbeurteilung der Lehrperson in Form von Fragebogenitems
(2a) *Stimulated Recall Interview (Teil 1):* Reflexion der eigenen videografierten Unterrichtslektion durch die Lehrperson, die bezüglich der Qualität der Reflexion untersucht wird	(2b) *Stimulated Recall Interview (Teil 2):* Angaben der Lehrperson zum persönlichen Reflexionsverhalten
(3) *Videografie des Unterrichts:* Kodierung und Rating der videografierten Unterrichtsstunde, die Aussagen zu den Sichtstrukturen sowie der Qualität des Unterrichts ermöglichen	
(4) *Befragung der Schülerinnen und Schüler:* Beurteilung des Unterrichts durch die Schülerinnen und Schüler in Form von Fragebogenitems	
(5) *Vignette:* Instrument zur Erfassung des Planungswissens der Lehrperson in Form einer schriftlichen Bearbeitung von Problemsituationen	
	(6) *Fragebogen NEO-FFI:* Instrument zur Erfassung von Persönlichkeitsmerkmalen der Lehrperson in Form von Fragebogenitems

Angelehnt ist die vorliegende Untersuchung an die bereits abgeschlossenen Forschungsprojekte „Standarderreichung beim Erwerb von Unterrichtskompetenz in
der Lehrerinnen- und Lehrerbildung" (unterstützt durch die IBH) sowie das Projekt
„Standarderreichung beim Erwerb von Unterrichtskompetenz im Lehrerstudium

und im Übergang zur Berufstätigkeit" (unterstützt durch den SNF).[3] Weitere Ausführungen zu den beiden Forschungsprojekten sowie ausführliche Erläuterungen zur Konzeption und Verwendung der Instrumente finden sich in Kapitel 7. Welche inhaltlichen und thematischen Ausrichtungen die weiteren Kapitel der Arbeit haben, wird nachfolgend ausgeführt.

1.3 Gliederung der Arbeit

Der *theoretische Teil* der Arbeit gliedert sich in vier Teile. Der erste Teil (Kapitel 2) beschäftigt sich mit der Frage, über welches Wissen und Können Lehrpersonen gemäss den heutigen Erkenntnissen verfügen und welche Kompetenzen sie erwerben sollten. Obwohl trotz der theoretischen und empirischen Bemühungen noch keine allgemein anerkannte Lösung für die Frage gefunden werden konnte, gibt es bereits einige wichtige Erkenntnisse, die Rückschlüsse und Folgerungen für die Lehrerbildung zulassen. Im ersten Teil der Arbeit sollen diese dargestellt und erläutert werden. Von Interesse ist aber nicht nur, welche Kompetenzen für das professionelle Handeln von Lehrpersonen wichtig sind, sondern auch, wie sich diese entwickeln. Eine zentrale Rolle scheint hier die Reflexion von Handlungen zu spielen, die es ermöglicht, handlungssteuernde subjektive Theorien bearbeitbar zu machen, Handlungsalternativen zu planen und diese in der Unterrichtspraxis zu erproben.

Auf Grund dieser Erkenntnisse wurde die Reflexion in den letzten Jahren vermehrt in die Aus- und Weiterbildung der Lehrpersonen implementiert. Sehr häufig bleiben die Konzepte, die hinter dem Begriff stehen, jedoch unklar definiert. Im zweiten Teil (Kapitel 3) wird auf diese Problematik eingegangen und versucht, den Begriff und die damit verbundenen Vorstellungen zu klären. Neben unterschiedlichen Definitionen wird auch auf den Prozess der Reflexion sowie auf persönliche und kognitive Voraussetzungen dafür eingegangen.

Da sich die vorliegende Arbeit spezifisch mit der Reflexion im Lehrberuf beschäftigt, liegt der Fokus im dritten Teil (Kapitel 4) auf deren historischer wie auch thematischer Aufarbeitung. Aufgezeigt wird dabei ausserdem, welche positiven Auswirkungen die Unterrichtsreflexion auf die Berufspraxis von Lehrpersonen haben kann, jedoch auch, welche Grenzen und Herausforderungen damit verbunden

---

3 Forschungsprojekt „Standarderreichung beim Erwerb von Unterrichtskompetenz in der Lehrerinnen- und Lehrerbildung – Analyse der Wirksamkeit der berufsfeldorientierten Ausbildung" (IBH-Projekt Nr. 6 69/04, Projekt Nr. 58) (Baer & Fraefel, 2003) und Forschungsprojekt „Standarderreichung beim Erwerb von Unterrichtskompetenz im Lehrstudium und im Übergang zur Berufstätigkeit" (SNF-Projekt Nr. 100013-112467 / 1) (Baer, Guldimann, Fraefel & Müller, 2005).

sind. Ein wichtiger Aspekt betrifft zudem die Förderung von Reflexion, denn Reflexion im Lehrberuf ist anspruchsvoll und kann nicht als selbstinitiiert erwartet werden. Es werden Möglichkeiten aufgezeigt, wie Reflexion gezielt angeregt und gefördert werden kann.

Der letzte Teil (Kapitel 5) thematisiert schliesslich die Messung von Kompetenzen im Lehrberuf. Die vorliegende Untersuchung verfolgt das Ziel, die Reflexion des eigenen Unterrichts von Lehrpersonen zu analysieren und zu messen. Es wird deshalb vorerst auf die Problematik der Kompetenzmessung im Lehrberuf eingegangen und aufgezeigt, welche Erkenntnisse in der aktuellen Diskussionslage vorherrschen. Nachfolgend liegt der Fokus spezifisch auf der Messung der Reflexionskompetenz. Es werden verschiedene Arbeiten vorgestellt, die sich bereits damit beschäftigt haben, und Resultate von empirischen Studien erläutert und diskutiert.

Der anschliessende *empirische Teil* der Arbeit umfasst vier weitere Teile. Basierend auf den im theoretischen Teil erläuterten theoretischen und empirischen Grundlagen werden im ersten Teil (Kapitel 6) Fragestellungen und Zielsetzungen der vorliegenden Untersuchung dargestellt.

In Kapitel 7 werden die Datenlage, die methodischen Überlegungen sowie die in der Untersuchung verwendeten Instrumente beschrieben. Speziell wird auf das Verfahren beim Stimulated Recall Interview und dessen Auswertung eingegangen.

Die Darstellung der Ergebnisse erfolgt entlang der Fragestellungen und Zielsetzungen. In einem ersten Schritt werden die deskriptiven Ergebnisse der einzelnen Instrumente vorgestellt (Kapitel 8). Vorangestellt werden die Ergebnisse der beiden Instrumente, die die Reflexion von Unterricht betreffen, der Reflexionsbogen und das Stimulated Recall Interview. Anschliessend erfolgt die Ergebnisdarstellung der weiteren Instrumente: die Unterrichtsvideographie, der SchülerInnenfragebogen, die Vignetten und der Fragebogen zu den Persönlichkeitsmerkmalen (NEO-FFI). In einem zweiten Schritt werden die einzelnen Instrumente einander gegenübergestellt und es werden im Sinne einer Triangulation Zusammenhänge zwischen den Daten gesucht (Kapitel 9). Abschliessend werden die Ergebnisse der Auswertung des zweiten Teils des Stimulated Recall Interviews vorgestellt (Kapitel 10). Die Lehrpersonen wurden hier zu ihrer individuellen und kollegialen Reflexionspraxis befragt, wie sie sie in ihrem alltäglichen Berufsalltag erleben. Für diesen Bereich werden keine statistischen Berechnungen vorgenommen, sondern es wird vielmehr eine qualitative Darstellung der Ergebnisse angestrebt.

Der letzte Teil betrifft die Diskussion der Resultate (Kapitel 11). Entlang den für die Untersuchung gestellten Fragestellungen werden die zentralen Ergebnisse zusammengetragen und diskutiert. Beachtung findet dabei ausserdem das methodische Vorgehen, indem die Möglichkeiten und Grenzen aufgezeigt und diskutiert werden. An diese Erkenntnisse anknüpfend werden nachfolgend weiterführende

Forschungsfragen formuliert. Abschliessend werden Implikationen für die Aus-
und Weiterbildung von Lehrpersonen aufgezeigt, die zu verbessertem Reflexionsverhalten und damit zur Professionalisierung von Lehrpersonen beitragen können.

2 Zum Wissen, Können und Handeln der Lehrperson

Im 20. Jahrhundert sah sich die Lehrerbildung mit starker Kritik konfrontiert. Dies einerseits hinsichtlich der Gestaltung der Ausbildungsgänge, andererseits wurde die Leistungsfähigkeit der Lehrerbildung vermehrt angezweifelt und hinterfragt. In der Folge wurde die Ausbildung der Lehrpersonen reformiert und umgestaltet und die Forschungstätigkeit in diesen Bereichen intensiviert. Zwei zentrale Fragestellungen stehen hinter solchen Bemühungen: was sind die grundlegenden Qualitäten einer guten Lehrperson und wie können angehenden und praktizierenden Lehrpersonen diese Qualitäten vermittelt werden.

In diesem Kapitel werden die wichtigsten Erkenntnisse der laufenden Diskussion erläutert. Vorerst werden die Überlegungen zum professionellen Wissen und Können sowie zu den Kompetenzen der Lehrperson dargestellt, danach wird auf die Ausbildung und Entwicklung von Kompetenzen in der Berufspraxis eingegangen.

2.1 Auf der Suche nach der guten Lehrperson

Es besteht kein Zweifel darüber, dass die Qualität von Unterricht und damit auch das Lernen von Schülerinnen und Schülern zumindest teilweise durch die Lehrperson mitbestimmt werden (z.B. Helmke, 2009; Reusser, 2009). Es ist deshalb von Interesse, dass die Lehrperson das Lernen im Unterricht bestmöglich zu gestalten weiss. Leider liefern die Befunde der bisherigen theoretischen sowie empirischen Bemühungen ein eher inkohärentes Bild (Weinert & Helmke, 1996). Die einzige und alleinige Wahrheit scheint es nicht zu geben, eine allgemeingültige Definition der guten Lehrperson nicht zu existieren. Die Gründe dafür sind vielschichtig. Bereits auf allgemeiner Ebene gehen die Meinungen darüber, was die Eigenschaften einer guten Lehrperson sind, auseinander. Die Vorstellungen über pädagogisch richtiges Lehrerhandeln sind kultur- und milieuspezifisch geprägt und haben sich historisch gewandelt. Ausserdem werden an die verschiedenen Arten von Lehrpersonen (von der Grundschule bis zur Berufsschule) unterschiedliche Erwartungen gestellt (Terhart, 2007). Auch in der erziehungswissenschaftlichen Forschung zeigt sich ein ähnlich inkohärentes Bild. Je nach Forschungstradition und Zielsetzung beinhaltet die Auffassung dazu, was eine gute, erfolgreiche Lehrperson ausmacht, andere Kriterien. So kann das Thema untersucht werden, indem man – in Anlehnung an die Klassiker der Pädagogik von Comenius bis von Hentig – über die Leitbilder des Lehrberufs philosophiert, sie vergleicht und systematisiert. Man kann pädagogische Auslegungen des Lehrberufs (bzw. der verschiedenen Lehrberufe) auf sozialwissenschaftliche Zeitgeistanalysen beziehen und dabei ausserdem sozial-statistische Daten zur realen Situation der Lehrberufe einbeziehen. Man könnte auch die Meinungen und Urteile von Kollegen, Vorgesetzten oder Eltern einholen oder die Verhaltensweisen derjenigen Lehrpersonen analysieren, die von ihren Schülerinnen und Schülern als besonders gut beurteilt werden und/oder deren Schülerinnen und Schüler in Leistungstests am besten abschliessen. Diese Aufzählung zeigt, dass sehr unterschiedliche Formen von Forschung zur guten, erfolgreichen Lehrperson möglich sind – und bislang auch betrieben wurden (Terhart, 2007). Wie es Weinert und Helmke (1996, S. 224) metaphorisch ausdrücken, „könnte man bei der Inspektion der verfügbaren Literatur den Eindruck gewinnen, dass verschiedene Beobachter von verschiedenen Standpunkten aus verschiedenen Szenen des gleichen Theaterstücks wahrnehmen und ihre jeweiligen Interpretationen für die wahre und ganze Geschichte des gespielten Schauspiels halten".

Obwohl die bisherigen Bemühungen keine einheitlichen Resultate zur Definition der guten, erfolgreichen Lehrperson liefern konnten, sind daraus doch Rückschlüsse und Folgerungen für den Lehrberuf möglich. Im nächsten Kapitel werden einige Überlegungen dazu erläutert.[4]

2.2 Wissen, Können und Handlungskompetenz

Der Beruf der Lehrperson hat sich in den letzten Jahrzehnten gewandelt. Die traditionelle Rolle der Lehrperson als Informationsvermittlerin ist in den Hintergrund getreten. In der heutigen Zeit sind dank der elektronischen Medien fast alle Informationen per Knopfdruck erhältlich. Die Lehrperson ist damit vielmehr zu einem Wegbegleiter von Kindern und Jugendlichen geworden, der an der Seite steht, anleitet und begleitet (Herz, 2004).

Auch die Anforderungen an angehende und praktizierende Lehrpersonen haben sich geändert. Unter ‚Anforderungen' werden die äusseren und inneren konstitutiven Bedingungen für das Erreichen bestimmter beruflicher Ziele verstanden. Die Anforderungen bestimmen dabei nicht die Handlungen, die zu ihrer Bewältigung durchgeführt werden müssen, sondern es sind vielmehr die Notwendigkeiten und Möglichkeiten des Handelns, die sich aus der Grundstruktur der jeweilig bearbeiteten Sachverhalte und (indirekt) aus dem Können und Wissen der Handelnden ergeben (Bromme, 1997). Gemäss Baumert, Kunter, Blum et al. (2011, S. 4) ist die zen-

---

4 Diese Arbeit befasst sich im Weiteren nicht mit Ergebnissen von empirischen Analysen zur Bestimmung erfolgreicher Lehrpersonen. Eine gute Übersicht darüber sowie weitere Literaturangaben findet man beispielsweise bei Blömeke (2004) oder Campbell, Kyriakides, Muijs & Robinson (2004).

trale Anforderung für jede Lehrkraft, „einen Unterricht planen, inszenieren und interaktiv gestalten zu können, der in einem stabilen Ordnungsrahmen die Teilnahmemotivation von Schülerinnen und Schülern sichert, zu kognitivem Engagement und zu verständnisvollem, sinnstiftendem Lernen und zum Erwerb zentraler schulischer Kompetenz führt, das Bewusstsein des eigenen Könnens stärkt und im besten Fall dauerhaftes dispositionales Interesse an der Sache erzeugt". Angesichts der vielfältigen Aufgaben, die eine Lehrperson zu meistern hat, stellt sich die Frage, welche Kenntnisse und Fähigkeiten zu deren Bewältigung erforderlich sind (Bauer, 2002). Um diese zu erfassen, können sogenannte Anforderungsanalysen dienlich sein, die die typischen Herausforderungen des Lehrberufs beschreiben bzw. untersuchen (vgl. Kunter & Pohlmann, 2009). Die kognitionspsychologische Lehrerwissensforschung liefert dazu einige Erkenntnisse, indem sie das professionelle Wissen von erfolgreich handelnden Lehrpersonen zu ergründen versucht.

Um professionelles Wissen von Lehrpersonen zu untersuchen und feststellen zu können, ist eine theoretische Aufgliederung der inhaltlichen Bereiche, also eine Art Topologie des professionellen Wissens, hilfreich (Bromme, 1992). Denn gemäss der aktuellen Befundlage basiert erfolgreiches, professionelles Lehrerhandeln auf dem kompetenten Umgang mit verschiedenen Wissensformen, was sich positiv auf den Lernerfolg und die Lernmotivation der Schülerinnen und Schüler auswirkt (Kamm & Bieri, 2008).

Die Unterscheidung von Shulman (1986, 1987, 1991) hat sich weitgehend durchgesetzt. In einem Rahmenkonzept über das Wissen von Lehrpersonen unterscheidet er fachspezifisches Inhaltswissen, allgemeines pädagogisches Wissen, curriculares Wissen, pädagogisches Handlungswissen, entwicklungspsychologisches Wissen, Wissen über erzieherisch und unterrichtlich relevante Kontexte und normatives Wissen über Bildungsziele. Sein Konzept wurde in der Folge von verschiedenen Autoren weiterentwickelt und differenziert. Aufbauend auf dem Konzept von Shulman entwarf Bromme (1992) beispielsweise eine Typologie des professionellen Wissens, die ausgehend von einer Anforderungsanalyse der unterrichtlichen Tätigkeit von Lehrpersonen fünf Dimensionen des professionellen Lehrerwissens unterscheidet (Baumert & Kunter, 2006).

Dieses Wissen wird im unterrichtlichen Handeln miteinander vernetzt, wobei die Integration der Wissensformen im berufsbiographischen Verlauf zunehmend erfolgt. Ein wichtiges Merkmal des Praktikerwissens von Lehrpersonen ist dabei die kognitive Integration von curricularen und pädagogischen Wissensbeständen (Kocher & Wyss, 2008).

Bromme (1992) hat sich nicht nur mit den unterschiedlichen Wissensarten auseinandergesetzt, sondern auch damit, wie das Wissen von Lehrpersonen aufgebaut ist. Er konnte zeigen, dass die Lehrerwahrnehmung im Unterricht in Form von Ereignisschemata organisiert ist. Sie beruht auf den eigenen Erfahrungen, die im Unterricht gemacht wurden. Die Wahrnehmung ist „kategorial" organisiert, was bedeutet, dass Lehrpersonen nicht einzelne Ereignisse wahrnehmen, die sie anschliessend analysieren und deuten, sondern dass sie eine komplexe Situation begrifflich erfassen. Das Wissen besteht also aus Ereignisschemata, in denen Lehrerhandlungen, fachinhaltliche Bedeutungen und Aktivitäten von Schülerinnen und Schülern in Beziehung zueinander gesetzt werden. Sie sind auf persönlichen Erfahrungen aufgebaut und untrennbar mit dem eigenen operativen Können verbunden. Viele dieser Ereignisschemata sind den Lehrpersonen nicht bewusst und können nur durch individuelle Erfahrungen in konkreten Praxissituationen angeeignet werden, sind also nicht akademisch lehrbar (Kocher & Wyss, 2008).

Eine professionelle Lehrperson zeichnet sich nicht nur durch den kompetenten Umgang mit unterschiedlichen Wissensformen aus, sondern auch durch die Fähigkeit, selber der spezifischen Arbeitssituation angemessenes Wissen erzeugen und bezüglich der praktischen Anforderungen weiterentwickeln zu können (Schneider, 2004). Ein Kompetenzmodell für Lehrpersonen muss demgemäss neben den verschiedenen Wissensfacetten, die für die berufliche Tätigkeit zentral sind, auch die Vorstellungen eines allgemeinen Professionsmodells miteinbeziehen. Auf der Grundlage solcher Überlegungen hat das National Board for Professional Teaching Standards (2002) Kompetenzvorstellungen für den Lehrberuf formuliert (Baumert & Kunter, 2006). Die fünf Kernaussagen des National Board for Professional Teaching Standards lauten wie folgt (S. 3f):

1. Teachers are committed to students and their learning.
2. Teachers know the subjects they teach and how to teach those subjects to students.
3. Teachers are responsible for managing and monitoring student learning.
4. Teachers think systematically about their practice and learn from experience.
5. Teachers are members of learning communities.

Gemäss diesen Ausführungen wird professionelle Handlungskompetenz erst aus einem Zusammenwirken von unterschiedlichen Faktoren möglich, die über das deklarative Wissen und Können hinausgehen. Metakognitive Fähigkeiten und Fähigkeiten professioneller Selbstregulation haben dabei wichtige Funktionen (Baumert & Kunter, 2006). Terhart (2011, S. 207) formuliert es folgendermassen:

Professionell ist ein Lehrer dann, wenn er in den verschiedenen Anforderungsbereichen (Unterrichten und Erziehen, Diagnostizieren, Beurteilen und Beraten, individuelle Weiterbildung und kollegiale Schulentwicklung, Selbststeuerungsfähigkeit im Umgang mit beruflichen Belastungen etc.) über möglichst hohe bzw. entwickelte Kompetenzen und zweckdienliche Haltungen verfügt, die anhand der Bezeichnung „professionelle Handlungskompetenzen" zusammengefasst werden.

Einen anderen Ansatz hat Korthagen (2004) konzipiert, der (gemäss Aussage des Autors) über die bisherigen Überlegungen zur Kompetenzdefinition hinausgeht und einen mehr holistischen Charakter aufweist. In einem so genannten „Zwiebelmodell", das in Anlehnung an Ideen von Gregory Bateson entstand, hat er die unterschiedlichen Ebenen dargestellt, die für das Handeln der Lehrpersonen verantwortlich scheinen, und damit auch Einfluss auf die Qualität der Handlung nehmen.

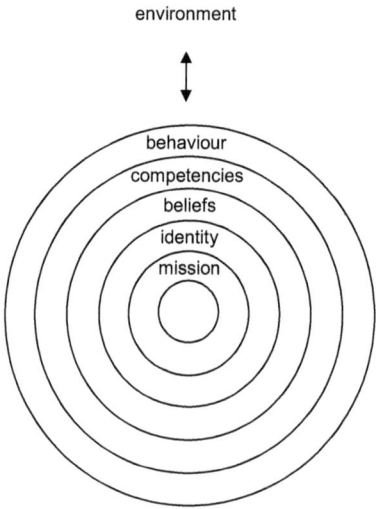

Abb. 1:   Das so genannte „Zwiebelmodell" nach Korthagen (2004)

Lediglich die äussersten zwei Ebenen („environment" und „behaviour") dieses Modells können von anderen Personen direkt beobachtet werden. Das Verhalten der Lehrperson („behaviour") kann damit auch direkten Einfluss auf die Umgebung („environment") haben, also beispielsweise die Schulklasse, die Schülerinnen und Schüler oder die Schulgemeinde. Andererseits wird die Umgebung der Lehrperson auch auf das Verhalten der Lehrperson einwirken, was gemäss Korthagen (2004) insbesondere bei jungen Lehrpersonen zu beobachten ist. Eine Lehrperson, die vor einer Schulklasse steht, die sie selber als schwierig wahrnimmt, wird ein anderes Verhalten zeigen, als wenn sie mit einer Klasse arbeitet, die sie als angenehm und einfach einstuft.

Neben dieser wechselseitigen Beeinflussung mit der Umwelt sind weitere Faktoren für das Verhalten einer Lehrperson verantwortlich, die zumeist über längere Zeit aufgebaut und deshalb auch schwieriger zu verändern sind. Einen grossen Einfluss auf das Verhalten hat die dritte Ebene des Modells, die Kompetenzen („competencies"). Die Kompetenzen einer Person zeigen sich im situativen Bewältigen von Anforderungen. Im Unterschied zur Handlung selber werden Kompetenzen allerdings als Disposition interpretiert, die nicht in jeder Handlung zur Anwendung kommen. Kompetenz wird dabei verstanden als ein Konstrukt von mentalen Prozessen und Kapazitäten, zu denen Kognition, Motivation und Volition bzw. Wissen und Können gehören (Klieme & Hartig, 2007; Korthagen, 2004; vgl. dazu auch die Ausführungen weiter oben). Und damit sind wir bei der vierten Ebene des „Zwiebelmodells" angelangt.

Die Überzeugungen einer Lehrperson („beliefs") stehen in direktem Zusammenhang mit der Kompetenz. Wenn eine Lehrperson beispielsweise davon überzeugt ist, dass es „schwächlich" und unnötig ist, sich auf die Gefühle der Schülerinnen und Schüler einzulassen, wird sie wahrscheinlich die Kompetenz, Empathie zu zeigen, nie entwickeln. Überzeugungen werden häufig bereits in der Kind- und Jugendzeit entwickelt, und sind deshalb im Erwachsenenalter schon fest ausgebildet und stabil. So bringen Lehrpersonen beispielsweise Überzeugungen aus ihrer eigenen Schulzeit mit in die Lehrerbildung, die nicht den aktuellen Ansichten von gutem Unterricht entsprechen. Diese Erkenntnis hat dazu geführt, dass die Lehrerausbildung weg von der reinen Wissensvermittlung gekommen ist und vermehrt das Bewusstsein von eigenen Vorstellungen und Überzeugungen fördert (Korthagen, 2004, 1993; Clandinin, 1986).

Heute wird zunehmend einem weiteren Aspekt grosse Aufmerksamkeit entgegen gebracht, den Selbst-Überzeugungen der Lehrperson,[5] die auf der fünften Ebene des Modells zu finden sind („identity"). Die Forschung dazu ist in der Erziehungswissenschaft seit rund einem Jahrzehnt aktuell und damit noch vergleichsweise jung. Wie die Überzeugungen im Allgemeinen werden auch die Selbst-Überzeugungen bzw. die persönliche Identität über längere Zeit bzw. über das ganze Leben hinweg ausgebildet und geprägt. „Identity development occurs in an intersubjective field and can be best characterized as an ongoing process, a process of

---

5 Im Rahmen des Forschungsprojektes „Standarderreichung beim Erwerb von Unterrichtskompetenz im Lehrerstudium und im Übergang zur Berufstätigkeit" (SNF-Projekt Nr. 100013-112467 / 1) (Baer, Guldimann, Fraefel & Müller, 2005) beschäftigt sich die Dissertation von Dr. des. Mirjam Kocher spezifisch mit den Selbstüberzeugungen der Lehrpersonen.

interpreting oneself as a certain kind of person and being recognized as such in a
given context" (Beijaard, Meijer & Verloop, 2004). Persönliche Identität wird insbesondere in einem sozialen Kontext bzw. in der sozialen Interaktion entwickelt.
Durch die Kommunikation lernen wir auf die Rolle der anderen einzugehen und
das eigene Handeln zu beobachten. Die professionelle Identität von Lehrpersonen
wird demgemäss stark von ihrer beruflichen Umwelt, der sozialen Interaktion im
Lehrerkollegium, aber auch den gesellschaftlichen Normen und Vorstellungen über
den Lehrberuf, beeinflusst. Daneben sind auch die individuellen Vorstellungen über
das berufliche und private Leben, die durch die persönliche Vergangenheit und Erlebnisse geprägt sind, von Bedeutung. Die Entwicklung und Veränderung der Identität, sei es die persönliche oder berufliche, wird insbesondere durch Prozesse der
Reflexion oder Selbst-Evaluation ausgelöst (Beijaard, Meijer & Verloop, 2004;
Korthagen, 2004).

Auf der innersten Ebene des „Zwiebelmodells" steht der Begriff „mission",
was hier als Lebenszweck übersetzt wird. Diese Ebene betrifft gemäss Korthagen
(2004) sehr persönliche Fragen nach dem tieferen Sinn des Lebens, den Lebensauf-
gaben oder der Berufung. In Abgrenzung zur persönlichen Identität geht es hier
nicht um das einzelne Individuum, sondern vielmehr um die Erfahrung, Teil einer
grösseren Gemeinschaft zu sein, wie beispielsweise einer Familie, einer sozialen
Gruppe oder Kultur. Eine Person wird dabei Werte und Ideale entwickeln, und sich
ganz allgemein beispielsweise für Umweltschutz, soziale Gleichheit oder den Welt-
frieden einsetzen. Spezifisch für den Lehrberuf könnten solche Ideale das Schaffen
von mehr Akzeptanz gegenüber anderen Kulturen oder das Erzeugen von mehr
Selbstbewusstsein und Selbstachtung von Kindern sein. In jedem Fall handelt es
sich hierbei um „deeply felt, personal values that the person regards as inextricably
bound up with his or her existence" (Korthagen, 2004, S. 85).

Welche Merkmale eine Lehrperson aufweisen sollte, um den Beruf erfolgreich auszuüben, wurde in der psychologischen Forschung immer wieder thematisiert. Die
Ausführungen in diesem Kapitel geben einen Einblick in die diesbezüglichen Überlegungen und zeigen, dass das Handeln von Lehrpersonen von ganz unterschiedlichen Faktoren beeinflusst wird. In der aktuellen Forschung lassen sich nach Kunter
& Pohlmann (2009) zusammenfassend vor allem zwei Trends beobachten. Einerseits versuchen stärker integrative Ansätze, die einen breiteren theoretischen Rahmen spannen, sowohl kognitive als auch emotional-affektive Merkmale von Lehrpersonen in ihrem Wechselspiel zueinander zu betrachten. Andererseits ist die aktuelle Forschung bestrebt, nicht mehr nur die Eigenschaften erfolgreicher Lehrpersonen zu beschreiben, sondern auch danach zu fragen, welche dieser Eigenschaften
veränderbar und demgemäss auch vermittelbar sind. Es wird dabei davon ausge-

gangen, dass sich das Wissen und Können einer Lehrperson über das Leben bzw. den beruflichen Werdegang hinweg verändern und entwickeln kann. Für die Professionalisierung sind solche Entwicklungen von zentraler Bedeutung. Einen ganz spezifischen Blick darauf nimmt die Experten-Novizen-Forschung ein.

2.3 Vom Novizen zum Experten – oder das Paradigma des lebenslangen Lernens

In der sozialwissenschaftlichen Forschung ist die Frage der beruflichen Entwicklung seit den 1970er Jahren ein aktuelles Thema. Zahlreiche Forschungsarbeiten zur beruflichen Sozialisation von Junglehrpersonen sowie dem Prozess des Lehrerwerdens und -bleibens sind seitdem entstanden. Im Paradigma der Berufssozialisation wird die berufsbezogene Identitätsentwicklung als Anpassungsprozess verstanden. Dabei werden berufsrelevante Vorstellungen und Wertorientierungen mit externen sozialen Normen und Standards im Berufsfeld konfrontiert und daraufhin angepasst (Messner & Reusser, 2000a). Wenn die Diskrepanz zwischen den eigenen Vorstellungen und der in der Praxis vorgefundenen Realität zu gross ist, kann dies zu einem Praxisschock führen. Im Lehrberuf wurde dabei ein Rückfall auf die vorherrschenden „konservativen" Erziehungseinstellungen beobachtet, was in der Lehrerforschung als „Konstanzer Wanne" bekannt ist (Müller-Fohrbrodt, Cloetta & Dann, 1978). Bei berufsbiografischen Forschungsansätzen wird demgegenüber die gesamte berufliche Lebensphase von Lehrpersonen betrachtet. Sie betonen stärker die subjektive und persönliche Komponente bei der Bewältigung beruflicher Ansprüche und Aufgaben (Messner & Reusser, 2000a). Je nach Person und situativem Kontext konnte die berufsbiografische Forschungsliteratur unterschiedliche Entwicklungsverläufe beschreiben. Allerdings wird die Entwicklung eher als ein Vorgang verstanden, dem man unterworfen ist, als ein Prozess, den man selber aktiv mitgestalten kann. Demzufolge liefert sie kaum Hinweise darauf, wie die berufliche Entwicklung und das professionelle Handeln von Lehrpersonen konkret und systematisch gefördert werden könnten. In den letzten rund zehn Jahren ist hier ein Perspektivenwechsel zu beobachten, der weg von der Vorstellung solcher Phasenmodelle hin zur Auffassung des lebenslangen Lernens geführt hat. Die Lehrperson ist somit nach der Ausbildung keine fertig gebildete Lehrperson, sondern ein lebenslang lernender und reflektierender Praktiker, der sich auf dem langen Weg vom Novizen zum Experten befindet (Messner & Reusser, 2000b).

2.3.1 Auf dem Weg vom Novizen zum Experten

Experten werden oft definiert als Top Performer, die in einem Gebiet hervorragende Leistungen zeigen, oder als Fachperson, die zumindest mittelmässige Erfolge in ihrem Beruf erzielt. Im Vergleich zu Novizen ist das Wissen von Experten nicht nur grösser, sondern sie strukturieren das fachspezifische Wissen auch anders, und dies beeinflusst grundsätzlich die Wahrnehmung (Boshuizen, Bromme & Gruber, 2004). Während in Fachbereichen wie Physik oder Schach der Erfolg einer Person relativ einfach definiert und festgestellt werden kann, ist die Situation in einem Schulzimmer doch etwas umfassender. Anstatt eine spezifische und wohldefinierte Problemstellung erfolgreich meistern zu können, müssen Expertenlehrpersonen auf Probleme reagieren, die in sozial und kulturell komplexen Kontexten entstehen (Ropo, 2004). Diese Begebenheit macht es schwierig, die Kriterien für die Definition von Expertenlehrpersonen festzulegen. Bromme (1992) nennt überblicksartig sechs Kriterien, die zur Vorabidentifikation von Expertenlehrpersonen üblicherweise verwendet werden: 1) Ausbildungsstand (Lehramtsstudenten, Referendare bzw. „fertige" Lehrer), 2) Berufliche Erfolge (z.B. durch Beförderung bzw. Zertifikate attestiert), 3) Kollegen und Vorgesetztenurteile, 4) Beurteilung durch Schüler, 5) Messung der Schülerleistung, 6) Dauer der Berufstätigkeit (vgl. dazu Krauss, 2011). Ein ähnliches Bild ergab eine theoretische Metaanalyse zum englischen „expert teacher"-Begriff, aufgrund deren die Autoren der Studie ein kombiniertes Vorgehen bei der Identifikation von Expertenlehrpersonen vorschlagen, das die nachfolgenden Kriterien umfassen sollte: Berufserfahrung, „social recognition" (das bedeutet im Wesentlichen Nennung durch Schulleiter bzw. Kollegen), die (in den USA üblichen) Zertifizierungen oder ausgewiesene herausragende Tätigkeiten (z.B. Fachgruppenleiter oder auch Forschungstätigkeit) sowie performanzbasierte Kriterien (wie z.B. Schülerleistung) (Krauss, 2011).

Bromme (1992) hat sich in seinen Studien mit der Untersuchung von Expertenlehrperson auseinandergesetzt und konnte empirisch zeigen, dass Experten Konzepte über typische Unterrichtsereignisse und über die ganze Klasse haben, während Anfänger eher die einzelnen Schülerinnen und Schüler unabhängig voneinander im Blick haben. Die Unterschiede zwischen Experten und Anfängern waren insbesondere in der kategorialen Wahrnehmung der Unterrichtsereignisse deutlich: Nehmen die Experten die Klasse und Unterrichtsereignisse vermehrt ganzheitlich wahr, sind die Anfänger eher auf die einzelnen Schülerinnen und Schüler der Klasse fixiert. Die Experten interpretieren bereits, was sie wahrgenommen und gesehen haben, während die Anfänger die Szenen lediglich beschreiben. Nach Berliner (1987) ist das Spezifische am Expertenwissen die grössere Reichhaltigkeit und Verknüpfung von Informationen.

Auch unter ihrer Aufgabe als Lehrperson verstehen Novizen und Experten Unterschiedliches. Berufsanfängerinnen und -anfänger sind insbesondere bestrebt, den Schülerinnen und Schülern gerecht zu werden. Für Experten hingegen ist die wichtigste Aufgabe das Organisieren des Unterrichts (Kocher & Wyss, 2008).

Bei ihren empirischen Analysen zum Expertenwissen konnten Leinhardt und Greeno (1986) feststellen, dass vor allem die situationsangemessene, stabil-flexible Verfolgung eines elaborierten Repertoires von Zielen den Experten auszeichnet. Das Ergebnis der Anwendung von Expertenwissen wird demnach ersichtlich in der Flüssigkeit des unterrichtlichen Handelns und in der Klarheit der Stoffdarbietung. Anfänger wissen, wie sie unterrichten sollten und können darüber in Interviews Auskunft geben. Das erlernte Wissen können sie in der Berufspraxis, also beim Unterrichten, nicht so leicht umsetzen. Diese Art von Wissen wird als explizit bezeichnet. Experten hingegen scheinen genau zu wissen, was sie in unterrichtlichen Situationen zu tun haben, sind allerdings evtl. nicht in der Lage, die Hintergründe und Überlegungen ihres Handelns einer aussenstehenden Person zu erklären. Sie verfügen damit über implizites Wissen. Eine Person wird zu einem Experten, weil sie besser zu verstehen scheint, was die Anforderungen einer bestimmten Situation sind, und ihre Entscheidungen, Handlungen und Interaktionen dem Kontext anpassen kann (Ropo, 2004). Dieses Können führen Leinhardt und Greeno (1986) auf prozedurales Wissen zurück. Das Wissen ist in Schemata und Skripts organisiert, das beim Handeln zu Handlungsplänen zusammengefügt wird.

Die Ergebnisse aus diversen Studien in unterschiedlichen Fachgebieten zusammenfassend, können ungefähr ein halbes Duzend Kernaspekte benannt werden, die für Expertentum charakteristisch sind (Berliner, 2001, S. 463f):

- Expertise is specific to a domain, developed over hundreds and thousands of hours and continues to develop;
- Development of expertise is not linear. Non-monotonicities and plateaus occur, indicating shifts in understanding and stabilization of automaticity;
- Expert knowledge is structured better for use in performances than is novice knowledge;
- Experts represent problems in qualitatively different ways than do novices. Their representations are deeper and richer;
- Experts recognize meaningful patterns faster than novices;
- Experts are more flexible, are more opportunistic planners, can change representations faster when it is appropriate to do so. Novices are more rigid in their conceptions;
- Experts impose meaning on ambiguous stimuli. They are much more „top down processors." Novices are misled by ambiguity and are more likely to be "bottom up" processors;

- Experts may start to solve a problem slower than a novice, but overall they are faster problem solvers;
- Experts are usually more constrained by task requirements and the social constraints of a situation than are novices;
- Experts develop automaticity in their behaviour to allow conscious processing of more complex information; and,
- Experts have developed self-regulatory processes as they engage in their activities.

Der Weg vom Novizen zum Experten ist ein steiniger und weiter. Nach Schätzungen haben Schachmeister rund 10.000 bis 20.000 Stunden mit dem Spiel verbracht, ein Spezialist für Radiologie hat über 100.000 Röntgenbilder studiert und eine Expertenlehrperson hat im Minimum über 10.000 Unterrichtslektionen erteilt (Ropo, 2004). Das Lernen spielt für die Ausbildung von Expertise eine wichtige Rolle. In der formalen Ausbildung in der Schule oder Universität werden explizit Wissen und Können gelernt, welche verbalisiert und demonstriert sowie auf Wunsch abgerufen werden können. Im Berufsleben ist es das Lernen von und durch die Praxis sowie die Reflexion über die Praxis, die immer wichtiger werden (Boshuizen, Bromme & Gruber, 2004). „According to constructivist theory of learning, individuals construct meaning and understanding from their prior knowledge applied in particular contexts (Resnick, 1987). Direct experience is a fundamental component of learning, as is reflection on that experience and gradual accumulation of knowledge structures over time (Doyle, 1990)" (Newell, 1996, S. 568).

Obwohl durch die Anwendung von Wissen und Können in der Praxis auch automatisch Lernprozesse stattfinden können, ist das Lernen von und durch die Praxis ein sehr selbstgesteuerter und aktiver Prozess. Und da darin auch einige Widersprüche vorhanden sind, ist es auch kein einfacher Prozess. Lernen in der Praxis findet an einem Ort statt, der nicht für das Lernen angelegt ist. Am Arbeitsort wird Leistung erwartet, denn es gilt Autos zu reparieren, Flugzeuge zu steuern, Essen zu servieren oder Kinder zu erziehen. Speziell schwierig ist die Situation für Berufslernende bzw. Studierende, die auf solche Situationen mit fehlendem Wissen und Können treffen. Hinzu kommt, dass Lernenden die eigenen Lernziele bewusst und bekannt sein sollten, um in der Praxis von der Praxis lernen zu können, und sie müssen nach Lerngelegenheit suchen und diese nützen sowie die eigenen Lernprozesse überwachen, und all dies in einer Umgebung, die sie nur teilweise selber kontrollieren können (Boshuizen, 2004).

Trotz diesen Hindernissen ist Lernen in der Praxis wichtig und unumgänglich. Gemäss Wahl (2006) verändert sich menschliches Handeln nicht nur durch ein Umdenken, vielmehr müssen sich dazu auch Emotionen und Prototypen-Strukturen verändern, und das ist nur möglich durch Praktizieren, Üben, Trainieren und Erproben. Eine Strategie, die als besonders effektiv für den Kompetenzerwerb erachtet wird, sind Abläufe von Aktion-Reflexion-Aktion. Überlegungen dazu findet man in den Arbeiten von diversen Autoren wie beispielsweise Altrichter und Posch (2007), Wahl (2006, 2001, 1991), Korthagen (1992, 1999), Boud, Keogh und Walker (1988) oder Schön (1987). Alle diese Autoren sind davon überzeugt, dass Reflexion über Praxiserfahrungen eine entscheidende Rolle beim Lernen und Kompetenzerwerb spielt. Durch die Reflexion können handlungssteuernde subjektive Theorien bewusst gemacht und begründete Lösungen für Praxisprobleme gefunden, Handlungsalternativen geplant und in der Praxis erprobt werden. Sofern diese unterschiedlichen Komponenten bewusst und gezielt bearbeitet werden, kann Handeln nachhaltig und nachweislich verändert, und damit stetig ein Stück weiter auf dem Weg vom Novizen zum Experten gegangen werden (Wahl, 2006; Boshuizen, 2004).

2.4 Zusammenfassung und abschliessende Bemerkungen

Ungeachtet der grossen theoretischen und empirischen Anstrengungen der letzten Jahrzehnte konnte bis heute keine einheitliche und eindeutige Definition darüber gefunden werden, was genau eine gute Lehrperson auszeichnet bzw. welche Kompetenzen dazu vorhanden sein müssen. Die Gründe dafür sind vielschichtig. Anders als bei Fachbereichen wie Physik, Mathematik oder Schach kann beim Lehrberuf nicht eindeutig definiert werden, was als erfolgreiches Handeln gelten soll. Je nach Hintergrund und Ausrichtung werden andere Werte priorisiert und demgemäss auch andere Kompetenzen der Lehrperson verlangt. Dass das Handeln der Lehrperson von verschiedenen inneren und äusseren Faktoren abhängt sowie in einem sozialen Kontext stattfindet, macht es umso schwieriger, allgemeingültige Aussagen zu den Handlungskompetenzen von Lehrpersonen zu formulieren.

Dennoch gibt es einige Erkenntnisse zum professionellen Wissen, Können und Handeln der Lehrpersonen, die heute als allgemein anerkannt gelten und in diesem Kapitel dargestellt wurden. Interessante Ergebnisse zur Entwicklung von Kompetenzen liefert die Expertiseforschung. Denn es ist nicht nur von Bedeutung, welche Kompetenzen für das professionelle Handeln von Lehrpersonen wichtig sind, sondern auch, wie sich diese Kompetenzen entwickeln. Die wichtigsten Befunde der Expertiseforschung fassen Baumert und Kunter (2006, S. 505f) folgendermassen zusammen:

- Expertise in Professionen ruht auf dem Fundament theoretisch-formalen Wissens, das i.d.R. in akademischen Kontexten erworben wird. Im Lehrberuf ist das konzeptuelle Verständnis des Vermittlungsgegenstandes ein zentrales Moment pädagogischer Könnerschaft. Von praktischer Expertise als wirklichem Können spricht man aber erst dann, wenn das erfahrungsbasierte Wissen und das Fachwissen in neuer Form integriert sind.
- Die Entwicklung von Expertise ist von systematischer und reflektierter Praxis über einen langen Zeitraum hinweg abhängig.
- Während ihrer Entwicklung ist sie auf Vorbilder, Coaching und diskursive Rückmeldung angewiesen.
- Mit wachsender Kompetenz gewinnen Selbstregulationsprozesse an Bedeutung.
- Expertise hängt schliesslich von einem Streben nach Selbstvervollkommnung ab, das für die motivationale Dynamik über lange Zeiträume hinweg sorgen kann.

Aus den Ausführungen dieses Kapitels wird deutlich, dass die Reflexion für das Lernen und die Entwicklung von Kompetenzen eine zentrale Rolle spielt. In neueren Ansätzen wird die Reflexion ausserdem als eine grundlegende Kompetenz von professionellen Lehrpersonen betrachtet. Das nächste Kapitel wird sich mit der Definition von Reflexion und von Reflexionsprozessen beschäftigen und aufzeigen, wie die Reflexion in Bezug auf die aktuelle Kompetenzdiskussion im Lehrberuf einzuordnen ist.

3 Zur Definition von Reflexion

In den letzten Jahren wurde der Begriff „Reflexion" im Zusammenhang mit der Lehrerausbildung sowie dem Lehrberuf vermehrt verwendet. Es gilt heute als allgemein anerkannt, dass Reflexion für das Lernen und die Kompetenzentwicklung eine wichtige Funktion spielt. Häufig sind die Konzepte, die hinter dem Begriff stehen, jedoch unklar definiert. So steht der Begriff für eine breite Palette an Vorstellungen und Strategien. „Reflection is today on everybody's lips, and this has created the paradoxical situation that ‚reflection' is often used in an unreflected manner" (Bengtsson, 2003, S. 295). In diesem Kapitel wird der Begriff genauer beleuchtet, um das Bild zu schärfen. Es werden Definitionsversuche erläutert, wie sie in der Literatur zu finden sind. Neben dem Begriff der Reflexion wird auch der Prozess der Reflexion dargestellt, der auf zwei Ebenen stattfinden kann. Eine eigene, erweiterte Begriffsbestimmung nimmt einen weiteren Blickwinkel ein und beschäftigt sich mit den sozialen und medialen Formen der Reflexion. Schliesslich werden einige Überlegungen zu den persönlichen und kognitiven Voraussetzungen der Reflexion dargestellt.

3.1 Definitionsversuche

Das Verb ‚reflectere' aus dem Lateinischen bedeutet widerspiegeln oder reflektieren. Der Begriff ‚Reflexion' stammt aus der Optik und wird deshalb häufig mit der Metapher des Spiegels und des Sich-Spiegelns in Verbindung gebracht. Damit wird deutlich, dass der Begriff keine Neuerfindung ist, sondern in verschiedenen Disziplinen bereits seit längerer Zeit Tradition hat (Bengtsson, 2003). Die Idee der Reflexion findet man in den Arbeiten von Descartes, Kant, Wittgenstein und den Pragmatisten Pierce und Popper. Eine Vielzahl an Schriften, die das Thema Reflexion thematisieren, sind auch bereits bei Aristoteles, Plato und Sokrates vorhanden (Fat´hi & Behzadpour, 2011). Die Reflexion hat in der Philosophie bis heute eine zentrale Bedeutung. Dies aus den folgenden zwei Gründen (Bengtsson, 2003, S. 297):

(1) First of all, philosophy can to a large extent be characterised as reflection. Although there can be big disagreements concerning the nature of philosophy, I think that most philosophers can agree about the vital importance of reflection. Mostly, ‚reflection' is then intended as thinking. In philosophy, however, thinking is of course not a loose wondering or a gloomy pondering, but a rigorous, systematic, principal and argued activity.

(2) Secondly, reflection in the sense of ,self-reflection' has played an important role in modern philosophy, i.e., from the renaissance and up to our days. Since Descartes in 1637 published *Discours de la method pour bien conduire sa raison et chercher la vérité dans les sciences* (in short *Discours de la méthode*), reflection has had two tasks in philosophy. (1) It has been used with an epistemological purpose to find a foundation for all knowledge. (2) It has been used ontologically to separate consciousness from the material world, the psychical from the physical. This has resulted in dualistic as well as monistic theories of what really exists or how reality is constituted.

Die Verwendung des Begriffs in der Pädagogik ist demgemäss keine Neuerfindung von zeitgenössischen Erziehungswissenschaftlern, sondern eine Wiederentdeckung der Reflexion in einem neuen Kontext. Allerdings wird der Begriff sehr unterschiedlich verwendet und die Vorstellungen darüber, was darunter zu verstehen ist, gehen weit auseinander (Fat'hi & Behzadpour, 2011; Bengtsson, 2003). Im Laufe der Zeit hat sich ausserdem eine breite Palette von unterschiedlichen Ausdrücken entwickelt, die im Zusammenhang mit der Reflexion verwendet werden. „Reflection has developed a variety of meanings as the bandwagon has traveled through the world of practice" (Loughran, 2002, S. 33). Hinter jeder Verwendung des Begriffs steht eine Vorstellung davon, was unter Reflexion zu verstehen ist. Es scheint deshalb sinnvoll, die wichtigsten Konzepte und Ausdrücke aufzugreifen und zu erläutern.

3.1.1 Reflective thinking

Einig scheint man sich darüber zu sein, dass Reflexion eine spezielle Form des Denkens darstellt (Hatton & Smith, 1995). Cruickshank (1987, S. 3) beschreibt es folgendermassen: „Literally, to reflect is to think. However, reflection is more than merely bringing something to mind. Once one brings something to mind, one must consider it". Die Idee des „reflective thinking" geht auf Dewey (1933) zurück, der diese Art des Denkens wie folgt definiert: „Reflective thinking, in distinction from other operations to which we apply the name of thought, involves (1) a state of doubt, hesitation, perplexity, mental difficulty, in which thinking originates, and (2) an act of searching, hunting, inquiring, to find material that will resolve the doubt, settle and dispose of the perplexity" (Dewey, 1933, S. 12). Reflektieren ist damit ein bewusstes Nachdenken, mit dem ein bestimmtes Ziel verfolgt wird. Häufig wird die Reflexion mit Problemlösen in Verbindung gebracht, indem die Reflexion durch die Wahrnehmung eines Problems ausgelöst wird und das Ziel der Reflexion die Lösung des Problems darstellt. So schreiben Hullfish & Smith (1961, S. 36): „Reflection differs from the looser kinds of thinking primarily by virtue of being directed or controlled by a purpose – the solution of a problem".

Gemäss Woolfook (2008) hat ein Problem einen Ausgangszustand (die gegenwärtige Situation), ein Ziel (ein gewünschtes Ergebnis) und einen Weg, auf dem das Ziel zu erreichen ist (einschliesslich der Vorgehensweisen und anderer Aktivitäten, die näher an das Ziel heranführen). Um ein Problem zu lösen, müssen auf dem Weg zur endgültigen Lösung oft Teilziele gesetzt und erreicht werden. „Problemlösen wird meist definiert als das Finden einer guten Antwort oder Lösung jenseits der gelernten Lösungsmuster und –regeln" (ebd., S. 361). Um die Problemlösesituation zu strukturieren, werden zumeist allgemeine Lösungsstrategien angewendet, die gewöhnlich fünf Phasen umfassen: (1) Identifizieren von Problemen und Möglichkeiten, (2) Definieren des Ziels und Darstellung des Problems, (3) Exploration möglicher Strategien, (4) Antizipation von Ergebnissen und Handeln, (5) Lernen und Rückschau. Für die Lösung eines Problems stellt die Reflexion eine wichtige Grundlage dar (vgl. Schön, 1983), indem sie die unterschiedlichen Phasen der Lösungsstrategie unterstützt. Reflexion sollte jedoch nicht lediglich als Form des Problemlösens betrachtet werden. Durch die Reflexion werden alternative Denk- und Handlungsmuster gesucht, um die Dinge aus einer anderen Perspektive betrachten zu können. Das Ziel ist hierbei nicht zwingend die Lösung eines Problems, sondern vielmehr das Auslösen von Entwicklungsprozessen (Postholm, 2008). Der Auslöser für Reflexion kann gemäss Boud, Keogh und Walker (1985) auch ein positives Ereignis sein, zum Beispiel wenn eine zuvor als unlösbar eingestufte Aufgabe erfolgreich erledigt werden kann. Dies kann dazu führen, dass andere Probleme überprüft und neu bewertet werden, was auch eine Veränderung in der Planung neuer Erfahrungen auslösen kann.

3.1.2 Reflective practice / reflective practitioner

Die Reflexion als Denkprozess wird zumeist nicht für sich selbst betrachtet, sondern in Beziehung zum Handeln gesetzt. In diesem Zusammenhang wird dann allgemein von „reflective action" gesprochen. Obwohl sich bereits Dewey (1933) in diese Richtung geäussert hat, war es insbesondere Donald Schön (1983), der in seinem Buch „The Reflective Practitioner" die Reflexion ganz eng mit dem Handeln verknüpft hat. Während für Dewey die Person selber reflexiv sein soll, steht bei Schön vielmehr der Prozess von Denken und Handeln im Zentrum. Gemäss Schön kann die Reflexion helfen, mehr über sein eigenes Handeln zu erfahren und dieses zu verbessern. Dazu sollten Fachleute lernen, die oft komplexen und unklaren Probleme, die sich ihnen im Beruf stellen, zu ergründen, verschiedene Interpretionen zu prüfen und das eigene Handeln schliesslich demgemäss zu verändern (Hatton & Smith, 1995).

Ein „reflective practitioner" sollte also bestrebt sein, sein persönliches Handeln durch die Reflexion zu verbessern und zusätzliche Kompetenzen zu entwickeln. Ein noch höheres Ziel verfolgt der „effective reflective practitioner". Auf dieser Ebene wird nicht lediglich die persönliche Entwicklung und Verbesserung angestrebt, sondern ganz allgemein eine positive und offene Haltung gegenüber der beruflichen Arbeit gepflegt, die zu einem besserem Verständnis des Selbst, der Gesellschaft und von moralischen Bestimmungen führt (Leitch & Day, 2000).

3.1.3 Critical reflection / core reflection

Reflexion ist nicht per Definition eine kritische Reflexion. Es ist durchaus möglich, sich und sein Handeln zu reflektieren, dabei jedoch lediglich auf belanglose Aspekte zu fokussieren. So kann man beispielsweise darüber reflektieren, ob die Kaffeepause zeitlich richtig angesetzt ist, ob man lieber eine Flip-Chart oder die Wandtafel verwenden oder wie strikt man den vorgesehenen Abgabetermin von Arbeiten einhalten soll. Solche und ähnliche Überlegungen sind notwendige und wichtige Bestandteile eines Arbeitstages. Die nötigen Entscheidungen dafür werden häufig schnell und instinktiv vorgenommen. Und obwohl solche Gedanken eine wichtige Funktion haben, werden sie doch nicht als „critical reflection" bezeichnet. Es ist allerdings nicht die Art und Weise der Durchführung, die eine Reflexion zu einer kritischen Reflexion macht. Es ist vielmehr das Ziel, mit dem eine Reflexion verfolgt wird, was den Unterschied macht (Brookfield, 1995). Hinter der Reflexion muss das Ziel stehen, in der Welt etwas zu verändern. Dafür müssen die eigenen Handlungen kritisch beleuchtet werden vor dem Hintergrund, welche Auswirkungen sie für die eigene Arbeit, die Umwelt und die Interaktion mit anderen hat. Ausserdem sollte immer wieder hinterfragt werden, ob die Routine, die unsere Arbeit einfacher macht, wirklich auch längerfristig den persönlichen Zielen entspricht (Brookfield, 1995; Mezirow, 1990).

In eine ähnliche Richtung gehen die Überlegungen von Korthagen und Vasalos (2005). Sie sind der Ansicht, dass die Reflexion von Lehrpersonen im Berufsalltag und in Weiterbildungskursen häufig ineffektiv ist, und sehen den Grund dafür darin, dass die Reflexion zu wenig tief greift. Eine Form, die eine tiefergreifende und damit effektivere Reflexion verspricht, bezeichnen sie als „core reflection". Bei der Beschreibung dieser Form der Reflexion beziehen sich die Autoren auf das von Korthagen (2004) initiierte so genannte „Zwiebelmodell", welches die für das Handeln der Lehrpersonen verantwortlich scheinenden Ebenen abbildet (vgl. Abb. 1, Kapitel 2.2). Nur wenn die Reflexion die zwei innersten Bereiche des Modells

(„identity" und „mission") betreffen, findet nach Korthagen und Vasalos eine core reflection statt. Durch die Reflexion werden die Selbst-Überzeugungen, die persönliche Identität oder die Berufung der Lehrperson angesprochen, sie berührt den inneren Kern des Selbst, und ermöglicht dadurch nachhaltige Lern- und Entwicklungsprozesse.

In diesem Kapitel wurden verschiedene Begriffe, die im Zusammenhang mit der Reflexion verwendet werden, kurz erläutert. Angemerkt muss werden, dass hier eine allgemeine Beschreibung der Begriffe gewählt wurde, wie sie in der Literatur zu finden ist. Es ist allerdings zu beobachten, dass die Verwendung der Begriffe vielfältig, oft eher unbestimmt und lose passiert und die Begriffe demgemäss auf anderen Konzeptionen beruhen.

Aus diesen Ausführungen wird deutlich, dass es zwischen den Ansätzen Unterschiede, jedoch auch viele Überschneidungen gibt. Unterschiedlich behandelt wird die Verknüpfung der Reflexion zum Handeln. Während die Reflexion einerseits insbesondere als Denkprozess betrachtet und ein Zusammenhang zwischen Reflexion und Handeln lediglich implizit erwähnt wird, wird diese Verknüpfung von Reflexion und Handeln in anderen Ansätzen ganz explizit betont. Unterschiedliche Vorstellungen sind auch bezüglich der Intention und dem Ziel von Reflexion sowie der Reflexionstiefe vorhanden.

Übergreifend kann festgehalten werden, dass die Reflexion in den unterschiedlichen Ansätzen als ein Prozess aufgefasst wird, der sowohl das Denken wie auch das Handeln miteinbezieht. Die Reflexion ermöglicht uns, unsere Vorstellungen und Vorkenntnisse zu hinterfragen und anzupassen, wahrgenommene Probleme zu lösen und Lernprozesse anzuregen. Je nach Art und Ziel der Reflexion kann der Prozess unterschiedlich viel Zeit in Anspruch nehmen und mehr oder weniger intensiv ausfallen. Professionsforscher gehen allerdings davon aus, dass der Prozess immer in verschiedenen Phasen abläuft. Es war insbesondere Schön (1983), der sich damit auseinandergesetzt und die Grundlage für die nachfolgenden Arbeiten gelegt hat. Im folgenden Kapitel werden die theoretischen Überlegungen, die dahinter stehen, dargestellt und kritisch beleuchtet.

3.2 Der Prozess der Reflexion

Reflexion wird als eine Aktivität betrachtet, die verschiedene Komponenten beinhaltet. Dewey (1933) hat dem Prozess grundsätzlich zwei Subprozesse zugeordnet. Ausgelöst wird Reflexion durch einen Moment der Unsicherheit, des Zweifels oder Verblüffung, gefolgt von Handlungen, die zu dessen Klärung und Auflösung führen. Dabei können gemäss Dewey (1910, S. 72) fünf logisch aufeinander folgende Schritte unterschieden werden:

(i)   a felt difficulty;
(ii) its location and definition;
(iii) suggestion of possible solution;
(iv) development by reasoning of the bearings of the suggestion;
(v) further observation and experiment leading to its acceptance or rejection; that is, the conclusion of belief or disbelief.

Rund drei Jahrzehnte später haben Hullfish und Smith (1961, S. 43f) in ihrer Publikation „Reflective Thinking: The Method of Education" eine leicht veränderte Unterscheidung vorgenommen und vier Phasen benannt, die der Reflexionsprozess aufweist, wobei die letzte Phase die Umsetzung in der Handlung darstellt:

(1) The presence (and recognition) of a problem situation.

(2) Clarification of the problem.

(3) Hypotheses formed, tested, and modified. Hypotheses, which may also be called hunches, guesses, ideas, or insights, lead us to cast predictive statements in the form of „if-then" propositions. Such hypothetical propositions account for or explain the facts already observed or stumbled upon and, in addition, serve to direct further observation or fact finding.

(4) Action taken on the basis of the best-supported hypothesis.

Eine weitere Ausdifferenzierung findet sich bei Schön (1983). Er hat sich intensiv mit dem Prozess, der hinter der Reflexion steht, auseinandergesetzt und sechs Phasen bestimmt, die grundsätzlich mit denen von Hullfish & Smith (1961) vergleichbar sind. Bei Schön wird darüber hinaus eine zeitliche Differenzierung vorgenommen, indem der Reflexionsprozess als „Reflexion-in-der-Handlung" und als „Reflexion-über-die-Handlung" stattfinden kann (Schön, 1983; Altrichter, Posch & Somekh, 1993). Wer sich und seine Tätigkeiten professionell reflektiert, sollte in der Lage sein, beide Reflexionsweisen gezielt auszuführen.

3.2.1 Reflexion-in-der-Handlung

Bei der Reflexion-in-der-Handlung existiert eine enge Beziehung von Reflexions- und Aktionskomponenten der eigenen Tätigkeit. Aus der Reflexion der eigenen Aktion wird die zugrunde liegende praktische Theorie erarbeitet. Schön (1983, S. 68) beschreibt dies folgendermassen:

When someone reflects-in-action, he becomes a researcher in the practice context. He is not dependent on the categories of established theory and technique, but constructs a new theory of the unique case. His inquiry is not limited to a deliberation about means which depends on a prior agreement about ends. He does not keep means and ends separate, but defines them interactively as he frames a problematic situation. He does not separate thinking from doing, ratiocinating his way to a decision which he must later convert to action. Because his experimenting is a kind of action, implementation is built into his inquiry.

Die Reflexion-in-der-Handlung verläuft typischerweise in sechs Phasen und wird durch eine problematische Situation ausgelöst (Schön, 1983; Altrichter & Posch, 2007):

(1) Eine *problematische Situation* entsteht, wenn eine Diskrepanz zwischen den Erwartungen, die man hinsichtlich des Ablaufs einer Situation hegt, und dem realen Ablauf dieser Situation erlebt wird. Durch eine Überraschung, eine Unzufriedenheit oder ein Scheitern entsteht eine Situation, die nicht mehr routiniert lösbar ist. Dies führt dazu, dass eine Definition des Problems vorgenommen wird.

(2) Die *Problemdefinition* erfolgt in einem ersten Schritt durch Analogieschlüsse und ‚Benennen'. Praktikerinnen und Praktiker verfügen aus der eigenen Erfahrung über ein Repertoire an Beispielen, Bildern, Handlungen und Interpretationen. Solche bereits bekannte Situationen helfen, die neue Situation einzuordnen und eine Problemdefinition vorzunehmen. Die neue Situation wird in Analogie zu bereits bekannten Situationen gesehen und dementsprechend benannt. Ist das Problem benannt, können die Konsequenzen, die sich daraus ergeben, gezogen werden.

(3) Der nächste Schritt umfasst die *Verwirklichung der ersten Problemdefinition*.

(4) Die handelnde Verwirklichung der ersten Problemdefinition stellt gleichzeitig die *experimentelle Prüfung* dar. Hier wird kontrolliert, inwieweit auf Basis der ersten Problemdefinition befriedigend gehandelt werden kann oder ob sich neue Diskrepanzen zwischen der Erwartung und der Realität auftun.

(5) Bei diesem Experiment wird die *hypothetische Definition der gegebenen Situation übergestülpt*. Die Handelnden müssen allerdings auch offen für allfällig unerwartete Konsequenzen sein, die sich aus dem Experiment ergeben könnten.

(6) Von den Ergebnissen des vorgenommenen Experiments hängt es ab, wie die *Bewertung der Problemdefinition* und der aus ihr entwickelten praktischen Handlungen ausfällt. Kann befriedigend gehandelt werden, so fällt die Bewertung positiv aus, die problematische Situation gilt als gelöst. Die Erfahrungen,

die bei diesem Prozess von Reflexion-in-der-Handlung gemacht werden, werden in manchen Fällen als ‚praktisches Wissen' gespeichert. Falls neue Diskrepanzen zwischen der Erwartung und der Realität auftauchen, erfolgt erneut ein Einstieg in den Prozess der Reflexion-in-der-Handlung.

3.2.2 Reflexion-über-die-Handlung

Die oben beschriebene Reflexion-in-der-Handlung geschieht direkt im Handlungsverlauf. Sie muss nicht unbedingt verbalisiert werden, da dies, wenn beim Handeln keine Probleme auftreten, keine pragmatischen Vorteile bringt. Die Reflexion-über-die-Handlung hingegen tritt aus dem Handlungsfluss heraus. Das eigene Handlungswissen wird zu ordnen, verständlich zu formulieren und die eigenen Handlungen zu reflektieren versucht. Die Fähigkeit, die dazu notwendig ist, stellt gemäss Altrichter und Posch (2007) ein wichtiges Merkmal professioneller Kompetenz dar, und zwar aus den folgenden zwei Gründen:

(1) Das Wissen wird analysierbar und reorganisierbar: durch die Bewusstmachung wird alles verlangsamt, was vorher eingespielt war. Dies kann Verunsicherung auslösen, erleichtert aber auch die Veränderung von Strukturen.

(2) Das Wissen wird mitteilbar: Das Wissen, welches hinter der professionellen Tätigkeit steht, kann für andere Personen transparent gemacht werden und wird damit besprechbar.

Die Fähigkeit zur Reflexion-über-die-Handlung liefert ausserdem die Basis zur Erfüllung folgender drei Aufgaben (Altrichter & Posch, 2007):

(1) Es ist die *Grundlage für die Lösung speziell schwieriger Handlungsprobleme* und für die *Bearbeitung besonders komplexer Handlungsaufgaben*. Die Reflexion-über-die-Handlung bietet die Möglichkeit, ausserhalb des Handlungsflusses über Probleme, die sich ergeben haben, nachzudenken und die eigenen Handlungsgrundlagen zu reorganisieren. Das Erleben einer Diskrepanz beispielsweise kann Anlass dazu sein, sich mit dem eigenen Wissen und Handeln auseinander zu setzen. Routinierte Handlungen und das dahinter stehende ‚unausgesprochene Wissen' können bewusst gemacht, explizit auf Fehlannahmen hin überprüft und weiterentwickelt werden.

(2) Die Reflexion-über-die-Handlung ermöglicht, dass *Wissen, das einer Handlung zu Grunde liegt, sprachlich geordnet auszudrücken*. Die Formulierung erst macht es möglich, sich mit anderen Personen darüber zu unterhalten bzw. die professionelle Erfahrung an nachfolgende Generationen und Neulinge der Profession weiterzugeben.

(3) Die Fähigkeit zum sprachlichen Ausdruck professionellen Wissens ist ausserdem die Voraussetzung, das *Wissen und Handeln professionellen Kolleginnen und Kollegen sowie Klientinnen und Klienten zur Diskussion zu stellen*, es dabei zu begründen und einer kritischen Prüfung auszusetzen.

Mit seinen Überlegungen hat Schön eine wichtige Grundlage für weiterführende Arbeiten im Bereich der reflexiven Praxis gelegt. Seine Ideen wurden jedoch seither auch auf verschiedenen Ebenen kritisiert.

3.2.3 Kritik an Schöns Überlegungen

Eine erste Kritik bezieht sich auf den gesellschaftlichen Aspekt. Reflexion wird bei Schön insbesondere als individueller Prozess einer Person verstanden. Ausser bei der Zusammenarbeit einer erfahrenen Lehrperson mit einer jüngeren Lehrperson in der Form eines Mentoring ist Reflexion nicht als ein sozialer Prozess vorgesehen. In neueren Arbeiten wird jedoch genau die Wichtigkeit der gemeinsamen Reflexion, die in einem sozialen Kontext stattfinden kann, betont. Der Austausch kann helfen, unsere Gedanken und Ideen zu klären und sie weiterzuentwickeln.

Because of the deeply ingrained nature of our behavioral patterns, it is sometimes difficult to develop a critical perspective on our own behavior. For that reason alone, analysis occurring in a collaborative and cooperative environment is likely to lead to greater learning. (Osterman & Kosskamp, 1993, p. 25 zitiert nach Zeichner & Liston, 1996, p. 18)

Eine andere Kritik bezieht sich darauf, dass Schön die Unterrichtspraxis lediglich auf der individuellen Ebene der Person betrachtet, ohne die soziale Umwelt einzubeziehen. Lehrpersonen werden allerdings durch ihre soziale Umwelt beeinflusst und, zumindest teilweise, auch bestimmt. Es macht deshalb kaum Sinn, sich bei der Reflexion auf die eigene Person zu beschränken und die Umwelt gänzlich ausser Acht zu lassen (Zeichner & Liston, 1996).

Wie bereits erwähnt wird heute Reflexion nicht automatisch und zwingend mit der Erkenntnis und Lösung von Problemen verbunden, wie dies bei Schön zu finden ist. Viele Formen der Reflexion haben das Ziel, durch die Reflexion ein besseres Verständnis von Ereignissen zu erhalten bzw. das geplante Handeln mit den effektiven Erlebnissen zu vergleichen und dadurch zukünftiges Handeln besser planen zu können, ohne dabei explizit auf Problemsituationen eingehen zu müssen (Hatton & Smith, 1995). Diese Erkenntnis soll jedoch nicht als Kritik, wohl aber als eine Ergänzung und Erweiterung zu Schöns Überlegungen betrachtet werden.

Die bisherigen Ausführungen machen deutlich, dass Reflexion als ein Prozess auf-
zufassen ist, der das Denken und Handeln betrifft und in verschiedenen Phasen abläuft. Dabei bleibt es jedoch noch sehr unklar, was die Inhalte der Reflexion sein
könnten oder in welcher Form die Reflexion stattfinden kann. In Anlehnung an die
bisherigen Erläuterungen soll im nächsten Kapitel eine erweiterte Auslegung des
Reflexionsbegriffs folgen, die die Ideen der erwähnten Autoren aufgreift und ergänzt.

3.3 Der Versuch einer erweiterten Begriffsbestimmung

Reflexion kann in ganz unterschiedlichen sozialen und medialen Formen stattfinden sowie diverse Inhalte betreffen. In Anlehnung an die oben erwähnten Arbeiten
wird nachfolgend ein Überblick über die unterschiedlichen Formen und Ebenen der
Reflexion gegeben.

3.3.1 Geschlossene Reflexion

Mühlhausen (2006) ist der Ansicht, Reflexion sollte nicht einfach als Synonym für
alle denkbaren Formen des Nachdenkens verwendet werden. Er schlägt zwei differenzierende Formen vor, die er als Analyse und Reflexion bezeichnet. Bei der Analyse wird im Voraus festgelegt, was untersucht werden soll. Das Vorgehen ist methodisch ausgewiesen und beruht auf theoretischen Konzepten. Demgegenüber zielt
die Reflexion darauf ab, Erlebtes nach selbst gewählten Kriterien zu beurteilen. Die
interessierenden Aspekte werden erst während der Reflexion vom Betrachter festgelegt. In Übereinstimmung mit Mühlhausen (2006) soll hier eine differenzierende
Auslegung des Reflexionsbegriffs vorgenommen werden. Die verschiedenen Formen sollen jedoch nicht ausschliessend behandelt werden, wie dies Mühlhausen
vorgenommen hat, sondern integrierend, indem die beiden Formen der Reflexion
als „geschlossen" oder „offen" benannt werden. Was Mühlhausen als Analyse bezeichnet, wird hier als „geschlossene Reflexion" definiert.

Um sich Gedanken über die eigenen Handlungen zu machen, können Materialien mit vordefinierten Kriterien sehr hilfreich sein. Solche Materialien sollten theo-
rie- und praxisorientiert auf die wesentlichen Elemente der Reflexion aufmerksam
machen. Durch den Einsatz solcher Materialien kann die Reflexion der eigenen
Handlungen zielgerichtet und koordiniert ablaufen. Die Inhalte der Reflexion können bereits von vornherein oder auch erst nach der Handlung festgelegt werden.
Der Vorteil der geschlossenen Reflexion liegt demnach darin, dass sehr zielgerichtet über die eigene Handlung und deren Folgen nachgedacht werden kann. Die Kri-

terien können als relevant bezeichnet werden, da sie theoretisch und praktisch begründet sind.

Ein Nachteil liegt darin, dass durch die vordefinierten Kriterien eine gewisse Einschränkung der eigenen Bedürfnisse und Ideen in Kauf genommen werden muss. Es besteht ausserdem die Gefahr, dass das Bearbeiten von solchen Reflexionsbögen oder Checklisten zu einer schematischen Pflichtübung verkommt, die sodann den Zweck einer effektiven Reflexion verfehlt (vgl. dazu Helmke, 2004).

3.3.2 Offene Reflexion

Bei der offenen Reflexion steht es der reflektierenden Person offen, was genau der Inhalt der Reflexion darstellt. Die Kriterien werden nach der persönlichen Zielsetzung ausgewählt und können damit die eigenen Interessen und Erfahrungen wunschgemäss abdecken. Die Kriterien können bereits vor der Handlung festgelegt oder erst nach der erlebten Handlung und in Beziehung dazu gewählt werden.

Der Vorteil dieser Reflexionsmethodik liegt darin, dass ganz nach den persönlichen Wünschen und Vorstellungen reflektiert werden kann, ohne auf spezifische Materialien und fremdbestimmte Kriterien eingehen zu müssen.

Die Auswahl an Reflexionsinhalten ist dabei fast unbeschränkt, was gleichsam auch den Nachteil dieser Form der Reflexion darstellt. Die Offenheit kann auch zu einer Überforderung führen, indem keine, zu viele oder ungeeignete Kriterien für die Reflexion gefunden werden (vgl. dazu Jay & Johnson, 2002; Brookfield, 1995).

3.3.3 Formen der Reflexion

Gemäss den oben gemachten Ausführungen kann Reflexion auf verschiedenen Ebenen stattfinden. Reflexion kann dabei entweder in der Handlung selber als Reflexion-in-der-Handlung oder als Reflexion-über-die-Handlung erst nach vollzogener Handlung stattfinden (vgl. Kapitel 3.2). Beide Reflexionsprozesse können entweder als geschlossene Reflexion oder als offene Reflexion erfolgen. Diese Unterscheidungen bildet eine Art Grundtypologie der Reflexionsprozesse. In Abbildung 2, die die Ausführungen von Kapitel 3.3 graphisch aufzeigen soll, stehen sich die vier Begriffe auf dem äusseren Oval gegenüber.

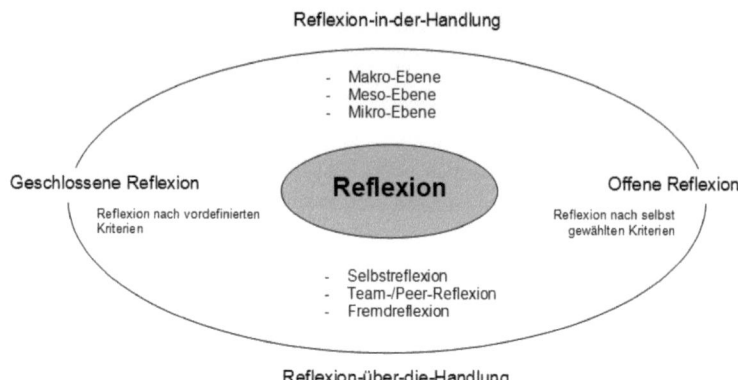

Abb. 2:   Ebenen und Formen der Reflexion (eigene Abbildung der Autorin, die in
           Anlehnung an im Text erwähnte theoretische Ausführungen anderer Au-
           toren entstanden ist)

Wird die Reflexion der eigenen Handlung eigenständig durchgeführt, ohne sich mit
Zweit- oder Drittpersonen auszutauschen, wird von Selbstreflexion gesprochen.
Der Vorteil dieser Art der Reflexion liegt hier darin, dass die Reflexion jederzeit
und ganz nach persönlichen Interessen erfolgen kann. Demgegenüber birgt die ei-
genständige Reflexionstätigkeit die Gefahr, sich in der Offenheit zu verlieren, so
dass es zu keinen, unvollständigen oder gar kontraproduktiven Reflexionsprozessen
kommen kann (vgl. dazu Brookfield, 1995). Ausserdem ist es nicht immer einfach,
sich selbstkritisch über die Schultern zu schauen. Der Austausch mit Kolleginnen
und Kollegen kann hier sehr wertvoll sein, indem andere Ansichten und Beobachtungen wie auch theoretisches Wissen und fachliche Erkenntnisse eingebracht werden, die neue Anregungen und Inputs geben können (Farrell, 2004; Zeichner & Liston, 1996). Die Zusammenarbeit kann mit einem Peer oder Teammitglied stattfinden oder in kleineren Gruppen. Dabei empfiehlt sich, eine längere Zusammenarbeit
mit einem Partner bzw. einer Gruppe einzugehen und sich schon früh auf gemeinsame Grundregeln der Zusammenarbeit zu einigen, die gegenseitiges Vertrauen
und Respekt gewähren, auch wenn kontroverse Diskussionen geführt werden (Farrell, 2004).

    Findet die Reflexion gemeinsam mit Kolleginnen und Kollegen statt, kann ge-
meinsam festgelegt werden, was der Inhalt und das Ziel der Reflexion ist und wer
welche Verantwortlichkeit übernimmt. Zentral ist, dass die Reflexion durch die
handelnde Person durchgeführt, durch Kolleginnen und Kollegen jedoch begleitet

wird. Der gemeinsame Austausch sowie die Verbindlichkeit der kollektiven Arbeit können sich positiv auf die Reflexion und ihre Ergebnisse auswirken (vgl. dazu Säde-Pirkko, 2005). Ausserdem konnte in verschiedenen Studien gezeigt werden, dass die kollegiale Zusammenarbeit ein wichtiger Faktor für eine erfolgreiche Schulentwicklung darstellt (Seidel Horn & Warren Little, 2010).

Eine Reflexion kann schliesslich auch von einer Drittperson initiiert werden. Der Reflexionsprozess wird dabei von einer aussen stehenden Person realisiert. Dies kann auf Wunsch der handelnden Person geschehen und deren Ideen und Wünsche berücksichtigen, kann aber auch gänzlich auf den Zielsetzungen der Fremdperson beruhen. Trotzdem vermag diese Aktivität auch bei der handelnden Person eine Reflexion auslösen durch das Bewusstsein der Tätigkeit der Drittperson. Intensivere Reflexionsprozesse bei der handelnden Person löst die Darlegung und Diskussion der Ergebnisse der Fremdreflexion aus. Der Input einer Drittperson kann auch in Form von theoretischen oder wissenschaftlichen Fachtexten erfolgen. Das Lesen von Fachliteratur kann neue Inputs und Ansichten liefern, was die Reflexion der eigenen Auffassungen und Aktivitäten anregen und fördern kann (Farrell, 2004).

3.3.4 Reflexion auf verschiedenen Ebenen des Systems

Die verschiedenen Ebenen eines Systems werden mit Mikro-, Meso- und Makroebene bezeichnet. Jede der dargestellten Formen der Reflexion kann sich auf jeder der drei Ebenen, die nachfolgend anhand konkreter Anwendungen im Lehrberuf erläutert werden, abspielen (vgl. dazu Fend, 2001; Helmke, 2004). Beschrieben werden auf jeder Ebene die inhaltlichen, aber auch die formalen Ausprägungen der Reflexion, die losgelöst voneinander auftreten können. So kann sich eine Reflexion inhaltlich auf der Mikroebene befinden, formal jedoch beispielsweise die Mesoebene betreffen.

Mikroebene: Inhalt: Auf der untersten Ebene, der Mikroebene, sind Prozesse zu verorten, die insbesondere die eigene Person sowie die Interaktion mit Personen aus dem täglichen Umfeld betreffen. Die Reflexion beruht auf Handlungen, die oft vorgenommen werden und auf alltäglichen Aktivitäten beruhen. Im Lehrberuf handelt es sich um Reflexionsprozesse, die sich auf die eigenen Handlungen im Klassenzimmer und die Interaktionen mit den Schülerinnen und Schülern beziehen. Form: Begründet und erklärt werden Handlungen auf dieser Ebene durch persönliche Erfahrungen oder Vorwissen.

Mesoebene: Inhalt: Die Mesoebene ist der Mikroebene übergeordnet. Sie umfasst Handlungen, die nicht zum alltäglichen Geschehen gehören, die die tägliche Arbeit jedoch beeinflussen. Beispiele sind die Interaktionen mit Personen aus dem

Kollegium, den Eltern der Schülerinnen und Schüler oder den Mitgliedern der Schulleitung. Form: Reflexionsprozesse auf der Mesoebene beinhalten neben persönlichen Erklärungen erweiterte Sichtweisen, die theoretische Aspekte oder Sichtweisen von Drittpersonen berücksichtigen.

Makroebene: Inhalt: Auf der Makrorbene des Systems angesiedelt sind grundlegende Entscheidungen, die sich auf die darunter liegenden Systemebenen auswirken. Handlungen auf dieser Ebene sind eher selten, aber gerade deshalb oft besonders wichtig. Im schulischen Rahmen sind davon die Interaktionen mit Personen ausserhalb der Schule, beispielsweise mit Behördenmitgliedern oder Vertretern von öffentlichen Ämtern, betroffen. Form: Die Reflexion auf dieser Ebene bezieht sich auf moralische, ethische, politische und/oder gesellschaftliche Gesichtspunkte (vgl. dazu Van Manen, 1977; Gore, 1987; Zeichner, 1981-82).

3.3.5 Mediale Umsetzung der Reflexionsprozesse

Die dargestellten Reflexionsprozesse können medial unterschiedlich umgesetzt werden. Die häufigste Form ist die mündliche Reflexion, bei der ohne mediale Hilfsmittel über ausgeführte Handlungen gesprochen wird. Diese Art der Umsetzung ist sehr flexibel, jedoch auch vergänglich, da weder vorbereitende Überlegungen noch die Ergebnisse der Reflexion festgehalten werden (vgl. dazu Emery, 1996; Smyth, 1989).

Häufiger kommen in jüngster Zeit schriftliche Formen der Reflexion vor. Die Ziele und Inhalte der Reflexion können bereits im Voraus notiert oder nach der Handlung festgehalten werden. Es sind ganz unterschiedliche Formen möglich, die von Reflexionsbögen bis zu Portfolioeinträgen reichen. Mit der Verschriftlichung einher geht eine grössere Verbindlichkeit, von der eine höhere Nachhaltigkeit erwartet werden kann. Problematisch ist, dass das Formulieren von schriftlichen Reflexionsbeiträgen auch formale und stilistische Fähigkeiten fordert, die den Reflexionsprozess allenfalls beeinflussen können. Die schriftlichen Dokumente können später auch für eine Reflexion der Reflexion genutzt werden (vgl. dazu Brookfield, 1995).

Mit den technischen Möglichkeiten, die heute bestehen, können Handlungen und deren Reflexion mit geringem Aufwand audio-visuell festgehalten werden. Tonband- oder Diktiergeräte sowie aufnahmefähige MP3-Geräte ermöglichen unkompliziertes Aufnehmen von Gesprächen; die Verwendung einer Videokamera erlaubt das Festhalten von bewegten Bildern, was besonders für die Reflexion von Handlungen von Vorteil ist. Solche technischen Daten bieten eine anspruchsvolle Grundlage für eine Reflexion und den Vorteil, dass das Sprechen und Handeln zeit- und ortsungebunden von verschiedenen Personen und unter unterschiedlichen Per-

spektiven wiederholt reflektiert werden kann (Krammer & Reusser, 2005). Allerdings verlangt diese Art der Reflexion von den beteiligten Personen, zumindest
wenn eigene Aufnahmen geplant sind, auch eine andere Bereitschaft. Wenn sich
die Personen durch die Anwesenheit der Kamera oder anderen technischen Geräten
unwohl fühlen, wird dadurch die Handlung selber wie auch die Reflexion darüber
negativ beeinflusst. Selbstverständlich ist es auch möglich, die Reflexion mit technischen Hilfsmitteln festzuhalten, um sie anschliessend zu prüfen bzw. zu reflektieren (vgl. dazu Helmke, 2004).

Aus den bisherigen Ausführungen wird deutlich, dass Reflexion durch unterschiedliche Konzepte definiert wird und in der Praxis verschiedene Ausprägungen und
Formen annehmen kann. Reflexion passiert jedoch nicht einfach von selbst. Damit
sich reflexives Denken und Verhalten entwickeln, müssen bestimmte Voraussetzungen erfüllt sein. Das nächste Kapitel gibt Einblick in die diesbezüglichen Überlegungen.

3.4 Die persönlichen und kognitiven Voraussetzungen für Reflexion

Reflexion wird (wie bereits dargestellt) definiert als eine bestimmte Art des Denkens, die durch einen Moment der Verblüffung, Ratlosigkeit oder des Zweifels
ausgelöst wird. Derartige Situationen trifft man tagtäglich an. Damit sie jedoch Reflexion auslösen, muss man bereit und offen sein, solche Zustände anzuerkennen
und sich auf sie einzulassen. Es bedingt Offenheit für alle möglichen Aspekte und
die Bereitschaft, diese aus unterschiedlichen Gesichtspunkten zu betrachten. Der
aktuelle Zustand sollte niemals als gegeben akzeptiert werden, sondern permanent
hinterfragt und angezweifelt werden (Fat'hi & Behzadpour, 2011).
Gemäss Dewey (1933) sind es insbesondere drei Voraussetzungen, die eine
Person mitbringen muss, damit sie sich mit reflexiven Prozessen auseinander setzt:
„open-mindedness", „whole-heartedness" und „responsibility".
Mit *„open-mindedness"* wird die Bereitschaft angesprochen, sich unvoreingenommen auf eine Situation einzulassen, offen für neue Ideen oder Gedanken zu
sein und für die Lösung von Problemen neue oder andere Wege in Betracht zu ziehen. Es bedeutet ausserdem, sich mehr als nur eine Sichtweise anzuhören, ein aktiver Zuhörer zu sein, sich bewusst zu sein, dass andere Personen Ansichten vertreten, die den eigenen entgegengesetzt sein können, und in der Lage zu sein zuzuge-
ben, dass eine persönliche Überzeugung falsch sein könnte (Loughran, 1996;
Zeichner & Liston, 1996). Lehrpersonen, die diese Voraussetzung mitbringen, erkunden die Hintergründe für das, was uns normal und richtig erscheint (sowohl für
Pädagogisches als auch anderes). Sie bemühen sich, Hinweise für widersprüchli-

ches pädagogisches Handelns aufzuspüren und Lösungen zu suchen (Grant & Zeichner, 1984).

„Whole-heartedness" zeigt sich, indem eine Person mit ganzem Herzen bei der Sache ist und sich voll und ganz einem Gegenstand zuwenden kann. Es beinhaltet kognitive Prozesse und das Gefühl, einen Schwall von Ideen und Gedanken zu erleben. Es besteht ein nachhaltiges Interesse an der Sache und ein enthusiastisches Bestreben, mehr erfahren und lernen zu wollen (Loughran, 1996; Zeichner & Liston, 1996). Für den Lehrberuf bedeutet „whole-heartedness", dass die Lehrperson bereits während der Ausbildung aktiv die Kontrolle über das eigene Lernen im Studium und später über die Unterrichtspraxis im Lehrberuf übernimmt und sich engagiert und interessiert dafür einsetzt (Grant & Zeichner, 1984).

„Responsibility" bezeichnet das Bedürfnis, die Konsequenzen des eigenen Handelns zu prüfen und zu berücksichtigen. Man stellt sich die Frage nach dem „Warum" und sucht nach dem Sinn in dem, was gelernt wird. Durch die intellektuelle Verantwortung entsteht das Bewusstsein darüber, weshalb man etwas glauben soll oder nicht. Häufig wird „responsibility" als ein Merkmal betrachtet, das die Moral eines Menschen betrifft. Hier wird es jedoch als eine wichtige intellektuelle Eigenschaft aufgefasst (Loughran, 1996; Zeichner & Liston, 1996). „Responsibility" im Lehrberuf bedeutet, das eigene Handeln immer wieder kritisch zu hinterfragen: weshalb tue ich das, was ich im Klassenzimmer unternehme? Diese Fragen sollten über die grundsätzlichen Fragen nach dem aktuellen Nutzen oder direkten Ziel von pädagogischem Handeln hinausgehen und auch weiterführende bzw. längerfristige Perspektiven verfolgen (Grant & Zeichner, 1984).

Die theoretischen Ausführungen von Dewey (1933) gelten auch heute noch als persönliche Voraussetzungen für reflexives Verhalten und werden in zahlreichen Publikationen zitiert. Erweitert werden Deweys Ideen heute teilweise durch Aspekte der Sozial- und Selbstkompetenzen, wie beispielsweise das Vorhandensein von kommunikativer Kompetenz, Kooperationskompetenz, sozialer Kompetenz oder Selbstmanagementkompetenz. Diese werden explizit auch für den Lehrberuf als wichtig erachtet (z.B. Hense & Mandl, 2009).

Einen anderen Ansatz zur Klärung von Reflexionsprozessen findet man bei King und Kitchener (1981, 1994). Auf der Grundlage von empirischen Daten haben sie versucht, die Entwicklung von reflexivem Denken zu begründen. Sie gehen dabei davon aus, dass sich die kognitiven Fähigkeiten, die reflexives Denken ausmacht, auch im Erwachsenenalter noch entwickeln können. In ihrem Modell des „reflective judgement" definieren sie sieben Stufen, wobei die ersten drei Stufen als „pre-reflective thinking", die Stufen vier und fünf als „quasi-reflective" und erst die obersten zwei Stufen als „reflective" bezeichnet werden (Moon, 2000; King & Kitchener, 1994). Die Stufen des Modells können zusammenfassend folgendermassen beschrieben werden: „In the beginning stages, individuals view knowledge as certain, absolute, and learned either from authorities or through direct observation. As individuals develop, they accept knowledge as uncertain, relative, and personally constructed. In later stages, they integrate knowledge" (Collier, 1999, S. 174). King und Kitchener (1981) gehen davon aus, dass sich die höheren Stufen aus den unteren Stufen entwickeln. Ausgelöst wird die Entwicklung durch die Interaktion mit der Umwelt wie auch durch persönliche Entwicklungsfaktoren.

Interessant ist, dass sich auch die Gehirnforschung in jüngster Zeit mit der Erforschung von Selbstreflexion beschäftigt hat. In einer Studie von Johnson, Baxter, Wilder et al. (2002) wurden beispielsweise die neurokognitiven Prozesse, die bei Selbstreflexion angeregt werden, untersucht. Die Fähigkeit, sich selber zu reflektieren, wird dabei als eine wichtige Komponente des Ichbewusstseins betrachtet. Die Versuchsteilnehmer mussten auf mündliche Aussagen mit ja- oder nein-Antworten reagieren. Die Aufgabe erforderte Kenntnisse und Reflexion über persönliche Fähigkeiten, Eigenschaften und Einstellungen (z.B. „I get angry easily"). Als Kontrollfragen mussten die Testpersonen auf Aussagen reagieren, die grundlegendes Faktenwissen erforderten (z.B. „Ten seconds is more than a minute"). Die Messung der Hirnfunktionen durch MRI (Magnetresonanztomographie) konnte zeigen, dass insbesondere zwei Hirnregionen (der medial prefrontal cortex und der posterior cingulate cortex) durch die Selbstreflexion aktiviert werden. Die Reaktionszeit auf die Kontrollfragen war mit 602 ms geringer als auf die Selbstreflexions-Fragen mit 659 ms.

3.5 Zusammenfassung und abschliessende Bemerkungen

„The terms ‚reflection' and ‚reflective practice' are now so overused that they are in danger of becoming buzzwords denuded of any real meaning – of taking on the status of premature ultimates, like ‚motherhood' or ‚democracy'" (Brookfield, 1995, S. 216). In diesem Kapitel wurde versucht, den Begriff Reflexion von verschiedenen Seiten zu beleuchten, um damit ein besseres Verständnis der zugrunde liegenden Konzepte zu erlangen. Es wurden dazu unterschiedliche Ansätze dargestellt und erläutert.

Den verschiedenen Ansätzen gemeinsam ist, dass Reflexion immer das Denken betrifft, und dieses Denken zumeist in Beziehung zum Handeln gesehen wird. Die Reflexion über die eigene Praxis oder Handlung kann helfen, die Ereignisse besser zu verstehen, daraus Rückschlüsse für zukünftige Handlungen zu ziehen und diese dadurch effektiver zu planen und durchzuführen. Eigene subjektive Theorien können aufgedeckt und bearbeitbar gemacht werden. Ausgelöst werden kann die Reflexion durch eine Problemsituation, die einer Lösung bedarf. Die Reflexion kann helfen, eine Lösung für das erkannte Problem zu finden. Es ist allerdings auch möglich und sinnvoll, über ein positives Ereignis zu reflektieren, um den Hintergrund des Erfolges zu ergründen oder um alternative Denk- und Handlungsmuster zu finden. In jedem Fall ist die Reflexion als eine spezielle Art des Denkens zu begreifen, als ein bewusstes Nachdenken, mit dem ein bestimmtes Ziel verfolgt wird.

Wie jede andere Art des Denkens ist die Reflexion als Prozess zu begreifen, der sich über eine bestimmte Zeit erstreckt und mehrere Phasen umfasst. Ob und inwiefern bei der Reflexion alle unterschiedlichen Phasen durchlebt werden, ist allerdings kritisch zu hinterfragen. Insbesondere bei der Reflexion-in-der-Handlung wird durch den Handlungsdruck, dem die Person ausgesetzt ist, eine schnelle Reaktion verlangt, die zumeist lediglich Sekunden für eine Reflexion zulässt. Hier stellt sich die Frage, inwiefern Reflexion überhaupt stattfinden kann, da es praktisch schwierig erscheint, dass Handeln und Reflexion beinahe gleichzeitig erfolgen (Doyle & Ponder, 1977–78, Farrell, 2004).

Die Reflexion kann schliesslich in ganz unterschiedlichen sozialen Kontexten, medialen Ausführungen und Formen stattfinden sowie inhaltlich verschiedene Ebenen betreffen, wobei jede Variante Vor- und Nachteile aufweist. Je nach Anlass und Zielsetzung können jedoch alle Formen zum gewünschten Ziel führen, sofern die kognitiven und persönlichen Faktoren dazu vorhanden sind.

Um (sich) selber oder gemeinsam mit anderen zu reflektieren, muss eine Person bestimmte persönliche Voraussetzungen mitbringen, die es erlauben, sich auf reflexive Prozesse einzulassen. Dies sind einerseits Persönlichkeitsvariablen wie „open-mindedness", „whole-heartedness" oder „responsibility", aber auch kognitive Fähigkeiten, die reflexives Denken möglich machen.

Diese Ausführungen machen deutlich, dass Reflexion als ein komplexes Konstrukt aufgefasst werden muss, das verschiedene Aspekte und Ebenen umfasst und in unterschiedlicher Qualität und Intensität erwartet werden kann. In Übereinstimmung mit Abou Baker El-Dib (2007, S. 25) wird hier die Ansicht vertreten, dass alle Menschen fähig sind, reflexives Verhalten zu zeigen.

> It is not a question of whether an individual is reflective or not but rather at what level of reflection a person is operating. Just as it is the case with any human trait, people are stratified over a continuum from poor to average to extra-ordinary with infinite points in between. Reflection is conceptualized as a human trait that exists in varying degrees in different people.

Die Ausführungen in diesem Kapitel stellen eine wichtige Grundlage für die eigene Untersuchung dar, indem sie ein umfassendes Bild des zu untersuchenden Konstrukts zeichnen. Dieses bildet den Hintergrund für die Konzeption der eigenen

Analyseinstrumente. Die Arbeit orientiert sich dabei an einer Definition von Reflexion, die in Anlehnung an Schön (1983), Zeichner und Liston (1996), Jay und Johnson (2002) u.a. folgendermassen aufgefasst wird:

Reflexion ist ein gezieltes Nachdenken über bestimmte Handlungen oder Geschehnisse im Berufsalltag. Individuell oder im Austausch mit anderen Personen werden die Handlungen oder Geschehnisse systematisch und kriteriengeleitet erkundet und geklärt. Dies geschieht unter Einbezug von: (1) erweitertem Blickwinkel, (2) eigenen Werten, Erfahrungen, Überzeugungen, (3) grösserem Kontext (theoretische, ethisch-moralische, gesellschaftliche Aspekte). Aus dem Prozess werden begründete Konsequenzen für das weitere Handeln abgeleitet und in der Praxis umgesetzt.

In diesem Kapitel wurde die Reflexion auf einer allgemeinen Ebene behandelt, wobei sich einzelne Erklärungen und Erläuterungen auf den Lehrberuf bezogen. Im nächsten Kapitel wird der Fokus auf die Reflexion im Lehrberuf gelegt, um dabei auf ganz spezifische Elemente und Aspekte eingehen zu können.

4 Reflexion im Lehrberuf

Die Ausbildung und Berufseinführung junger Lehrpersonen wurde in den letzten Jahren breit diskutiert. Die Ausbildungsgänge für Lehrpersonen wurden neu konzipiert oder umstrukturiert. Für die Ausbildung wurden Professionsstandards formuliert und die Modelle der Berufseinführung einer Evaluation unterzogen (vgl. Keller-Schneider, 2008, 2010). Im Zentrum des Interesses stand jeweils die berufliche Entwicklung von Lehrpersonen. International zu beobachten ist dabei eine Bewegung unter dem Schlagwort der Reflexion, die als Reaktion auf die bislang eher technokratische Vorstellung der Lehrperson zu verstehen ist. Die berufliche Entwicklung der Lehrpersonen ist dabei nicht mehr reduziert auf eine passive und von aussen gesteuerte, sondern vielmehr eine aktive und selbstgesteuerte, die durch die Lehrperson selber mitgestaltet werden kann und soll. Die Lehrperson wird damit zu einem lebenslang lernenden und reflektierenden Praktiker (Messner & Reusser, 2000b; Zeichner, 1994).

Dieses Kapitel widmet sich der Reflexion im Lehrberuf. Es wird zunächst das Konzept des „reflective teaching" und dessen Entwicklung erläutert, um nachher auf verschiedene Auswirkungen auf den Lehrberuf und die Lehrperson selbst einzugehen. Schliesslich werden Möglichkeiten der Förderung von Reflexion im Lehrberuf sowie die Grenzen und Herausforderungen vorgestellt und diskutiert.

4.1 Zur Entstehung des Konzeptes der Reflexion

Der Lehrberuf wurde lange Zeit als „technische Rationalität" betrachtet. Der Unterricht wird dabei nach gewissen Vorgaben organisiert und ausgeführt, die Aktivität der Lehrperson beruht auf Routinehandlungen, die Lehrpersonen sind auf die Kompetenz- und Performanzebene[6] reduziert (Dick, 1996a; Etscheidt, Curran & Sawyer, 2012). Spätestens mit den Arbeiten von Schön (1983) wurden die bisherigen Ansichten revidiert und die Ausbildung von Lehrpersonen neu konzipiert.[7] Obwohl sich Schöns Werk „The Reflective Practitioner" nicht direkt auf den Lehrberuf bezieht, hatte es doch grossen Einfluss auf die pädagogische Praxis. Die Lehrperson sollte nun das Unterrichtsgeschehen als aktiv handelnde und reflektierende Person gestalten und mitbestimmen. Es entstand das Paradigma des „reflecti-

---

6   Die Unterscheidung von Kompetenz und Performanz geht auf die Arbeiten von Chomsky (1973) zurück. Die konkrete Umsetzung von Kompetenz in das Ausführen einer Handlung wird dabei als Performanz bezeichnet (Kaufhold, 2006).

7   Bereits vor Schön hat Dewey (1933) mit seinem Werk „How we think" eine wichtige Arbeit zur Reflexion vorgelegt, allerdings hat diese in der Pädagogik im Bereich des „reflective teaching" keine vergleichbare Aufmerksamkeit erlangt.

ve practitioner" und des „reflective teaching", und damit einher gingen zahlreiche Diskussionen rund um die Aus- und Weiterbildung von Lehrpersonen (Dick, 1996b; Bengtsson, 1995; White, Fook & Gardner, 2006; Fat'hi & Behzadpour, 2011).

Auffallend ist, dass sich das Interesse an der Reflexion vorerst auf die angelsächsische Pädagogik beschränkte. Hier hat das Konzept in den letzten Jahrzehnten einen regelrechten Boom erfahren. „Teacher reflection has been on the minds and in the writings of teacher educators for the last decade. Since Schön (1987) wrote his classic work on the reflecting practitioner, it has become almost imperative to write of the importance of reflection in professional preparation programs" (Ducharme & Ducharme, 1996, S. 83). In den deutsch- und französischsprachigen Ländern Europas hat das Interesse erst viel später und in geringerem Ausmass eingesetzt.

Eine mögliche Erklärung dafür sieht Bengtsson (1995) in der positivistischen Orientierung der Sozial- und Humanwissenschaften, die hauptsächlich in den angelsächsischen Ländern dominant war. Damit einher geht eine stark instrumentelle Anschauung der Beziehung zwischen Wissenschaft und professioneller Praxis. In den deutsch- und französischsprachigen Ländern war keine so positivistisch-instrumentelle Ausrichtung vorhanden. Hier herrschten insbesondere phänomenologische, existentialistische, hermeneutische, strukturalistische Traditionen vor, die eine ganz andere Betrachtungsweise des Verhältnisses von Wissenschaft und Praxis pflegen.

Inzwischen hat die Idee der reflexiven Praxis auch im deutsch- und französischsprachigen Europa Fuss gefasst. Obwohl Forschungsarbeiten und empirisch orientierte Publikationen im Bereich der Reflexion noch nicht sehr zahlreich und zumeist erst in den letzten Jahren entstanden sind, wurde das Konzept vielerorts in die Aus- und Weiterbildung von Lehrpersonen integriert (White, Fook & Gardner, 2006; Fat'hi & Behzadpour, 2011). Dies aus dem Grunde, weil dem „reflective teaching" viele positive Auswirkungen auf den Lehrberuf und den Unterricht zugesprochen werden. Das nächste Kapitel soll darüber Auskunft geben.

4.2 Das Konzept des „reflective teaching"

Der Begriff „reflective teaching" hört sich redundant an, da davon auszugehen ist, dass jede Lehrperson gewisse Überlegungen anstellen muss, wenn sie ihren Unterricht plant (Fat'hi & Behzadpour, 2011). Nicht jede Form des Nachdenkens über Unterricht wird allerdings als Reflexion betrachtet (vgl. dazu Kapitel 3). Die Konzeption des „reflective teaching" geht insbesondere auf Kenneth M. Zeichner und Donald R. Cruickshank zurück, die sich in den frühen 80er Jahren damit intensiv auseinander gesetzt haben. Als Lehrerbildner haben sie sich für mehr Reflexion im Lehrberuf stark gemacht und praktische Programme zur Förderung der Reflexion entwickelt (Gore, 1987).

Für Cruickshank (1987, S. 17) stellt „reflective teaching" ein Paradigma der Lehrerbildung dar: „The paradigm, called inquiry-oriented, holds that teachers should develop habits of inquiry: They should be self-monitoring, reflective, adaptive, experimenters, action researchers, problem solvers, hypothesis makers, and clinical inquirers." Damit Lehrpersonen dies lernen können, hat sich Cruickshank (1987) eine spezielle Übungssituation ausgedacht. In einer Gruppe von fünf bis sechs Lehrpersonen wird eine Lehrperson ausgewählt, die restlichen Lehrpersonen nehmen die Rolle der Lernenden ein. Die ausgewählte Lehrperson bereitet einen Unterrichtsinhalt vor, der in ca. 15 Minuten unterrichtet werden kann. Nachdem die Lehrperson ihren Unterricht durchgeführt hat, müssen die Lernenden einen Fragebogen zur Lektion ausfüllen sowie anschliessend einen Fragebogen zur persönlichen Zufriedenheit. Nachdem die Fragebögen ausgewertet sind, kann die Lehrperson mit ihren Lernenden eine kurze Gruppendiskussion zum Unterricht von ca. 15 Minuten gestalten. Abschliessend führt ein Instruktor eine Diskussion mit allen Teilnehmenden aus verschiedenen Gruppen durch, um danach neue Lehrpersonen aus den Gruppen auszuwählen und die Übung neu zu lancieren. Der Ablauf solcher „reflective teaching" Übungen dauert rund 60 – 70 Minuten und beinhaltet Elemente der Planung, Unterricht, Test und Reflexion.

Für Cruickshank (1987) stellt das Konzept eine Methode zur Erreichung von bestimmten vordefinierten Zielsetzungen dar. Die Übungsanlage ist dabei der vorgegebene Weg zur Erreichung des Ziels. Diese etwas eingeschränkte Vorstellung von „reflective teaching" wird von Gore (1987) als „technocratic rationality" kritisiert, da der Ansatz des „reflective teaching" gerade weg von solchen von aussen auferlegten Vorgaben führen sollte. Bei Zeichner (1981-82) geht es bei der Auslegung von „reflective teaching" hingegen vielmehr um die Bestimmung von Einstellungen, Haltungen und Fertigkeiten, die eine Lehrperson dazu erlernen bzw. vorweisen sollte. Zeichner orientiert sich dabei insbesondere an den Arbeiten von Dewey (1933) und van Manen (1977) und schliesst daraus, dass eine Lehrperson „open-mindedness", „responsibility" und „whole-heartedness" vorweisen sowie ethische, moralische und politische Prinzipien beachten sollte (vgl. dazu Kapitel 3.4). Eine erweiterte Definition findet man in einer neueren Publikation von Zeichner und Liston (1996, S. 6):

A reflective teacher:
• examines, frames, and attempts to solve the dilemmas of classroom practice;

- is aware of and questions the assumptions and values he or she brings to teaching;
- is attentive to the institutional and cultural contexts in which he or she teaches;
- takes part in curriculum development and is involved in school change efforts; and
- takes responsibility for his or her own professional development.

Seit der Begründung der Idee des „reflective teaching" haben sich eine Vielzahl weiterer Konzeptionen und Definitionen entwickelt, auf die hier nicht weiter eingegangen wird (siehe dazu Fat'hi & Behzadpour, 2011). Allen Definitionsversuchen gemeinsam ist die Überzeugung, dass Reflexion auf verschiedenen Ebenen zu einer professionellen Entwicklung der Lehrperson beiträgt.

4.3 Reflexion als Kernelement der Professionalität von Lehrpersonen

Aus den bisherigen Ausführungen wird deutlich, dass die Reflexion im pädagogischen Diskurs breite Anerkennung findet. In neueren Publikationen wird die Reflexivität oft als Schlüsselkompetenz von Professionalität bzw. als Schlüsselkompetenz professionellen Lehrerhandelns bezeichnet (Combe & Kolbe, 2008; Etscheidt, Curran & Sawyer, 2012; Häcker & Rihm, 2005; Leonhard & Rihm, 2011; Göhlich, 2011). Combe & Kolbe (2008, S. 859) halten fest: „Biographische Reflexionen und überhaupt Reflexivität als Bewusstheit über das eigene Tun wird hier oft als Schlüsselkompetenz von Professionalität aufgefasst, sollen die Lehrpersonen nicht einer unwägbaren Praxis nur ausgeliefert sein". Dabei stellt sich die Frage, wie und inwiefern sich die Reflexion in aktuellen Kompetenzmodellen professionellen Lehrerhandelns abbildet.

Ein Ansatz, der derzeit breite Anerkennung findet, ist das Modell professioneller Handlungskompetenz nach Baumert & Kunter (2006, S. 482). Dieses Modell geht von den Wissensdomänen aus, wie sie Shulman (1986) in der sogenannten Topologie der Wissensdomänen bereits vorgesehen hat (Pädagogisches Wissen, Fachwissen, Fachdidaktisches Wissen), ergänzt diese jedoch durch die beiden Wissensfacetten Beratungswissen und Organisationswissen. Die Kompetenzfacetten des Wissens und Könnens werden durch die drei Kompetenzfacetten Überzeugungen/Werthaltungen, Motivationale Orientierungen und Selbstregulative Fähigkeiten komplettiert (vgl. Abb. 3).

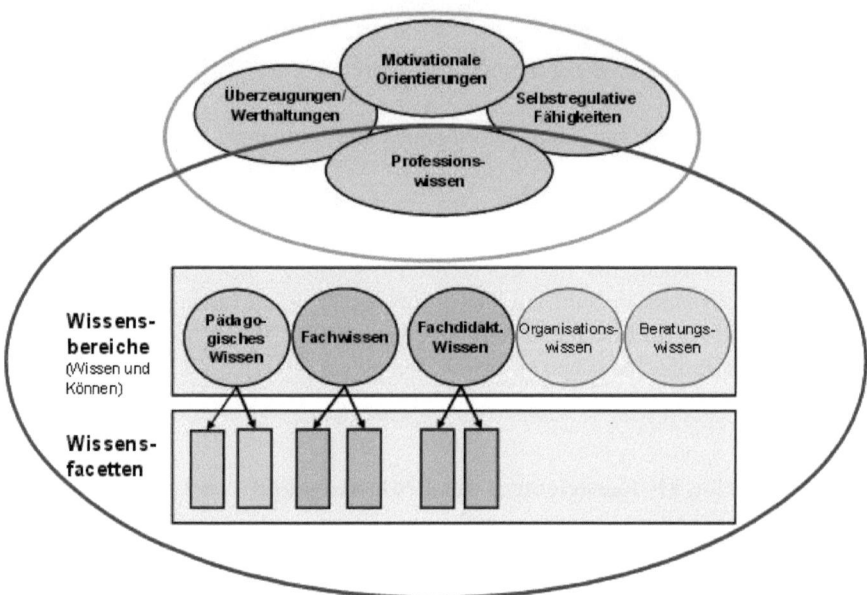

Abb. 3:   Modell professioneller Handlungskompetenz – Professionswissen (Bau-
          mert & Kunter, 2006)

Im Modell von Baumert & Kunter (2006) wird die Reflexion nicht explizit erwähnt. Zugeordnet werden könnte sie in diesem Modell dem Bereich „Selbstregulative Fähigkeiten". Die Selbstregulationsfähigkeit zeichnet sich aus durch einen
verantwortungsvollen Umgang mit den eigenen persönlichen Ressourcen sowie
einem hohen Berufsengagement gekoppelt mit Distanzierungsfähigkeit (Baumert &
Kunter, 2006).
        Einen anderen Ansatz verfolgt Frey (Frey & Jung, 2011, S. 552). In seinem
Modell werden vier Kompetenzklassen aufgeführt (Fachkompetenz, Methodenkompetenz, Sozialkompetenz und Personalkompetenz), die für die Handlungskompetenz von Lehrpersonen kennzeichnend sind. Expliziert werden die Kompetenzklassen durch Fähigkeitsdimensionen. Anders als im Modell von Baumert und
Kunter (2006) wird die Reflexivität in diesem Modell explizit erwähnt und der
Kompetenzklasse „Methodenkompetenz" zugeordnet (vgl. Abb. 4)

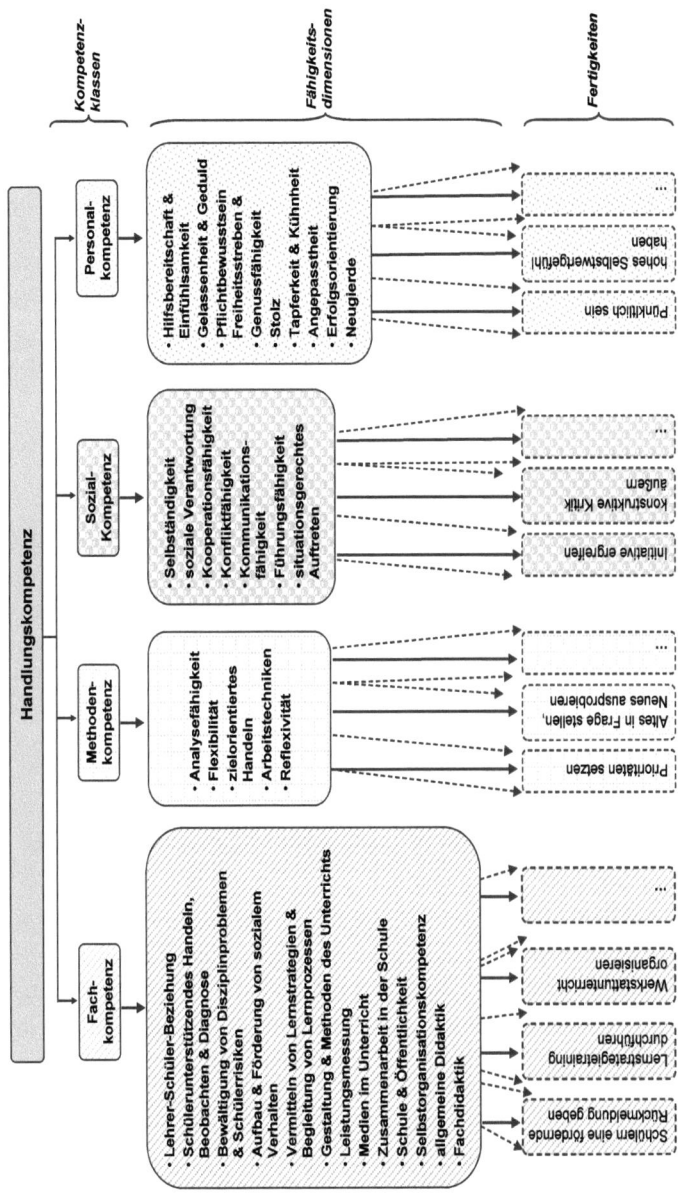

Abb. 4: Hierarchisches Strukturmodell von Handlungskompetenz nach Frey
(Frey & Jung, 2011)

Wie die beiden hier exemplarisch dargestellten Modelle veranschaulichen, wird die
Reflexion in Kompetenzmodellen gar nicht oder lediglich am Rande erwähnt,
obschon ihr in der aktuellen Literatur eine zentrale Funktion zugesprochen wird.
Damit ist eine Diskrepanz zwischen der in der theoretischen Diskussion monierten
Bedeutung der Reflexivität und der ihr beigemessenen Wichtigkeit in Kompetenzmodellen professionellen Lehrerhandelns festzustellen. Für viele Autoren wie auch
Bildungseinrichtungen (darunter z.b. das Interstate Teacher Assessment and Support Consortium (InTASC) in den USA) ist die Reflexion ein wichtiger Bestandteil
der professionellen Kompetenz von Lehrpersonen. Wenn diesen Überlegungen
auch bei der Konzeption der theoretischen Modelle Rechnung getragen werden
soll, müssten sie entsprechend angepasst bzw. erweitert werden. Dass durchaus
Grund besteht, die Reflexivität im Lehrberuf als wichtig einzuschätzen, wird im
nächsten Kapitel aufgezeigt.

4.4 Das Ziel von Reflexion im Lehrberuf

Eine Lehrperson muss sich heute vielfältigen Aufgaben und Anforderungen stellen,
das Pflichtenheft hat sich diversifiziert und die zeitliche Belastung ist oft grenzwer-
tig. Umso wichtiger erscheint es, dass Lehrpersonen ein hohes Mass an Bewusstheit für das eigene Handeln entwickeln und eigene Routinen und Automatismen
immer wieder einer reflexiven Prüfung, Kontrolle und Kritik unterziehen (Häcker
& Rihm, 2005). Die nachfolgenden Ausführungen aus zwei unterschiedlichen
Fachrichtungen zeigen, dass es durchaus Grund für die Förderung und Implementation von Reflexion im Lehrberuf gibt.

4.4.1 Begründung der Reflexion aus pädagogischer und psychoanalytischer Sicht

Dauber und Zwiebel (2006) haben sich mit der Selbstreflexion im Lehrberuf auseinandergesetzt. Ihr Interesse liegt dabei hauptsächlich bei philosophischen und psy-
chotherapeutischen Konzepten, in denen sie Begründungen für die Befürwortung
von Reflexion suchen. Als Fazit ihrer Arbeit nennen sie drei Kriterien für die professionelle Selbstreflexion:

1. Selbstreflexion dient der Aufklärung eigener, unbewusst übertragener Be-
   ziehungsmuster, die subjektiven Wahrheiten des ICH.
2. Selbstreflexion führt zu nichts, wenn sie in der Selbstbespiegelung innerer
   psychischer Prozesse hängen bleibt, anstatt sich auf den Ort zu konzentrieren, wo man steht, auf die Aufgaben, die das Leben uns jetzt stellt. Dann

bezieht Selbstreflexion das ganze Feld von Erfahrungen und die damit verbundenen gesellschaftlichen Kontexte mit ein, die objektiven Wahrheiten des ES.

3. Selbstreflexion zielt auf die gleichzeitige Erfahrung von Verbundenheit mit anderen Menschen und der Natur und Einmaligkeit in der eigenen Ganzheit und überwindet dadurch symbiotische Verschmelzungswünsche wie Gefühle von Isoliertheit und Abgetrenntheit, die intersubjektiven Wahrheiten des WIR.

Und schliesslich als Metakriterium: Selbstreflexion vollzieht sich im umfassenden Gewahrwerden geistiger (körperlicher, emotionaler, mentaler und transpersonaler) Prozesse im gegenwärtigen Moment. (Dauber, 2006, S. 23f)

Aus den weiterführenden Erläuterungen wird deutlich, dass Selbstreflexion in der Auslegung von Dauber (2006) verschiedene Facetten umfasst, die insgesamt zu einem Ziel hinführen. So hilft Selbstreflexion, die Grenzen des eigenen Handelns zu erkennen und dadurch die Kluft zwischen den eigenen Ansprüchen und den realen Handlungsmöglichkeiten zu verringern. Sie gibt Gelegenheit, sich eine Atempause zu gönnen und dabei das eigene Empfinden und Fühlen wahrzunehmen. Und sie ermöglicht, sich selber als ein geschichtliches Wesen zu begreifen mit Blick auf die Vergangenheit und die Zukunft und darin den grösseren Zusammenhang zu erkennen, der uns erlaubt, eine erweiterte, neue Sichtweise einzunehmen. All dies kann gemäss Dauber (2006) helfen, das berufliche Burn-out zu verringern, und dies wird gleichzeitig als das Ziel von Selbstreflexion definiert.

Dass eine aktive Reflexionspraxis zu grösserer Berufszufriedenheit beitragen kann, wurde auch von anderen Autoren festgehalten. Verschiedene Untersuchungen konnten zeigen, dass sich Lehrpersonen durch die Reflexion im Beruf wohler fühlen, bessere Beziehungen zu den Arbeitskolleginnen und –kollegen und den Schülerinnen und Schülern aufbauen können sowie die erlebte Selbstwirksamkeit der Lehrpersonen verbessert wird (Akbari, 2007; Braun & Crumpler, 2004).

4.4.2 Begründung der Reflexion aus erziehungswissenschaftlicher Sicht

Für Brookfield (1995) gibt es sechs Gründe, weshalb sich eine Lehrperson Zeit für die Reflexion im Unterrichtsalltag nehmen sollte. Die Argumentation liegt hier weniger im psychologischen Bereich, sondern zielt mehr auf die demokratische Unterrichtsgestaltung und die professionelle Entwicklung der Lehrperson hin.

1. *It Helps Us Take Informed Actions:* Durch die Reflexion wird sich eine Lehrperson über die Hintergründe und Ziele der eigenen Handlung klar, sie kann die

Handlung sowohl praktisch als auch theoretisch begründen und kann sie gegenüber von Drittpersonen ersichtlich machen. Solche Handlungen werden häufig das intendierte Ziel erreichen, und dies wird auch von den Schülerinnen und Schülern so wahrgenommen.

2. *It Helps Us Develop a Rationale for Practice:* Reflexion hilft, sich selber, die eigenen Fähigkeiten und Ansichten besser kennen zu lernen. Einer Lehrperson fällt es dann leichter, die persönlichen Überlegungen, die hinter der eigenen Praxis stehen, den Arbeitskolleginnen und -kollegen sowie den Schülerinnen und Schülern zu kommunizieren. Dies gibt Sicherheit und Selbstvertrauen und hilft, auch schwierige oder unvorhergesehene Situationen zu meistern.

3. *It Helps Avoid Self-Laceration:* Eine Gefahr bei Lehrpersonen, die ihre Arbeit ernst nehmen, ist sich selber für den Misserfolg von Schülerinnen und Schülern verantwortlich zu fühlen und als Folge davon an den persönlichen Fähigkeiten zu zweifeln. Hier kann Reflexion helfen, die Gründe für das Scheitern der Schülerinnen und Schüler besser zu ergründen und zu erklären, und dabei die Grenzen des eigenen Handelns zu erkennen.

4. *It Grounds Us Emotionally:* Wenn wir die eigenen Annahmen nicht kritisch hinterfragen sowie diejenigen der Schülerinnen und Schüler nicht erkunden, laufen wir Gefahr zu glauben, unser Gelingen oder Misslingen sei durch Glück oder Pech im Leben zu begründen. Die Reflexion zeigt uns, dass es andere Gründe gibt für Erfolg oder Misserfolg, die wir zumeist selber beeinflussen können. Damit hilft die Reflexion, uns emotional zu stärken.

5. *It Enlivens Our Classrooms:* Eine Lehrperson, die die persönlichen Gedanken vor den eigenen Schülerinnen und Schülern offen legen und diskutieren kann, kann dadurch positiven Einfluss auf das Verhalten der Schülerinnen und Schüler nehmen. Das kritische Hinterfragen von Einstellungen und Überlegungen in der Klassengemeinschaft eröffnet demokratische Handlungsprozesse und leitet die Schülerinnen und Schüler dazu an, sich selber so zu verhalten. Ein solcher Unterricht wird von den Lernenden ausserdem als herausfordernder, interessanter und motivierender erlebt.

6. *It Increases Democratic Trust:* Vertrauen zu schöpfen in andere Personen ist ein wichtiges und grundlegendes menschliches Verlangen, gleichzeitig jedoch auch eines der zerbrechlichsten. Eine Lehrperson, die ihre Schülerinnen und Schüler ernst nimmt und sie wie Erwachsene behandelt, zeigt, dass man ihr vertrauen kann. Eine Lehrperson, die ihre Schülerinnen und Schüler dazu anregt, sich offen über allfällige bedrückende Verhaltensweisen der Lehrperson zu äussern und die sich auch bemüht, dies zu ändern, gilt als eine vollkommen vertrauenswürdige Person. Wenn Schülerinnen und Schüler dies während ihrer Schulzeit erleben dürfen, wird sie diese Erfahrung für den Rest des Lebens positiv begleiten.

Die in diesem Kapitel erläuterten theoretischen und empirischen Befunde zeigen, dass es Begründungen auf unterschiedlichen Ebenen gibt, die für die Förderung und Implementation der Reflexion im Lehrberuf sprechen. Die Aussagen zusammenfassend kann festgehalten werden, dass Reflexion im Lehrberuf die Grundlage für eigenes Wohlbefinden, persönliche Unterrichtsentwicklung und damit ein wichtiger Bestandteil der professionellen Lehrerarbeit und der Schulentwicklung darstellt. Wird die Reflexion bereits im Studium erlernt und gefördert, so kann dies helfen, den Einstieg ins Berufsleben erfolgreich zu meistern, sich bei der Arbeit längerfristig wohl zu fühlen und damit einen verfrühten Ausstieg aus dem Beruf zu verhindern (Stokking, Leenders, de Jong & Tartwijk, 2003). Reflexion fördert den Aspekt des lebenslangen Lernens, denn „Experience itself is actually not the ‚greatest teacher', for we do not learn as much from experience as we learn from reflecting on that experience" (Farrell, 2004, S. 7). Reflexion kann damit verhindern, dass Lehrpersonen in Routine verfallen[8] und gibt ihnen die Möglichkeit, den beruflichen Alltag aktiv und selbstbewusst zu gestalten sowie sich an der schulischen, politischen und gesellschaftlichen Entwicklung zu beteiligen (Zeichner & Liston, 1996; Brookfield, 1995; Häcker & Rihm, 2005).

Bei all diesen positiven Aspekten, die der Reflexion zugeschrieben werden können, muss auch berücksichtigt werden, dass Reflexion von Lehrpersonen nicht als selbstverständlich erwartet werden darf. Die Fähigkeit, effektiv reflektieren zu können, muss gelernt sein und bedarf einiger Übung (Etscheidt, Curran & Sawyer, 2012). In der Aus- und Weiterbildung sollten Lehrpersonen deshalb die Gelegenheit haben, sich gezielt damit auseinanderzusetzen und Reflexionsprozesse, angeleitet durch Dozierende, bewusst einzuüben. Das nächste Kapitel zeigt Möglichkeiten und Ansätze zur Förderung der Reflexion im Lehrberuf.

4.5 Ansätze und Möglichkeiten zur Förderung der Reflexion im Lehrberuf

Wenn Reflexion im Lehrberuf effektiv und regelmässig stattfinden soll, müssen Lehrpersonen entsprechend ausgebildet und gefördert werden, denn „reflection, as we argued earlier, is an active, effortful enterprise; it does not just happen" (Wildman, Niles, Magliaro & McLaughlin, 1990, S. 148). Auf Grund dessen wurden verschiedenste Programme entwickelt mit dem Ziel der Förderung der Reflexion. In diesem Kapitel werden Ideen und Konzepte vorgestellt, die zur Ausbildung und

---

8   Was natürlich nicht heissen soll, dass Routine etwas Schlechtes ist, denn ohne sie wäre der Unterrichtsalltag kaum zu bewältigen. Wünschenswert ist jedoch, eine Balance zwischen Reflexion und Routine zu entwickeln.

Begünstigung der Reflexion beitragen sollen. Da insbesondere in der angloamerikanischen Bildungslandschaft eine Vielzahl an solchen Förderprogrammen entstanden ist, wird kein Anspruch auf eine vollständige Darstellung erhoben. Vielmehr geht es darum, exemplarisch ausgewählte Ideen und Verfahren zu erläutern, um damit Einblick in mögliche Wege zur Förderung von Reflexion zu gewähren.

4.5.1 Förderung der Reflexion in der Ausbildung an der Pädagogischen Hochschule Zürich

Die Förderung der Reflexionsfähigkeit wurde vielerorts zu einem wichtigen Bestandteil der Ausbildung von Lehrerinnen und Lehrern (z.b. von Felten, 2005; Jay & Johnson, 2002; Zeichner & Liston, 1996; Korthagen, 1992). Da sich die vorliegende Untersuchung auf die Studierenden und die Praxislehrpersonen der Pädagogischen Hochschule Zürich (PHZH) bezieht, werden hier zunächst die Bemühungen dieser Institution berücksichtigt.

Die Ausbildung an der PHZH orientiert sich an zwölf so genannten Standards, die für alle Studiengänge gleichermassen gelten und im Kompetenzstrukturmodell ausformuliert sind.[9] Die Standards werden auf drei Ebenen beschrieben, die sich auf das Wissen, die Umsetzungsbereitschaft und das Können beziehen. Im Standard 9 wird spezifisch die Evaluation und Reflexion von Unterricht und Handeln erwähnt.

Standard 9:
Sicherstellung der Qualität und professionelle Weiterentwicklung
Die Lehrperson evaluiert die Wirkung ihres professionellen Handelns auf Schülerinnen und Schüler sowie andere am Schulfeld Beteiligte. Sie geht ihre berufliche und persönliche Weiterentwicklung gezielt an.
Wissen
Die Lehrperson
  1 verfügt über differenziertes Wissen über die eigene Lernbiografie und über eigene Lernprozesse;
  2 kennt Verfahren, Methoden und Techniken, um sich selbst, den Unterricht und dessen Wirkung auf andere systematisch zu evaluieren und zu optimieren;
  3 kennt Weiterbildungs- und Beratungsangebote von Pädagogischen Hochschulen, Fachhochschulen, Universitäten und weiterer Institutionen sowie Berufsverbänden und Fachpersonen;

4 kennt Fachpublikationen und Weiterentwicklungen in den verschiedenen Bereichen der Profession;

5 kennt aktuelle Professionsstandards und Merkmale guter gesundheitsfördernder Schulen.

Lern- und Umsetzungsbereitschaft

Die Lehrperson ist bereit,

1 ihr professionelles Handeln und dessen Wirkungen kriterienbezogen systematisch zu evaluieren;

2 die eigene Professionalität kontinuierlich weiterzuentwickeln;

3 kollegiale und professionelle Unterstützung in Anspruch zu nehmen.

Können als wissensbasiertes Handeln

Die Lehrperson

1 evaluiert systematisch und kriterienbezogen ihr professionelles Handeln und dessen Wirkung auf Schülerinnen und Schüler und alle weiteren am Schulfeld Beteiligten und leitet daraus Massnahmen ab;

2 lässt ihren Unterricht und ihr weiteres berufliches Handeln sowie deren Wirkung durch Dritte evaluieren;

3 aktualisiert, erweitert und vertieft inhaltliches und (fach-)didaktisches Wissen;

4 reflektiert die eigene Lernbiografie;

5 baut in ausgewählten Feldern von Unterricht und Schule Expertise auf und verfolgt persönliche Entwicklungsziele;

6 nimmt gezielt Beratungs- und Weiterbildungsangebote in Anspruch.

Mit der Festlegung dieses Standards wird deutlich, dass ein erklärtes Ziel der Ausbildung die Entwicklung und Förderung der Reflexion der Lehrpersonen darstellt. Erlernt wird die Reflexionsfähigkeit während des Studiums insbesondere durch die Ausarbeitung eines Portfolios, welches neben weiteren Dokumenten auch schriftliche und mündliche Reflexionen enthalten soll und einen Teil der Diplomarbeit darstellt. Einen wichtigen Stellenwert hat ausserdem die berufspraktische Ausbildung, wo die Studierenden angeleitet werden, ihr praktisches Handeln gemeinsam mit der Praxislehrperson bzw. einer Mentorin / einem Mentor zu reflektieren. Eine zentrale Rolle nehmen dabei die Praxislehrpersonen ein, die die Studierenden anleiten und begleiten. Die Pädagogische Hochschule hat deshalb für die Praxislehrpersonen folgendes Anforderungsprofil festgelegt:

---

9   Das Kompetenzstrukturmodell ist einsehbar unter http://www.phzh.ch/Documents/phzh.ch/ Ausbildung/Studieren_Stdieninfos/Broschuere_Kompetenzstrukturmodell.pdf [aufgerufen am 13.12.2012].

Praxislehrpersonen sind als Lehrerinnen und Lehrer bereit und fähig,

• ihren Unterricht didaktisch-methodisch professionell zu planen.
• guten Unterricht durchzuführen.
• ihre Erziehungsaufgabe situationsgerecht wahrzunehmen.
• ihre Begleitungs- und Beurteilungsaufgabe verantwortlich auszuüben.
• ihr berufliches Handeln differenziert zu reflektieren.
• wirkungsvoll zu kommunizieren und kooperativ zusammenzuarbeiten.
• ihren Beitrag zur Gestaltung der Schule als Lebens- und Lernort zu leisten.

Praxislehrpersonen sind als Ausbildnerinnen und Ausbildner bereit und fähig,

• ihren Ausbildungsauftrag verantwortungsvoll wahrzunehmen.
• den Studierenden umfassende Einblicke in die Aufgaben des Berufsfeldes zu ermöglichen.
• die Studierenden bei der Planung, Durchführung und Reflexion des Unterrichts wirkungsvoll zu unterstützen.
• mit Studierenden entwicklungsfördernde Gespräche zu führen.
• mit allen an der Ausbildung Beteiligten zusammenzuarbeiten.
• ihre Ressourcen in das Schulteam einzubringen.
• sich mit aktuellen Fragen der Schulentwicklung, der Lehrerinnen- und Lehrerbildung sowie mit der Bildungspolitik auseinander zu setzen und die Entwicklung des Bildungswesens mitzugestalten.

Überprüft werden die Erreichung des Standards und damit die Ausbildung der Reflexionsfähigkeit durch die Diplomprüfungen. Ein Teil wird dabei durch die Ausarbeitung des Portfolios erfüllt, der andere Teil betrifft die berufspraktische Ausbildung. Es wird hier neben der Planung und Durchführung auch die Reflexion der eigenen Unterrichtslektion geprüft. Die Studierenden müssen hierzu zwei aufeinanderfolgende Unterrichtslektionen durchführen und sie anschliessend selbstständig reflektieren. Die 20-minütige Präsentation der Reflexion wird durch die Examinatoren beurteilt und ist Teil der Prüfungsnote.

4.5.2 Förderung durch Auswahl geeigneter Zugänge

Reflexion kann durch eine bestimmte Situation im Unterrichtsalltag ausgelöst werden, die von der Lehrperson als ungewöhnlich oder besonders wahrgenommen wird. Bei solchen Gelegenheiten findet Reflexion allerdings unabsichtlich und häufig wohl auch unsystematisch statt. Um Reflexionsprozesse gezielt anzuregen und damit eine systematische und bewusste Reflexion auszulösen, ist es hilfreich, geeignete Zugänge zu finden.

In vielen Ansätzen wird versucht, Reflexion durch das Schreiben von Lern-journalen oder anderen schriftlichen Dokumenten anzuregen. Es wird dabei ange-nommen, dass durch die bewusste Verschriftlichung von Gedanken und Handlun-gen reflexive Prozesse angeregt werden (Hatton & Smith, 1995). Im „Handbook of Reflective and Experiental Learning" findet man eine ganze Liste von weiteren Möglichkeiten, wie man Reflexion über eine bestimmte Aufgabe auslösen könnte. Der Fokus liegt bei Moon (2004, S. 166f) dabei ausserdem auf dem Initiieren von Lernprozessen:

- the maintenance of a learning journal or a portfolio;
- reflection on critical incidents;
- a presentation on what has been learned;
- analysis of strengths and weaknesses and related action planning;
- an essay or report on what has been learned (preferably with references to excerpts from a learning journal or other reflective writing);
- self-awareness tools and exercises (e.g., questionnaires about learning pat-terns);
- a review of a book that relates the work experience to own discipline;
- short answer questions (half A4 sheet) of a ‚why' or ‚explain…' nature;
- a project that develops ideas further (group or individual);
- self-evaluation of a task performed (i.e., the task or the evaluation as-sessed);
- an article (e.g., for a newspaper) explaining something in the workplace;
- a story that involves thinking about learning in the placement;
- a request that students take a given theory and observe its application in the workplace;
- an oral examination;
- management of an informed discussion;
- a report on an event in the work situation (there may be ethical issues here);
- account of how discipline (i.e., subject) issues apply to the workplace;
- an identification of and rationale for projects that could be done in the workplace.

Die Liste, die Moon (2004) zusammengetragen hat, zeigt, dass es diverse Möglich-keiten gibt, sowohl schriftliche wie auch mündliche, um Reflexion zu initiieren. Die Vorschläge sind für die Reflexion unterschiedlich wirksam und verlangen or-ganisatorisch wie zeitlich mehr oder weniger Aufwand. Zu beachten gilt, dass die Effektivität von solchen Aufträgen zumeist sehr stark von den vorbereitenden Mas-snahmen abhängen wird, die die inhaltliche Gestaltung und Strukturierung der Ar-beiten beeinflussen. Für schriftliche Aufträge sollte zumindest ein Minimum an

Vorgaben definiert werden, die zeitliche wie inhaltliche Richtlinien enthalten. Solche Vorgaben sollen ermöglichen, dass die Reflexion die gewünschten Ziele und Anforderung erreicht und möglichst effektiv ausfallen kann (Hatton & Smith, 1995; Farrell, 2004).

Für die mündliche Reflexion sind zwei Faktoren zu beachten. Zum einen sollten Ideen und Ansichten offen und ehrlich formuliert werden, zum anderen sollten Gesprächspartner geduldig zuhören können. Die wichtigen Merkmale einer reflexiven Unterhaltung sind dabei die folgenden (Moon, 2000, S. 167):

- a stage of description of events, of looking for details, being objective, questioning how knowing has occurred and how the experience is similar to, or different from, others;
- a stage entailing judgements about the quality of the experience (,good' or ,bad'), the best and worst features and what went well or badly in it;
- a stage of analysis in which there is deeper questioning of what happened (,why'), making sense of it and how such occurrences might be explained.

Auf einer allgemeinen Ebene betrachtet sind gemäss Farrell (2004) fünf weitere Komponenten zu beachten, die die Entwicklung und Ausübung von Reflexion unterstützen können:

(1) Verschiedene Möglichkeiten anbieten, um durch eine Reihe von verschiedenen Aktivitäten zu reflektieren. Dies können schriftliche oder mündliche Aufgaben sein, die in Gruppendiskussionen, Beobachtungsaufträgen, Unterrichtsjournalen oder Portfolios erledigt werden.

(2) Für die verschiedenen Aktivitäten sollten im Vornherein gemeinsam eine Reihe von Grundregeln festgelegt werden. Zu solchen Abmachungen gehört beispielsweise die Regelung von Rollen und Verantwortlichkeiten in Gruppendiskussionen, die Vorgehensweise bei Unterrichtsbesuchen oder inhaltliche und organisatorische Rahmenbedingungen von Lernjournalen.

(3) Die zeitliche Planung ist ein weiterer wichtiger Aspekt. So sollten Zeitfenster für die individuelle oder gemeinschaftliche Reflexion rechtzeitig festgelegt sowie die Anzahl und die Dauer definiert werden. Dabei sollte jede Lehrperson für sich selber bestimmen können, wie viel Zeit sie für die Reflexion aufbringen kann.

(4) Neben der individuellen Reflexion ist es notwendig und hilfreich, Inputs von weiteren Quellen zu beachten. Dies können Beobachtungen von anderen Personen sein, Theorien oder Erkenntnisse aus der Forschung und Fachliteratur.

(5) Schliesslich sollte darauf geachtet werden, dass Reflexion in einer möglichst angstfreien Umgebung stattfinden kann, die auf gegenseitigem Respekt und Unter-stützung beruht. Zu verzichten ist auf kritisches Urteilen und Verurteilen.

Einen spezifischen Zugang zur Förderung der Reflexion bieten Unterrichtsvideos. Da diese Methode in den letzten Jahren in der Lehrerbildung vermehrt Beachtung gefunden hat, widmet sich das nächste Kapitel diesem Ansatz.

4.5.3 Reflexion von Unterrichtsvideos

Der Einsatz von Unterrichtsvideos erfährt in der Aus- und Weiterbildung derzeit grosse Aufmerksamkeit. Dies auf Grund der rasanten Weiterentwicklung technischer Möglichkeiten sowie der Erkenntnisse aus der Lehr-Lernpsychologie. Die Reflexion und Diskussion über Unterrichtsvideos birgt ein grosses Potenzial für die Professionalisierung von Lehrpersonen (Krammer, Schnetzler, Ratzka et al., 2008; Krammer & Hugener, 2005). Dies aus zahlreichen Gründen. Videos bieten die Möglichkeit, Unterrichtsprozesse in ihrer Komplexität und Variabilität sichtbar zu machen. Dadurch, dass verbales und nonverbales Verhalten in seinem jeweiligen Kontext sichtbar wird, bieten sie Einblick in authentisches Lehrerhandeln und eine hohe Anschaulichkeit. Flüchtige Praxissituationen können Ort und Zeit unabhängig, durch Pausen verlangsamt und strukturiert wiederholt betrachtet sowie anhand unterschiedlicher Fragestellungen multiperspektivisch bearbeitet werden. Sie erlauben die Objektivierung von unterrichtsbezogenen Denk- und Handlungsmustern und ermöglichen, unterrichtsrelevante Theorien und Konzepte zu situieren. Dadurch wird die (fach-)didaktische Verständigung über Lehr-Lernprozesse gefördert und die Etablierung einer gemeinsam geteilten Berufssprache über professionelles Handeln ermöglicht (Reusser, 2005).

Videoaufnahmen bieten damit eine besondere Art von Zugang zu fremden und persönlichen Erfahrungen (Seidel, Stürmer, Blomberg et al., 2011). Sie gestatten eine bewusste Wahrnehmung und Vergegenwärtigung des eigenen Handelns aus einer Aussenperspektive und können helfen, eingeschliffene Gewohnheiten und die dahinter liegenden subjektiven Theorien zu erkennen, sie bearbeitbar zu machen, alternative Handlungsmöglichkeiten auszuarbeiten und damit die Expertise zu erweitern. Der Einsatz der Videos kann auf vielfältige Weise geschehen und reicht von der Durchführung und Reflexion spezifischer Unterrichtssequenzen im Mikroteaching bis zur reflexiven Videoarbeit in Unterrichtsnachbesprechungen (Reusser, 2005; Roth, 2005).

4.5.4 Action research

Aktionsforschung wurde in der ersten Hälfte des 20. Jahrhunderts in Europa und den USA entwickelt und hat seither in vielen Ländern der Welt Verwendung gefunden. Als Begründer des Begriffes „action research" wird zumeist Kurt Lewin genannt, der in den 1940er Jahren mit seiner Vorstellung von Aktionsforschung eine alternative Forschungsmethode in die Psychologie einbrachte. Das zentrale Anliegen der Aktionsforschung ist, dass sich der Praktiker bzw. die Praktikerin selbstständig dem Forschungsprozess widmet (Somekh & Zeichner, 2009).

Aktionsforschung verläuft in einem zirkulären Prozess, der Aktions- und Reflexionskomponenten in Beziehung bringt. Praktikerinnen und Praktiker verfolgen dabei eine persönliche Fragestellung, die sich auf die eigene Praxis bezieht. Auf ihre Erfahrungen in der Praxis zurückblickend versuchen sie, eine Erklärung für die erlebte Situation zu finden, eine „praktische Theorie" dafür zu entwickeln. Von jeder praktischen Theorie kann man wiederum nach vorne blicken und Ideen für künftige Handlungen erarbeiten (vgl. Abb. 3). Mit der Formulierung von neuen Ideen für nachfolgende Handlungen wird der Kreislauf nicht beendet. Vielmehr sollte die Praxis wiederum Anlass für neue Reflexion und die Weiterentwicklung der ursprünglichen praktischen Theorie sein (Altrichter & Posch, 2007).

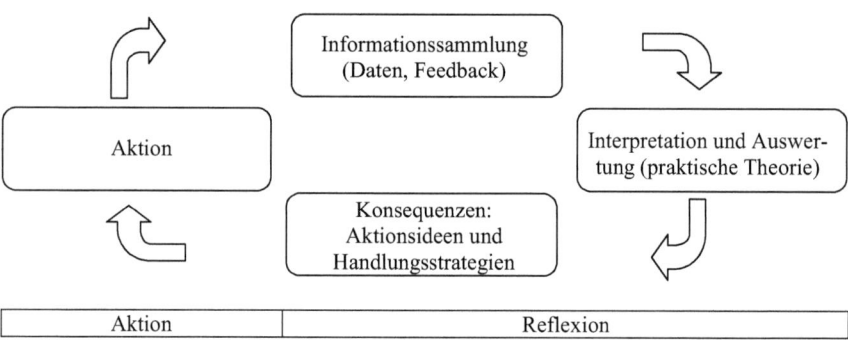

Abb. 5:   Der Kreislauf von Aktion und Reflexion der Aktionsforschung (Altrichter & Posch, 2007)

Das Ziel der Aktionsforschung im Lehrberuf besteht darin, Lehrpersonen zu helfen, Probleme der Praxis selbst zu bewältigen, Erneuerungen durchzuführen und diese selbst zu überprüfen. Aus den bisherigen Erfahrungen mit Aktionsforschung wird ersichtlich, dass Lehrende durchaus in der Lage sind, Aktionsforschung zu betreiben und dabei auch bemerkenswerte Ergebnisse zu erzielen (Altrichter & Posch, 2007).

4.5.5 Fachspezifisch-pädagogisches Coaching

Ausgehend von einem seit 1996 in den USA laufenden Entwicklungsprojekt an der Universität Pittsburgh wurde der Ansatz des Fachspezifisch-pädagogischen Coachings (Content-Focused Coaching) von Lucy West und Fritz Staub (2004) entwickelt. Darin wird nach Formen der Zusammenarbeit zwischen Wissenschaft und Praxis gefragt (Staub, 2004).

Das Fachspezifisch-pädagogische Coaching ist ein Ansatz zur Weiterbildung von Lehrpersonen „on the job". Ein Coach arbeitet mit der Lehrperson dazu im Kontext der alltäglichen Arbeit in Schule und Unterricht. Die Zusammenarbeit betrifft die Gestaltung, Durchführung und Reflexion eines Teils des Unterrichts in einem bestimmten Fachbereich. Der Coach hat dabei eine inhaltlich intervenierende Rolle und übernimmt Mitverantwortung für das Lernen der Schülerinnen und Schüler. Der Hauptfokus der Coaching-Dialoge liegt nicht in der Implementierung von bestimmten Methoden oder Oberflächenmerkmalen von Unterricht, sondern im fachspezifischen Lernen der Schülerinnen und Schüler (Staub, 2001).

Während in traditionellen Weiterbildungen sehr häufig die Nachbesprechung einer Lektion im Zentrum steht (vgl. Schüpbach, 2007), hat im Fachspezifisch-pädagogischen Coaching die Unterrichtsvorbesprechung eine ebenso grosse Bedeutung oder sogar eine noch grundlegendere. So werden bereits vor der Lektion die Lektionsziele sowie die dem Lektionsplan zugrunde liegenden Gestaltungsüberlegungen gemeinsam besprochen. Neben der Vor- und Nachbereitung des Unterrichts kann der Coach ausserdem während der Unterrichtsdurchführung eine aktive Rolle übernehmen, indem er die Lehrperson je nach Bedürfnis und Absprache auf unterschiedliche Art unterstützen kann. Als langfristiges Ziel stehen die professionelle Entwicklung der Lehrperson und die Ausbildung von fachspezifischer Unterrichtsexpertise. Zentrale Elemente sind die Entfaltung von allgemeindidaktischen Reflexionsstrategien und von fachspezifisch-pädagogischem Wissen (Staub, 2001).

4.6 Die Grenzen und Herausforderungen der Reflexion im Lehrberuf

Vergleichsweise wenig Aufmerksamkeit wird in der Literatur den kritischen Aspekten bzw. den Begrenzungen der Reflexion im Lehrberuf gewidmet. Es ist jedoch wichtig, auch solche Gesichtspunkte zu berücksichtigen, denn nur, wenn man sich ihrer bewusst ist, kann man sie auch überwinden.

Die Grundlage für eine produktive Reflexionspraxis im Lehrberuf bildet berufsbezogenes deklaratives Wissen, da Reflexion niemals inhaltslos stattfindet, sondern sich an bestimmten Inhalten und Prozessen orientiert. Durch die Reflexion werden diese Inhalte und Prozesse genauer betrachtet, analysiert und alternative Handlungsmöglichkeiten gesucht. Für die Reflexion in einem professionellen Umfeld ist berufsbezogenes Wissen deshalb eine wichtige Grundvoraussetzung. Ohne dieses Wissen können Inhalte und Prozesse nicht adäquat eingeschätzt und keine sinnvollen Handlungsalternativen konzipiert werden (Schmelzing, Wüsten, Sandmann et al., 2010; Neuweg, 2002). Einige Autoren sind deshalb der Ansicht, dass die Reflexion jungen Lehrpersonen Schwierigkeiten bereitet auf Grund ihrer fehlenden Erfahrung oder ihrer Lernorientierung (Griffiths, 2000).

Reflexion ist ein komplexer Prozess, der Aufwand und Zeit erfordert. Es ist deshalb wichtig zu beachten, dass genügend Zeit wie auch Gelegenheiten vorhanden sind, damit reflexive Prozesse erlernt und entwickelt werden können. Eine Lehrperson muss gewillt sein, sich auf sie einzulassen. Denn Reflexion ist eine hochgradig persönliche Aktivität, die ohne die Bereitschaft der Lehrperson nicht denkbar ist. Insbesondere bei Lehrerstudierenden kann Ablehnung entstehen, da Reflexion von ihnen als eine esoterische und überflüssige Zusatzbelastung betrachtet wird. Eine Lehrperson muss auch die Fähigkeit haben, selbstkritisch die eigenen Handlungen, Einstellungen und Gewohnheiten zu betrachten und diese allenfalls zu verändern. Vorgefasste Meinungen und Einstellungen sind manchmal schwierig zu überwinden und können Grund sein für Widerstand oder Zurückhaltung (Erlacher & Ossimitz, 2009; Hatton & Smith, 1995).

Wenn sich Lehrpersonen individuell der Reflexion widmen, besteht die Gefahr, sich lediglich auf ausgewählte Kriterien zu beschränken. Diese können sowohl die positiven als auch nur die kritischen Aspekte sein. Oder es wird versäumt, die wichtigen und zentralen Kriterien zu finden und auszuwählen (Akbari, 2007). In jedem Fall resultiert daraus eine verzerrte Wahrnehmung und damit ungünstige Voraussetzungen für einen effektiven Reflexionsprozess. Denkbar ist in diesem Fall sogar, dass die Handlungsentscheidungen, die auf Grund der verfehlten Reflexion getroffen werden, einen negativen Effekt auf die Unterrichtspraxis haben (Benke, 2010). In der Sozialpsychologie wurden solche Phänomene genauer untersucht und beschrieben. Sie können sowohl für die Beobachtung von Drittpersonen, aber auch für die Wahrnehmung des eigenen Unterrichts und der daran beteiligten Personen wirksam werden (Krammer & Reusser, 2005, S. 43):

- Primacy-Effekt: Der erste Eindruck prägt die weiteren Beobachtungen.
- Halo-Effekt: Eine einzelne Beobachtung bekommt ein so starkes Gewicht, dass sie alle anderen Beobachtungen beeinflusst.

- Stereotypisierung: Vorurteile gegenüber gewissen Menschengruppen (Schicht, Geschlecht, Ethnie, …) werden auf die beobachtete Person übertragen.
- Projektion: Einer zu beobachtenden Person werden eigene Mängel oder Bedürfnisse zugeschrieben.

Sich selber und die eigenen Handlungen zu hinterfragen, unterrichtsbezogene Kognitionen bewusst zu machen, sie zu analysieren und gegebenenfalls zu ändern, kann Gefühle der Unsicherheit oder gar Unbehagen auslösen. Vor allem wenn die Reflexion mit anderen Personen als Team- oder Peer-Reflexion stattfindet, kann es einige Überwindung brauchen, sich zu öffnen und sich vertrauensvoll an die anderen Personen zu wenden. Solche negativen Gefühle können die eigene Wahrnehmung beeinflussen und zu falschen Interpretationen führen. Die erlebte Verunsicherung kann dann auch als Unlust zum Ausdruck kommen und dazu führen, dass zukünftig auf Reflexion verzichtet wird. Die Erfahrungen mit Unterrichtsbesprechungen in der Ausbildung und mit Besuchen von Schulinspektoren in der Berufspraxis tragen hier nicht unwesentlich dazu bei, dass Lehrpersonen der Reflexion von Unterricht mit Zurückhaltung gegenüber stehen (Mühlhausen, 2006; Esslinger-Hinz, 2007; Boud, Keogh & Walker, 1985).

Auch wenn Lehrpersonen grundsätzlich positiv gegenüber der Zusammenarbeit mit Kolleginnen und Kollegen eingestellt sind, gibt es gemäss Horn & Little (2010, S. 182) verschiedene Gründe, weshalb der Austausch über Unterricht erschwert werden kann:

- the difficulty of making tacit knowledge explicit,
- the challenge of confronting well-established norms of privacy and noninterference or contending with disagreement and difference,
- insufficient structural and social supports,
- taken-for-granted language and frameworks that reify assumptions about learners and learning, and
- the urgency of the immediate and multiple tasks to which teachers must attend.

Schliesslich kann auch die gelebte Schulkultur, wie sie heute sehr häufig anzutreffen ist, zu einer Herausforderung für die Durchführung von Reflexion werden. Die zeitliche Arbeitsstruktur bietet kaum Raum, um sich Gedanken zur eigenen Praxis zu machen oder sich mit Kolleginnen und Kollegen darüber auszutauschen (Valli, 1997). Die Arbeit der Lehrperson findet ausserdem oft in Isolation von Berufskolleginnen und -kollegen statt (Hadar & Brody, 2010). Gegenseitige Unterrichtsbeobachtungen mit dem Ziel der Unterrichtsentwicklung werden nur selten, und oft auch ungern, durchgeführt (Valli, 1997).

Damit die in diesem Kapitel erwähnten Schwierigkeiten und Probleme nicht zum Tragen kommen bzw. so gut wie möglich verhindert werden können ist es umso wichtiger, dass Lehrpersonen die für die individuelle und gemeinsame Reflexion nötigen kognitiven, sozialen, motivationalen und zeitlichen Ressourcen zur Verfügung stehen. Dies gelingt nur, wenn die dazu notwendigen Einstellungen und Fähigkeiten bewusst, explizit und systematisch entwickelt werden (Etscheidt, Curran & Sawyer, 2012).

4.7 Zusammenfassung und abschliessende Bemerkungen

Die Reflexion im Lehrberuf hat in den letzten Jahren viel Aufmerksamkeit erhalten (Luttenberg & Bergen, 2008). Nachdem sich vorerst primär die angelsächsische Pädagogik dafür interessiert hat, wird der Reflexion inzwischen auch in deutsch-französischen Sprachgebieten grosse Bedeutung zugemessen. Sofern die Reflexion bewusst und gezielt eingesetzt wird, kann sie bedeutende Einwirkung auf die berufliche Entwicklung der Lehrperson haben. Sie ist die Grundlage für die eigene Unterrichtsentwicklung und ein wichtiger Bestandteil der professionellen Lehrerarbeit und der Schulentwicklung. Darüber hinaus kann die Reflexion helfen, die persönlichen und beruflichen Grenzen zu erkennen, das Wohlbefinden zu steigern und einen frühzeitigen Ausstieg aus dem Lehrberuf zu verhindern.

Gemäss diesen Ausführungen besteht kein Zweifel, dass die Reflexion im Lehrberuf ein grosses Potenzial birgt. Allerdings kann von angehenden und praktizierenden Lehrpersonen nicht erwartet werden, dass sie sich automatisch der Reflexion widmen, oder wie es Reiman (1999, S. 598) ausdrückt: „Considered a milestone skill for professional practice (Schön, 1987), reflection is not, however, necessarily automatic." Die gezielte Förderung der Reflexion wurde deshalb vielerorts zu einem wichtigen Bestandteil der Aus- und Weiterbildung von Lehrpersonen und diverse Programme zur Begünstigung der Reflexion wurden ausgearbeitet (z.B. von Felten, 2005; Korthagen & Vasalos, 2005; Jay & Johnson, 2002; Zeichner & Liston, 1996; Korthagen, 1992). Sinnvollerweise wird bereits in der Ausbildung der Lehrpersonen durch gezielte Massnahmen reflexives Verhalten eingeübt und praktiziert. Reflexion, wie vieles andere im Lehrberuf, ist komplex und es braucht Zeit und die richtige Unterstützung, um reflexives Verhalten zu erlernen. Hinweise dazu sowie einige exemplarisch ausgewählte Praktiken und Methoden wurden in diesem Kapitel erläutert.

Es bleibt die Frage und die Unsicherheit, ob und inwiefern sich Lehrpersonen in der Berufspraxis der Reflexion widmen. Nebst den vielen positiven Aspekten birgt die Reflexion im Lehrberuf auch einige Grenzen und Herausforderungen. „Some argue that teaching is too demanding and complex to expect teachers to be very reflective about their work. What do you think?" (Zeichner & Liston, 1996, S. 12). Empirische Untersuchungen, die das Verhalten von Lehrpersonen zu analysieren und messen versuchen, können helfen, solche Fragen zu beantworten. Allerdings ist dies gemäss der heutigen Befundlage kein einfaches Unterfangen. Das nächste Kapitel widmet sich dieser Thematik.

5 Messung von Kompetenzen im Lehrberuf

Die Anforderungen an die Lehrpersonen sind gestiegen und damit haben sich auch die Kompetenzen diversifiziert, die eine Lehrperson während der Ausbildung und der berufsbiographischen Entwicklung ausbilden sollte. Die Ansprüche an Lehrpersonen wurden empirisch ausgelotet und in kompetenzorientierten Ansätzen definiert. Diese Neuausrichtung kann als Paradigmenwechsel in der Lehrerbildungsforschung bezeichnet werden (Blomberg, Seidel & Prenzel, 2011). Heute liegen nun verschiedene Konzeptualisierungen der professionellen Kompetenzen von Lehrpersonen vor, die länder- und standortspezifische Ausprägungen vorweisen. Noch keine Übereinstimmung scheint jedoch in der Frage der Operationalisierung und damit der Messbarkeit von Lehrerqualifikation vorzuliegen (vgl. Blömeke, Felbrich & Müller, 2008).

Dieses Kapitel soll aufzeigen, wie es um die Diskussionslage zur Messung der Kompetenzen im Lehrberuf steht sowie mögliche Messinstrumente vorstellen und erläutern. Besonderes Augenmerk wird auf die Diskussion der Messung der Reflexionskompetenz gelegt.

5.1 Das Problem der Messung von Kompetenzen

Die Frage der Kompetenzmessung im Lehrberuf ist derzeit international von grossem Interesse. Im Kontext der neueren Leistungsvergleichsstudien zu Schülerleistungen (z.B. PISA oder TIMSS) und ihren Bedingungen wie auch im Rahmen der Diskussion um die Qualität und Wirkung von Lehrerbildung sind die beruflichen Kompetenzen von Lehrpersonen von zentraler Bedeutung. Dies steht allerdings in direktem Gegensatz zu den bislang bestehenden Möglichkeiten einer zuverlässigen und umfassenden Erfassung und Beurteilung der beruflichen Kompetenzen von Lehrpersonen (Terhart, 2007). Denn trotz der grossen Aufmerksamkeit, die diesem Themenbereich entgegengebracht wird, bleiben zentrale Fragen bezüglich des Messens und den messtheoretischen Gütekriterien offen. Die Kritik geht so weit, dass die Reliabilität, Validität und Objektivität der bisherigen Kompetenzdiagnoseverfahren gänzlich in Frage gestellt werden (Oser, Curcio & Düggeli, 2007).

Erhebliche Schwierigkeiten bei der direkten reliablen und validen Erfassung von Lehrerkompetenzen ergeben sich insbesondere dann, wenn Kombinationen von Wissen und praktischem Können erfasst werden sollen (Baumert & Kunter, 2006). Die Schwierigkeiten bei der Beurteilung von beruflichen Fähigkeiten der Lehrperson beruhen gemäss Terhart (2007) auf prinzipiellen als auch auf pragmatischen Gründen:

(1) *Zielvielfalt und Zielunklarheit*: Die Geschichte der Schule und die aktuellen schulpolitischen Debatten zeigen, wie schwierig es war und ist, einen Konsens zu finden, was unter „gutem Unterricht" und damit als erfolgreiche Arbeit einer Lehrperson zu verstehen ist. Das Problem liegt primär in der Existenz normativ und emotional geprägter, konkurrierender Idealbilder von Schule, Unterricht und Lehrerhandeln. Auf der Basis empirischer Forschung konnte allerdings in den letzten Jahren ein recht breiter und konkreter Konsens gefunden werden.

(2) *Frage der Beurteilbarkeit*: Mitbedingt durch solche Hintergrundannahmen treten bisweilen prinzipielle Zweifel auf, ob pädagogisches Handeln von Lehrpersonen hinsichtlich Lernen und Erfahrungsbildung von Schülerinnen und Schülern in einem ‚mechanischen' Sinne so organisiert werden kann, oder darf, dass es sicher zur gewünschten Wirkung bzw. zum Erfolg führt. Die Möglichkeit und Legitimität differentieller Beurteilungen des beruflichen Handelns von Lehrpersonen kann damit insgesamt in Frage gestellt werden.

(3) *Komplexe Anforderungsstruktur*: Über solche prinzipiellen Überlegungen hinaus muss gefragt werden, wie die Arbeitsleistungen einer Lehrperson hinreichend breit und verzerrungsfrei erfasst werden können und welche Kriterien einer zuverlässigen Beurteilung gewählt werden müssen. Die Aufgaben von Lehrpersonen sind umfangreich und komplex. Sie beinhalten nebst den tagtäglichen Arbeiten beim Unterrichten und Erziehen von Schülerinnen und Schülern auch Elternarbeit, persönliche Weiterbildung, Schul- und Unterrichtsentwicklung u.a.m. Die Beurteilung jedes einzelnen Elementes stellt grosse Anforderungen. Zusätzlich müsste für die Bewertung des je individuellen Kompetenzgefüges eine Gewichtung dieser Anforderungen vorgenommen werden.

(4) *Multiple Ursache für Differenzen*: Des Weiteren stellt sich die Frage, wo die Gründe für hohe oder niedrige berufliche Qualitäten einer Lehrperson liegen. Diese können in der Persönlichkeit, im fachlichen Wissen, in der Reflexionsfähigkeit, der Fachkompetenz, dem administrativen Geschick etc. begründet sein. Es fragt sich ausserdem, ob und inwiefern diese Bedingungen für die berufliche Kompetenz von den Lehrpersonen selber bzw. durch die Aus- und Weiterbildung verändert werden können. Die erzeugte Qualität ist überdies von den gegebenen Arbeitsbedingungen einer Schule abhängig.

(5) *Frage nach den praktischen Konsequenzen*: Die gegenwärtige Laufbahnstruktur bzw. das Karrieremuster im Lehrberuf ist bislang unsensibel für den erreichten Entwicklungsstand des je individuellen Kompetenzgefüges. Häufig sind gar konstant ungenügende berufliche Leistungen kein Grund für Massnahmen gegenüber der Lehrperson. Damit stellt sich abschliessend die Frage, warum die Arbeit von Lehrpersonen überhaupt beurteilt werden soll.

In der neueren Forschungsliteratur herrscht Einigkeit darüber, dass die Forschungs-desiderate bei der direkten reliablen und validen Erfassung von Lehrerkompetenzen liegen und in diesem Bereich zukünftig die grössten Anstrengungen vorzunehmen sind (Baumert & Kunter, 2006). Zur Diagnose von Kompetenzprofilen bieten sich gemäss Oser, Curcio und Düggeli (2007) grundsätzlich zwei Verfahren an, einer-seits die direkte Beobachtung und andererseits die Selbstbeobachtung. Der Vorteil der *direkten Beobachtung* liegt darin, dass Kompetenzprofile der Lehrperson auf Grund ihrer tatsächlich geleisteten Performanz beobachtet und beurteilt werden können. Die gezeigten Verhaltensweisen sind im Vergleich zu Selbstbeurteilungen wesentlich komplexer, was zu einer höheren prognostischen wie auch inhaltlichen Validität führt. Nachteile solcher Erhebungsverfahren sind die hohen personellen und finanziellen Aufwendungen sowie schwer zu kontrollierende Störvariablen, wie beispielsweise die praktische Intelligenz der beobachteten Lehrpersonen. Der Vorteil von *Selbstbeurteilungsverfahren* liegt demgegenüber in der ökonomischen Durchführbarkeit und der verfahrensbedingt hohen Auswertungsobjektivität. Der Nachteil besteht darin, dass Selbstbeurteilungen die Struktur des Kompetenzprofils nur ungenügend abbilden können. Mit solchen Verfahren wird nämlich lediglich gemessen, wie sich die Lehrperson selbst einschätzt, was allerdings noch nichts über die Qualitätsausprägung aussagt.

Die von Oser, Curcio und Düggeli (2007) benannten Verfahren bilden gleich-sam die beiden Pole, zwischen denen sich die Kompetenzmessung und Kompe-tenzcharakterisierung bewegt. Durch das Verfahren der Beobachtung wird metho-dologisch nach objektiven Kompetenzmessverfahren gesucht, die eine Kompetenz-beurteilung von aussen gestatten. Die Fremdeinschätzung durch die messende Per-son spielt dabei eine entscheidende Rolle. In solchen Verfahren steht die Hoffnung, Kompetenzen wie naturwissenschaftliche Grössen definieren und messen zu kön-nen. Am anderen Pol steht die Überzeugung, dass eine solche Objektivität für hu-man- und sozialwissenschaftliche Variablen grundsätzlich nicht zu erreichen ist. Es wird nach subjektiven Kompetenzeinschätzungs- und -beschreibungsverfahren ge-sucht, die ein möglichst tief lotendes Kompetenzverstehen ermöglichen. Grossen Wert wird damit auf die Selbsteinschätzung von Kompetenzen und damit die Kom-petenzbeobachtung „von innen" gelegt. Kompetenzbeobachtung kann auf beiden Polen stattfinden, sowohl durch objektive Messverfahren wie durch subjektive Ein-schätzungsverfahren. Für die reale Kompetenzmessung sind ausserdem nicht nur Verfahren auf dem einen oder anderen Pol denkbar, vielmehr bewegen sich viele Kompetenzmessverfahren zwischen dem objektiven und dem subjektiven Pol (Er-penbeck & von Rosenstiel, 2003).

Für Oser, Curcio und Düggeli (2007) besteht das Ziel darin, Messverfahren zu konzipieren, die die Vorteile der beiden Messverfahren nützen und gleichzeitig deren Nachteile eliminieren. Sie selber haben in ihrer Untersuchung einen solchen Zugang gewählt, indem eine Mischform zwischen direkter Beobachtung und Selbstbeurteilung eingesetzt wurde. Die Versuchspersonen mussten das Verhalten einer Drittperson beobachten und beurteilen, wodurch der Zugang zur Struktur des Kompetenzprofils der beobachtenden Person ermöglicht werden soll. Die Vorgehensweise ist wie folgt: (1) Eine Person A beobachtet das gefilmte Unterrichtsverhalten einer Person B in Bezug auf einen definierten Standard. (2) Die Person A wird in einem zweiten Schritt gebeten, das beobachtete Lehrerverhalten der Person B anhand bestimmter allgemeiner und kompetenzprofilspezifischen Kriterien zu bewerten. (3) Durch die Beurteilung der Person A, die systematisch, theoriegeleitet und nach Kompetenzprofilen getrennt ausgeführt wurde, werden Rückschlüsse auf das Kompetenzprofil der Person A möglich. Auch die dieser Arbeit zu Grunde liegende Studie versucht, die Vorteile beider Messverfahren zu nützen, indem unterschiedliche Instrumente, die sowohl Selbstauskünfte von Lehrpersonen, standardisierte Tests wie auch eine Fremdbeurteilung durch Unterrichtsvideographie umfassen, zum Einsatz kommen (vgl. dazu Kapitel 7).

Da Kompetenzen Dispositionen sind, ist es gemäss Klieme und Hartig (2007) nicht ausreichend, eine einzelne Beobachtung vorzunehmen. „Kompetenzen lassen sich nur auf der Basis einer Palette von Einzelbeobachtungen bei unterschiedlichen Aufgaben bzw. in variierenden Situationen abschätzen. Die konsistente Zusammenfassung solcher Einzelbeobachtungen zu einer Aussage über das individuelle Kompetenzniveau ist das, was in der psychometrischen Fachsprache als Messung bezeichnet wird" (ebd., 2007, S. 24). Als optimal wird ein Verfahren betrachtet, das standardisierte Erhebungen mit grossen Fallzahlen und qualitative Fallstudien kombiniert. Allerdings wird dies nur selten gemacht, da die dafür notwendigen forschungsmethodischen Kompetenzen sehr breit sein müssen (Blömeke, 2007b).

Aus diesen Ausführungen wird deutlich, dass in den letzten Jahren einige Anstrengungen unternommen wurden, um die bestehenden Defizite im Bereich der Kompetenzmessung im Lehrberuf zu beheben. Die theoretischen Überlegungen werden in praktischen Arbeiten umzusetzen versucht, um daraus neue inhaltliche wie methodische Erkenntnisse zu gewinnen. Trotz den Bemühungen bestehen heute noch immer ungeklärte Fragen bzw. nicht überwundene Probleme. „Nun sind Probleme bekanntlich dafür da, dass sie gelöst werden. Insofern trägt jede Studie, die sich an sie heranwagt, zu Fortschritten bei" (Blömeke, 2007b, S. 19). In diesem Sinne ist zu hoffen, dass in Zukunft weitere Bemühungen unternommen werden, die zur Lösung beitragen. Im nächsten Kapitel werden Arbeiten vorgestellt, die sich an das Problem der Analyse und Messung der Reflexionskompetenz gewagt haben.

5.2 Ansätze zur Messung der Reflexionskompetenz

Auf Grund der Forderung nach mehr Reflexion im Lehrberuf gibt es vermehrt Bestrebungen, Ansätze zur Förderung der Reflexion zu bestimmen und in die Aus-
und Weiterbildung der Lehrpersonen zu implementieren. Verschiedene Methoden
wurden bereits in Kapitel 4.4 vorgestellt und diskutiert. Trotz der vielfältigen Möglichkeiten, die eingesetzt werden können, um die Reflexion zu fördern, gibt es bislang wenige empirische Befunde darüber, ob die Bestrebungen auch die intendier-
ten Ziele erreichen können (Fat'hi & Behzadpour, 2011). Verschiedene Autoren
haben sich mit diesem Problem auseinander gesetzt und Ansätze zur Messung und
Überprüfung der Qualität von Reflexionsprozessen aufgestellt. Solche Arbeiten
sind bis heute jedoch noch nicht sehr zahlreich und insbesondere im englischen
Sprachraum vorzufinden. Obwohl der Begriff ‚Reflexion' schon seit der Einführung von Dewey im Jahre 1903 verwendet wird, sind die Bemühungen zur Messung bzw. Quantifizierung von Reflexionsprozessen noch relativ neu (Abou Baker
El-Dib, 2007). Eine Auswahl von zentralen Arbeiten soll hier vorgestellt und diskutiert werden.

5.2.1 Die Ausführungen zum ‚reflective practitioner' von Schön

Die Überlegungen von Schön (1983) waren zentral für viele nachfolgende Arbeiten. In seinem oft zitierten Buch „The Reflective Practitioner" äussert er sich kritisch zur technischen Rationalität, die die professionelle Praxis des 20. Jahrhunderts
geprägt hat (Zeichner & Liston, 1996). Seine Ausführungen zur reflexiven Praxis
waren auch eine Reaktion auf diese instrumentelle Auffassung von Unterricht. Mit
technical rationality wird ein Verhalten bezeichnet, das zielgerichtet, zweckbe-
stimmt und routinisiert abläuft, und damit unreflektiert bleibt. Schön schlägt ein
neues Handlungsmodell vor und bezieht sich dabei auf die fundamentalen Ideen
von Dewey (1993), die er aufgenommen und weiterentwickelt hat (Leitch & Day,
2000). Reflexion umfasst bei Schön (1983, 1987) drei unterschiedliche Formen, die
nicht unbedingt einen Entwicklungscharakter, sondern eher eine zeitliche Differenzierung aufweisen.

Die „reflection-in-action" findet inmitten einer Handlung statt und ist damit
stillschweigend im Denkprozess enthalten, der das Handeln begleitet. Es findet dabei eine ständige Interaktion zwischen dem Handeln und der Reflexion statt, die es
ermöglicht, die aktuelle Tätigkeit zu verändern, und daraus etwas zu lernen. Die
„reflection-on-action" findet dagegen erst nach der Handlung statt. Durch das bewusste Überlegen und Analysieren der vorangehenden Tätigkeit sollen Erkenntnisse für das weitere Handeln gewonnen werden (Leitch & Day, 2000). Eine dritte Art
der Reflexion wird als „reflection-for-action" bezeichnet und ist die gewünschte

Folge der anderen beiden Formen der Reflexion. Sie ist dafür verantwortlich, dass die Lehrperson über zukünftige Handlungen nachdenkt und diese plant (Yost, Sentner & Forlenza-Bailey, 2000).

Mit seinen Ausführungen hat Schön kein Modell zur Messung oder Quantifizierung von Reflexionsprozessen vorgesehen. Seine Ideen werden jedoch von verschiedenen Autoren zur Analyse von Reflexionsprozessen verwendet. Als interessant und einzigartig wird insbesondere der Aspekt der Zeit in Schöns Reflexionsbegriff angesehen (vgl. hierzu auch Kapitel 3.2 und 4.1).

5.2.2 Das Drei-Ebenen-Modell von van Manen

Die Überlegungen von van Manen (1977) gehen auf die Arbeiten von Habermas (1974) zurück. Begründet durch die theoretischen Ausführungen von Habermas unterscheidet er drei Ebenen der Reflexivität.

Auf der ersten Ebene steht die „technical reflection" (vgl. Fund, Court & Kramarski, 2002). Für den Praktiker ist hier der Weg zum Ziel im Vordergrund und nicht das Ziel selber. Um ein bestimmtes Ziel zu erreichen, bezieht sich der reflektierende Praktiker auf die formale Anwendung von pädagogischem Wissen und auf elementare curriculare Prinzipien. Leider gibt es bis heute noch keine eindeutige Aussage darüber, welche Prinzipien am besten zum gewünschten Ziel führen. Es gibt nicht die beste Methode, vielmehr existiert eine Vielzahl an Methoden, aus denen für die entsprechende Situation die jeweils beste Methode ausgewählt werden muss. Allerdings existiert keine Regel, wie die Auswahl am effektivsten getroffen werden soll. Aus diesem Grunde wird die Auswahl häufig nach technokratischen Auswahlkriterien gefällt, die mit ökonomischen Mitteln einen hohen Nutzen bzw. bestmöglichen Erfolg versprechen. Stellt dies das Hauptkriterium für die Auswahl der Methode dar, ist dadurch eine bestimmte Einschränkung des Handlungsspielraumes in Kauf zu nehmen. Wird diese Beschränkung von den handelnden Personen erkannt, entsteht der Wunsch nach einer Entscheidungsgrundlage höherer Ebene (van Manen, 1977).

Diese Ebene der Reflexion ist näher an der Praxis und baut auf Erfahrungswissen auf. Der Handelnde bezieht sich auf persönliche und kulturelle Erfahrungen, Meinungen, Vorurteile, Auffassungen und Annahmen, die er überprüft und analysiert, um seine eigenen Handlungen danach auszurichten. Das Ziel auf dieser Ebene der Reflexion ist, das Wesen und die Qualität von pädagogischen Erfahrungen zu verstehen und geeignete Entscheidungen zu treffen. Um jedoch den Wert von erzieherischen Zielen und Erfahrungen abzuwägen, ist eine Reflexion auf dem höchsten Niveau erforderlich (van Manen, 1977).

Erst auf dem höchsten Niveau der Reflexivität geht die handelnde Person auf politisch-kulturelle bzw. sozial-historische Überlegungen ein. Sie reflektiert über den Wert von Wissen und die sozialen Voraussetzungen, die nötig sind, um die Sinnfrage überhaupt zu stellen. Dabei wird konstant kritisch über das Dasein von Institutionen, Vorherrschaft und repressive Formen von Autorität nachgedacht. Als Norm gilt ein verzerrungsfreies Bild des Zusammenlebens, das Raum lässt für ungezwungene Kommunikation. Damit ist gemeint, dass keine repressive Dominanz und keine Asymmetrie bzw. Ungleichheit zwischen den Teilnehmern von pädagogischen Prozessen vorhanden sein sollte. Erziehungsprozesse sollten auf der Basis von Gleichheit, Gerechtigkeit und Freiheit ablaufen und erstrebenswerte Ziele verfolgen. Eine Person, die ihre Handlungen auf höchstem Niveau reflektiert, wird solche Überlegungen konsequent mit einbeziehen (van Manen, 1977).

5.2.3 Das Modell von Harrington et al. auf der Grundlage der Theorie des lebenslangen Lernens

Die Arbeit von Harrington, Quinn-Leering und Hodson (1996) orientiert sich an den Überlegungen von Dewey (1933). Zentrale Inhalte bilden die Ausführungen Deweys zur Aufgeschlossenheit, Pflichtbewusstheit und Ernsthaftigkeit. Harrington et al. sind der Ansicht, dass das Zusammenspiel dieser drei Eigenschaften die Grundlage für eine aufgeschlossene Haltung von Lehrpersonen darstellt. Diese Aufgeschlossenheit zeichnet sich dadurch aus, dass Lehrpersonen nicht lediglich ihr eigenes Klassenzimmer im Fokus haben, sondern darüber hinaus auch übergeordnete soziale sowie politische Kontexte reflektieren (Harrington, Quinn-Leering & Hodson, 1996).

Der theoretische Hintergrund der Arbeit liegt in wissenschaftlichen Arbeiten zum lebenslangen Lernen begründet. Die Autoren beziehen sich dabei auf die Modelle verschiedener Autoren (z.B. Belenky, 1986; Kegan, 1982; Kohlberg, 1981) zur epistemologischen und moralischen Entwicklung sowie der Entwicklung des Selbst. Aufbauend auf diesen Konzepten wird die kritische Reflexion folgendermassen operationalisiert: (1) Andere Perspektiven erkennen und anerkennen können, was von den Autoren als „open-mindedness" bezeichnet wird; (2) die moralischen und ethischen Konsequenzen von Entscheidungen berücksichtigen (wird von den Autoren mit „responsibility" bezeichnet); (3) die Beschränkungen der eigenen Voraussetzungen erkennen und klären, wenn Entscheidungen getroffen werden (was von den Autoren als „whole-heartedness" benannt wird). Die ersten beiden Konzepte, also die „open-mindedness" und die „responsibility", beziehen sich auf die Reflexion über andere und die eigenen Verpflichtungen gegen-über anderen. Das unter (3) erwähnte Konzept der „whole-heartedness" hingegen bezeichnet die

Selbstreflexion über persönliche Voraussetzungen, die die Fähigkeit, andere zu hören und Verpflichtungen ihnen gegenüber wahrzunehmen, einschränken könnten (Harrington, Quinn-Leering & Hodson, 1996). Kritische Reflexion auf hohem Niveau, die nicht durch einen egozentrischen Fokus limitiert ist, findet auf allen drei Ebenen statt.

5.2.4 Das Modell von Hatton und Smith auf der Grundlage von theoretischen und empirischen Überlegungen

Die beiden Autoren haben sich für die Konzeption eines eigenen Forschungsprojektes mit bestehenden Modellen zur Definition und Analyse von Reflexion auseinandergesetzt. Sie kommen dabei zur Einsicht, dass die bereits bestehende Literatur nur vage Grundlagen für eine Evaluation der Reflexion liefert. Auf der Grundlage der Literatur und der eigenen empirischen Daten entwarfen die Autoren deshalb ein eigenes Modell, um Anzeichen von Reflexion feststellen und festhalten zu können.

Hatton und Smith (1995) beziehen sich bei der Analyse der empirischen Daten primär auf schriftliche Berichte, in denen Studierende über die Faktoren reflektiert haben, die ihr Denken und Handeln beeinflusst haben. Aus der Untersuchung konnten die beiden Autoren vier Schreibstile identifizieren, von denen drei als unterschiedliche Formen von Reflexion definiert wurden. Es sind dies „descriptive reflection", „dialogic reflection" und „crititical reflection". Die vierte Form des „descriptive writing" wird von den Autoren nicht als reflexiv bezeichnet, da es sich dabei lediglich um das Darstellen von Ereignissen oder von Literatur handelt.

Auf der Grundlage dieser empirischen Befunde und in Anlehnung insbesondere an die Ausführungen von Schön (1983) wurde ein Modell konzipiert, welches verschiedene Typen von Reflexion expliziert (Hatton & Smith, 1995, S. 45).

Tabelle 2:   Drei Ebenen Modell von Hatton und Smith (1995)

Reflection type	Nature of reflection	Possible content
„Reflection-in-action" (Schön, 1983,1987) Addressing IMPACT concerns after some experience in the profession	5. **Contextualization of multiple viewpoints** Drawing on any of the possibilities 1-4 below applied to situations as they are actually taking place	Dealing with on-the-spot professional problems as they arise (thinking can be recalled and then shared with others later)
	4. **Critical** (social reconstructionist), seeing as problematic, according to ethical criteria, the goals and practices of one's profession	Thinking about the effects upon others of one's actions, taking account of social, political and/or cultural forces (can be shared)

Reflection-on-action (Schön, 1983; Smith & Lovat, 1990; Smith & Hatton, 1992, 1993) addressing TASK and IMPACT concerns in the later stages of a preservice program	3. **Dialogic** (deliberative, cognitive, narrative) weighing competing claims and viewpoints, and then exploring alternative solutions 2. **Descriptive** (social efficiency, developmental, personalistic), seeking what is seen as 'best possible' practice	Hearing one's own voice (alone or with another) exploring alternative ways to solve problems in a professional situation Analysing one's performance in the professional role (probably alone), giving reasons for actions taken
Technical rationality (Schön, 1983; Shulman, 1988; Van Manen, 1977), addressing SELF and TASK concerns early in a program which prepares individuals for entry into a profession	1. **Technical** (decision-making about immediate behaviours or skills), drawn from a given research/theory base, but always interpreted in light of personal worries and previous experience	Beginning to examine (usually with peers) one's use of essential skills or generic competencies as often applied in controlled, small scale settings

Die Autoren sehen mindestens fünf spezifische Formen der Reflexion vor, die gemäss ihrer Ansicht klar identifiziert werden können. Jede Form der Reflexion wird als wichtig und nützlich angesehen, obwohl das Modell hierarchisch aufgebaut ist und als wünschenswertes Ziel für jede professionelle Lehrperson die oberste Ebene der „reflection-in-action" vorsieht. Die unterste Ebene, welche als „technical" bezeichnet wird, gilt als wertvoller Ausgangspunkt, auf deren Grundlage die weiteren Formen eingesehen und erlernt werden können (Hatton & Smith, 1995).

5.2.5 Das Rahmenmodell zur Messung von pädagogisch reflexivem Denken von Sparks-Langer et al.

Auch die Arbeit von Sparks-Langer, Simmons, Pasch, Colton und Starko (1999) entstand im Zusammenhang mit eigenen empirischen Daten, für deren Analyse ein Auswertungsinstrument entworfen wurde. Bei der Konzeption des Instruments bezogen sich die Autoren auf Gagnés Hierarchie des Denkens (1971) sowie auf Van Manens Idee der kritischen Reflexion (1977). Darauf aufbauend entwickelten die Autoren ein Modell, das sieben verschiedene Typen der Reflexion unterscheidet. Die sieben Ebenen sind:

(1) Die niedrigste Ebene, auf welcher keine beschreibenden Ausführungen vorkommen.

(2) Eine ganz einfache, laienhafte Beschreibung der Unterrichtsgeschehnisse.

(3) Die reflektierende Person kann Unterrichtsvorkommnisse erkennen und mit entsprechenden pädagogischen Konzepten in Verbindung bringen.

(4) Eine Unterrichtssituation wird anhand von theoretischem Wissen oder persönlichen Präferenzen erklärt.

(5) Die Unterrichtssituation kann mit Hilfe von Prinzipien oder Theorien erklärt werden.

(6) Die Erklärung der Unterrichtsbegebenheit beinhaltet neben Prinzipien und Theorien auch Kontextfaktoren, wie beispielsweise Ausführungen über Schülereigenschaften, Fachinhalte oder Aspekte der Gesellschaft.

(7) Die Erklärung berücksichtigt auch moralische, ethische oder politische Fragen.

Auch das Modell von Sparks-Langer et al. (1999) ist hierarchisch aufgebaut und geht demnach davon aus, dass auf der ersten Ebene die niedrigste Form von Reflexion stattfindet, während auf der Ebene 7 die höchste Stufe vorzufinden ist.

5.2.6 Das zweistufige Modell von Fund et al. zur Inhaltsanalyse von Reflexion

Fund und ihre Mitarbeitenden haben verschiedene Modelle zur Analyse von Reflexion evaluiert und festgestellt, dass diese zumeist aus zwei Dimensionen bestehen. Das Instrument zur inhaltsanalytischen Evaluation von Reflexion ist deshalb auch zweidimensional entworfen und baut auf den Ideen von Louden (1992) auf.

Eine Dimension bildet der Gegenstand des Geschriebenen (also der Inhalt), die andere Dimension bezeichnet die Form des Geschriebenen. Beide Ebenen werden in weitere Komponenten unterteilt. Auf der ersten Dimension der Inhalte unterscheiden Fund, Court und Kramarski (2002) drei Teilaspekte:

(1) „Subject matter-content": betrifft das „Was", also die erzieherischen Inhalte, welche erläutert werden.

(2) „Didactic content": betrifft das „Wie", die Lehr-Lern-Strategien und Methoden, die in der Lektion angewendet wurden, um die Inhalte zu vermitteln.

(3) „Personal content": Es wird über die eigene Person in der Unterrichtslektion oder die Konsequenzen des eigenen Handelns berichtet.

Auf der Dimension der Form werden vier Kategorien unterschieden, die in Anlehnung an das Modell von Hatton und Smith (1995) definiert sind:

(1) „Description" sind lediglich Beschreibungen, die kein hohes Niveau der Reflektion darstellen.

(2) „Personal opinion" spiegeln die Bedenken, Zurückhaltung oder das Einverständnis der Person zum Gegenstand wider. Solche Überlegungen schliessen auch eigene Erfahrungen mit ein.

(3) „Linking" betrifft das bewusste oder unbewusste Anknüpfen an bestehendes Wissen oder Literatur. Diese sind jedoch eigenständig und werden nicht weiter elaboriert.

(4) „Critical bridging" beinhaltet breitere Abwägungen und Überlegungen über ein bestimmtes Problem oder bestimmte Inhalte der Lektion. Es werden auch mögliche alternative Auffassungen aus der Literatur diskutiert, generelle erzieherische Folgerungen erwähnt und es wird über allfällige zukünftige Verhaltensweisen nachgedacht.

	Description	Personal Opinion	Linking	Critical Bridging
Subject-Matter Content	1. Describes the „what", issues and contents learned in the lesson.	4. Personal concern of the „what", including links to previous experience (LPE), and „what I've learned from the „„what"". The concern relies on feelings and intuitions, not on scientific basis.	7. Connects the „what" to papers or previous knowledge; associative links.	10. Critical analysis of the „what", with other opinions; gives evidence from the literature (EFL); generalices; reaches general conclusions abou the „what": Suggesting alternatives with explanations and reasons.
Didactic Content	2. Describes „how" the lesson was taught.	5. Personal concern of the „how", including LPE, and „what I've learned from the ‚how'". The concern relies on feelings and intuitions, not on scientific basis.	8. Suggests possible reasons for the „how" using previously learned concepts without explicit linking to literature. Makes associative links to literature but does not further develop it.	11. Connects the „how" to papers or previous learned knowledge; generalizes; reaches general conclusions about the „how". Suggests alternatives with explanations and reasons. Poses considerations makes judgments.
Personal Content	3. Student describes himself or herself in the lesson.	6. Personal insight about himself or herself as a student, teacher, human being, etc.	9. Explicit awareness to the linking and connecting process he/she employs.	12. Critical analysis of himself or herself in the context of the lesson. General conclusions about „my way as a teacher", based on knowledge and literature.

Abb. 6: Zweistufiges Modell von Fund, Court und Kramarski (2002)

In der Abbildung 6 werden die beiden oben erwähnten Dimensionen miteinander in Verbindung gebracht und erläutert (Fund, Court & Kramarski, 2002, S. 492).

Auch in diesem Modell wird zwischen Reflexion auf höherer Stufe und Reflexion auf niederer Stufe unterschieden. Die ersten beiden Dimensionen („description" und „personal opinion") werden als „low-level reflection" eingestuft, während die anderen beiden Dimensionen („linking" und „critical bridging") als „higherlevel reflections" bezeichnet werden. Gemäss den Ausführungen von Flower und Hayes (1981) stehen die unterschiedlichen Reflexionsebenen auch mit der Gedächtnisleistung in Verbindung. So sollen die beiden höheren Ebenen der Reflexion mehr Leistung des Langzeitgedächtnisses gebrauchen, „description" und „personal opinion" auf niederer Ebene nehmen weniger Langzeitgedächtnis in Anspruch (Fund, Court & Kramarski, 2002).

Das Modell von Fund et al. (2002) ist als eine Art Matrix zu verstehen, in der die zwei Ebenen senkrecht und waagrecht zusammenspielen. Nur wenn die beiden Ebenen, die als Form und Inhalt (siehe oben) bezeichnet werden, kombiniert zur Anwendung kommen, ist ein Erkennen unterschiedlicher Reflexionsgrade möglich.

5.2.7 Das Assessment-Tool von Abou Baker El-Dib

Eine neuere Studie aus Ägypten setzt sich mit der Messung von reflexivem Denken bei Aktionsforschung auseinander. Abou Baker El-Dib (2007) führte seine Untersuchung mit je 50 Studierenden im dritten und vierten Ausbildungsjahr zur Englischlehrperson durch, wobei das vierte auch das letzte Jahr der Ausbildung ist. Die Lehrerstudierenden der betreffenden Jahrgänge wurden in einem Kurs in die Aktionsforschung eingeführt und angewiesen, selber im nächsten Unterrichtspraktikum eine kleine Untersuchung im Sinne der Aktionsforschung durchzuführen. Die schriftlichen Protokolle der Arbeit wurden nach dem Praktikum eingefordert und aus jedem Jahrgang davon zufällig fünfzig ausgewählt, die sodann auf deren Qualität hin analysiert wurden.

Für die Ausarbeitung des Assessment-Tools wurden verschiedene bestehende Instrumente durchgesehen. Es wurde daraus entnommen, dass Reflexion auf mehr als nur einer Stufe verortet werden kann und sich bestimmte Kriterien für die unterschiedlichen Niveaus festlegen lassen. Das Fazit der Meta-Analyse lautet wie folgt: „In other words, a tool should show multiplicity of levels, features of each level should embody the development from habitual rigid thinking to deep, multiple and larger contextual visionary thinking" (Abou Baker El-Dib, 2007, S. 28).

Diese Erkenntnisse bildeten die Grundlage für die Ausarbeitung des Analyseinstrumentes. Da es sich um eine Studie mit Aktionsforschung handelt, wurden die drei Phasen der Aktionsforschung (planning, action und reviewing) im Auswertungstool integriert. Für jede Phase der Aktionsforschung wurden vier Stufen der Reflexion unterschieden, wobei die Stufe 0 jeweils die niedrigste, die Stufe 3 die höchste Qualität aufweist. Für den Autor der Studie ist es eindeutig, dass Reflexion auf verschiedenen Qualitätsstufen stattfindet und diese somit auch gemessen werden können. Seine Arbeit betrachtet Abou Baker El-Dib (2007) als ein Vorschlag, wie eine Einschätzung der Reflexionsqualität vorgenommen werden könnte.

Planning	0	Describes the problem without considering its possible reasons.
Problem	1	Describes the problem giving a single cause and effect reason (e.g. they
Statement		misbehave because they hate school).
	2	Describes the problem considering possible multiple reasons.
	3	Describes the problem considering multiple reasons including larger societal, ethical or cultural reasons.
Plan of	0	Decides to take an action at a procedural level without further consideration of the action, its reasons/rationale.
action	1	Decides to investigate multiple actions without giving a rationale for any.
	2	Decides to investigate multiple actions giving a single reason or rationale for each action.
	3	Decides to investigate multiple actions giving multiple reasons or rationales for each relating them to other theories/readings.
Acting	0	Gives no report of procedures followed and how he actually conducted the plan (e.g. I followed the plan).
	1	Describes the actions he took giving specific examples of how he carried out the plan.
	2	Describes the actions showing an awareness of the inadequacies, complexities and limitations of his work.
	3	Describes the actions showing awareness of the possible negative and positive consequences of them. (Punishing students might keep them quiet but it may not make them learn).
Reviewing	0	Showing satisfaction/dissatisfaction with action(s) taken without giving reasons/or giving simple reason(s) and proposing no further actions.
	1	Showing satisfaction/dissatisfaction with action(s) taken giving reasons, drawing conclusions and proposing further action(s).
	2	Showing satisfaction with actions giving reasons but expressing awareness of limitations of action and proposing further action.
	3	Showing satisfaction/dissatisfaction with actions giving reasons and showing awareness of one's own beliefs and their possible limitations relating them to other societal, cultural or ethical issues and proposing further actions or visions.

Abb. 7:   Analyse-Tool für Aktionsforschung nach Abou Baker El-Dib (2007)

5.2.8 RIFE: Reflection Instrument for Education

Einen weiteren Beitrag zur Messung von Reflexion leisten Weinberger und Seyfried (2009) mit dem Reflection Instrument for Education. Das Instrument besteht aus sechs Fotos, die verschiedene Unterrichtssituationen abbilden. Die Fotos werden den Probanden (angehenden oder erfahrenen Lehrpersonen) vorgelegt mit der Bitte, zu jedem Foto ihre Gedanken schriftlich festzuhalten. Für die Auswertung der schriftlichen Reflexionen legten Weinberger und Seyfried (2009, S. 89) folgende Kriterien fest:

- Descriptive statements: stay within the evidence given; are of the type „X is the fact"; are verifiable through observation.
- Interpretations: assign some meaning or intent to what is being perceived; express what we think about a situation; are not verifiable through observation.
  (a) Interpretations with observer-awareness: are of the type „I think X means ..."; the person is conscious of the fact that he or she is the originator of this interpretation. He or she can also express grammatically the relation to the reality of a statement (e.g. through the use of modifying verbs, comment adverbs or subjective).
  (b) Interpretations without observer-awareness: are of the type „X means ..."; the person claims that the interpretation applies to the situation; the person is not aware that he or she is the originator of this interpretation.
- Interrogative statements: are of the type „Why/how does X happen?" or „What can be done to X?"
- Explanative statements: ground in one or more theories one uses to explain the situation. The theories can have their base either in individual prior experience (subjective theory) or in scientific evidence (scientific theory).
  (a) Explanative statements with observer-awareness: are of the type „I think that if X, then Y" (hypotheses) or „I think, X is the fact because of Y" (explanation). Observer-awareness refers to reflective thinking.
  (b) Explanative statements without observer-awareness: are of the type „If X, then Y" (hypotheses) or „X is the fact because of Y" (explanation). Missing observer-awareness refers to less pronounced reflective thinking.

Das Instrument wurde durch die Autoren mit 74 Studierenden an der Privaten Pädagogischen Hochschule der Diözese Linz in der Studieneingangsphase erprobt. Die Ergebnisse zeigen, dass in den Reflexionen der Studierenden hauptsächlich drei Arten von Statements vorkommen: description, interpretation with und interpretation without observer-awareness. Die anderen beiden Formen, die gemäss den

Autoren wichtige Elemente einer Reflexion darstellen (interrogative statements und explanative statements), sind nur sehr selten vorhanden. Die Erklärung für das Fehlen dieser beiden Formen in den Reflexionen der Studierenden suchen Weinberger und Seyfried (2009) nicht in den Fähigkeiten der Studierenden, sondern im methodischen Vorgehen. Bemängelt wird einerseits die Instruktion, die bei der Untersuchung an die Studierenden abgegeben wurde, und die als zu vage eingestuft wird, um einen vollständigen Reflexionsprozess auszulösen. Andererseits wird der Inhalt der Fotos als ungeeignet taxiert, da er nicht aus der Erlebniswelt der Studierenden selber stammt und damit als zu wenig anregend für die Reflexion erlebt wird. Aus diesem Grunde sehen die Autoren vor, das Instrument, dem sie grundsätzlich grosses Potenzial zusprechen, noch weiter zu erproben und zu entwickeln.

5.2.9 Zusammenfassung und Diskussion der vorgestellten Modelle

In diesem Kapitel wurden verschiedene Arbeiten zur Analyse und Messung von Reflexion zusammenzutragen. Es fällt dabei auf, dass die meisten Arbeiten nicht aus dem deutschen Sprachraum stammen.[10] Es zeichnet sich demgemäss eine Dominanz bzw. ein empirischer Vorsprung bezüglich der Reflexionsforschung im angelsächsischen Raum ab (vgl. Kapitel 4.1).

Zwischen den einzelnen Modellen können zwar Unterschiede festgestellt werden, insgesamt sind sie jedoch sehr ähnlich konzipiert. Die Überschneidungen resultieren daraus, dass die einzelnen Autoren keine gänzlich neuen Modelle entworfen, sondern sich jeweils auf die Arbeiten anderer Forschungsgruppen bezogen haben.

Bei allen Modellen werden verschiedene Ebenen der Reflexion unterschieden, wobei jede Stufe ein anderes Anspruchsniveau kennt. Bei Schön (1983, 1987), van Manen (1977) und Harrington, Quinn-Leering und Hodson (1996) werden drei Ebenen unterschieden. Abou Baker El-Dib (2007) und Weinberger und Seyfried (2009) sehen vier Stufen vor, die Konzepte von Hatton und Smith (1995), Sparks-Langer, Simmons, Pasch, Colton und Starko (1999) sowie Fund, Court & Kramarski (2002) unterscheiden fünf bzw. sieben unterschiedliche Formen der Reflexion.

Unterschiedliche Ansichten bestehen für das unterste Anspruchsniveau einer Reflexion. Für die meisten Autoren bildet das Beschreiben von Handlungen oder

---

10 Auch im deutschen Sprachraum gibt es weitere Arbeiten, die sich mit der Reflexion im Lehrberuf beschäftigen (bspw. Schneider & Wildt, 2009; Fischer, Rieck & Lobemeier, 2008; Seyfried & Seel, 2006; 2005). Allerdings steht im Zentrum dieser Arbeiten nicht primär die Analyse bzw. Messung von Reflexionsprozessen, weshalb sie an dieser Stelle nicht erwähnt sind.

Geschehnissen die unterste Ebene des Modells, bei Sparks-Langer et al. (1999) ist jedoch noch eine Ebene vorgesehen, die ein geringeres Anspruchsniveau als die Deskription vorsieht. Hatton & Smith (1995) hingegen sind der Ansicht, dass das Darstellen von Handlungen nicht als Reflexion zu beurteilen sei, da es lediglich ein Beschreiben, und nicht ein Reflektieren sei.

Obwohl unterschiedliche Vorstellungen bezüglich der Anzahl der zu differenzierenden Niveaus und die Definition des untersten Anspruchsniveaus vorhanden sind, sind sich die Autoren grundsätzlich einig über die Kriterien zur Begründung der einzelnen Ebenen. Die unteren Reflexionsniveaus sind jeweils dadurch erklärt, dass lediglich Beschreibungen auf der persönlichen Ebene stattfinden, die allenfalls durch eigene Erfahrungen oder Vorstellungen belegt bzw. erklärt werden. Solche Überlegungen bleiben deshalb sehr eingeschränkt, weil sie lediglich die aktuelle Situation und den eigenen kleinen Bezugsrahmen betreffen.

Auf höheren Stufen der Reflexion wird der Blickwinkel geöffnet, indem nicht mehr nur die persönlichen Gedanken und Erfahrungen bzw. individuelle Ziele beachtet werden. Inhalte der Reflexion werden nun auch spezifisch begründet, indem auf bekannte Literatur oder pädagogische Konzepte zurückgegriffen wird. Daneben werden auf den höchsten Ebenen der Reflexion ethische, moralische und politische Überlegungen miteinbezogen.

Zusammenfassend können die Gemeinsamkeiten der unterschiedlichen Ansätze auf drei Kernaspekte, die gleichsam die zu unterscheidenden Niveaus der Reflexion darstellen, festgehalten werden (Larrivee, 2008, S. 90):

1. an initial level focused on teaching functions, actions or skills, generally considering teaching episodes as isolated events;
2. a more advanced level considering the theory and rationale for current practice; and
3. a higher order where teachers examine the ethical, social, and political consequences of their teaching, grappling with the ultimate purposes of schooling.

Bei Schön (1983, 1987) und Hatton und Smith (1995) wird für die Differenzierung der Reflexionsprozesse auch der zeitliche Faktor eingebunden. Es wird prinzipiell zwischen der „reflection-on-action" und der „reflection-in-action" unterschieden, was so explizit bei den anderen Autoren nicht erwähnt wird. Die „reflection-in-action", die während der eigentlichen Handlung stattfindet, wird bei Hatton und Smith (1995) als das anzustrebende Ziel einer professionellen Lehrperson bezeichnet. Diese Art der Reflexion stellt die höchsten Erwartungen an die Lehrperson, da sie nach ganz unterschiedlichen Arten von Reflexion und den Einbezug multipler

Perspektiven verlangt. Sie setzt gemäss Hatton und Smith (1995) auch beträchtliche Erfahrung voraus und kann demnach nicht von einem Novizen erwartet werden. Obwohl die Fähigkeit, direkt während der Handlung Reflexionsprozesse auszuführen, gehobene Ansprüche an die Person stellt, einige Erfahrung voraussetzt und in bestimmten Situationen von Bedeutung ist, stellt sich doch grundsätzlich die Frage, ob diese Art der Reflexion auf höchstem Niveau anzusiedeln ist. Wie in Kapitel 2.3.1 ausgeführt wurde, werden professionelle Lehrerhandlungen sehr oft durch implizites Wissen gesteuert, das im Moment der Handlung unbewusst zur Anwendung kommt. Gerade dieses Wissen macht es aus, dass das Handeln von Experten flüssig erscheint. Es ist deshalb unwahrscheinlich, dass im Prozess des professionellen Handelns Reflexionsprozesse auf hohem Niveau ablaufen können (vgl. Doyle & Ponder, 1977-78). Es scheint viel wichtiger sein, dass nach der Handlung gezielte Reflexion stattfinden kann, die eine gute Qualität aufweist und dadurch Verhaltensmuster aufbrechen kann, die bislang unbewusst geblieben sind und dadurch verbessert werden können (vgl. dazu Kapitel 2). Hilfreich ist dabei, bereits in der Reflexion mögliche Handlungsalternativen vorzusehen. Dies wird in den Ausführungen von Schön (1983, 1987), Hatton & Smith (1995), Fund, Court & Kramarski (2002) sowie Abou Baker El-Dib (2007) auch berücksichtigt und zumeist den oberen Anspruchsniveaus zugeordnet. Bei den anderen Autoren wird das Benennen von Handlungsalternativen nicht explizit erwähnt.

5.2.10 Kann und soll man Reflexionsfähigkeit messen?

Die Ausführungen im vorherigen Kapitel zeigen, dass es von verschiedenen Seiten her Bestrebungen gibt, die Reflexionsprozesse von Lehrpersonen zu untersuchen und auf ihre Qualität hin zu prüfen. Die wichtigsten Resultate der bereits bekannten empirischen Studien werden im nachfolgenden Kapitel vorgestellt. In den Arbeiten findet man auch einige kritische Anmerkungen bezüglich der Messung von Reflexionsfähigkeit. Diese gehen insbesondere darauf ein, dass es schwierig sei, verschiedene Stufen der Reflexion zu definieren und diese anschliessend übereinstimmend festzustellen. So merken einige Autoren an (z.B. Sparks-Langer et al., 1999; Sumsion & Fleet, 1996), dass es je nach Beschaffenheit der Daten bzw. der Differenziertheit der Auswertungsinstrumente schwierig sei, eine angemessene Übereinstimmung zwischen zwei unabhängigen Beurteilern zu erreichen. Ausserdem wird bemängelt, dass viele Studien sich auf die Auswertung von schriftlichem Material der Lehrpersonen beziehen, wie beispielsweise Lernjournale oder Portfolios. Mit solchen schriftlichen Unterlagen wird allerdings nicht nur die Fähigkeit zur Reflexion, sondern auch die Fähigkeit, die Reflexionsprozesse schriftlich darzustellen, gemessen. Für Lehrpersonen, die mit der Formulierung solcher Dokumente Mühe bekunden, wird sich dies demnach negativ auf die Darstellung der Reflexion bzw. die Beurteilung der Qualität der Reflexion durch die Forscher auswirken (Sumsion & Fleet, 1996; Abou Baker El-Dib, 2007). Sumsion und Fleet (1996) sind deshalb der Ansicht, dass die Definition und Messung von Reflexion als problematisch bezeichnet werden muss, solange nicht mehr darüber bekannt ist.

Eine weitere Kritik betrifft die Auffassung vieler Autoren, Reflexion auf höherem Niveau, zumeist als kritische Reflexion bezeichnet, sollte moralische, politische und ethische Gesichtspunkte miteinbeziehen. Bemängelt wird, dass in der knappen Zeit, die für die Aus- und Weiterbildung der Lehrpersonen zur Verfügung steht, nicht noch Energie für die Bearbeitung solcher Gesichtspunkte vergeudet werden sollte; zumal die Lehrpersonen solchen Anforderungen ohnehin kaum nachkommen könnten. Gemäss Etscheidt, Curran & Sawyer (2012) werden moralische, politische, soziale und kulturelle Aspekte des Unterrichtens in der Ausbildung von Lehrpersonen deshalb nur am Rande thematisiert. Zeichner (1994) hat auf diese Kritik reagiert und ist grundsätzlich damit einverstanden, dass das Erlernen von kritischer Reflexion nicht einfach ist. Nicht einverstanden ist er jedoch damit, dass die kritische Reflexion zu hohe Anforderungen an Lehrpersonen stellt oder die Schule eine zu repressive Umgebung darstellt, die keinen Platz für derartige Reflexion zulässt. Als Antwort auf die Kritik schlägt Zeichner (1994) vor, nicht mehr von verschiedenen Stufen der Reflexion auszugehen, die hierarchisch anzuordnen sind, sondern eher von unterschiedlichen Bereichen, die alle wichtig und nötig sind.

Trotz den kritischen Bemerkungen, die durchaus ihre Berechtigung haben, konnten verschiedene Autoren erfolgreich Studien zur Förderung und Messung von Reflexion realisieren. Obwohl es derzeit weder eine einheitliche Definition noch anerkannte Messmethoden für die Reflexion gibt, können weitere Forschungsprojekte dazu beitragen, diese offenen Fragen zu klären, um in Zukunft kompetenter damit umzugehen. „Can the qualities of a reflective (and an intuitive) practitioner be defined? I think we have tried and should continue to do so" (Ghaye, 2000, S. 141).

Das nächste Kapitel soll einen Einblick in die Resultate bisheriger Forschungsarbeiten gewähren.

5.3 Bisherige empirische Befunde im Bereich der Reflexionsforschung

Empirische Studien zur Messung der Reflexionsfähigkeit bei Lehrpersonen sind noch wenig verbreitet und zumeist im angloamerikanischen Sprachraum zu verorten. Die Forschungsprojekte waren bislang meistens in Form von Interventionsstudien angelegt. Häufig wurden von den Lehrpersonen dabei schriftliche Reflexionen verlangt, die danach auf die Qualität der Reflexion hin untersucht wurden. Vereinzelt wurden auch andere Forschungsmethoden eingesetzt, wie Unterrichtsvideos oder Interviews. Einige Studien nahmen zudem einen Vergleich zwischen Experten und Novizen vor. Die wichtigsten Erkenntnisse und Resultate dieser Studien sollen in diesem Kapitel aufgezeigt werden.

5.3.1 Resultate aus Interventionsstudien

Eine Studie an der University of Sydney in Australien (Hatton & Smith, 1995) arbeitete während eines Jahres mit zwei Gruppen zu 26 und 34 Studierenden, die sich im vierten Jahr ihres Studiums befanden. Die Studierenden wurden an Strategien herangeführt, die die Reflexion fördern sollen. Die Aktivitäten kamen sowohl im Rahmen ihrer beruflichen Ausbildung an der Universität wie auch im Berufspraktikum zur Anwendung. Es wurde von den Studierenden verlangt, dass sie vor, während und nach dem Praktikum über die Entwicklung ihrer Fähigkeiten auf unterschiedliche Art reflektieren. Sie mussten dazu in der Planungsphase vor dem Praktikum Gespräche mit Peers führen und während sowie nach dem Praktikum schriftliche Berichte verfassen, in denen sie über die Wirkfaktoren ihres Denkens und Handelns bei der Durchführung und Evaluation von Unterricht im Praktikum reflektierten. Für die Auswertungen der Intervention wurden schriftliche Berichte und Selbstevaluationen der Studierenden, kurze Aufnahmen vom Unterricht (lediglich sieben Minuten) sowie 20-minütige Gruppeninterviews verwendet. Mit der Studie wollten die Forscher untersuchen, ob die eingeführten Strategien dazu führen, dass die Studierenden zu einer reflexiven Praxis angeregt werden können, und falls ja, welche Typen und Muster von Reflexion festgestellt werden können und welche Strategien sich am besten eignen.

Die Forschungsgruppe konnte in den schriftlichen Kommentaren am ehesten Anzeichen von Reflexionsprozessen feststellen. Bei deren Analyse konnte sie vier Schreibtypen definieren, wovon drei als unterschiedliche Arten von Reflexion festgelegt wurden. Die vier Typen benannten sie als „descriptive writing", „descriptive reflection", „dialogic reflection" und „critical reflection". Der erste Schreibtyp „descriptive writing" wird als nicht reflexiv bezeichnet, da dort lediglich Ereignisse beschrieben oder Literatur wiedergegeben wird (Hatton & Smith, 1995). (Die Beschreibung der einzelnen Reflexionstypen ist in Kapitel 5.2.4 zu finden).

Erfreulicherweise konnten in praktisch allen schriftlichen Dokumenten Reflexionsprozesse gefunden werden. Lediglich ein Dokument wies keine reflexiven Elemente auf. Die grösste Anzahl konnten die Forscher mit 60–70% aller kodierten Einheiten der „descriptive reflection" zuordnen, was zugleich die niedrigste Stufe der Reflexion darstellt. Ansätze der Reflexion auf höchster Stufe, der „critical reflection", konnten bloss in drei Textdokumenten gefunden werden. In rund der

Hälfte der Dokumente kamen nicht nur eine, sondern mehrere Arten der Reflexion vor, zu Beginn der schriftlichen Kommentare zumeist „descriptive reflection" gefolgt von „dialogic reflection" (Hatton & Smith, 1995).

Um die Entwicklung der Reflexion zu fördern, scheint insbesondere die Zusammenarbeit in einer „critical friend"-Partnerschaft hilfreich zu sein. Offensichtlich ist die Zusammenarbeit mit einer vertrauten Person ein äusserst wirkungsvolles Mittel, um Reflexionsprozesse anzuregen. Der gemeinsame Austausch gibt die Möglichkeit, die eigenen Gedanken und Ideen darzulegen, zu diskutieren und kritisch zu hinterfragen. Dadurch können persönliche Einstellungen, Ideen und Handlungen überprüft und allenfalls geändert werden. Ein zweites Instrument, das sich als förderlich für die Reflexion erwies, waren gemeinsame Diskussionen über gefilmte Lektionsausschnitte. Die Gespräche fanden im Rahmen von Peer-Gruppen statt und wurden durch eine Betreuungsperson der Universität begleitet.

Einen kritischen Punkt sehen die Autoren in der qualitativen Analyse der schriftlichen Dokumente der Studierenden. So merken sie an, dass bei der Beurteilung der Texte nach der Qualität der Reflexion auch die inhaltliche Gestaltung und die Art der Formulierung eine Rolle spielen. Dadurch könnte eine ungewollte Verzerrung der Beurteilung erfolgen, wenn die Studierenden nicht über die nötigen Fähigkeiten verfügen, die formalen und stilistischen Anforderungen beim Schreiben der Texte zu erfüllen (Hatton & Smith, 1995).

In Anlehnung an Hatton und Smith (1995) konzipierte eine Forschergruppe aus Israel eine Studie, die schriftliche Reflexionsprozesse von Studierenden zu mehreren Zeitpunkten zu messen und Entwicklungen festzustellen versuchte (Fund, Court & Kramarski, 2002). Die Studierenden eines Semesterkurses in Unterrichtsdidaktik wurden gebeten, jede Woche eine schriftliche Reflexion über die letzte Lektion abzugeben. Für die Ausarbeitung der Berichte hatten sie eine Liste mit möglichen Fragestellungen zur Verfügung, konnten jedoch auch frei und ohne Vorlagen arbeiten. Die Texte wurden von der Lehrperson gelesen und kommentiert wieder an die Studierenden zurückgegeben. Ab der achten Woche wurden die Studierenden ausserdem angewiesen, ihre Texte auszutauschen und sich gegenseitig Feedback zu geben. Am Ende des Kurses wurden die Dokumente von zwanzig Studierenden zu je vier Zeitpunkten analysiert.

Bei der Auswertung nach der Qualität der Reflexion konnten vier verschiedene Entwicklungsmuster festgestellt werden. Über den Semesterverlauf gab es einerseits eine deutliche Abnahme an deskriptiven Beiträgen und andererseits eine klare Zunahme an kritischen Reflexionsbeiträgen. Inhaltlich blieben die Beiträge während der vier Messzeitpunkte bestimmt durch persönliche Erklärungen und Ausführungen. Wurden in den Texten anfänglich kaum Verbindungen zu Vorwissen oder Literatur gezogen, stieg die Anzahl beim zweiten Messzeitpunkt auf das Doppelte an, um danach im vierten Zeitpunkt wieder fast auf den Ausgangspunkt zu sinken. Die Resultate bestätigen gemäss den Autoren die Annahme, dass es möglich ist mit entsprechenden Methoden die Reflexionsfähigkeit zu fördern und zu verbessern. Auf Grund der konstant hoch bleibenden Anzahl an persönlichen Kommentaren und Erklärungen sind sie der Meinung, dass der Reflexionsprozess grundsätzlich persönlich sei und dies auch sein sollte (Fund, Court & Kramarski, 2002).

In der bereits erwähnten Untersuchung von Abou Baker El-Dib (2007) wurde eine Intervention bei Lehrerstudierenden im dritten und vierten Studienjahr durchgeführt. Die angehenden Englischlehrpersonen mussten nach einer Einführung in die Aktionsforschung selber ein kleines Forschungsprojekt im Berufspraktikum durchführen und protokollieren. Die schriftlichen Texte von insgesamt 100 Studierenden wurden auf die Qualität der Reflexionsprozesse hin untersucht. Da sich die teilnehmenden Studierenden am Ende ihrer Ausbildung befanden, wurde erwartet, dass mindestens 50% der Studierenden ein überdurchschnittliches bis hohes Reflexionsniveau erzielen.

Die Analyse der Texte ergab, dass insgesamt lediglich 5% der Studierenden ein überdurchschnittliches bis hohes Niveau erreichten. Die Reflexion der restlichen 95% befand sich auf einem unterdurchschnittlichen bis tiefen Niveau. Auf diesem tiefen Niveau können die angehenden Lehrpersonen ihr eigenes Handeln zwar beschreiben und bewerten, jedoch kaum das eigene Handeln begründen oder alternative Handlungsmöglichkeiten nennen. Die Planung und Durchführung der eigenen Lehrtätigkeit wird somit wenig hinterfragt, die eigenen Überzeugungen sowie übergeordnete gesellschaftliche, ethische und kulturelle Rahmenbedingungen werden nicht beachtet.

Der Autor der Studie (Abou Baker El-Dib, 2007) schliesst aus diesen Resultaten, dass die angehenden Lehrpersonen in Ägypten wenig Bewusstsein für die multiplen Gründe für schulische Probleme noch für die eigenen oder fremden Handlungsmotive haben. Sie scheinen sich ausserdem über die Konsequenzen ihrer Entscheidungen sowie über ihre Aufgabe als zukünftige Lehrpersonen nicht im Klaren zu sein. Die Gründe für das enttäuschende Abschneiden der Studierenden im Bereich der Reflexion werden in der Ausbildung gesucht, die es offenbar nicht schafft, das Theorie-Praxis-Problem zu überwinden. Was in den Kursen gelehrt wird, wird von den Studierenden nicht aktiv aufgenommen und kann somit für die Reflexion von Unterricht auch nicht verwendet werden.

Das Projekt SINUS-Transfer Grundschule ("Steigerung der Effizienz des mathematisch-naturwissenschaftlichen Unterrichts") in Deutschland war ein fünfjähriger bundesweiter Modellversuch zur Weiterentwicklung des Mathematikunterrichts und des naturwissenschaftlichen Sachunterrichts an Grundschulen (Meentzen & Stadler, 2010). Koordiniert wurde das Projekt seit 2004 vom Kieler Leibniz-Institut für die Pädagogik der Naturwissenschaften (IPN) unter der Leitung von Prof. Dr. Manfred Prenzel. Die Lehrkräfte der beteiligten Schulen arbeiteten kollegial zusammen und stützten ihre Arbeit auf einige der SINUS-Module, die vom Projekt ausgearbeitet und zur Verfügung gestellt wurden. Das Ziel des Programmes war die Weiterentwicklung und Verbesserung des Unterrichts. Als Begleitung des Arbeitsprozesses nutzten die Lehrpersonen ein spezifisches Instrument – das Logbuch – das auch zur wissenschaftlichen Evaluation durch die Projektgruppe genutzt wurde. Die Logbücher wurden darauf hin untersucht, wie Lehrpersonen sie für die regelmässige Planung, Orientierung, Durchführung, Dokumentation und Reflexion der kollegialen Arbeit einsetzten und wie sie die Möglichkeiten der gemeinsamen Planung und Verständigung über alternative Handlungsmöglichkeiten im Unterricht ausnützten. Die Logbücher wurden während der Studie dreimal eingesetzt und qualitativ evaluiert. Eine Fragestellung der Untersuchung war, ob die Logbücher von den Lehrpersonen für die Reflexion genutzt werden und welche Qualität die Reflexion aufweist (Fischer, Rieck & Lobemeier, 2008).

Für die Analyse der Logbücher wurde ein Kategoriensystem erstellt, das fünf Hauptkategorien enthält, wobei jeder Kategorie weitere Unterkategorein zugeordnet sind. Die fünf Hauptkategorien sind die folgenden: Ziele, Tätigkeiten, Arbeitsproben, Reflexion und kollegiale Kooperation. Reflexion wird als ein Nachdenken über Ziele und Tätigkeiten definiert, sofern erkennbar ist, dass Ziele und Tätigkeiten aufeinander bezogen sind. Die Durchsicht der Dokumente ergab, dass im ersten Messzeitpunkt im Jahr 2006 bei einer Stichprobengrösse von 50 bei 30% eine Reflexion zu finden ist, im zweiten Messzeitpunkt im darauf folgenden Jahr von 57 Dokumenten mit 55% rund die Hälfte reflexive Elemente aufweisen. Zur Beurteilung der Qualität der Reflexion wurden mehrere Informationen berücksichtigt: systematische Reflexion (Bezug auf Ziele und Module), Formulierung neuer Ziele aus der vorausgegangenen Arbeit, regelmässige Reflexion unter Beteiligung der Gruppe. Bei der ersten Stichprobe 2006 konnten Reflexionen, die diese Kriterien erfüllen, in nur 10% der Logbücher gefunden werden. Die Auswertung der Logbücher der zweiten Stichprobe 2007 zeigte, dass die berichteten Tätigkeiten stärker auf Ziele und Module bezogen waren als dies 2006 der Fall war. In wenigen Logbüchern konnten formulierte Ziele gefunden werden, die aus der vorangegangen Arbeit entwickelt worden waren (Fischer, Rieck & Lobemeier, 2008).

Durch die Intervention konnte ein Anstieg von Reflexionen in den Logbüchern erreicht werden, trotzdem konnte in fast der Hälfte der Stichprobe 2007 keine Reflexion gefunden werden. Systematisches und perspektivisches Reflektieren war sogar nur in ca. 10% der Logbücher sichtbar. Die Lehrpersonen gaben in projektinternen Fortbildungsveranstaltungen an, mindestens einmal täglich individuell über einzelne Kinder oder den Unterricht nachzudenken. Anscheinend bleibt es jedoch bei diesem individuellen, spontanen und pragmatischen Nachdenken. Ein gemeinsames, systematisches und perspektivisches Reflektieren über Ziele und Tätigkeiten scheint noch nicht zur selbstverständlichen Praxis von Lehrkräften zu gehören. Fischer, Rieck & Lobemeier (2008) sehen hier vermehrten Bedarf an Weiterbildungsmassnahmen.

5.3.2 Resultate von Studien mit Experten-Novizen-Vergleich

In der Studie von Sato, Akita und Iwakawa (1993) wurden Videos eingesetzt, um das laute Denken anzuregen und dadurch Einsicht in den Reflexionsprozess der Lehrpersonen zu erhalten. Je fünf Expertenlehrpersonen und Novizen erhielten eine Videoaufnahme einer Unterrichtslektion zugesandt. Es handelte sich dabei um eine Poesielektion einer Lehrperson mit fünfzehn Jahren Berufserfahrung. Die Probanden hatten die Aufgabe, das Video anzuschauen und es mündlich zu kommentieren, sowie nach der Betrachtung des gesamten Videos eine kurze schriftliche Zusammenfassung über ihre Gedanken zu verfassen. Die mündlichen Kommentare auf Kassette und die schriftlichen Dokumente wurden qualitativ wie auch quantitativ analysiert, um die unterschiedlichen Denkarten von Experten und Novizen auszumachen.

Die Analyse ergab, dass sich die Antworten der Expertenlehrpersonen in verschiedenen Bereichen deutlich von denen der Novizen unterscheiden. Die Unterschiede waren besonders ausgeprägt in den mündlichen Kommentaren und viel weniger in den schriftlichen.

Die mündlichen Ausführungen der Expertenlehrpersonen enthielten etwa doppelt so viele Ideeneinheiten wie die der Novizen, die Anzahl der Wörter war sogar fast sieben Mal grösser als bei den Novizen. Die Kommentare unterschieden sich jedoch nicht nur quantitativ, sondern auch qualitativ, indem die Experten mehr elaborative Inhalte vorwiesen als die Novizen. Ausserdem betrachteten die Experten die Unterrichtslektion aus mehreren (mindestens zwei) Gesichtspunkten (Lehren und Lernen), während sich die Novizen lediglich auf eine Sichtweise einliessen und somit die andere ignorierten oder als nicht relevant einschätzten (Sato, Akita und Iwakawa, 1993).

Die Aussagen zu den Aspekten des Lehrens und Lernens wurden von den Autoren noch genauer untersucht. Sie stellten fest, dass bei den Novizen sowohl bei den Aussagen zum Lernen als auch zum Lehren häufig Fakten (32.4% und 92.7%) benannt wurden. Bei den Experten enthielten die Aussagen zum Lernen hingegen zu 43.5% Erklärungen und Begründungen und bei den Aspekten des Lehrens insbesondere Verbesserungsmöglichkeiten und Interpretationen (39% und 20.2%). Die Autoren schliessen daraus, dass die Experten fähig sind, mehrere Perspektiven einzunehmen und sich in die Situation, die Schülerinnen und Schüler wie auch die Lehrperson hineinversetzen können. Sie nehmen das Unterrichtsgeschehen damit aktiv wahr und sind bereit, Unterrichtsprozesse zu analysieren und sich gedanklich darauf einzulassen. Novizen hingegen nehmen ihre Rolle lediglich passiv wahr, indem sie die Aktivitäten der Lehrperson und der Schülerinnen und Schüler hauptsächlich auf der reinen Beobachtungsebene beschreiben. Des Weiteren beziehen sich die Aussagen der Experten deutlich häufiger auf Kontextinformationen und schliessen inhaltliche sowie kognitive Faktoren mit ein. Bei den Novizen wurden solche Aussagen kaum gefunden (Sato, Akita und Iwakawa, 1993).

Die Arbeit von Krull, Oras und Sisask (2007) aus Estland kommt mit einer vergleichbaren Studie zu ganz ähnlichen Resultaten. Je fünf Expertenlehrpersonen und Novizen durften sich freiwillig das Unterrichtsvideo einer Grammatiklektion einer erfahrenen Lehrperson anschauen und dieses kommentieren. Die Lehrpersonen sollten dabei alles, was sie dachten und fühlten beim Betrachten des Videos laut äussern. Die Aussagen wurden danach in neun unterschiedliche Ideeneinheiten eingeteilt. Sieben der neun Einheiten wurden von Gagnés (1980) didaktischem Modell abgeleitet, die anderen zwei betreffen Aussagen zum Verhalten und zur Atmosphäre im Klassenzimmer.

Der Vergleich der gefundenen Ideeneinheiten zeigte, dass sich die Aussagen der Experten zu den Novizen in vier der neun Bereiche signifikant unterscheiden. Wie bereits Sato et al. (1993) festgestellt hatten, konnte auch hier gezeigt werden, dass Novizen das Unterrichtsgeschehen lediglich auf der Oberfläche wahrnehmen und in ganz allgemeinen Begriffen beschreiben, was im Unterricht passiert. Expertenlehrpersonen hingegen reflektierten den Unterricht kritischer und bezogen in ihre Aussagen verschiedene Aspekte des Unterrichtsgeschehens ein. Sie nehmen damit mehr Details des Unterrichts wahr und können die beobachteten Geschehnisse besser interpretieren. Die Aussagen der Expertenlehrpersonen wurden von der Forschergruppe als bedeutungsvoller eingestuft. Die Aussagen und Interpretationen der Novizen waren hingegen vielfach nicht passend oder falsch. Insgesamt stellten Krull et al. (2007) nicht nur qualitative Unterschiede fest, sondern auch quantitative. Die Expertenlehrpersonen sprachen fast doppel so viel (gemessen an der Anzahl der Wörter) und produzierten dabei auch mehr Ideeneinheiten als die Novizen. Allerdings wurde auch eine grosse Heterogenität innerhalb der beiden Gruppen festgestellt.

5.3.3 Zusammenfassung und Diskussion der dargestellten bisherigen Forschungsresultate

In unterschiedlichen Studien wurde bislang versucht, die Reflexion von Lehrpersonen zu untersuchen und zu messen. Dabei wurden verschiedene methodische Ansätze und Untersuchungsanlagen gewählt. Trotzdem kamen die Forschungsgruppen in unterschiedlichen Ländern zu sehr ähnlichen Ergebnissen. Reflexion ist in allen Studien nur sehr begrenzt vorhanden. Entweder weisen die schriftlichen oder mündlichen Dokumente insgesamt kaum reflexive Elemente auf, oder sie befinden sich auf eher tiefem Niveau. Eine Reflexion auf hohem Niveau konnte in allen Studien nur sehr selten gefunden werden. Die Interventionsstudien konnten jedoch zeigen, dass durch eine sinnvolle Fortbildung im Bereich der Reflexion eine Verbesserung erzielt werden kann. Als erfolgreich wurde insbesondere die gemeinsame Arbeit in Peer-Gruppen sowie die Arbeit mit Unterrichtsvideos bewertet (Hatton & Smith, 1995).

Die Studien mit Experten-Novizen-Vergleich (Sato, Akita und Iwakawa, 1993; Krull, Oras und Sisask, 2007) fanden sowohl quantitative und qualitative Unterschiede in den Reflexionen der Untersuchungsteilnehmerinnen und -teilnehmer. In beiden Studien konnte gezeigt werden, dass die Reflexionen der Experten sowohl mehr Ideeneinheiten beinhalten als auch insgesamt mehr Wörter enthalten. Die Reflexion der Experten ist also ausführlicher und reichhaltiger als diejenige der Novizen. Die Experten reflektierten kritischer unter der Bezugnahme von mehreren Gesichtspunkten und Aspekten und nannten mehr Begründungen, Interpretation und Verbesserungsmöglichkeiten. In der Reflexion der Novizen hingegen waren mehr Fakten zu finden und Beschreibungen auf der Oberfläche des Geschehens.

Gemäss den bisherigen Studien muss angenommen werden, dass Lehrpersonen kaum oder nur sehr individuell und zufällig reflektieren. Sofern Reflexion stattfindet, ist diese auf der Grundlage der in den Studien verwendeten Messverfahren auf tiefem Niveau zu verorten. Ein gezieltes, systematisches Reflektieren auf hohem Niveau konnte äusserst selten gefunden werden. Experten besitzen im Vergleich zu Novizen gemäss diesen Studien eine höhere Reflexionskompetenz. Damit liegen erste Erkenntnisse zur Reflexionsfähigkeit von Lehrpersonen vor und es ist interessant, diese Resultate mit den Ergebnissen der nachfolgend dargestellten eigenen Untersuchung zu vergleichen.

5.4 Abschliessende Bemerkungen

In diesem Kapitel wurde vorerst die allgemeine Diskussionslage über die Messung von Kompetenzen im Lehrberuf dargestellt, um nachher spezifisch auf die Analyse und Messung von Reflexionskompetenz einzugehen. Es wurden bestehende Modelle zur Analyse von Reflexion dargestellt sowie Resultate aus bisherigen Untersuchungen erläutert. Aus den Ausführungen wird deutlich, dass sich die Bemühungen im Bereich der Kompetenzmessung im Lehrberuf seit einigen Jahren intensiviert haben. Trotzdem sind noch keine allgemein anerkannten Instrumente und Messverfahren ausgearbeitet. Vielmehr sind die bisherigen Arbeiten Schritte auf dem Weg zu diesem Ziel. Auf diesen aufbauend müssen nächste Schritte geplant und durchgeführt werden, um durch die so gewonnenen Erkenntnisse dem Ziel (Kompetenzen im Lehrberuf möglichst valide und reliabel messen zu können) ein Stück näher zu kommen.

Die Erkenntnisse der bisherigen Arbeiten sind auch eine wichtige Grundlage für die eigene Untersuchung. Auf der Basis bereits vorliegender Instrumente wurde ein eigenes Instrument zur Analyse von Reflexion konzipiert und angewendet. Beachtet wurden dabei unterschiedliche Aspekte der bestehenden Instrumente, die um weitere Bereiche, die aus theoretischer Sicht als wichtig erachtet werden, ergänzt wurden. So entstand ein vergleichsweise umfassendes Analyseinstrument, das erlaubt, ein detailliertes Bild der Reflexion über Unterricht zu zeichnen.

Was an den erwähnten früheren Studien vermisst wird, ist ein Vergleich unterschiedlicher Daten. Die Analysen beruhen hauptsächlich auf den mündlichen oder schriftlichen Dokumenten der Lehrpersonen. Eine Verbindung zu weiteren Daten, beispielsweise Schülerfragebögen oder Videodokumenten, fehlt weitgehend. Der Einbezug solcher Daten könnte die gesamte Erkenntnislage erweitern. In der eigenen Untersuchung wurden deshalb verschiedene Instrumente und Methoden mit unterschiedlichen Perspektiven eingesetzt. In den nachfolgenden zwei Kapiteln werden die inhaltlichen und methodischen Fragestellungen und Überlegungen dargestellt und erläutert.

EMPIRISCHER TEIL

6 Zielsetzung und Fragestellungen der eigenen Untersuchung

Die Reflexion im Lehrberuf ist seit einigen Jahren ein wichtiges Thema sowohl an den Aus- und Weiterbildungsstätten als auch in der internationalen Bildungsforschung (z.b. Fook, White & Gardner, 2006; von Felten, 2005; Jay & Johnson, 2002; Zeichner & Liston, 1996). Der Grund für dieses Interesse liegt darin, dass der Reflexion ein hohes Potenzial für die berufliche Entwicklung der Lehrperson zugesprochen wird. Durch die Reflexion können handlungssteuernde subjektive Theorien aufgedeckt und bearbeitbar gemacht werden. Allein oder im Austausch mit anderen können begründete Lösungen für Praxisprobleme gefunden, Handlungsalternativen geplant und in der Praxis umgesetzt und erprobt werden. Dadurch kann das Handeln nachhaltig und nachweislich verändert werden, was eine wichtige Voraussetzung für die berufliche Weiterentwicklung bildet. Reflexion über Praxiserfahrungen spielt damit eine entscheidende Rolle beim Lernen und Kompetenzerwerb (u.a. Altrichter & Posch, 2007; Wahl, 2006, 2001, 1991; Korthagen, 1992, 1999; Boud, Keogh und Walker, 1988; Schön, 1987). Darüber hinaus kann sie helfen, die persönlichen und beruflichen Grenzen zu erkennen, den Einstieg ins Berufsleben zu erleichtern, das Wohlbefinden zu steigern und damit einen verfrühten Ausstieg aus dem Beruf zu verhindern (Akbari, 2007; Dauber, 2006; Brookfield, 1995; Stokking, Leenders, de Jong & Tartwijk, 2003).

„But reflective practice, like so many other things in education, is complex" (Ducharme & Durcharme, 1996, S. 83). Demgemäss kann von angehenden wie erfahrenen Lehrpersonen nicht erwartet werden, dass sie automatisch und ohne Ausbildung Reflexion betreiben. Reflexion muss erlernt und geübt werden (Etscheidt, Curran & Sawyer, 2012). Dazu braucht es auf Seiten der Lehrperson bestimmte kognitive und volitionale Voraussetzungen, die nach Dewey (1933) als „openmindedness", „whole-heartedness" und „responsibility" bezeichnet werden können. Neben der persönlichen Bereitschaft der Lehrperson sind es ausserdem die richtige Unterstützung sowie sinnvolle Praktiken und Methoden, die den Erwerb von Reflexionsfähigkeit fördern und unterstützen. In jüngster Zeit sind deshalb einige Bestrebungen zu beobachten, Ansätze zur Förderung von Reflexion im Lehrberuf zu konzipieren und in der Aus- und Weiterbildung von Lehrpersonen zu implementieren (vgl. Kapitel 4.4). Auch die Pädagogische Hochschule Zürich hat mit der entsprechenden Formulierung eines Standards die Ausbildung der Studierenden darauf ausgerichtet und damit die aktuelle Diskussion aufgenommen (vgl. Kapitel 4.4.1).

Im Vergleich zu den theoretischen Überlegungen und praktischen Bemühungen im Bereich der Reflexion sind empirische Studien, die sich mit der Umsetzung von Reflexion in der Berufspraxis, der Analyse von Reflexionsprozessen oder der Messung der Reflexionskompetenz beschäftigen, relativ selten anzutreffen. Ein Defizit besteht insbesondere im deutsch-französischen Sprachraum, da hier das Interesse erst viel später und in geringerem Ausmass eingesetzt hat als in den angelsächsischen Ländern. Die wenigen bisherigen Resultate zeigen, dass sich die Reflexionsfähigkeit der erfahrenen Lehrpersonen quantitativ und qualitativ von derjenigen der jungen Lehrpersonen unterscheidet, sich insgesamt aber auf einem eher tiefen Niveau befindet. Die Erkenntnisse zur Reflexionsfähigkeit und -praxis bleiben allerdings bislang sehr begrenzt und viele Fragen sind noch unbeantwortet (vgl. u.a. Bengtsson, 1995; Hatton & Smith, 1995; Fund, Court & Kramarski, 2002; Abou Baker El-Dib, 2007; Zeichner & Liston, 1996; Boshuizen, 2004). Die eigene empirische Untersuchung soll hier einen Beitrag leisten und den Erkenntnisstand im Bereich der Reflexion im Lehrberuf erweitern.

In Anlehnung an die theoretischen Ausführungen der vorherigen Kapitel geht die eigene Untersuchung den folgenden Fragestellungen nach:

(1) *Reflexionsbereitschaft*:
Wie gross ist die Bereitschaft von jungen und erfahrenen Lehrpersonen, den eigenen Unterricht zu reflektieren? (vgl. dazu Kapitel 8 und 10)
Die bisherigen theoretischen und empirischen Arbeiten zeigen, dass Lehrpersonen nicht immer bereit sind, sich auf Reflexionsprozesse einzulassen (vgl. Kapitel 4.6). Dies kann auf zeitliche, aber auch persönliche Gründe zurückgeführt werden. Mit Frage (1) wird untersucht, mit welcher Bereitschaft die befragten Lehrpersonen sich der Reflexion im Berufsalltag widmen und welche Gründe von den Lehrpersonen dafür genannt werden. Es interessiert dabei ausserdem, ob Unterschiede zwischen jungen und erfahrenen Lehrpersonen festgestellt werden können.

(2) *Reflexionsfähigkeit und ihre Veränderung durch Berufspraxis*:
Wie gross ist die Fähigkeit junger Lehrpersonen zur Analyse des eigenen Unterrichts zu Beginn des ersten Berufsjahres? Inwiefern verändert bzw. entwickelt sich diese Fähigkeit während des ersten Berufsjahres? (vgl. dazu Kapitel 8 und Kapitel 9.1)
In Kapitel 5 wurden verschiedene Instrumente und Studien vorgestellt, die sich mit der Analyse der Reflexionsfähigkeit von Lehrpersonen beschäftigten. Die wenigen bisherigen empirischen Ergebnisse geben ein eher ernüch-

terndes Bild ab. Durch die Untersuchung der Fragestellung (2) sollen die bisherigen Ergebnisse überprüft, erweitert und ergänzt werden. Der Fokus liegt auf der Erfassung und Analyse der Reflexionsfähigkeit junger Lehrpersonen zu Beginn und am Ende ihres ersten Berufsjahres.

(3) *Reflexionsfähigkeit unterschiedlich erfahrener Lehrpersonen*:
Unterscheiden sich junge und erfahrene Lehrpersonen bezüglich der Fähigkeit zur Selbstreflexion des Unterrichts? (vgl. dazu Kapitel 8 und Kapitel 9.1)
Wie bereits in Fragestellung (2) wird hier auf die Erfassung und Analyse der Reflexionsfähigkeit eingegangen. Allerdings liegt die Aufmerksamkeit in dieser Fragestellung auf einem Vergleich der jungen Lehrpersonen mit den erfahrenen Lehrpersonen. Es interessiert dabei, ob die standardorientierte Ausbildung der jungen Lehrpersonen an der Pädagogischen Hochschule Zürich (der Standard 9 bezieht sich explizit auf die Evaluation und Reflexion von Unterricht und Handeln) einen Einfluss auf die Reflexionsfähigkeit hat.

(4) *Reflexion – Kompetenz – Persönlichkeit*:
Welche Zusammenhänge bestehen zwischen der Reflexion der Lehrperson, deren berufspraktischen Kompetenzen und Variablen ihrer Persönlichkeit? (vgl. dazu Kapitel 9)
In der theoretischen Literatur wird davon ausgegangen, dass die Reflexion in Zusammenhang mit der professionellen Kompetenz der Lehrperson sowie Aspekten deren Persönlichkeit steht (vgl. Kapitel 3 und 4). Empirische Studien, die sich mit der Erfassung und Analyse solcher Zusammenhänge beschäftigen, sind bislang jedoch kaum vorhanden (Fat'hi & Behzadpour, 2011). Fragestellung (4) geht darauf ein, indem verschiedene Zusammenhänge zwischen der Reflexion der Lehrperson, deren berufspraktischen Kompetenzen und Variablen ihrer Persönlichkeit geprüft und analysiert werden.
Auf Grund der Komplexität dieser Fragestellung werden folgende Unterfragen verfolgt, die verschiedene Zusammenhänge prüfen:

(4.1) *Eigen- und Fremdbeurteilung*: Stimmen die Eigenbeurteilung des Unterrichts der Lehrpersonen mit der Fremdbeurteilung der SchülerInnen und der externen Beurteilung durch ExpertInnen überein? (vgl. dazu Kapitel 9.1)
Eine gute Reflexion zeichnet sich unter anderem dadurch aus, dass eine adäquate Einschätzung des eigenen Handelns vorgenommen werden kann. Die Studien von Helmke (vgl. z.B. Helmke & Schrader,

2006) zeigen allerdings, dass die Einschätzungen der Lehrpersonen in verschiedenen Bereichen wesentlich von der realen Unterrichtsgestaltung abweichen. Fragestellung (4.1) nimmt diese Thematik auf und untersucht, wie gut die Eigeneinschätzung der Lehrperson mit der Fremdbeurteilung der SchülerInnen und ExpertInnen übereinstimmen.

(4.2) *Reflexion – unterrichtliches Planungswissen – Persönlichkeit – Fremdbeurteilung des Unterrichts*: Welche Zusammenhänge bestehen zwischen dem Reflexionsverhalten der Lehrperson, ihrem Planungswissen, Variablen ihrer Persönlichkeit und der Art und der Qualität ihres Unterrichts? (vgl. dazu Kapitel 9.2)

Diese Fragestellung sucht nach Zusammenhängen zwischen dem Reflexionsverhalten der Lehrperson, Aspekten ihrer berufspraktischen Kompetenz sowie Variablen ihrer Persönlichkeit. Da Untersuchungen dieser Art bislang nicht vorhanden sind, weist die Untersuchung dieser Fragestellung besonders explorativen Charakter auf.

(4.3) *Schriftliche Selbstreflexion – mündliche Selbstreflexion*: Welche Zusammenhänge bestehen zwischen der Selbstreflexion der Lehrpersonen im Reflexionsbogen (schriftlich) und ihrer Reflexion des Unterrichts im Stimulated Recall Interview (mündlich)? (vgl. dazu Kapitel 9.3)

Im Reflexionsbogen haben die Lehrpersonen anhand vordefinierter Items über Unterricht reflektiert (vgl. Kapitel 7.3.2), im Stimulated Recall Interview konnten sie nach selbstgewählten Kriterien reflektieren (vgl. Kapitel 7.3.3). Dadurch verzeichnen die beiden Instrumente unterschiedlichen Charakter und es werden differente Aspekte abgefragt, die jedoch alle die Reflexion von Unterricht betreffen. Mit Fragestellung (4.3) wird geprüft, welche Zusammenhänge zwischen diesen unterschiedlichen Aspekten der Unterrichtsreflexion bestehen. Auch hier ist der explorative Charakter der Fragestellung offenkundig.

(4.4) *Hohe und niedrige Unterrichtsqualität – Reflexion, Planungswissen und Persönlichkeit*: Bestehen Unterschiede zwischen Lehrpersonen mit hoher Unterrichtsqualität und Lehrpersonen mit niedrigerer Unterrichtsqualität in Bezug auf die Reflexion, das Planungswissen und Merkmale ihrer Persönlichkeit? (vgl. dazu Kapitel 9.4)

Theoretisch wird davon ausgegangen, dass Reflexion die Grundlage für persönliche Unterrichtsentwicklung darstellt (vgl. Kapitel 4.4). Auch das Planungswissen und Aspekte der Persönlichkeit können Einfluss auf die Qualität des Unterrichts nehmen (vgl. Kapitel 2.2). Frage

*(4.4.) geht darauf ein und prüft, ob für diese Aspekte Unterschiede
zwischen Lehrpersonen mit hoher bzw. niedriger Unterrichtsqualität
festgestellt werden können.*

(5) *Einstellungen zu und Vorstellungen von Reflexion*:
Welche Einstellungen zur und Vorstellungen von Unterrichtsreflexion haben
junge und erfahrene Lehrpersonen? (vgl. dazu Kapitel 10)

*Ob und mit welcher Qualität Lehrpersonen sich der Reflexion im Berufsall-
tag widmen hängt auch mit deren Einstellungen zu und Vorstellungen von
Reflexion zusammen. Die Erfahrungen mit Unterrichtsbesprechungen in der
berufspraktischen Ausbildung, Besuchen von Schulinspektoren in der Berufspraxis oder reflexiven Elementen der Aus- und Weiterbildung können
hier prägend wirken (vgl. Kapitel 4.6).*

Eine zusätzliche Fragestellung bezieht sich auf den methodischen Bereich der Untersuchung. Es besteht derzeit noch wenig Konsens darüber, wie und inwiefern die
Reflexionskompetenz von Lehrpersonen gemessen werden kann. Auf der Grundlage bestehender Studien wurde in der vorliegenden Arbeit ein eigenes Instrument
zur Analyse der Qualität von Reflexion konzipiert und eingesetzt. Eine sechste
Fragestellung lautet demnach wie folgt:

(6) *Eignung des Datenerhebungsinstrumentes (2) Stimulated Recall Interview
zur Erfassung der Reflexion*: Inwiefern eignet sich das eigene, für die Untersuchung entwickelte Instrument, um die Qualität der Reflexion des Unterrichts durch Lehrpersonen zu erfassen und zu beurteilen? (vgl. dazu Kapitel 11.2)

*Auf Grund der durch die Untersuchung gemachten Erfahrungen und die
dadurch erhobenen Ergebnisse wird eine kritische Einschätzung des Stimulated Recall Interviews vorgenommen.*

Um die Fragen bearbeiten und beantworten zu können, wurden mit Hilfe unterschiedlicher Instrumente Daten von jungen Lehrpersonen im ersten Berufsjahr und
erfahrenen Lehrpersonen erhoben. Die Datenerhebungen mit den jungen Lehrpersonen fanden zu Beginn und am Ende des ersten Berufsjahres statt, so dass eine
Aussage über den Verlauf bzw. die Entwicklung des Verhaltens und der Kompetenzen möglich ist. Die gleichen Datenerhebungen wie mit den Junglehrpersonen
wurden auch mit erfahrenen Lehrpersonen durchgeführt. Der damit mögliche
Quervergleich zeigt, ob und inwiefern sich Junglehrpersonen und berufserfahrene

Lehrpersonen in Bezug auf die Fähigkeit, Unterricht zu reflektieren, voneinander unterscheiden.

Für die Datenerhebungen kamen folgende Instrumente zum Einsatz (alle Instrumente werden im nachfolgenden Kapitel ausführlich erläutert):

(1) *Reflexionsbogen Lehrperson*: eine Selbstbeurteilung der Lehrperson in Bezug auf die eigene Unterrichtslektion sowie zum Nutzen und zur Bereitschaft zur Selbstreflexion in Form von Fragebogenitems (vgl. Kapitel 7.3.2)

(2) *Stimulated Recall Interview:* Reflexion der eigenen videografierten Unterrichtslektion durch die Lehrperson, die bezüglich der Qualität der Reflexion untersucht wird (Teil 1), sowie Angaben zum persönlichen Reflexionsverhalten (Teil 2) (vgl. Kapitel 7.3.3)

(3) *Videografie des Unterrichts:* eine Fremdbeurteilung des Unterrichts durch Kodierung und Rating der videografierten Unterrichtsstunde, die Aussagen zu den Sichtstrukturen und der Qualität des Unterrichts ermöglichen (vgl. Kapitel 7.3.4)

(4) *Fragebogen SchülerInnen:* eine Fremdbeurteilung des Unterrichts durch die Schülerinnen und Schüler in Form von Fragebogenitems (vgl. Kapitel 7.3.5)

(5) *Vignette:* ein Instrument zur Erfassung des Planungswissens der Lehrperson in Form einer schriftlichen Bearbeitung von zwei Problemsituationen (vgl. Kapitel 7.3.6)

(6) *Fragebogen NEO-FFI:* ein Instrument zur Erfassung von Persönlichkeitsmerkmalen der Lehrperson in Form von Fragebogenitems (vgl. Kapitel 7.3.7)

Durch den Einsatz der unterschiedlichen Instrumente können Aussagen zur Reflexionsfähigkeit wie auch zu unterrichtsbezogenen Kompetenzen der Lehrperson gemacht werden. Dadurch können die oben formulierten Fragestellungen bearbeitet werden. Ausserdem gewährt der gewählte Multi-Method-Ansatz einen erweiterten Blick auf die Reflexion der Lehrperson, indem die Daten der unterschiedlichen Instrumente miteinander verglichen und zueinander in Beziehung gesetzt werden können. Besonders der letzte Aspekt wurde in bisherigen Untersuchungen vernachlässigt.

Die nachfolgende Tabelle 3 zeigt, welche Instrumente zur Untersuchung der einzelnen Fragestellungen eingesetzt wurden.

Tabelle 3:   Übersicht über die in der Untersuchung eingesetzten Instrumente (ohne Fragestellung (6))

	Fragestellung (1) Reflexionsbereitschaft	Fragestellung (2) Reflexionsfähigkeit und ihre Veränderung durch Berufspraxis	Fragestellung (3) Reflexionsfähigkeit unterschiedlich erfahrener Lehrpersonen	Fragestellung (4) Reflexion – Kompetenz – Persönlichkeit (bzw. Unterfragen 4.1 – 4.4)	Fragestellung (5) Einstellungen zu und Vorstellungen von Reflexion
(1) Reflexionsbogen Lehrperson	✓	✓	✓	✓	
(2a) Stimulated Recall Interview (Teil 1)		✓	✓	✓	
(2b) Stimulated Recall Interview (Teil 2)	✓				✓
(3) Videografie des Unterrichts: Kodierung und Rating der Unterrichtsstunde		✓	✓	✓	
(4) Fragebogen SchülerInnen		✓	✓	✓	
(5) Vignette				✓	
(6) Fragebogen NEO-FFI				✓	

Die Auswahl der Instrumente wurde auf Grund der oben beschriebenen inhaltlichen Ausrichtung der Instrumente vorgenommen. Nachfolgend wird die Auswahl der Instrumente in Bezug auf die Fragestellung kurz begründet:

Fragestellung (1): Reflexionsbereitschaft
Im (1) Reflexionsbogen Lehrperson und insbesondere im (2b) Stimulated Recall Interview (Teil 2) wurden die Lehrpersonen zur Einschätzung des persönlichen Reflexionsverhaltens befragt. Die Antworten der Lehrpersonen wurden für die Beantwortung der Fragestellung (1) verwendet.

Fragestellung (2): Reflexionsfähigkeit und ihre Veränderung durch Berufspraxis und *Fragestellung (3): Reflexionsfähigkeit unterschiedlich erfahrener Lehrpersonen*

Im (1) Reflexionsbogen Lehrperson und im (2a) Stimulated Recall Interview (Teil 1) wurden die Lehrperson gebeten, über ihren Unterricht zu reflektieren. Die Aussagen der Lehrpersonen im Stimulated Recall Interview wurden mittels verschiedener Kriterien ausgewertet, die Aufschluss geben über die Reflexionsfähigkeit der Lehrpersonen. Die Instrumente (1) Reflexionsbogen Lehrperson, (3) Videografie des Unterrichts und (4) Fragebogen SchülerInnen wurden dazu verwendet, eine Aussage zur Adäquatheit der Selbsteinschätzung der Lehrperson zu erhalten (vgl. Fragestellung 4.1). Die Qualität der Reflexion ist u.a. auch davon abhängig, dass die Lehrperson das eigene Handeln möglichst realitätsnah einschätzen kann. Das Ergebnis dieser Auswertung trägt demgemäss zur Beantwortung der Fragestellungen (2) und (3) bei.

Fragestellung (4): Reflexion – Kompetenz – Persönlichkeit (mit Unterfragen 4.1 – 4.4)

Mit der Fragestellung (4) wurde geprüft, welche Zusammenhänge zwischen der Reflexion der Lehrperson, deren berufspraktischen Kompetenzen und Variablen ihrer Persönlichkeit bestehen. Um diese Zusammenhänge zu prüfen (vgl. dazu die Unterfragen 4.1 bis 4.4), wurden jeweils unterschiedliche Instrumente eingesetzt und korreliert. Für die Beantwortung der Fragestellung (4) kamen dabei alle Instrumente (ausser (2b) Stimulated Recall Interview (Teil 2)) zum Einsatz.

Fragestellung (5): Einstellungen zu und Vorstellungen von Reflexion

Im (2b) Stimulated Recall Interview (Teil 2) wurden die Lehrpersonen zu ihren Einstellungen zu und Vorstellungen von Reflexion befragt. Die Auswertung der diesbezüglichen Aussagen der Lehrpersonen dient der Beantwortung von Fragestellung (5).

Das nächste Kapitel gibt Auskunft über die Konzeption der Instrumente, deren Einsatz und Verwendung.

7 Methode

In der vorliegenden Untersuchung wurden verschiedene Instrumente eingesetzt. Um einen möglichst breiten Einblick in die Kompetenzen der Versuchsteilnehmenden zu erhalten, wurden sowohl Instrumente zur Selbsteinschätzung wie auch zur Fremdeinschätzung verwendet. In diesem Kapitel wird zuerst der Kontext der Untersuchung aufgezeigt sowie die Stichprobe erläutert, um danach auf die einzelnen Forschungsinstrumente genauer einzugehen. Dabei werden die einzelnen Instrumente, deren Entwicklung und Verwendungsweise vorgestellt und miteinander in Verbindung gesetzt. Spezielle Aufmerksamkeit kommt dabei dem Stimulated Recall Interview zu, da es spezifisch für diese Untersuchung konzipiert wurde und als qualitative Methode besonderer Auswertung bedarf.

7.1 Kontext der Untersuchung

Diese Untersuchung wurde im Anschluss an die bereits abgeschlossenen Forschungsprojekte „Standarderreichung beim Erwerb von Unterrichtskompetenz in der Lehrerinnen- und Lehrerbildung" (unterstützt durch die IBH) sowie das Projekt „Standarderreichung beim Erwerb von Unterrichtskompetenz im Lehrerstudium und im Übergang zur Berufstätigkeit" (unterstützt durch den SNF) durchgeführt.[11] Die beiden Forschungsprojekte gingen hauptsächlich der Frage nach, wie Lehrerstudierende zu unterrichten lernen bzw. welches Qualitätsniveau sie im Bezug auf die unterrichtsbezogenen Kompetenzen bis zum Ende des Studiums und anschliessend bis zum Ende des ersten Berufsjahres erreichen (vgl. Baer, Kocher, Wyss et al., 2011; Baer, Dörr, Fraefel et al., 2009a; Baer, Guldimann, Kocher et al., 2009b; Baer, Guldimann, Kocher et al., 2008; Baer, Dörr, Fraefel et al., 2007).

Am Forschungsprojekt arbeiteten drei Pädagogische Hochschulen mit ihren je eigenen Ausbildungskonzeptionen mit, die Pädagogische Hochschule Zürich (PHZH), die Pädagogische Hochschule Rorschach sowie die Pädagogische Hochschule Weingarten (Deutschland). Die Datenaufnahmen erfolgten zu Beginn, in der Mitte und am Ende der Ausbildung sowie zu Beginn und am Ende des ersten

---

11 Forschungsprojekt „Standarderreichung beim Erwerb von Unterrichtskompetenz in der Lehrerinnen- und Lehrerbildung – Analyse der Wirksamkeit der berufsfeldorientierten Ausbildung" (IBH-Projekt Nr. 6 69/04, Projekt Nr. 58) (Baer & Fraefel, 2003) und Forschungsprojekt „Standarderreichung beim Erwerb von Unterrichtskompetenz im Lehrerstudium und im Übergang zur Berufstätigkeit" (SNF-Projekt Nr. 100013-112467 / 1) (Baer, Guldimann, Fraefel & Müller, 2005).

Berufsjahres. Dadurch wird ein Langzeitvergleich über insgesamt fünf Messzeitpunkte möglich. Durch die wiederholte Datenaufnahme können Aussagen zum Kompetenzverlauf gemacht werden. Ausserdem kann geprüft werden, ob sich die in der Ausbildung erworbenen und im IBH-Projekt diagnostizierten Kompetenzen im Berufsfeld bewähren und wie sie sich allenfalls unter dem Einfluss der Berufstätigkeit verändern (SNF-Projekt). Zu dieser längsschnittlichen Perspektive kommt eine querschnittliche hinzu, indem mit verschiedenen Instrumenten auch bei erfahrenen Lehrpersonen (Praxislehrpersonen[12]) analog Daten erhoben wurden, womit die Daten der beiden Gruppen einander gegenübergestellt werden können.

Um einen möglichst breiten Einblick in die Kompetenzen der Versuchsteilnehmer zu erhalten, wurden sowohl Instrumente zur Selbsteinschätzung wie auch der Fremdeinschätzung in die Untersuchung einbezogen (vgl. Kapitel 5.1). Als Fremdeinschätzung kamen die Analyse von Unterrichtsvideos (durch Kodierung des sichtbaren Unterrichtsgeschehens in videografierten Unterrichtsstunden und Rating der Qualität der videografierten Unterrichtsstunden) und Vignetten zur Erfassung des Wissens über das Planen von Unterricht zum Einsatz. Ergänzend wurden am Ende des Studiums und im ersten Berufsjahr nach der videografierten Unterrichtslektion mit einem Fragebogen motivational-affektive Einschätzungen der Schülerinnen und Schüler erfasst, was eine weitere Art der Fremdeinschätzung darstellt. Die Selbsteinschätzung wurde durch eine Online-Befragung sowie durch den Einsatz von zwei Fragebögen zur Lernorientierung und zum Umgang mit Problemsituationen erhoben. Parallel dazu wurden am Ende des Studiums und im ersten Berufsjahr ausgewählte personale Variablen durch standardisierte Fragebögen erfragt (Persönlichkeitsvariablen durch NEO-FFI nach Borkenau & Ostendorf, 1993; allgemeine Selbstwirksamkeit nach Schwarzer & Schmitz, 1999).

Für die eigene Untersuchung der Reflexion im Lehrberuf wurden aus den beiden erwähnten Forschungsprojekten vier Instrumente der Datenerhebung ausgewählt (vgl. Tabelle 3): (3) Videografie des Unterrichts: Analyse der Unterrichtsvideos durch Kodierung und Rating, (4) Fragebogen SchülerInnen, (5) Vignette und (6) Fragebogen NEO-FFI. Um spezifisch auf die Reflexion eingehen zu können, wurden zusätzlich zwei eigene Instrumente konzipiert und eingesetzt: (1) der Reflexionsbogen Lehrperson und (2) das Stimulated Recall Interview. Das Stimulated

---

12 Praxislehrpersonen sind Mitarbeitende der Pädagogischen Hochschule in der Ausbildung von zukünftigen Lehrerinnen und Lehrern. Sie bilden Studierende in ihren Klassen gemäss ihrem Studienstand berufspraktisch aus, begleiten und beraten sie im Aufbau von professionsbezogenen Kompetenzen und tragen wesentlich zur Vorbereitung der Übernahme einer Schulklasse an der Volksschule bei. Allgemein sind Praxislehrpersonen zuverlässige Expertinnen oder Experten für Fragen im Zusammenhang mit Schule, Unterricht und Lehrberuf. (Vgl. http://praxis.phzh.ch/content-n18-sD.html [aufgerufen am 24.9.2010]).

Recall Interview besteht aus zwei Teilen: einer Selbst- und einer Fremdeinschätzung. Auch die Instrumente (3) bis (6) lassen sich wie oben bereits erwähnt nach Selbst- und Fremdeinschätzung unterteilen. In der Tabelle 4 sind die sechs für die vorliegende Arbeit eingesetzten Instrumente im Überblick aufgeführt.

Tabelle 4:   Übersicht über die sechs für die Datenerhebung eingesetzten Instrumente unterteilt nach Selbst- oder Fremdeinschätzung

Fremdeinschätzung	Selbsteinschätzung
	(1) Reflexionsbogen Lehrperson
(2a) Stimulated Recall Interview (Teil 1)	(2b) Stimulated Recall Interview (Teil 2)
(3) Videografie des Unterrichts: Analyse der Unterrichtsvideos durch Kodierung und Rating	
(4) Fragebogen SchülerInnen	
(5) Vignette	
	(6) Fragebogen NEO-FFI

Nachfolgend wird die Stichprobe der durchgeführten Untersuchung dargestellt, anschliessend werden in Kapitel 7.3 alle sechs Instrumente von Tabelle 4 ausführlich erläutert.

7.2 Stichprobe

Die durchgeführte Untersuchung richtete sich auf das erste Berufsjahr von jungen Primarschullehrpersonen (in der Schweiz 1. – 6. Klasse), die ihre Ausbildung an der Pädagogischen Hochschule Zürich absolviert, Anfang Juli 2007 ihr Diplom erhalten und Mitte August 2007 eine Stelle angetreten hatten (insgesamt haben zu diesem Zeitpunkt rund 270 Personen das Studium an der PH Zürich als Primarlehrperson abgeschlossen, wobei nicht alle davon eine Stelle angetreten haben). Als Referenzgruppe für einen Quervergleich der Daten wurden Lehrpersonen einbezogen, die im Kanton Zürich auf der Primarschulstufe unterrichten.

Für die gesamte Datenerhebung konnten insgesamt 21 Junglehrpersonen sowie neun erfahrene Lehrpersonen[13] gewonnen werden.[14] Die erfahrenen Lehrpersonen

---

13 Eine der neun erfahrenen Lehrpersonen wollte bei der (3) Videografie des Unterrichts und den damit verbundenen Datenaufnahmen ((1) Reflexionsbogen Lehrperson, (2) Stimulated Recall Interview und (4) Fragebogen SchülerInnen) nicht mitmachen. Aus diesem Grunde liegt bei diesen Instrumenten eine Datengrundlage von N=8 vor. Ausserdem haben zwei er-

hatten bei der Datenaufnahmen mindestens sechs Jahre Berufserfahrung, waren an der Pädagogischen Hochschule als Praxislehrpersonen in der berufspraktischen Ausbildung der Studierenden tätig und wurden ausserdem von den zuständigen Leitungspersonen an der Pädagogischen Hochschule vorgeschlagen. Bei den Junglehrpersonen nahmen sechs männliche Teilnehmer teil, bei den erfahrenen Lehrpersonen waren es deren zwei. Für die Stimulated Recall Interviews wurden aus jeder Gruppe zufällig je sechs Lehrpersonen ausgewählt und befragt, wobei es sich bei den Junglehrpersonen zu beiden Messzeitpunkten um die gleichen sechs Personen handelt. Von den jungen Lehrpersonen waren beim Stimulated Recall Interview drei männliche und von den erfahrenen Lehrpersonen zwei männliche Teilnehmer vertreten. Alle Lehrpersonen wurden im Rahmen des Forschungsprojektes „Standarderreichung beim Erwerb von Unterrichtskompetenz im Lehrerstudium und im Übergang zur Berufstätigkeit" angefragt, sich an der Untersuchung zu beteiligen, und entschieden sich in der Folge freiwillig zur Teilnahme. Es handelt sich demgemäss um eine anfallende Stichprobe. Auf Grund dessen und den insgesamt kleinen Fallzahlen (bei den Junglehrpersonen waren rund 10% der Grundgesamtheit an der Untersuchung beteiligt, für die erfahrenen Lehrpersonen liegen hierzu leider keine Informationen vor) lassen sich keine allgemein gültigen Resultate formulieren (vgl. dazu Kapitel 11.2.2).

Um eine allfällige Veränderung bzw. Entwicklung feststellen zu können, fand die Datenaufnahme bei den jungen Lehrpersonen zwei Mal statt, das erste Mal kurz nach Beginn ihres ersten Jahres im Beruf im September/Oktober 2007, das zweite Mal am Ende des ersten Berufsjahres im Juni/Juli 2008. Die erfahrenen Lehrpersonen wurden lediglich ein Mal im Juni/Juli 2008 in die Untersuchung einbezogen, also zum gleichen Zeitpunkt wie die zweite Datenerhebung bei den Junglehrpersonen (vgl. Tabelle 5).

---

fahrene Lehrpersonen die Vignette nicht ausgefüllt, weshalb auch dort eine reduzierte Datenlage von N=7 vorliegt.

14 Bei der Darstellung der Ergebnisse in den nachfolgenden Kapiteln 8, 9 und 10 werden die Junglehrpersonen mit „Nov" (novice teacher) und die erfahrenen Lehrpersonen mit „Exp" (experienced teacher) bezeichnet.

Tabelle 5:   Übersicht über Teilnehmerinnen und Teilnehmer der Untersuchung

Messzeitpunkt 1: September/Oktober 2007				
Junge Lehrpersonen im ersten Berufsjahr				
Anzahl UntersuchungsteilnehmerInnen insgesamt	N=21	davon	f=15	m=6
Teilnahme an Stimulated Recall Interview	n=6	davon	f=3	m=3
Messzeitpunkt 2: Juni/Juli 2008				
Junge Lehrpersonen im ersten Berufsjahr				
Anzahl UntersuchungsteilnehmerInnen insgesamt	N=21	davon	f=15	m=6
Teilnahme an Stimulated Recall Interview	n=6	davon	f=3	m=3
Erfahrene Lehrpersonen				
Anzahl UntersuchungsteilnehmerInnen insgesamt	N=9	davon	f=7	m=2
Teilnahme an Stimulated Recall Interview	n=6	davon	f=4	m=2

Im nächsten Kapitel werden die Instrumente, die für die Datenerhebung eingesetzt wurden, erläutert.

7.3 Darstellung der Untersuchungsinstrumente

Wie bereits erwähnt kamen für die vorliegende Untersuchung insgesamt sechs Instrumente zum Einsatz. Für vier der sechs Instrumente ((1) Reflexionsbogen Lehrperson, (2) Stimulated Recall Interview, (3) Videografie des Unterrichts: Analyse der Unterrichtsvideos durch Kodierung und Rating, (4) Fragebogen SchülerInnen)) haben die auf Video aufgenommenen Unterrichtsstunden der Lehrpersonen eine zentrale Bedeutung. Im nachfolgenden Kapitel wird deshalb zunächst auf die Aufnahme der Unterrichtsvideos eingegangen.

7.3.1 Videografierung des Unterrichts

Durch die technischen Entwicklungen der letzten Jahre ist das Videografieren von Unterricht heute mit geringem Aufwand und in der gewohnten Umgebung des Klassenzimmers möglich. Die Lehrpersonen, die Eltern der Schülerinnen und Schüler wie auch die Schulbehörden wurden über das Vorgehen informiert und es wurden die schriftlichen Einwilligungen der betreffenden Personen eingeholt. Vor der Videoaufnahme der Unterrichtsstunde wurde die Lehrperson gebeten, die Unterrichtsstunde wie üblich vorzubereiten und den Unterricht wie gewohnt durchzuführen. Von jeder Lehrperson wurde im Rahmen der Untersuchung zu jedem Messzeitpunkt eine Unterrichtsstunde auf Video aufgenommen.

Die Videoaufnahmen wurden nach den Vorgaben der TIMSS-Videostudie vorgenommen. Es wurde dabei mit einer stationären Kamera gearbeitet, die im hinteren Drittel des Schulzimmers installiert war. Die Kamera war insbesondere auf die Aktivitäten der Lehrperson ausgerichtet. Bei längeren Beiträgen von Schülerinnen und Schülern wurde die Kamera auf die betreffende Schülerin bzw. den betreffenden Schüler gerichtet. In Still-, Partner- bzw. Gruppenarbeitsphasen wurde die Kamera teilweise vom Stativ genommen und als Handkamera bedient, um die Schülertätigkeiten besser dokumentieren zu können. Der Ton wurde mit speziellen Richtmikrophonen oder mit einem externen Funkmikrofon, welches die Lehrperson auf sich trug, aufgenommen.

Die Aufnahme mit einer festen Kameraeinstellung hat insbesondere zwei Vorteile: die Standardisierung der Position und geringere Störung des Unterrichts durch die Kameraführung. Der Nachteil besteht in der etwas eingeschränkten Sicht mit reduziertem Fokus auf spezifische Vorgänge als Folge.

Nach der Aufnahme im Klassenzimmer wurden die Videos in MPEG 4 Format auf CDs gespeichert. Die digitalisierten Unterrichtsaufnahmen konnten nun mit Hilfe von Analysesoftware weiter verarbeitet werden. Im Vergleich zu Fragebögen, Interviews oder Texten, die ausschliesslich die inneren, subjektiv wahrgenommenen sowie die kognitiven, motivationalen und emotionalen Zustände der handelnden Personen wiedergeben, ermöglichen Beobachtungsverfahren die Erfassung von effektiven allgemein- und fachdidaktischen Handlungsstrukturen (Kocher & Wyss, 2008; Wild & Krapp, 2001).

7.3.2 (1) Reflexionsbogen Lehrperson

In Anlehnung an das Raterinventar sowie den SchülerInnenfragebogen und andere, bereits erprobte Reflexionsinstrumente (z.B. LDK – Linzer Diagnosebogen zur Klassenführung) wurde ein Fragebogen erstellt, der den Lehrpersonen als Analyseinstrument der eigenen Lektion dient. Bevor der Fragebogen zum Einsatz kam, wurde er durch eine Lehrperson auf Verständlichkeit der Items überprüft.

Die Lehrpersonen füllten gleich im Anschluss an die videografierte Unterrichtslektion den Reflexionsbogen aus und nahmen damit eine Selbstbeurteilung der eben gehaltenen Unterrichtsstunde vor. Im ersten Teil des Fragebogens schätzten die Lehrpersonen den Anteil an Klassenunterricht sowie die Sprechanteile der Schülerinnen und Schüler und der Lehrperson in der videografierten Unterrichtsstunde ein. Im zweiten Teil folgen 19 Reflexionsfragen zur eigenen Unterrichtsstunde sowie fünf Fragen zum Nutzen und zur Bereitschaft zur Selbstreflexion. Die

Beurteilungen durch die Lehrpersonen erfolgten auf einer sechsstufigen Skala (vgl. Anhang 3).

Tabelle 6:   Fragebogenitems des selbstentwickelten Reflexionsbogens Lehrperson

Reflexion der Unterrichtslektion
1. In der Unterrichtsstunde habe ich mich wohl gefühlt.
2. Die Unterrichtslektion ist mir gut gelungen.
3. Für diese Lektion habe ich mich überdurchschnittlich vorbereitet.
4. Die Ziele der Lektion waren für meine Schüler/innen klar.
5. Methoden und Sozialformen habe ich angemessen variiert.
6. Ich achtete auf eine positive Fehlerkultur.
7. Die Schüler/innen arbeiteten konzentriert und motiviert.
8. Ich lobte und ermutigte meine Schüler/innen.
9. Mein Unterricht war für die Schüler/innen interessant.
10. Ich achtete darauf, dass die Schüler/innen immer etwas zu tun hatten.
11. Ich kontrollierte laufend, was die Schüler/innen können.
12. Bei Fragen und Problemen konnte ich den Schüler/innen helfen.
13. Bei Unterrichtsstörungen konnte ich gleich eingreifen.
14. Die Schüler/innen hatten die Gelegenheit, selbstständig zu arbeiten.
15. Meine Anweisungen und Aufträge waren klar formuliert.
16. Die Unterrichtszeit konnte ich effektiv nützen.
17. Die Abfolge der Unterrichtsphasen war logisch und kohärent.
18. Ich schätze mein Fachwissen im unterrichteten Fach als gut ein.
19. Der Unterricht wurde durch die Anwesenheit der Kamera beeinflusst.
Allgemeine Fragen zur Reflexionspraxis
20. Ich reflektiere meinen Unterricht bewusst und regelmässig selber.
21. Unterricht wird in meinem Lehrerkollegium häufig gemeinsam reflektiert.
22. Ich würde gerne häufiger über Unterricht reflektieren.
23. Gefilmte Unterrichtslektionen können hilfreich für die Reflexion sein.
24. Selbstreflexion von Unterricht hilft, den eigenen Unterricht zu verbessern.

7.3.3 (2) Stimulated Recall Interview (Teil 1 und Teil 2)

Um einen noch spezifischeren Einblick in die Reflexionsfähigkeit und -praxis der Lehrpersonen zu erhalten, wurde zusätzlich zu der schriftlichen Befragung durch den (1) Reflexionsbogen Lehrperson ein Stimulated Recall Interview durchgeführt. Das Interview bestand aus zwei Teilen: im ersten Teil sahen sich die Lehrpersonen den ersten Teil der eigenen videografierten Unterrichtslektion an, im gleich anschliessend durchgeführten zweiten Teil wurden Einschätzungen und Erfahrungen der Lehrpersonen zu ihrer Reflexionspraxis erfragt. Die Äusserungen der Lehrpersonen wurden transkribiert und mittels qualitativer Inhaltsanalyse nach Mayring (2007) ausgewertet.

Bevor das Vorgehen bei der Durchführung und der Auswertung des Stimulated Recall Interviews erläutert wird, werden nachfolgend einige Erläuterungen zur Methode des Stimulated Recall vorgenommen.

7.3.3.1 Die Methode des Stimulated Recall

Die Methode des Stimulated Recall wurde in den 1950er Jahren durch Bloom entwickelt, um die Gedanken von Schülerinnen und Schülern während der Schulstunde erfassen zu können (McConnell, 1985; O'Brien, 1993; Bloom, 1953). Bloom machte Audioaufzeichnungen von Unterrichtseinheiten während der Schulstunde und spielte diese innerhalb von 48 Stunden den Schülerinnen und Schülern vor, um von diesen Angaben zu ihren Denkprozessen in den entsprechenden Unterrichtssituationen zu erhalten. Gut zehn Jahre später war Kagan einer der ersten, der das Video für den Stimulated Recall verwendete (Yinger, 1986). Seither wird die Methode in verschiedenen Fachgebieten und unter diversen Fragestellungen eingesetzt.

Beim Stimulated Recall wird der Testperson eine Audio- oder Videoaufnahme des eigenen Handelns vorgespielt, also beispielsweise von der Ausführung einer spezifischen Aufgabe oder einer Aktivität im Unterricht. Der Stimulated Recall findet mit Vorteil innerhalb von 24 Stunden nach der Aufnahme statt, da das Ereignis dann noch frisch in Erinnerung ist. Allerdings wird genau durch das Vorführen der Aufnahme die Erinnerung wieder angeregt und aufgefrischt, so dass eine Befragung auch noch bis rund eine Woche später erfolgreich durchgeführt werden kann (McConnell, 1985). Die Aufnahme kann bei der Betrachtung mehrmals unterbrochen werden, um der Testperson Gelegenheit zu geben, unmittelbar ihre Gedanken zum entsprechenden Ausschnitt zu äussern. Es muss dabei im Vorneherein entschieden werden, ob die Unterbrechung durch die Forscherin oder den Forscher festgelegt wird oder ob es der Testperson überlassen ist, ob und wann sie die Aufnahme unterbricht. Vor Beginn festgelegt sein muss ausserdem, welche Rolle die Forscherin bzw. der Forscher während der Befragung einnimmt. Die Befragung kann sehr offen organisiert sein, so dass die Forscherin bzw. der Forscher eine eher passive Rolle einnimmt, um die Testperson bei ihren Ausführungen möglichst wenig zu beeinflussen bzw. zu unterbrechen. Andererseits kann die Befragung durch die Forscherin bzw. den Forscher auch sehr gelenkt werden, indem kritisch befragt und nachgefragt wird. Auch möglich ist ein Mittelweg im Sinne eines halbstrukturierten Interviews. Um entscheiden zu können, welches Vorgehen am sinnvollsten ist, müssen insbesondere der Untersuchungsgegenstand sowie die Fragestellung der Untersuchung beachtet werden (Busse & Borromeo Ferri, 2003).

7.3.3.2 Vorgehen beim Stimulated Recall Interview in der vorliegenden Untersuchung

In der durchgeführten Untersuchung fand das Stimulated Recall Interview eine bis zwei Wochen nach der Aufzeichnung der betreffenden Unterrichtsstunde auf Video statt, da es auf Grund organisatorischer und zeitlicher Umstände teilweise nicht möglich war, einen früheren Termin mit der als Versuchsperson wirkenden Lehrperson zu vereinbaren. Obwohl der zeitliche Abstand zum Handeln in der Unterrichtsstunde damit recht gross war, äusserten die Lehrpersonen keine nennenswerten Probleme bei der Rückbesinnung. Durch das Betrachten des Videos war die Erinnerung an das unterrichtliche Handeln und Geschehen gegeben; die Reflexion darüber konnte anschliessend mühelos vorgenommen werden. Eindrucksmässig schien es teilweise sogar hilfreich zu sein, dass die Reflexion nicht direkt nach der Unterrichtsstunde durchgeführt wurde. Durch die zeitliche Distanz schien einiges sichtbar zu werden, das durch die Nähe zum Geschehen im Video vermutlich verborgen geblieben wäre. Zumindest wurde dies von einigen Lehrpersonen so geschildert.

Nach Schepens, Aelterman und van Keer (2007) ist die erste Phase einer Unterrichtsstunde entscheidend für den weiteren Verlauf der Lektion und stellt damit einen sehr wichtigen Teil der Stunde dar. Deshalb wurden beim Stimulated Recall Interview von der ganzen Unterrichtsstunde nur die ersten 20 Minuten der Lektion visioniert. Nicht die gesamte Unterrichtsstunde zu betrachten und zu reflektieren war auch deshalb angezeigt, um das Interview für die vielbeschäftigten Lehrpersonen, die ohne irgendeine Entschädigung an der Untersuchung teilnahmen, in einem angemessenen zeitlichen Rahmen durchführen zu können.

Vor dem Starten des Videobandes wurden die Lehrpersonen über die Vorgehensweise instruiert. Die Lehrperson wurde aufgefordert, ihre eigene Unterrichtsstunde selbstreflexiv zu betrachten. Jedes Mal, wenn ihr etwas auffällig erschien, sollte sie das Unterrichtsvideo anhalten und die betreffende Stelle des Unterrichts kommentieren. Die Interviewerin gab keinerlei Angaben über Inhalt oder Ziel der Reflexion vor, sondern liess die Lehrpersonen völlig eigenständig handeln. Anders als beim Reflexionsbogen, bei dem alle zu reflektierenden Aspekte vorgegeben sind, war es hier der Lehrperson überlassen, wie sie ihre Unterrichtsstunde reflektieren wollte. Die Interviewerin stellte lediglich sicher, dass die Aufgabe richtig verstanden wurde und klärte allfällige unklare Aussagen der Lehrperson. Mit dem gewählten Vorgehen sollte mit vertretbarem Aufwand für die Lehrpersonen Aufschluss über Inhalt, Form und Qualität der Unterrichtsreflexion von Lehrpersonen gewonnen werden.

Nach der Phase der selbstständigen Reflexion wurden der Lehrperson ergänzende Fragen gestellt. Mit einem halbstrukturierten Interview wurden insbesondere die Einstellungen zu und die Vorstellungen über die Reflexion von Unterricht der als Versuchspersonen wirkenden Lehrpersonen erfasst. Dieser Teil des Gesprächs bezog sich auf den Unterrichtsalltag der Lehrperson und stand nicht in einem direkten Zusammenhang mit der videographierten Unterrichtsstunde.

Das gesamte Interview dauerte jeweils rund 1 bis 1.5 Stunden und wurde mit Hilfe eines digitalen Aufnahmegerätes akustisch erfasst. Für die inhaltsanalytische Auswertung wurde die Aufnahme anschliessend transkribiert.

Da das Stimulated Recall Interview eigens für die vorliegende Untersuchung konzipiert wurde und als qualitative Methode einer spezifischen Auswertung bedarf, soll das nächste Kapitel Einblick in die Vorgehensweise bei der Auswertung der Daten geben.

7.3.3.3 Auswertung der Stimulated Recall Interviews

Auf der Grundlage bereits bestehender Instrumente zur Analyse von Reflexion, den damit verbundenen Resultaten sowie den Fragestellungen der vorliegenden Arbeit wurde ein Manual zur Auswertung der Daten des Stimulated Recall Interviews entwickelt (vgl. dazu auch Kapitel 5). Nachfolgend werden vorerst die Überlegungen dargestellt, die für die Konzeption des Instrumentes grundlegend waren, danach wird auf die einzelnen Teile des Instrumentes genauer eingegangen.

7.3.3.4 Zur Konzeption des Instrumentes zur Analyse der Stimulated Recall Interviews

Die bisherigen Arbeiten, die sich mit der Analyse von Reflexion beschäftigen, zeigen, dass Reflexionsprozesse verschiedene Ausprägungen und Qualitätsmerkmale aufweisen (vgl. Kapitel 5.2). Anhand der Stimulated Recall Interviews soll ein möglichst umfassender Einblick in die Reflexionstätigkeit der Lehrpersonen ermöglicht werden, der sowohl Aussagen über die Qualität der Reflexion als auch über die Reflexionspraxis der Lehrperson zulässt. Im Interview wurden diesen beiden Fokussen durch die inhaltliche Gliederung Rechnung getragen. Dieser Aufteilung musste denn auch das Analyseinstrument gerecht werden. Das Auswertungsmanual beinhaltet aus diesem Grund drei Teile: mit Teil (A) werden Aussagen auf allgemeiner Ebene ermittelt, Teil (B) analysiert den Reflexionsprozess und Teil (C) geht auf die Reflexionspraxis der Lehrpersonen ein.

Das Vorgehen für die Ausarbeitung des Auswertungsmanuals war sowohl induktiv als auch deduktiv und orientierte sich am Ablauf einer Inhaltsanalyse nach Mayring (2007, S. 84).

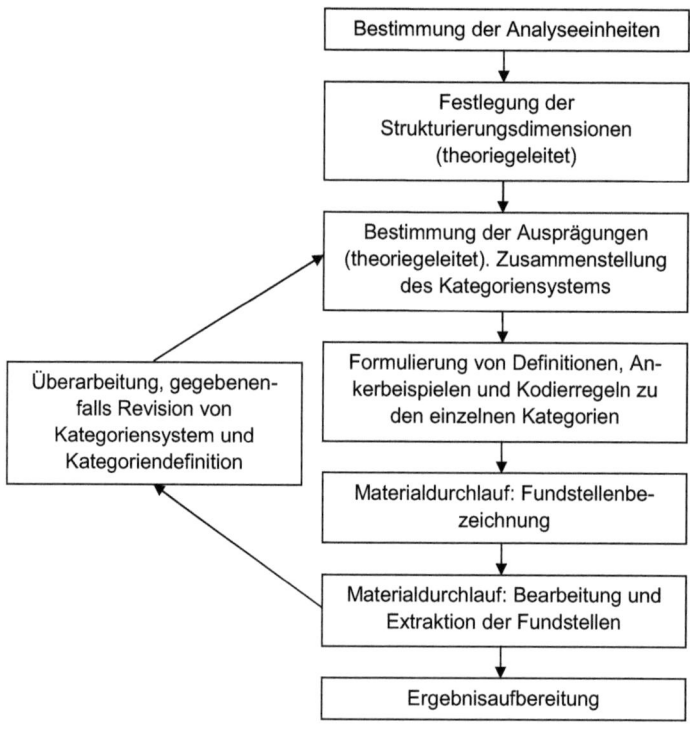

Abb. 8:   Ablaufmodell strukturierender Inhaltsanalyse nach Mayring (2007)

Das Analyseinstrument wurde auf der Grundlage bereits bestehender Instrumente und theoretischer Ausführungen konzipiert, in mehreren Durchgängen am Datenmaterial erprobt und überarbeitet. Das ausgearbeitete Kodiersystem wurde sodann von zwei Kodiererinnen unabhängig voneinander bei vier ausgewählten Interviews angewendet. Für die insgesamt 835 Kodierungen konnte bei 750 eine genaue Übereinstimmung erzielt werden, was einer sehr guten Intercoderreliabilität nach Fleiss' Kappa von 0.84 oder einer prozentualen Übereinstimmung von 90% entspricht. Die Kodierung der Interviews wurde mit Hilfe der Analysesoftware Atlas.ti vorgenommen, die anschliessende Berechnung der Übereinstimmungswerte mit dem On-line-Tool CAT ausgeführt. Im nachfolgenden Überblick über das Kodiersystem sind sowohl die prozentualen wie auch die Übereinstimmungswerte nach Fleiss' Kappa für die einzelnen Bereiche aufgeführt. Anzumerken ist, dass hier lediglich ein Überblick über das gesamte Instrument gegeben wird. Das vollständig ausgear-beitete Auswertungsmanual kann im Anhang eingesehen werden.

7.3.3.5 Teil A: Allgemeine Auswertungen

Der Teil A des Analyseinstrumentes umfasst allgemeine Auswertungen, die in An-lehnung an Krull, Oras und Sisask (2007) sowie Harrington, Quinn-Leering und Hodson (1996) konzipiert wurden.

Tabelle 7a: Auswertungsmanual Stimulated Recall Interviews Teil A mit den statistischen Werten für die prozentuale Intercoderübereinstim-mung und der Intercoderreliabilität nach Fleiss' Kappa

Teil A	Allgemeine Auswertungen		Prozent	Kappa
A1	Wortmeldung	Anzahl Wörter		
A2	Bedeutungseinheiten	Anzahl Bedeutungseinheiten der Aus-sagen der LP		
A3	Inhalt	Fokus auf sachliche Inhalte	100%	1.00
A4	Didaktik	Fokus auf Lehr-Lern-Methoden und -strategien	99%	0.97
A5	Erklärung / Erläuterung	Allgemeine Aussagen	97%	0.94
Intercoder-Reliabilität Teil A			**98%**	**0.97**

Durch die Auswertungen in Teil A kann ein allgemeiner Überblick über die Be-schaffenheit der Daten gewonnen werden. Insbesondere die Resultate von A3 bis A5 können darüber hinaus bereits erste Hinweise zur inhaltlichen Gestaltung von Reflexionsprozessen geben. Spezifischer geht jedoch Teil B auf die Auswertung der Reflexionsprozesse ein.

7.3.3.6 Teil B: Auswertung des Reflexionsprozesses

Mit Teil B soll der Reflexionsprozess genauer beleuchtet werden. Um verschiedene Aspekte des Prozesses zu betrachten, wurden drei Unterthemen gewählt.

Der Teil B1 bezieht sich auf die Beurteilung der Qualität des Unterrichts. Die einzelnen Facetten wurden aus den beiden Analyseinstrumenten (Kodiersystem und Raterinventar) für die Fremdevaluation der Videos übernommen sowie aus dem

Auswertungsmanual für die Vignetten (vgl. Kapitel 7.3.4 und 7.3.6). Die Analyse der Interviews anhand der Kriterien von B1 lassen damit unterschiedliche Aussagen zu. Einerseits wird die Auswertung zeigen, welche Kriterien der Unterrichtsqualität von den Lehrpersonen bei der Reflexion des eigenen Unterrichts angesprochen werden. Andererseits kann ein Vergleich vorgenommen werden zwischen den Aussagen der Lehrperson und der Fremdbeurteilung.

Im Teil B2 wird geprüft, welchen Fokus die Lehrpersonen bei ihrer Reflexion einnehmen (vgl. Harrington, Quinn-Leering & Hodson, 1996). Der Fokus bezieht sich hier auf die Personen, auf die sich die Aussagen der Lehrperson richten. Die Lehrperson kann sich selber zum Fokus der Reflexion machen, sich auf die Schülerinnen und Schüler der Klasse beziehen oder auf Drittpersonen, wie beispielsweise die Eltern der Kinder oder andere Lehrpersonen.

Der dritte Teil B3 geht auf die Benennung von Handlungsalternativen ein. In Anlehnung an Fischer, Rieck & Lobemeier (2008) wird untersucht, ob und inwiefern Lehrpersonen in ihren Reflexionsbeiträgen alternative Handlungsmöglichkeiten benennen und ausführen.

Der letzte Teil B4 geht spezifisch auf die Qualität des Reflexionsprozesses ein. In den theoretischen und praktischen Arbeiten anderer Autoren wurde versucht, die Qualität von Reflexion festzulegen und sie in verschiedene Stufen einzuteilen. In Anlehnung an die bisherigen Arbeiten (insb. Fund, Court & Kramarski, 2002; Sparks-Langer, Simmons, Pasch et al., 1990) wurde hier eine fünfstufige Skala vorgesehen, die eine Beurteilung der Reflexion ermöglichen soll. Die Stufe 1 stellt dabei das niedrigste Reflexionsniveau dar, die Stufe 5 das höchste.

Tabelle 7b: Auswertungsmanual Stimulated Recall Interviews Teil B mit den statistischen Werten für die prozentuale Intercoderübereinstimmung und der Intercoderreliabilität nach Fleiss' Kappa (n.v.= in den analysierten Daten nicht vorgekommen)

Teil B	Reflexionsprozess	Prozent	Kappa
B1 Beurteilung der Qualität des Unterrichts			
B1a	Für die folgenden Items B1.1 bis B1.15 werden je drei Ebenen der Analyse unterschieden (1 negativ / 2 neutral / 3 positiv)		
	1 Wird von der LP negativ beurteilt: Aus der Aussage der LP wird deutlich, dass sie die Situation in der Unterrichtsstunde als negativ/störend/unangenehm empfunden hat.	91%	0.84

	2 Wird von der LP neutral beurteilt (oder rein deskriptiv): Aus der Aussage der LP wird nicht deutlich, wie sie die Situation beurteilt oder die Aussagen enthalten sowohl positive wie auch negative Aussagen. Auch möglich sind hier Aussagen, die rein deskriptiv ausfallen.		85%	0.73
	3 Wird von der LP positiv beurteilt: Aus der Aussage der LP wird deutlich, dass sie die Situation in der Unterrichtsstunde positiv empfunden hat bzw. die positiven Aspekte deutlich überwiegen.		87%	0.76
Intercoder-Reliabilität Teil B1a			**87%**	**0.78**
B1.1	Diagnostik	*Überprüfung des Vorwissens durch LP* *Lernvoraussetzungen abklären durch LP* *Verständnis überprüfen durch LP* *Verständnis auswerten durch LP*	100%	1.00
B1.2	Klassenführung	*Regeln und Abmachungen festlegen* *Interaktion LP – Klasse*	88%	0.78
B1.3	Sachkompetenz	*Auswahl des Themas aufgrund des eigenen (LP) Sachwissens* *Begründete Auswahl der Inhalte durch LP* *Aneignung des nötigen Sachwissens der LP*	67%	0.50
B1.4	Strukturierung	*Ziel und Ablauf der Stunde* *Ziel und Ablauf weiterer Stunden* *Zusammenfassen* *Rückschau* *Andere*	80%	0.67
B1.5	Differenzierung	*Leistungsdifferenzierung durch Selbsteinschätzung* *Leistungsdifferenzierung durch LP* *Neigungsdifferenzierung* *Mischformen*	67%	0.50
B1.6	Umgang mit Unterrichtszeit	*Die zeitliche Planung der LP ist erkennbar* *Die LP sorgt dafür, dass die S sich zu Beginn der Stunde ruhig verhalten und zur Mitarbeit bereit sind* *Die Wechsel zwischen den Arbeitsformen beanspruchen wenig Zeit* *Die LP geht kompetent mit Störungen um* *Andere*	82%	0.69
B1.7	Qualität der Organisation	*Das Arbeitsmaterial ist einsatzbereit* *Die LP setzt Medien (auch Materialien, Tafel und Visualisierungen) sinnvoll ein* *Die Organisation der offenen bzw. nicht lehrerzentrierten Unterrichtsformen erfolgt zweckmässig* *Die LP variiert Methoden und Sozialformen in angemessener Weise* *Andere*	83%	0.71

B1.8	Umgang mit Fehlern	*Die LP achtet darauf, dass Fehler nicht überbewertet werden* *Niemand wird blossgestellt* *Bei dieser LP ist Fehlermachen nichts Schlimmes* *Andere*	(100%) n.v.	(1.00) n.v.
B1.9	Motivierungsfähigkeit	*Die LP unterrichtet tatkräftig und engagiert* *Die S arbeiten konzentriert und motiviert* *Die LP ermutigt einzelne S* *Die LP holt die S zur gemeinsamen Arbeit ab* *Die LP gibt aktivierende Impulse (verbal/ nonverbal)* *Die LP verhält sich den S gegenüber wohlwollend* *Andere*	80%	0.67
B1.10	Pacing	*Die LP geht im Stoff zügig voran, ohne die S zu überfordern* *Die S erhalten angemessen Zeit für die Bearbeitung einer Aufgabe* *Die LP unterstützt die S auch in den offenen Unterrichtsphasen* *Die LP passt ihren Unterricht den S an* *Andere*	67%	0.50
B1.11	Lehrperson als Mediator	*Die LP unterstützt bei der Ausformulierung bzw. Ausführung von Ideen* *Die LP fragt – ohne zu bewerten – nach, wenn ein S unvollständige oder unklare Ideen formuliert* *Die LP unterstützt die S bei der Lösung von Fragen und Problemen* *Die LP gibt individuelle Rückmeldungen* *Die LP unterstützt mit Scaffolding, wo dies angebracht ist* *Die LP übernimmt die Funktion als Coach in offenen Unterrichtsphasen* *Andere*	100%	1.00
B1.12	Sprachliche Qualität	*Die LP spricht verständlich* *Die LP macht keine Fehler* *Die LP passt das Sprachniveau der Schulstufe an* *Andere*	100%	1.00

B1.13	Gesprächsführung	*Die LP vermeidet das permanente Wiederholen von S-Antworten ('Lehrerecho') Die LP vermeidet stereotype Rückmeldungen und Kommentare Die LP verfügt über verschiedene Strategien mit S-Antworten umzugehen Die LP setzt Fragen didaktisch sinnvoll ein Andere*	100%	1.00
B1.14	Zielklarheit	*Die Ziele von Unterrichtsphasen oder der Lektion sind erkennbar Die Anweisungen und Aufträge der LP sind klar formuliert Der Zusammenhang zwischen Unterrichtsphasen ist erkennbar Andere*	86%	0.75
B1.15	Anderes	*Aussagen zur Qualität des Unterrichts, die nicht in die anderen Kategorien eingeordnet werden können*	77%	0.63
Intercoder-Reliabilität Teil B1			**83%**	**0.74**

B2 Fokus				
B2a	Für die folgenden Items B2.1 bis B2.3 werden je drei Ebenen der Analyse unterschieden (1 negativ / 2 neutral / 3 positiv)			
	1 Verhalten oder Charakter der Person wird negativ/kritisch eingeschätzt		77%	0.63
	2 Verhalten oder Charakter der Person wird positiv eingeschätzt		81%	0.69
	3 Andere Aussage zur Person		70%	0.54
Intercoder-Reliabilität Teil B2a			**75%**	**0.62**

B2.1	Lehrperson	Der Fokus der Aussage liegt auf der LP	99%	0.98
B2.2	Kind	Der Fokus der Aussage liegt auf den Schülerinnen und Schülern	95%	0.91
B2.3	Drittpersonen	Der Fokus der Aussage liegt auf Drittpersonen	100%	1.00
Intercoder-Reliabilität Teil B2			**98%**	**0.96**

B3 Handlungsalternativen				
B3.1	Keine Handlungsalternative	Die Lehrperson nennt keine Handlungsalternative	96%	0.92
B3.2	Handlungsalternative genannt	Die Lehrperson nennt eine Handlungsalternative, ohne diese jedoch weiter auszuführen. Diese Kategorie wird auch gewählt, wenn die Lehrperson die Absicht auf ein alternatives Vorgehen, retrospektiv oder prospektiv, äussert ohne die Handlungsalternative zu erläutern oder selber auszuführen	100%	1.00

B3.3	Handlungsalternative elaboriert	Die Lehrperson nennt eine Handlungsalternative und gibt dazu eine ausführliche Erklärung oder Begründung. Die Ausführung kann sowohl persönlich oder theoretisch ausfallen, soll jedoch Erklärungen oder Begründungen zur Handlungsalternative enthalten	76%	0.62
Intercoder-Reliabilität Teil B3			**94%**	**0.85**

B4 Form (Beurteilungsskala für die Qualität der Reflexion)				
B4.1	Deskription	Reine Beschreibung. Die Ausführungen der Lehrperson sind rein deskriptiv und beinhalten keine Erklärungen oder Begründungen	79%	0.66
B4.2	Persönliche Erläuterung	Erklärungen, Beschreibungen mit Bezug auf persönliche Erfahrungen. Die Ausführungen der Lehrperson beinhalten Erklärungen, die auf persönlichen Erfahrungen beruhen	93%	0.87
B4.3	Theoretische Erläuterung	Erklärungen, Beschreibungen mit Bezug auf theoretisches Vorwissen.	(100%) n.v.	(1.00) n.v.
B4.4	Kritische Erläuterung	Umfangreichere Erklärung mit Bezug auf Theorie, Kontext und daraus zu schliessenden Folgerungen	(100%) n.v.	(1.00) n.v.
B4.5	Ethisch moralische Erläuterung	Erklärung mit Berücksichtigung von ethischen, moralischen, politischen, gesellschaftlichen Gesichtspunkten	(100%) n.v.	(1.00) n.v.
Intercoder-Reliabilität Teil B4			**90%**	**0.76**

Die Teile A und B des Analyseinstrumentes stellen eine Fremdbeurteilung der Reflexion der Lehrpersonen dar. Die Datenaufnahme und -auswertungen stellen den ersten Teil des Stimulated Recall Interviews dar (vgl. Tabelle 4). Der dritte Teil des Analyseinstrumentes, der Teil C, geht auf die Reflexionspraxis der Lehrpersonen ein. Die Lehrpersonen erzählen hier persönliche Erlebnisse und Eindrücke der Reflexion im Schulalltag. Die Datenaufnahme und -auswertungen in diesem Bereich stellen den zweiten Teil des Stimulated Recall Interviews dar (vgl. Tabelle 4).

7.3.3.7 Teil C: Analyse der Reflexionspraxis

Die vorliegende Untersuchung soll auch Einblick in die Reflexionspraxis der Lehrpersonen gewähren. Es interessiert dabei, welche Erfahrungen Lehrpersonen mit der Reflexion von Unterricht gemacht haben (Teil C1), welche Ziele sie mit der Selbstreflexion verbinden (Teil C2) und wie bei der Umsetzung von Reflexion im Unterrichtsalltag konkret vorgegangen wird (Teil C3).

Tabelle 7c: Auswertungsmanual Stimulated Recall Interviews Teil C mit den statistischen Werten für die prozentuale Intercoderübereinstimmung und der Intercoderreliabilität nach Fleiss' Kappa (n.v.= in den analysierten Daten nicht vorgekommen)

Teil C	Reflexionspraxis			Prozent	Kappa
Die nachfolgenden Codes sind in unterschiedliche Gruppen und Kategorien eingeteilt. Diese beziehen sich auf die im Interview gestellten Fragen. Bei der Kodierung soll dies beachtet werden und so weit als möglich die passenden Antwortkategorien zu den Fragen gewählt werden. Es ist möglich, mehrere Codes aus einer Kategorie für eine Bedeutungseinheit zu vergeben.					
C1 Erfahrungen					
C1.1	Erleben von	sich selber auf dem Video betrachten	Positiv erlebt	100%	1.00
C1.2			Negativ erlebt	67%	0.50
C1.3			Sowohl positiv als auch negativ erlebt	80%	0.67
C1.4		Unterricht reflektieren	Bereitet keine Mühe	100%	1.00
C1.5			Hat Mühe bereitet	(100%) n.v.	(1.00) n.v.
C1.6			Sowohl positive als auch negative Äusserung	(100%) n.v.	(1.00) n.v.
C1.7	Erfahrung mit Unterrichtsvideographie	Bericht über Erfahrungen mit Unterrichtsvideos (ausserhalb vom Projekt)	Hat bereits eigene Unterrichtsvideos betrachtet	100%	1.00
C1.8			Hat bereits fremde Unterrichtsvideos betrachtet	(100%) n.v.	(1.00) n.v.
C1.9			Hat bereits mit eigenen Unterrichtsvideos gearbeitet (Aus- oder Weiterbildung)	(100%) n.v.	(1.00) n.v.
C1.10			Hat bereits mit fremden Unterrichtsvideos gearbeitet (Aus- oder Weiterbildung)	(100%) n.v.	(1.00) n.v.
C1.11			LP sagt, sie hat noch nie mit Unterrichtsvideos gearbeitet	100%	1.00
C1.12	Erfahrung aus der BpA	Einschätzung der Erfahrungen in der berufspraktischen Ausbildung	Waren positiv	89%	0.80
C1.13			Waren negativ	100%	1.00
C1.14			Waren sowohl positiv als auch negativ	100%	1.00

C1.15			Es wurde mündlich reflektiert	75%	0.60
C1.16			Es wurde schriftlich reflektiert	100%	1.00
Intercoder-Reliabilität Teil C1				**91%**	**0.87**

C2 Ziel					
C2.1	Ziel von Selbstreflexion	Definition des Zieles von Selbstreflexion	Verbesserung des Unterrichts	100%	1.00
C2.2			Schwachstellen/negative Aspekte erkennen	100%	1.00
C2.3			Positive Aspekte erkennen	100%	1.00
C2.4			Berufliches Burn-out verhindern	100%	1.00
C2.5			anderes	(100%) n.v.	(1.00) n.v.
Intercoder-Reliabilität Teil C2				**94%**	**0.92**

C3 Umsetzung					
C3.1	Bedeutung von Reflexion im Unterrichtsalltag	Erläuterungen zur Bedeutung von Reflexion im eigenen Berufsalltag	LP reflektiert regelmässig	100%	1.00
C3.2			LP erwähnt, dass sie zu wenig Zeit zum Reflektieren hat	100%	1.00
C3.3			LP findet Reflexion wichtig	100%	1.00
C3.4			LP findet Reflexion nicht so wichtig	(100%) n.v.	(1.00) n.v.
C3.5	Vorgehensweise	Persönliche Beschreibung, wie bei der Reflexion vorgegangen wird	Mündlich, im informellen Gespräch mit anderen	89%	0.80
C3.6			Schriftlich	100%	1.00
C3.7			Mündlich wie auch schriftlich	(100%) n.v.	(1.00) n.v.
C3.8			Mit Instrument	100%	1.00
C3.9			Alleine in Gedanken	89%	0.80
C3.10			Bei Unterrichtshospitation	100%	1.00
C3.11			Vor dem Unterricht	80%	0.67
C3.12			Während dem Unterricht	100%	1.00
C3.13			Nach dem Unterricht	92%	0.86
C3.14	Schwierigkeiten	Definition von Schwierigkeiten/Gefahren, die die Selbstreflexion birgt	LP erkennt die wichtigen Aspekte nicht	91%	0.83
C3.15			LP erkennt nur die negativen Kritikpunkte	100%	1.00

C3.16			LP reflektiert zu viel oder zu wenig	100%	1.00
C3.17			anderes	86%	0.75
C3.18	Verbesserungsmöglichkeiten	Verbesserungsmöglichkeiten der persönlichen wie institutionellen Reflexion	Mehr Hospitation	89%	0.80
C3.19			Vermehrt Arbeit mit Video	(100%) n.v.	(1.00) n.v.
C3.20			Vermehrt Unterrichtsreflexion im Kollegium/mit anderen Personen	(100%) n.v.	(1.00) n.v.
C3.21			Aus- und Weiterbildung	100%	1.00
C3.22			Instrument zur Reflexion von Unterricht	(100%) n.v.	(1.00) n.v.
C3.23			Institutionelle Voraussetzungen verbessern	(100%) n.v.	(1.00) n.v.
C3.24			anderes	80%	0.67
C3.25	Veränderung t1 zu t2	Selbstbeurteilung der Veränderung/Entwicklung des Unterrichts- und Reflexionsverhaltens von t1 zu t2 (nur für Junglp)	Es wird eine Veränderung beim Unterricht genannt	(100%) n.v.	(1.00) n.v.
C3.26			Es wird eine Veränderung beim Reflektieren genannt	(100%) n.v.	(1.00) n.v.
Intercoder-Reliabilität Teil C3				**92%**	**0.90**

7.3.4 Kodierung und Rating

Die videografierten Unterrichtsstunden wurden mit Hilfe zweier Analyseinstrumente, die Kodierung und das Rating, beurteilt. Diese Beurteilungen der Unterrichtsstunden bilden eine Fremdeinschätzung des Unterrichts.

7.3.4.1 Kodierung der Unterrichtsvideos: Analyse der Sichtstrukturen des Unterrichts

Bei der *Kodierung* der Lektion werden die Sichtstrukturen des Unterrichts analysiert. Eingesetzt wurde ein niedrig-inferentes Verfahren, das die Oberflächenstruktur des Unterrichts, wie beispielsweise die Wahl der Unterrichtsmethode oder den Anteil an Differenzierung, erfasst. Die Ausarbeitung des Instrumentes wurde in Anlehnung an bereits bestehende Arbeiten vorgenommen (insb. Seidel, 2003; Prenzel, 2001). Analysiert wurden sieben unterschiedliche Aspekte des Unterrichts, die als Facetten benannt wurden: (1) Unterrichtsstatus, (2) unterrichtliche Arbeitsformen, (3) allgemeindidaktische Unterrichtsphasen, (4) Aktivitäten im Klassenunterricht, (5) Kommunikation im Unterricht, (6) Strukturierung sowie (7) Differenzierung. Jede Facette umfasst verschiedene so genannte Kategorien (vgl. Tabelle 8).

Tabelle 8: Übersicht über das Kodiersystem und die dazu gehörigen statistischen Kennwerte (Cohens Kappa)

A	Beobachtung von Sichtstrukturen	
Facetten	*Kategorien*	
(1) Unterrichtsstatus (Cohens Kappa=.92)	0	kein Unterricht
	1	vor Unterrichtsbeginn
	2	Unterricht
	3	nach Unterrichtsende
(2) Unterrichtliche Arbeitsformen (Cohens Kappa=.90)	0	keine
	1	Klassenunterricht
	2	Stillarbeit/Einzelarbeit
	3	Partnerarbeit
	4	Gruppenarbeit
	5	Übergang
	6	mehrere Arbeitsformen gleichzeitig
	7	Störung durch die LP
	8	andere
(3) Allgemeindidaktische Unterrichtsphasen (Cohens Kappa=.67)	0	keine
	1	Einführung
	2	Arbeits-, Anwendungs- und Vertiefungsphase
	3	Zusammenfassung/Rückschau
	4	Prüfen/Leistungs- oder Hausaufgabenkontrolle/Repetieren
	5	andere
(4) Aktivitäten im Klassenunterricht (Cohens Kappa=.79)	0	keine
	1	LP Vortrag
	2	S Vortrag
	3	Unterrichtsgespräch
	4	Diktat/Abschreiben
	5	Diskussion
	6	Film/Video
	7	Lesen
	8	Spielformen
	9	mehrere Aktivitäten gleichzeitig
	10	S leitet Unterricht
	11	Abfragen von Resultaten
	12	andere
(5) Kommunikation im Unterricht (Cohens Kappa=.72)	0	keine
	1	niemand spricht
	2	LP spricht
	3	S spricht
	4	Mischformen
	5	andere

B Lernorganisation während des Klassenunterrichts	
Facetten	*Kategorien*
(6) Strukturierung (Cohens Kappa=.83)	0 keine 1 Ziel und Ablauf der Stunde 2 Ziel und Ablauf weiterer Stunden 3 inhaltliche Arbeitsaufträge 4 Zusammenfassen 5 Rückschau 6 andere
(7) Differenzierung (Cohens Kappa=1.0)	0 keine 1 Leistungsdifferenzierung durch Selbsteinschätzung 2 Leistungsdifferenzierung durch LP 3 Neigungsdifferenzierung 4 Mischformen

Die genauen Kodierregeln für die Auswertung der Videos wurden in einem Kodiermanual (vgl. Kocher & Wyss, 2008; Baer et al., 2011, 2009) festgehalten. Auf seiner Grundlage wurden verschiedene Personen für die Kodierung der Videos geschult. Nachdem eine zufriedenstellende Interraterreliabilität erreicht worden war (vgl. die Interraterreliabilitäten nach Cohens Kappa in Tabelle 8), wurden die zu analysierenden Unterrichtsvideos zufällig auf die AuswerterInnen aufgeteilt. Die Auswertung der Videos wurde mit Hilfe der Analysesoftware Videograph (Rimmele, 2004) vorgenommen, die Analyseeinheit auf 10 Sekunden festgelegt. Für jede 10-Sekunden-Einheit des Unterrichtsvideos wurde je eine Kategorie aus jeder Facette ausgewählt (vgl. Tabelle 8). Das bedeutet, dass jede 10-Sekunden-Einheit mit insgesamt sieben Kodes belegt wurde. Die damit erhaltenen Daten konnten anschliessend in das Datenverarbeitungsprogramm SPSS übernommen und statistisch ausgewertet werden.

7.3.4.2 Rating der Unterrichtsvideos: Beurteilung der Qualität der Unterrichtsstunde

Durch das hochinferente *Rating* werden qualitative Beurteilungen möglich, die die Tiefenstrukturen des Unterrichts erfassen. Eingeschätzt wird die Qualität des Unterrichts. Das Rating umfasst 37 Items, die neun übergeordneten Facetten bzw. vier Hauptdimensionen zugeordnet sind: A Instruktionseffizienz, B Schülerorientierung, C kognitive Aktivierung sowie D Klarheit und Strukturiertheit (Helmke & Weinert, 1997). Die Tabelle 9 enthält eine Übersicht über das für die Auswertung konzipierte Raterinventar, das in Anlehnung an die Arbeit von Clausen, Reusser & Klieme (2003) entstanden ist. Die angegebenen Werte in den Klammern geben die Skalenwerte nach Cronbachs Alpha im letzten Messzeitpunkt wieder.

Tabelle 9:   Übersicht über das Raterinventar und die dazu gehörigen statistischen Kennwerte (Cronbachs Alpha und ICC)

Dimensionen	Facetten	Items
A Instrukti-onseffizienz (α=.911)	Umgang mit der Unter-richtszeit (α=.852)	- *Die zeitliche Planung der LP ist erkennbar.* (ICC=.953) - *Die LP sorgt dafür, dass die S sich zu Beginn der Stunde ruhig verhalten und zur Mitarbeit bereit sind.* (ICC=.912) - *Die Wechsel zwischen den Arbeitsformen beanspruchen wenig Zeit.* (ICC=.644) - *Die LP geht kompetent mit Störungen um.* (ICC=.405)
	Qualität der Organisation (α=.824)	- *Das Arbeitsmaterial ist einsatzbereit.* (ICC=.982) - *Die LP setzt Medien (auch Materialien, Tafel und Visualisierungen) sinnvoll ein.* (ICC=.974) - *Die Organisation der offenen bzw. nicht lehrerzentrierten Unterrichtsformen erfolgt zweckmässig.* (ICC=.248) - *Die LP variiert Methoden und Sozialformen in angemessener Weise.* (ICC=.942)
B Schüler-orientierung (α=.909)	Umgang mit Fehlern (α=.754)	- *Die LP achtet darauf, dass Fehler nicht überbewertet werden.* (ICC=.936) - *Niemand wird blossgestellt.* (ICC=.764) - *Bei dieser LP ist Fehlermachen nichts Schlimmes.* (ICC=.833)
	Motivierungs-fähigkeit (α=.883)	- *Die LP unterrichtet tatkräftig und engagiert.* (ICC=.621) - *Die S arbeiten konzentriert und motiviert.* (ICC=.975) - *Die LP ermutigt einzelne S.* (ICC=.826) - *Die LP holt die S zur gemeinsamen Arbeit ab.* (ICC=.872) - *Die LP gibt aktivierende Impulse (verbal / nonverbal).* (ICC=.840) - *Die LP verhält sich den S gegenüber wohlwollend.* (ICC=.746)
C Kognitive Aktivierung (α=.921)	Pacing (α=.906)	- *Die LP geht im Stoff zügig voran, ohne die S zu überfordern.* (ICC=.861) - *Die S erhalten angemessen Zeit für die Bearbeitung einer Aufgabe.* (ICC=.920) - *Die LP unterstützt die S auch in den offenen Unterrichtsphasen.* (ICC=.887) - *Die LP passt ihren Unterricht den S an.* (ICC=.361)
	Lehrperson als Mediator (α=.829)	- *Die LP unterstützt bei der Ausformulierung bzw. Ausführung von Ideen.* (ICC=.836) - *Die LP fragt – ohne zu bewerten – nach, wenn ein S unvollständige oder unklare Ideen formuliert.* (ICC=.408) - *Die LP unterstützt die S bei der Lösung von Fragen und Problemen.* (ICC=.121) - *Die LP gibt individuelle Rückmeldungen.* (ICC=.780) - *Die LP unterstützt mit Scaffolding, wo dies angebracht ist.* (ICC=.753) - *Die LP übernimmt die Funktion als Coach in offenen Unterrichtsphasen.* (ICC=.883)

D Klarheit und Strukturierheit (α=.800)	Sprachliche Qualität (α=.558)	- *Die LP spricht verständlich.* (ICC=.747) - *Die LP macht keine Fehler.* (ICC=.882) - *Die LP passt das Sprachniveau der Schulstufe an.* (ICC=.702)
	Gesprächsführung (α=.584)	- *Die LP vermeidet das permanente Wiederholen von S-Antworten ('Lehrerecho').* (ICC=.669) - *Die LP vermeidet stereotype Rückmeldungen und Kommentare.* (ICC=.474) - *Die LP verfügt über verschiedene Strategien mit S-Antworten umzugehen.* (ICC=.759) - *Die LP setzt Fragen didaktisch sinnvoll ein.* (ICC=.444)
	Zielklarheit (α=.836)	- *Die Ziele von Unterrichtsphasen oder der Lektion sind erkennbar.* (ICC=.331) - *Die Anweisungen und Aufträge der LP sind klar formuliert.* (ICC=.865) - *Der Zusammenhang zwischen Unterrichtsphasen ist erkennbar.* (ICC=.373)

Für das Rating der Unterrichtslektionen wurden die Unterrichtsvideos von zwei RaterInnen jeweils vollständig betrachtet und anschliessend individuell gemäss dem ausgearbeiteten Raterinventar (vgl. Kocher & Wyss, 2008; Baer et al., 2011, 2009) beurteilt. Die Analyseeinheit ist beim Rating demnach die gesamte Unterrichtslektion. Jedes Item wird anhand einer 6-stufigen Skala beurteilt, wobei 6 die höchste Bewertung darstellt. Obwohl auch bei diesem Verfahren nach ausgiebigem Training für die meisten Items eine zufriedenstellende Interraterreliabilität erreicht werden konnte (vgl. die Reliabilitätswerte für intervallskalierte Ratings ICC in Tabelle 9), wurde bei der Auswertung ein Konsensverfahren verwendet. Nachdem zwei RaterInnen je unabhängig voneinander eine videografierte Unterrichtsstunde vollständig geratet hatten, wurde die Bewertung bei nicht übereinstimmenden Beurteilungen der beiden RaterInnen im Konsensverfahren festgelegt.

7.3.5 (4) Fragebogen SchülerInnen

Die Schülerinnen und Schüler wurden jeweils direkt nach der videographierten Unterrichtslektion mit einem Fragebogen befragt. Der Fragebogen enthält 17 Items zu verschiedenen Aspekten der Unterrichtslektion, die den vier Bereichen diagnostische Kompetenz, Instruktionseffizienz, Motivierung und kognitive Aktivierung zugeordnet sind. Die Konzeption des Fragebogens wurde in Anlehnung an Leutwyler und Maag Merki (2004) vorgenommen und mit einem Prätest bei 41 Schulklassen erprobt. Durch den Fragebogen sollen die Eindrücke der Schülerinnen und Schüler zur videografierten Unterrichsstunde der Lehrperson erfasst werden, womit eine Fremdbeurteilung der Unterrichtslektion vorliegt. Für den Fragebogen SchülerInnen wurde eine vierstufige Antwortskala gewählt.

In der Tabelle 10 sind die Items des Fragebogens ersichtlich. Für die statistischen Analysen der vorliegenden Untersuchung wurden jeweils die aggregierten Gesamtwerte der Schülerinnen und Schüler der jeweiligen Lehrperson verwendet (Cronbachs Alpha = .94 im letzten Messzeitpunkt).

Tabelle 10: Fragebogenitems der SchülerInnenbefragung

1. Meine Lehrperson wusste, was ich leisten kann.
2. Meine Lehrperson wusste, was ich nicht verstanden habe.
3. Meine Lehrperson wusste, bei welchen Aufgaben ich Schwierigkeiten habe.
4. Meine Lehrperson wusste, wenn ich im Unterricht nicht mitkam.
5. Meine Lehrperson hat mir bei Schwierigkeiten geholfen.
6. Die Erklärungen meiner Lehrperson verstand ich gut.
7. Die Arbeitsaufträge waren verständlich.
8. Die Ziele der Stunde waren mir klar.
9. Die Fragen meiner Lehrperson waren mir klar.
10. In der letzten Stunde war eine freundliche Stimmung.
11. In der letzten Stunde konnte ich mein Wissen zeigen.
12. Die Stunde hat mir gefallen.
13. Meine Lehrperson konnte mich begeistern.
14. In der letzten Stunde hatte ich immer etwas zu tun.
15. In der letzten Stunde habe ich mitgedacht.
16. In der letzten Stunde konnte ich meine eigenen Ideen einbringen.
17. In der letzten Stunde konnte ich selbstständig arbeiten.

7.3.6 (5) Vignette

Die Vignetten stellen Problemsituationen dar, die schriftlich beschrieben sind. Die Versuchspersonen sind gebeten, für die dargestellten Probleme eine Lösung zu finden und diese aufzuschreiben. Für die vorliegende Untersuchung bezogen sich die Vignetten auf das Planen von Unterricht. Die Analyse der erhaltenen Daten ermöglicht somit Aussagen zum Planungswissen der Lehrpersonen.

Eingesetzt wurden zwei unterschiedliche Vignetten.[15] Zwei fiktive Personen, Simone Landolt und Reto Wagner, erzählen in den Vignetten von spezifischen Schwierigkeiten bei der Planung von Unterricht und erkundigen sich, wie sie bei der Unterrichtsplanung vorgehen können. Die erste der beiden Vignetten ist auf die

---

15 Die beiden Vignetten wurden im Forschungsprojekt ‚Adaptive Lehrkompetenz' entwickelt (Beck, Baer, Guldimann et al., 2008) und mit überarbeitetem Auswertungsverfahren auch im Forschungsprojekt ‚Standarderreichung' verwendet.

Unterrichtsplanung im Allgemeinen ausgerichtet, die zweite bezieht sich auf die diagnostische Kompetenz der Lehrperson. Die Versuchspersonen sind aufgefordert, für das mit der Vignette dargestellte Problem eine Lösung auszudenken und aufzuschreiben. Die auf diese Weise erhaltenen Lösungsvorschläge der Lehrpersonen wurden inhaltsanalytisch nach den vier Dimensionen Didaktik, Diagnostik, Klassenführung und Sachkompetenz (Helmke & Weinert, 1997) ausgewertet.

Vignette 1

Reto Wagner ist beim Vorbereiten von Unterricht immer wieder unsicher, ob die Schülerinnen und Schüler die zentralen Lernziele erreichen. Besonders im Bereich Natur und Technik zweifelt er daran, ob seine Vorbereitungen professionell genug sind. Schildern Sie ihm, wie er bei der Unterrichtsvorbereitung in Natur und Technik vorgehen könnte. Gehen Sie bitte auf sämtliche Vorbereitungsschritte ein und begründen Sie diese.

Vignette 2

Simone Landolt hat in der Ausbildung gehört, dass eine gute Diagnose des Lernstandes der Schülerinnen und Schüler für die Planung und Steuerung des Unterrichts wichtig sei. Simone möchte deshalb regelmässig während der Lektion im Bereich Natur und Technik das Verstehen der Schülerinnen und Schüler diagnostizieren können. Erklären Sie bitte Simone, wie sie dies schon bei der Vorbereitung berücksichtigen kann und wie sie das Ergebnis der Diagnose für die Steuerung und die weitere Planung des Unterrichts nutzen könnte. Begründen Sie Ihre Antwort.

Abb. 9:   Problemsituationen des Vignetten-Tests

Die schriftlichen Aussagen der Versuchspersonen zu den Vignetten wurden von jeweils zwei RaterInnen anhand eines ausführlichen Auswertungsmanuals unabhängig voneinander geratet. Bei Nichtübereinstimmung wurde die Beurteilung mittels Konsensverfahren festgelegt. Trotz der Vorgehensweise im Konsensverfahren wurden zur Überprüfung der Interraterreliabilität die Cohens Kappa Werte berechnet, was zufriedenstellende Werte zwischen .7 bis .9 ergab. Bei der so vorgenommenen inhaltsanalytischen Auswertung wurde jede Aussage der Versuchsperson einem bestimmten, im Auswertungsmanual definierten Indikator zugeordnet. Pro zutreffenden Indikator wurde ein Punkt vergeben. Die von der Versuchsperson erreichte Gesamtpunktzahl gibt Aufschluss über ihr Planungswissen.[16] Die Tabelle 11 gibt eine Übersicht über die für die Auswertung definierten Dimensionen, Kriterien und Indikatoren.

---

16 Vgl. Auswertungsmanual zum Vignetten-Test, Forschungsprojekt ‚Standarderreichung beim Erwerb von Unterrichtskompetenz im Lehrerstudium und im Übergang zur Berufstätigkeit' (vgl. Baer et al. 2005, 2009, 2011).

Tabelle 11: Übersicht über das Auswertungsmanual für den Vignetten-Test

Dimen-sion	Kriterium	*Indikator*
Didaktik (maximale Punktzahl 38)	Didaktische Vorüberlegungen treffen	*Langfristige Planung von Unterrichtseinheiten, damit Zeit für die Vorbereitung bleibt (z.b. förderliche Lernprozesse)* *Ausrichtung des Unterrichts auf den Lehrplan* *Ausrichtung des Unterrichts auf Lernziele* *Erstellen eines Zusammenhanges zwischen den Themenbereichen* *Planung von Bezügen innerhalb der Unterrichtseinheit/en (z.B. Übergänge von Lektionen; ‚roter Faden' in Lektion)* *Bezugnahme auf didaktische Theorien* *Reflexion der Planungsideen mit anderen Fachleuten (Themenwahl, Vorgehensweise,...)* *Effektive und schonungsvolle Nutzung der eigenen Ressourcen* *Auswahl von Materialien* *Auswahl verschiedener Medien* *Ausrichtung des Unterrichts in Hinblick auf die Motivation* *Einschätzung der Lernzeit* *Vorgängiger Testlauf der Unterrichtseinheit (z.b. Versuche)* *Reflexion des Unterrichts durch die LP* *Rückkoppelung der Unterrichtsnachbereitung für folgende Lektionen*
	Neues Wissen erarbeiten	*Einsatz verschiedener Methoden* *Auswahl geeigneter Sozialformen (Gruppenunterricht, Partnerarbeit,...)* *Ermöglichung von Lernen in verschiedenen Bereichen (kognitiv, kreativ, affektiv, sozial, multimodal)* *Offenlegung der Lernziele ggü. den S* *Anregung der S zu Vermutungen* *Ermöglichung konkreter Handlungserfahrungen der S* *Verbindung zu einem theoretischen Modell* *Bezugnahme zu aktuellen Ereignissen oder Alltagserlebnissen der S* *Erstellung von Zusammenhängen und Initiierung von Vernetzungen* *Vermittlung von Arbeitstechniken und Lernstrategien* *Führung von Lerntagebüchern durch S* *Aufnahme der Fragestellungen der S* *Unmittelbare Anpassung der Planung an das Unterrichtsgeschehen*
	Erarbeitetes Wissen vertiefen und fixieren	*Anregung der kognitiven Aktivität der S (Wissenstransfer, Umsetzung, aktive Mitarbeit)* *Ermöglichung der freien Verarbeitung des Themas (z.B. Projektarbeit) durch die S* *Schriftliche Fixierung der wichtigsten Erkenntnisse mit der Klasse* *Individuelle schriftliche Fixierung der Erkenntnisse durch die S* *Darbietung des neuen Wissens durch die S* *Planung von Übungsphasen zur Vertiefung des neuen Wissens* *Planung von Repetitionen bei mangelndem Verständnis* *Differenzierung des Unterrichts, um Fähigkeiten und Interessen der S gerecht zu werden* *Hilfestellung bestimmter S durch einzelne S* *Einsatz von Lernpartnerschaften (Tandemlernen)*

Diagnostik (maximale Punktzahl 13)	Überprüfung des Vorwissens	*Abklärung des ausserschulisch erworbenen Vorwissens* *Abklärung des schulisch erworbenen Vorwissens*
	Lernvoraussetzungen abklären	*Abklärung der Interessen der S* *Abklärung der Denk-/Lernstile der S* *Abklärung der sozialen Voraussetzungen (z.B. Klassenklima)*
	Verständnis überprüfen	*Beobachtung der Mimik und Gestik (nonverbales S-Verhalten)* *Stellen von Verständnisfragen* *Aufforderung an S, das neue Wissen mündlich in eigene Worte zu fassen* *Schriftliche Abfrage des Verständnisses* *Aufforderung an S, das neue Wissen schriftlich in eigene Worte zu fassen* *Anregung der S zur Selbstevaluation des Lernens*
	Verständnisüberprüfung auswerten	*Summative Überprüfung (dient Kontrolle)* *Formative Überprüfung (dient Rückmeldung)*
Klassenführung (maximale Punktzahl 4)	Initiierung der Organisationsform	*Anpassung der Organisationsform an die Bedürfnisse der Klasse* *Planung sinnvoller Zeiteinheiten für einen möglichst störungsarmen Unterrichtsverlauf*
	Regeln und Abmachungen festlegen	*Etablierung von Regeln und Ritualen für die Klasse*
	Interaktion LP – Klasse	*Reflexion des LP-Verhaltens als Modell für die S*
Sachkompetenz (maximale Punktzahl 4)	Über Sachkenntnisse verfügen	*Auswahl des Themas aufgrund des eigenen Sachwissens* *Begründete Auswahl der Inhalte* *Aneignung der nötigen Sachwissens* *Lernen aus Fehlern (Unterrichtsinhalt)*

7.3.7 (6) Fragebogen NEO-FFI

Durch die Befragung mit dem NEO-FFI (Borkenau & Ostendorf, 1993) wurden grundlegende Persönlichkeitsdimensionen der Lehrpersonen erfasst. Der NEO-FFI ist ein faktorenanalytisch konstruiertes Fragebogenverfahren zur Erfassung individueller Merkmalsausprägungen. Mit insgesamt 60 Items erfasst es die folgenden fünf Dimensionen: Neurotizismus, Extraversion, Offenheit für Erfahrung, Verträglichkeit und Gewissenhaftigkeit. Die Items sind in Form von Aussagen formuliert, die auf einer fünfstufigen Skala (starke Ablehnung / Ablehnung / neutral / Zustimmung / starke Zustimmung) beurteilt werden. Jedes Item wird für die Auswertung einer Skala zugeordnet, wobei die internen Konsistenzen der Skalen gemäss den Angaben der Autoren zwischen $r = .71$ und $r = .85$ liegen.

Die fünf Skalen, die gleichsam fünf Persönlichkeitsbereiche repräsentieren, lassen sich folgendermassen umschreiben:

Neurotizismus: Nervosität, Ängstlichkeit, Traurigkeit, Unsicherheit, Verlegenheit, Gesundheitssorgen, Neigung zu unrealistischen Ideen, geringe Bedürfniskontrolle, unangemessene Reaktionen auf Stress.

Extraversion: Geselligkeit, Aktivität, Gesprächigkeit, Personen-Orientierung, Herzlichkeit, Optimismus, Heiterkeit, Empfänglichkeit für Anregungen und Aufregungen.

Offenheit für Erfahrung: Hohe Wertschätzung für neue Erfahrungen und Abwechslung, Wissbegierde, Kreativität, Phantasie, Unabhängigkeit im Urteil, vielfältige kulturelle Interessen, Interesse für öffentliche Ereignisse.

Verträglichkeit (Agreeableness): Altruismus, Mitgefühl, Verständnis, Wohlwollen, Vertrauen, Kooperativität, Nachgiebigkeit, starkes Harmoniebedürfnis.

Gewissenhaftigkeit: Ordnungsliebe, Zuverlässigkeit, Anstrengungsbereitschaft, Pünktlichkeit, Disziplin, Ehrgeiz.

7.4 Zusammenhang zwischen den sechs Instrumenten der Datenerhebung

In der vorliegenden Arbeit steht die Reflexion der Lehrperson im Zentrum der Untersuchung. Ausgangspunkt dafür ist jeweils eine videografierte Unterrichtslektion der Lehrperson. Die vier Instrumente der Datenerhebung, die in direktem Zusammenhang zur videografierten Unterrichtslektion stehen ((1), (2a) und (2b), (3), (4)), sind in Abbildung 10 mit entsprechender Verbindungslinie wiedergegeben, wobei dies beim Stimulated Recall Interview insbesondere dessen ersten Teil betrifft. Der Vignetten-Test (5) und der Fragebogen NEO-FFI (6) sind nicht an ein Unterrichtsvideo gebunden, d.h. wurden losgelöst von einer spezifischen Unterrichtsstunde beantwortet. In Abbildung 10 sind die grau markierten Erhebungsinstrumente Teil der beiden bereits abgeschlossenen Forschungsprojekte (vgl. Kapitel 7.1), die übrigen beiden Instrumente wurden spezifisch für die vorliegende Arbeit konzipiert und eingesetzt (vgl. auch Tabelle 4).

Durch den Einsatz der sechs Instrumente können Daten von unterschiedlicher Beschaffenheit und Ausrichtung erfasst werden. Dabei sind die Resultate von jedem einzelnen Instrument von Interesse, da sie wichtige Erkenntnisse zur Erfassung verschiedener Aspekte der Unterrichtskompetenz von Lehrpersonen sowie der Lehrerpersönlichkeit liefern. Für welche Fragestellung mit welchem Instrument welche Daten erhoben wurden, zeigt Tabelle 3 in Kapitel 6. Die Ergebnisse der beiden Instrumente zur Erfassung der Reflexionskompetenz und -praxis, der Reflexionsbogen für die Lehrperson und das Stimulated Recall Interview, sind dabei von besonderem Interesse, da mit ihnen spezifische Daten zum Reflexionsverhalten der Lehrperson und damit zur Beantwortung der für die vorliegende Untersuchung formulierten Fragestellungen gewonnen werden können.

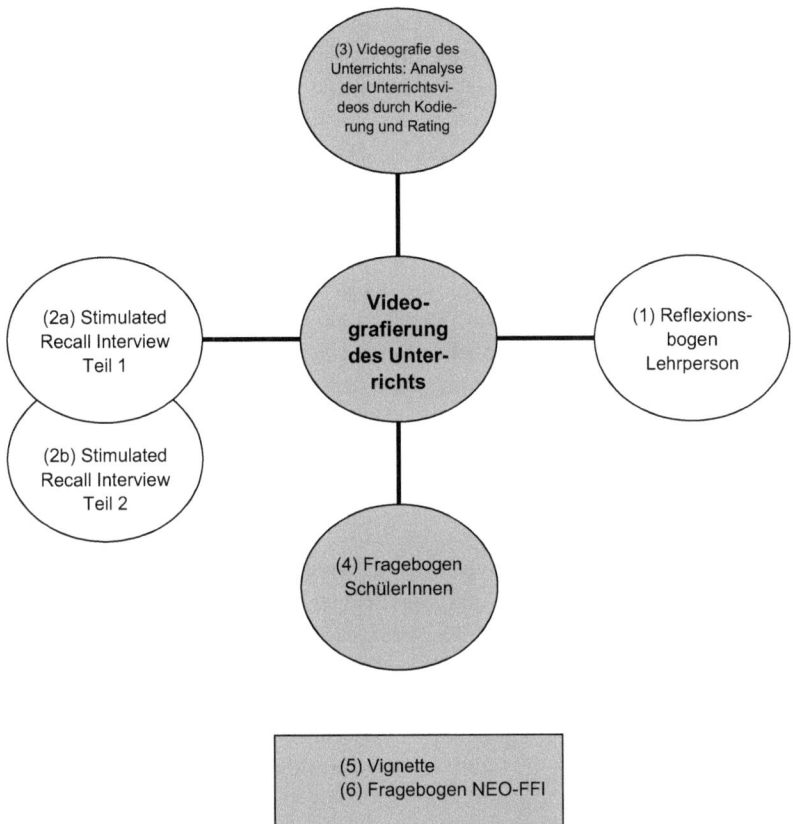

Abb. 10: Übersicht über die in der Untersuchung verwendeten Instrumente. Die Abbildung zeigt die zentrale Stellung der Unterrichtsvideografie im Forschungsdesign. Die Vignette bezieht sich auf die Planung von Unterricht, der NEO-FFI auf die Persönlichkeit der Lehrperson

Im Sinne der Triangulation (Flick, 2004, S. 12) soll der Einsatz von unterschiedlichen Instrumenten und deren Verknüpfung der Anreicherung und Vervollständigung der Erkenntnisse dienen:

> Triangulation beinhaltet die Einnahme unterschiedlicher Perspektiven auf einen untersuchten Gegenstand oder allgemeiner: bei der Beantwortung von Forschungsfragen. Diese Perspektiven können in unterschiedlichen Methoden, die angewandt werden, und/oder unterschiedlichen gewählten theoretischen Zugängen konkretisiert werden, wobei beides wiederum miteinander in Zusammenhang steht bzw. verknüpft werden sollte. Weiterhin bezieht sie sich auf die Kombination unterschiedlicher Datensorten jeweils vor dem Hintergrund der auf die Daten jeweils eingenommenen theoretischen Perspektiven. Diese Perspektiven sollten so weit als möglich gleichberechtigt und gleichermassen konsequent behandelt und umgesetzt werden. Gleichermassen sollte durch die Triangulation (etwa verschiedener Methoden oder verschiedener Datensorten) ein prinzipieller Datenzuwachs möglich sein, dass also bspw. Erkenntnisse auf unterschiedlichen Ebenen gewonnen werden, die damit weiter reichen, als es mit einem Zugang möglich wäre.

Durch die Triangulation der Daten sollen insbesondere die folgenden Zusammenhänge geprüft werden:

- Die Auswahl an Instrumenten der Selbst- und Fremdeinschätzung ermöglicht einen Vergleich zwischen der individuellen Wahrnehmung der Lehrperson (Reflexionsbogen) und von Drittpersonen (SchülerInnenfragebogen und Fremdbeurteilung durch Kodierung und Rating) (vgl. Kapitel 9.1). Damit kann auf die Frage 4.1 von Kapitel 6 eine Antwort gegeben werden.
- Die Selbstbeurteilung des Reflexionsverhaltens im Reflexionsbogen kann mit der Qualität des Unterrichts (Fremdbeurteilung durch Rating und SchülerInnenfragebogen), des Planungswissens (Vignette) und den Persönlichkeitsvariablen (NEO-FFI) verglichen werden (vgl. Kapitel 9.2.1). Damit kann auf die Frage 4.2 von Kapitel 6 eine Antwort gegeben werden.
- Das Reflexionsverhalten im Stimulated Recall Interview kann mit der Qualität des Unterrichts (Fremdbeurteilung durch Rating und SchülerInnenfragebogen), des Planungswissens (Vignette) und den Persönlichkeitsvariablen (NEO-FFI) verglichen werden (vgl. Kapitel 9.2.2). Auch damit kann auf die Frage 4.2 von Kapitel 6 eine Antwort gegeben werden.
- Die Selbstbeurteilung des Reflexionsverhaltens im Reflexionsbogen kann mit dem Reflexionsverhalten im Stimulated Recall Interview verglichen

werden (vgl. Kapitel 9.3). Damit kann auf die Frage 4.3 von Kapitel 6 eine Antwort gegeben werden.

- Auf der Grundlage der Qualität der Unterrichtssunde (beurteilt durch das Rating der videografierten Unterrichtsstunde) können Vergleiche mit dem Reflexionsverhalten vorgenommen werden. Es kann dadurch geprüft werden, ob Lehrpersonen, die eine höhere Unterrichtsqualität aufweisen bzw. eine positive Unterrichtsentwicklung vorweisen, auch ein anderes Reflexionsverhalten aufweisen (vgl. Kapitel 9.4). Damit kann auf die Frage 4.4 von Kapitel 6 eine Antwort gegeben werden.

Neben der Möglichkeit der Triangulation der Daten wird bei den Junglehrpersonen ausserdem ein Vergleich über die Zeit vorgenommen (längsschnittlich), indem die Daten zum Messzeitpunkt 1 am Anfang des ersten Berufsjahres mit den Daten zum Messzeitpunkt 2 am Ende des ersten Berufsjahres verglichen werden. Ausserdem wird zum Messzeitpunkt 2 ein Quervergleich zwischen den Novizen (Junglehrpersonen) und den erfahrenen Lehrpersonen vorgenommen (vgl. Kapitel 7.2). Der Einbezug dieses Langzeit- und Quervergleichs wird weitere Ergebnisse liefern und damit den Erkenntnisgewinn nochmals erweitern (vgl. dazu die Fragestellungen (1) *Reflexionsbereitschaft*, (2) *Reflexionsfähigkeit und ihre Veränderung durch Berufspraxis*, (3) *Selbstreflexion unterschiedlich erfahrener Lehrpersonen* und (5) *Einstellungen zu und Vorstellungen von Reflexion* in Kapitel 6).

7.5 Anmerkungen zur statistischen Berechnung und Interpretation der Daten

Bei der Suche nach Untersuchungsteilnehmerinnen und -teilnehmern wurden junge Lehrpersonen am Ende des Studiums an der Pädagogischen Hochschule Zürich und Praxislehrpersonen der Pädagogischen Hochschule Zürich telefonisch angefragt, ob sie sich für die Datenerhebungen zur Verfügung stellen. Es wurde dabei versucht, mit grossem Aufwand und viel Überzeugungskraft eine angemessene Anzahl an Lehrpersonen für eine freiwillige Zusage zur Teilnahme zu gewinnen. Auf diese Weise konnten 21 Junglehrpersonen und neun Praxislehrpersonen für die Untersuchung gewonnen werden, die auf Grund der hier beschriebenen Vorgehensweise eine anfallende Stichprobe darstellen. Auf Grund des sehr hohen Arbeitsaufwandes sowohl für die Lehrpersonen bei der Datenaufnahme wie auch für die Datenaufbereitung und -auswertung wurde die Erhebung mit dem Stimulated Recall Interview mit einer zufällig aus der Gesamtstichprobe ausgewählten Gruppe von je sechs Junglehrpersonen und erfahrenen Lehrpersonen durchgeführt. Für verschiedene

Untersuchungen ist die Datenauswertung demgemäss auf eine Stichprobe von n=6 reduziert. Damit stützt sich die vorliegende Untersuchung auf eine kleine Stichprobe, dessen sowohl bei der Auswertung als auch der Interpretation der Ergebnisse Rechnung zu tragen ist.

Eine weitere Einschränkung besteht darin, dass bei den eingesetzten Instrumenten (vgl. Kapitel 7.3) grundsätzlich von Ordinalskalenniveaus ausgegangen werden muss (vgl. Maiello, 2006). Auf Grund der für die vorliegende Untersuchung beschriebenen Voraussetzungen wurden *für die statistische Auswertung der Daten nichtparametrische Verfahren gewählt* (vgl. z.B. Rasch et al., 2010). Für die statistische Prüfung von Unterschieden zwischen Gruppen wurden demgemäss der Wilcoxon-Test (für gepaarte Stichproben) und der Mann Whitney U-Test (für unabhängige Stichproben) gewählt; zur Berechnung von Korrelationen wurde Kendalls Tau angewendet.

Für Untersuchungen mit sehr kleinen Stichproben wird in der statistischen Fachliteratur empfohlen, auf *exakte Tests* zurückzugreifen (z.B. Hartung, Elpelt & Klösener, 2005). Verwiesen wird dabei zumeist auf die Verwendung von Fishers Exaktem Test bei der Überprüfung von Zusammenhängen mit dem Chi-Quadrat Test. Gemäss Schendera (2004) wird Fishers Exakter Test vorzugsweise für schwach besetzte 2 x 2 Tabellen verwendet, wenn also zum Beispiel Erwartungswerte < 5 auftreten. Das Grundprinzip dieses Tests basiert darauf, dass für eine gegebene 2 x 2 Tabelle alle möglichen Tabellenvarianten mit identischen Randhäufigkeiten ermittelt werden. Für (schwach besetzte) Tabellen grösser als 2 x 2 (R x C) wird eine Erweiterung des Fisher-Tests berechnet, der exakte Freeman-Halton-Test. In der vorliegenden Untersuchung wurden exakte Tests bei der Berechnung von Zusammenhängen berücksichtigt (vgl. Kapitel 9.2 und 9.3), für die Überprüfung von Unterschieden zwischen Personengruppen wurde auf die Verwendung von exakten Tests verzichtet (vgl. Kapitel 8 und 9.4).

Eine weitere Problematik ergibt sich daraus, dass der Erkenntnisstand im Bereich der Reflexion noch nicht sehr ausgeprägt ist. Aus den theoretischen wie empirischen Arbeiten, wie sie in den Kapiteln 2 bis 5 dargestellt wurden, kann vermutet werden, dass die Lehrpersonen in der Aus- und Weiterbildung gelernt haben, ihr Handeln und ihren Unterricht gezielt und gekonnt zu reflektieren. Auf Grund der mehrjährigen Berufserfahrung von Praxislehrpersonen und ihrer Mitwirkung in der berufspraktischen Ausbildung angehender Lehrpersonen haben sich die Reflexionsfähigkeit sowie die berufspraktischen Kompetenzen im Verlauf der beruflichen Entwicklung weiter ausgebildet und verbessert und befinden sich damit auf höherem Niveau als jene der Junglehrpersonen. Gemäss den bisherigen empirischen Resultaten ist jedoch auch zu befürchten, dass sich, allen Bemühungen der Aus- und

Weiterbildung zum Trotz, zeigt, dass sich die Reflexionsfähigkeiten von Lehrpersonen insgesamt auf eher niedrigem Niveau befinden. Zur Frage, ob und inwiefern Zusammenhänge bestehen zwischen der Reflexion der Lehrperson, deren berufspraktischen Kompetenzen und Variablen ihrer Persönlichkeit, darüber sind theoretische wie empirische Erkenntnisse allerdings noch kaum vorhanden. Die vorliegende Untersuchung möchte diese Defizite bearbeiten und zumindest einige Einblicke in allfällige Zusammenhänge gewähren. Auf Grund des fehlenden Erkenntnisstandes sind die *Auswertungen in diesem Bereich explorativ angelegt*. Die Gefahr bei solch explorativen Herangehensweisen besteht darin, dass durch ein multiples Testen eine Alpha-Fehler-Kumulation entsteht. Um dieses Problem zu entschärfen besteht die Möglichkeit, eine Bonferroni-Korrektur vorzunehmen oder das Signifikanzniveau schärfer zu fassen (z.B. Zöfel, 2007). Sowohl die Bonferroni-Korrektur wie auch die Bonferroni-Holm-Prozedur weisen jedoch den Nachteil auf, dass sie sehr konservativ und restriktiv sind und somit zu einer Erhöhung des Beta-Fehlers führen, was bei kleinen Stichproben noch gravierender ausfällt. Für die vorliegende Untersuchung scheint deshalb eher *eine kritische Betrachtung der Signifikanzwerte* angezeigt, was bei der Interpretation der Ergebnisse beachtet werden muss.

Um der hier geschilderten Problematik Rechnung zu tragen und die Transparenz der Ergebnisse zu erhöhen *werden die berechneten Signifikanzwerte durchgehend exakt angegeben*. Für die in den Kapiteln 8 und 9.4 dargestellten Mittelwertvergleiche wird die Signifikanzschwelle auf dem 5%-Niveau belassen, für die explorativ angelegten Auswertungen in den Kapiteln 9.2 und 9.3 zur Prüfung von Zusammenhängen wird das Signifikanzniveau auf 1% abgesenkt.

Da Untersuchungen mit Einbezug von unterschiedlichen Daten zur Analyse von Zusammenhängen, wie sie im Kapitel 9 dargestellt sind, noch kaum vorhanden sind, können auch Ergebnisse von Interesse sein, die nicht durch das 1% Signifikanzniveau abgesichert sind. Solche Resultate können Hinweise auf allfällige Beziehungen zwischen den Daten liefern, die für die Generierung von Hypothesen und für weiterführende Forschungsprojekte von Bedeutung sein können. Aus diesem Grunde werden in Kapitel 9.2 und 9.3 auch Resultate berichtet, die auf dem 5%-Niveau abgesichert sind. Diese Ergebnisse müssen jedoch mit entsprechender Vorsicht wahrgenommen und interpretiert werden.

Die Ausführungen in diesem Kapitel zeigen auf, dass sich die Verfasserin für die Datenauswertung der vorliegenden Untersuchung der Einschränkungen bzw. Probleme bewusst ist. Durch die beschriebenen Vorgehensweisen wird versucht, mit ihnen möglichst sinnvoll und adäquat umzugehen. Trotzdem bleiben gewisse Einschränkungen der Aussagekraft der Untersuchung bestehen. In diesem Sinne wird die vorliegende Untersuchung als Pilotstudie verstanden.

Nachdem in diesem Kapitel die Instrumente der Datenerhebung vorgestellt und erläutert wurden sowie ihr Zusammenhang beschrieben wurde, werden im nächsten
Kapitel die Ergebnisse der verschiedenen Datenerhebungen dargestellt.

8 Ergebnisse der Datenauswertung einzelner Instrumente

Dieses Kapitel gibt Einblick in die Ergebnisse aus der Auswertung der verschiedenen Instrumente. Da sich die vorliegende Arbeit zentral mit der Reflexion im Lehrberuf beschäftigt, werden zuerst die Resultate der beiden Verfahren vorangestellt, die die Reflexion von Unterricht direkt betreffen: (1) der Reflexionsbogen Lehrperson und (2) das Stimulated Recall Interview. Anschliessend werden – ebenfalls nach der Reihenfolge von Tabelle 4 – die Ergebnisse aus der Auswertung der weiteren Instrumente dargestellt: (3) die Videographie des Unterrichts, (4) der Fragebogen SchülerInnen, (5) die Vignette und (6) der Fragebogen NEO-FFI.

Die Auswertungen in diesem Kapitel geben Auskunft darüber, welche durchschnittlichen Werte die Personengruppen (die Junglehrpersonen zum Messzeitpunkt 1 und 2, also am Anfang und am Ende ihres ersten Jahres im Beruf, und die erfahrenen Lehrpersonen) in den einzelnen Bereichen aufweisen. Darüber hinaus wurden Gruppenvergleiche vorgenommen, um zu prüfen, ob statistisch bedeutsame Unterschiede zwischen den Gruppen vorhanden sind. Es interessierte dabei einerseits, ob bei den Junglehrpersonen eine Entwicklung vom Anfang (Messzeitpunkt 1) bis zum Ende (Messzeitpunkt 2) des ersten Berufsjahres besteht. Andererseits wurde geprüft, ob sich die jungen Lehrpersonen am Ende des ersten Berufsjahres (Messzeitpunkt 2) von den erfahrenen Lehrpersonen unterscheiden.

Für die statistische Auswertung wurden nichtparametrische Verfahren gewählt (der Wilcoxon-Test und der Mann Whitney U-Test ohne Berücksichtigung von exakten Fehlerwahrscheinlichkeiten, vgl. dazu Kapitel 7.5). Die Darstellung der Ergebnisse erfolgt in grafischen Abbildungen, die dazugehörigen statistischen Kennwerte sind in entsprechenden Tabellen im Anhang 1 aufgeführt. Wo statistisch bedeutsame Unterschiede zwischen den Lehrpersonengruppen vorhanden sind, werden diese im Text erläutert und teilweise durch zusätzliche Abbildungen unterlegt. Die dazugehörigen statistischen Kennwerte sind im Text und nachfolgend auch tabellarisch aufgeführt. Am Ende der einzelnen Kapitel werden die Resultate jeweils kurz zusammenfassend dargestellt.

8.1 Ergebnisse (1) Reflexionsbogen Lehrperson: Selbstbeurteilung der Lehrperson

Nach der videografierten Unterrichtslektion füllten die Junglehrpersonen sowie die erfahrenen Lehrpersonen das Instrument (1), den Reflexionsbogen, aus, der insgesamt 24 Items umfasst. Die Beurteilung der Items wurde auf einer 6-stufigen Skala vorgenommen, wobei die 6 jeweils völlige Zustimmung („Trifft voll und ganz zu"), die 1 völlige Ablehnung („Trifft überhaupt nicht zu") darstellt. Die ersten 19 Items des Reflexionsbogens betreffen die Reflexion der eigenen, auf Video aufgezeichneten, Unterrichtsstunde, die weiteren fünf Items die Einschätzung der persönlichen Reflexionspraxis (Items 20–24) (vgl. Kapitel 7.3.2). Für die statistische Auswertung mit SPSS wurden der Wilcoxon-Test und der Mann Whitney U-Test verwendet. Es wurde geprüft, ob statistisch signifikante Unterschiede zwischen dem Antwortverhalten der Junglehrpersonen zum Messzeitpunkt 1 und zum Messzeitpunkt 2 (längschnittlicher Vergleich) bzw. den Antworten der Junglehrpersonen zum Messzeitpunkt 2 und jenen der erfahrenen Lehrpersonen (querschnittlicher Vergleich) vorhanden sind.

Die Auswertungen in diesem Kapitel geben Antworten auf die folgenden, in Kapitel 6 dargestellten, Fragestellungen: *(1) Reflexionsbereitschaft*: Wie gross ist die Bereitschaft von jungen und erfahrenen Lehrpersonen, den eigenen Unterricht zu reflektieren? *(2) Reflexionsfähigkeit und ihre Veränderung durch Berufspraxis*: Wie gross ist die Fähigkeit junger Lehrpersonen zur Analyse des eigenen Unterrichts zu Beginn des ersten Berufsjahres? Inwiefern verändert bzw. entwickelt sich diese Fähigkeit während des ersten Berufsjahres? Und *(3) Reflexionsfähigkeit unterschiedlich erfahrener Lehrpersonen*: Unterscheiden sich junge und erfahrene Lehrpersonen bezüglich der Fähigkeit zur Selbstreflexion?

8.1.1 Reflexion der eigenen Unterrichtsstunde

Einschätzung der eigenen Unterrichtsstunde in der vorliegenden Stichprobe insgesamt positiv: Die Auswertung des Reflexionsbogens zeigt, dass die befragten Lehrpersonen ihren Unterricht insgesamt positiv einschätzten. Mit durchschnittlichen Werten von 3.4 bis zu 5.3 liegen die Werte durchwegs in der oberen Hälfte der 6-stufigen Skala. Die Lehrpersonen gaben zudem an, sich nicht überdurchschnittlich für die videografierte Unterrichtsstunde vorbereitet zu haben (Item 3), und dass der Unterricht durch die Anwesenheit der Kamera nicht massgeblich beeinflusst wurde (Item 19).

In Abbildung 11 sind die Items 1 bis 19 des Reflexionsbogens dargestellt, die dazugehörigen deskriptiven Werte finden sich in Tabelle A1 im Anhang 1.

Abb. 11: Beurteilung der eigenen, videografierten Unterrichtsstunde durch die Junglehrpersonen (Nov; N=21) zu t_1 und t_2 sowie durch die erfahrenen Lehrpersonen (Exp; N=8); Items 1 bis 19 aus dem Reflexionsbogen Lehrperson (1=„Trifft überhaupt nicht zu"; 6=„Trifft voll und ganz zu")

Für verschiedene Items liegen für die vorliegende Stichprobe statistisch signifikante Unterschiede sowohl im Langzeit- (Junglehrpersonen zu t_1 und t_2) wie auch im Quervergleich (Junglehrpersonen zu t_2 und erfahrene Lehrpersonen) vor (vgl. Tabelle 12 und Tabelle 13). Darauf wird nachfolgend genauer eingegangen.

Höherwertige Einschätzungen des Unterrichts bei den befragten Junglehrpersonen am Anfang im Vergleich zum Ende ihres ersten Berufsjahres: Die Auswertung des Reflexionsbogens zeigt, dass die befragten Junglehrpersonen ihre Unterrichtsstunde zum Messzeitpunkt 1 bei den meisten Items besser beurteilten als zum Messzeitpunkt 2 (vgl. Tabelle 12 sowie Abb. 12). Bemerkenswerte, wenn auch (knapp) nicht signifikante Unterschiede auf dem 5%-Niveau in die gleiche Richtung bestehen beim Item 9 „Mein Unterricht war für die S interessant" (Wilcoxon-Test: N=21, z=-1.897, p=.058) und beim Item 13 „Bei Unterrichtsstörungen konnte ich gleich eingreifen" (Wilcoxon-Test: N=21, z=-1.941, p=.052). Für die übrigen fünf Items von Abbildung 12 konnten signifikante Differenzen zwischen der Beurteilung zu t_1 und t_2 festgestellt werden. Allerdings sind die Unterschiede lediglich bei zwei Items auf dem 1%-Niveau signifikant: Item 1" In der Unterrichtsstunde habe ich mich wohl gefühlt" und Item 8 „Ich lobte und ermutigte meine S".

Für eine Gesamteinschätzung der Unterrichtsstunde wurden die Items vier bis achtzehn zusammengenommen und es wurde der Mittelwert der Gesamteinschätzung ermittelt. Betrachtet man die Gesamteinschätzung der befragten Junglehrpersonen zu t_1 und jene zu t_2, zeigt sich ein signifikanter Unterschied auf dem 5%-Signifikanzniveau (vgl. Abb. 12 und Tabelle 12). Gemäss diesen Befunden ist für die befragten Junglehrpersonen eine Abnahme der Werte von Messzeitpunkt 1 zu Messzeitpunkt 2 zu beobachten, die Junglehrpersonen schätzten ihren Unterricht am Ende des ersten Berufsjahres demnach kritischer ein als am Anfang.

Lediglich für zwei Items liegt eine gegenteilige Entwicklung vor: Bei Item 4: „Die Ziele der Lektion waren für meine Schüler/innen klar" und Item 10: „Ich achtete darauf, dass die Schüler/innen immer etwas zu tun hatten" schätzten sich die Junglehrpersonen zum Messzeitpunkt 2 besser ein als zum Messzeitpunkt 1. Die Unterschiede zwischen t_1 und t_2 sind bei beiden Items jedoch statistisch nicht signifikant, weshalb sie in der Abbildung 12 nicht wiedergegeben sind (vgl. dazu Abb. 11).

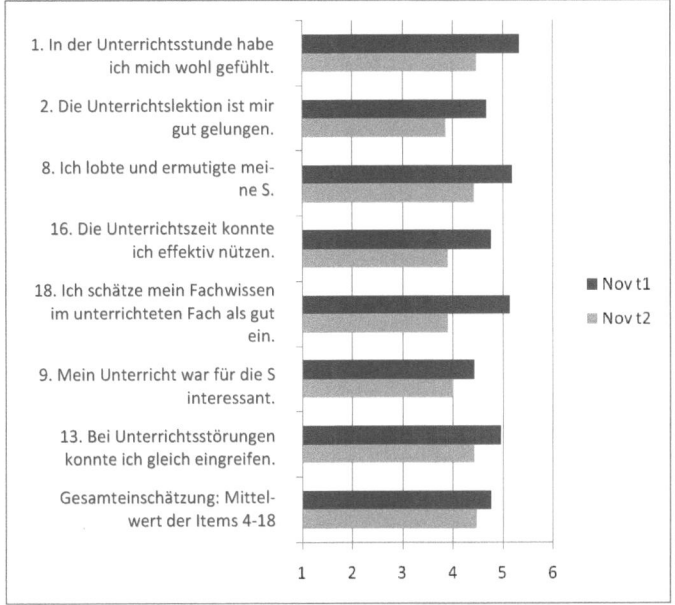

Abb. 12: Reflexion der eigenen Unterrichtsstunde durch die Junglehrpersonen (Nov; N=21) zu t_1 und t_2 (1=„Trifft überhaupt nicht zu"; 6=„Trifft voll und ganz zu"); dargestellt sind diejenigen Items aus dem Reflexionsbogen Lehrperson, bei denen gemäss Tabelle 12 signifikante Unterschiede bestehen. Bei den Items 9 und 13 bestehen (knapp) nicht signifikante Unterschiede, weshalb sie in der Reihenfolge nachgeordnet dargestellt sind

Tabelle 12 enthält die statistischen Kennwerte für die Ergebnisse von Abbildung 12. Auf Grund der geringen Anschaulichkeit der ordinalen Lage- und Verteilungsmasse (Median, Interquartilsabstand) sind in der Tabelle auch die arithmetischen Mittel sowie die Standardabweichung aufgeführt.

Tabelle 12: Reflexion der eigenen Unterrichtsstunde: signifikante und knapp nicht signifikante Unterschiede zwischen den Beurteilungen der Junglehrpersonen zu t_1 und t_2 im Reflexionsbogen Lehrperson (Wilcoxon-Test)

	Nov t_1			Nov t_2				
Item	N	M	SD	N	M	SD	z	p
1. In der Unterrichtsstunde habe ich mich wohl gefühlt.	21	5.333	0.796	21	4.476	0.981	-2.992	.003
2. Die Unterrichtslektion ist mir gut gelungen.	21	4.667	0.577	21	3.857	1.014	-2.531	.011
8. Ich lobte und ermutigte meine S.	21	5.190	0.865	21	4.429	1.076	-3.358	.001
16. Die Unterrichtszeit konnte ich effektiv nützen.	21	4.762	0.768	21	3.905	1.338	-2.392	.017
18. Ich schätze mein Fachwissen im unterrichteten Fach als gut ein.	21	5.143	0.793	21	4.571	0.870	-2.125	.034
9. Mein Unterricht war für die S interessant.	21	4.429	0.811	21	4.000	1.000	-1.897	.058
13. Bei Unterrichtsstörungen konnte ich gleich eingreifen.	21	4.952	0.865	21	4.429	1.028	-1.941	.052
Gesamteinschätzung: Mittelwert der Items 4–18	21	4.761	0.447	21	4.479	0.548	-2.186	.029

Teilweise höherwertige Einschätzungen des Unterrichts in der Stichprobe der erfahrenen Lehrpersonen im Vergleich zu jenen der Junglehrpersonen am Ende des ersten Berufsjahres: Der Vergleich zwischen den Junglehrpersonen zum Messzeitpunkt 2 und den erfahrenen Lehrpersonen der Stichprobe zeigt, dass die erfahrenen Lehrpersonen ihren Unterricht insgesamt etwas besser beurteilten als es die Junglehrpersonen für ihren Unterricht taten (vgl. Abb. 13 und Tabelle 13). Vergleicht man die Werte der Gesamtbeurteilung (Items 4–18) der beiden Personengruppen, so zeigt sich kein statistisch signifikanter Unterschied. Betrachtet man jedoch die einzelnen Items, so liegen bei sieben Items des Reflexionsbogens statistisch signifikante Unterschiede auf dem 5%-Niveau vor (vgl. Tabelle 13). Der grösste Unterschied zwischen den beiden Versuchspersonengruppen besteht bei Item 16 „Die Unterrichtszeit konnte ich effektiv nützen" (Mann Whitney U-Test: Nov: N=21, Exp: N=8, U=35.000; p=.016).

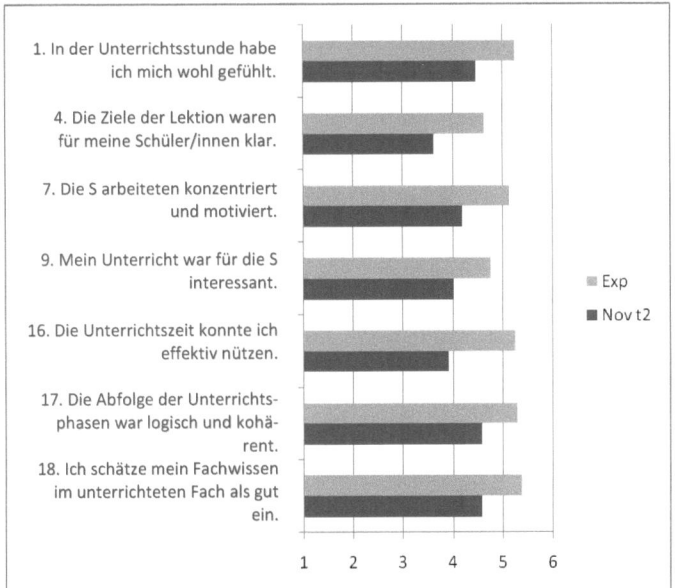

Abb. 13: Reflexion der eigenen Unterrichtsstunde der Junglehrpersonen (Nov; N=21) zu t_2 und den erfahrenen Lehrpersonen (Exp; N=8) (1=„Trifft überhaupt nicht zu"; 6=„Trifft voll und ganz zu"); dargestellt sind diejenigen Items aus dem Reflexionsbogen Lehrperson, bei denen gemäss Tabelle 12 signifikante Unterschiede bestehen

Aus der Abbildung 13 wird ersichtlich, dass die Selbstbeurteilungen der erfahrenen Lehrpersonen der Stichprobe bei verschiedenen Items höher ausfallen als diejenigen der Junglehrpersonen zu t_2. Bei vier Items wurde jedoch nur eine Tendenz zur höheren Beurteilung bei den befragten Junglehrpersonen zum Messzeitpunkt 2 im Vergleich zu den erfahrenen Lehrpersonen gefunden. Da die Unterschiede jedoch gering und statistisch nicht signifikant sind, wurde auf ihre Darstellung in Abbildung 13 verzichtet. Es handelt sich um die Items: 6: „Ich achtete auf eine positive Fehlerkultur", 10: „Ich achtete darauf, dass die Schüler/innen immer etwas zu tun hatten", 11: „Ich kontrollierte laufend, was die Schüler/innen können" und 14: „Die Schüler/innen hatten die Gelegenheit, selbstständig zu arbeiten" (vgl. dazu Abb. 11).

Tabelle 13 gibt die statistischen Kennwerte für die in Abbildung 13 dargestellten Ergebnisse wieder. Wiederum werden zwecks besserer Anschaulichkeit anstelle der nichtparametrischen Lage- und Verteilungskennwerte die arithmetischen Mittel und Standardabweichungen angegeben.

Tabelle 13:   Reflexion der eigenen Unterrichtsstunde: signifikante Unterschiede zwischen den Beurteilungen der Junglehrpersonen (Nov) zu t_2 und den erfahrenen Lehrpersonen (Exp) (Mann Whitney U-Test)

Item	Nov t_2			Exp			U	p
	N	M	SD	N	M	SD		
1. In der Unterrichtsstunde habe ich mich wohl gefühlt.	21	4.476	0.981	8	5.250	0.463	44.000	.031
4. Die Ziele der Lektion waren für meine Schüler/innen klar.	21	3.619	1.400	8	4.625	.744	44.000	.044
7. Die S arbeiteten konzentriert und motiviert.	21	4.191	1.078	8	5.125	0.835	43.000	.036
9. Mein Unterricht war für die S interessant.	21	4.000	1.000	8	4.750	0.463	43.000	.032
16. Die Unterrichtszeit konnte ich effektiv nützen.	21	3.905	1.338	8	5.250	0.707	35.000	.014
17. Die Abfolge der Unterrichtsphasen war logisch und kohärent.	21	4.571	0.811	7	5.286	0.488	37.000	.033
18. Ich schätze mein Fachwissen im unterrichteten Fach als gut ein.	21	4.571	0.870	8	5.375	0.518	39.500	.021

8.1.2 Beurteilung der Reflexionspraxis

Häufigkeit der Selbstreflexion in der vorliegenden Stichprobe: Hohe Übereinstimmung besteht bei den befragten jungen und erfahrenen Lehrpersonen in Bezug auf die Aussage, dass sie den eigenen Unterricht bewusst und regelmässig selber reflektieren (Item 20). Beide Versuchspersonengruppen sind der Meinung, dass im Lehrerkollegium nicht sehr häufig gemeinsam über Unterricht reflektiert wird (Item 21). Übereinstimmend erachten sie es als nicht besonders wünschenswert, häufiger über Unterricht zu reflektieren (Item 22). Für alle drei Items sind die durchschnittlichen Beurteilungen der erfahrenen Lehrpersonen am höchsten, die durchschnittlichen Einschätzungen der Junglehrpersonen steigen von t_1 zu t_2 leicht an; die Unterschiede sind statistisch jedoch nicht bedeutsam (vgl. Abb. 14).

Selbstreflexion dient bei den befragten Lehrpersonen als Instrument, den eigenen Unterricht zu verbessern: Die Abbildung 14 zeigt auch, dass die Selbstreflexion sowohl von den befragten Junglehrpersonen wie auch von den erfahrenen Lehrpersonen als wichtiges Instrument zur Verbesserung der eigenen Unterrichtspraxis betrachtet wird (Item 24). Alle Lehrpersonengruppen sind zudem der Meinung, dass Videoaufnahmen von Unterricht für die Reflexion hilfreich sein können (Item 23). Für die fünf Items konnten keine statistisch signifikanten Unterschiede zwischen den Gruppen gefunden werden. In Bezug auf die oben genannten Gesichtspunkte sind die Einschätzungen der befragten Junglehrpersonen und die der erfahrenen Lehrpersonen sehr ähnlich (vgl. auch Tabelle A2 im Anhang 1).

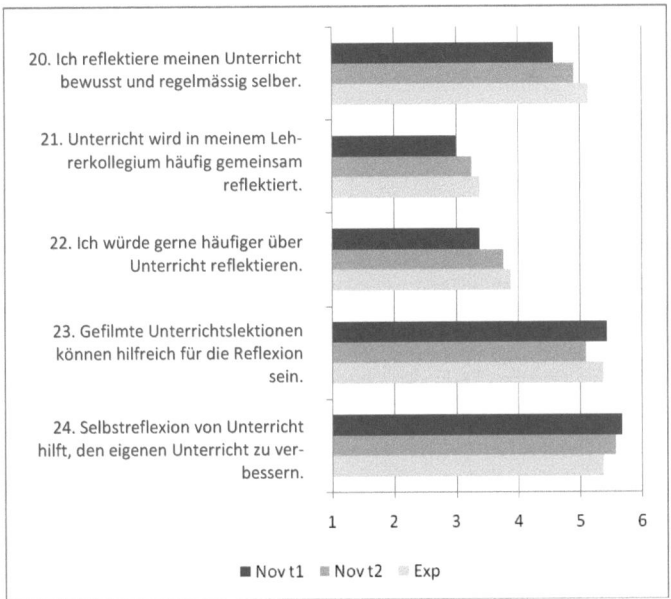

Abb. 14: Beurteilung der Reflexionspraxis durch die Junglehrpersonen (Nov; N=21) zu t_1 und t_2 sowie die erfahrenen Lehrpersonen (Exp; N=8); Items 20 bis 24 aus dem Reflexionsbogen Lehrperson (1=„Trifft überhaupt nicht zu"; 6=„Trifft voll und ganz zu")

8.1.3 Kurze Zusammenfassung der zentralen Ergebnisse in Bezug auf die Fragestellungen

Dieses Kapitel gab Antworten auf die in Kapitel 6 formulierten Hauptfragestellungen *(1) Reflexionsbereitschaft, (2) Reflexionsfähigkeit und ihre Veränderung durch Berufspraxis* und *(3) Selbstreflexion unterschiedlich erfahrener Lehrpersonen.* Auf Grund der berichteten Resultate lässt sich zusammenfassend Folgendes sagen:

Die Selbsteinschätzungen der befragten Lehrpersonen sind insgesamt sehr positiv und liegen im Mittel durchwegs in der oberen Hälfte der 6-stufigen Skala. Bei den jungen Lehrpersonen zeigt sich grundsätzlich ein Rückgang von Messzeitpunkt 1 zum Messzeitpunkt 2. Das bedeutet, dass die befragten jungen Lehrpersonen am Ende des ersten Berufsjahres ihren Unterricht kritischer beurteilten als noch am Anfang des ersten Berufsjahres, wobei die Streuung zum Messzeitpunkt 2 grösser ist als noch zum Messzeitpunkt 1. Für drei der neunzehn Items wie auch für die berechnete Gesamteinschätzung der Unterrichtsstunde sind für die vorliegende Stichprobe signifikante Unterschiede in diese Richtung auf dem 5%-Niveau vorhanden, bei zwei weiteren liegen Unterschiede auf dem 1%-Niveau vor.

Die erfahrenen Lehrpersonen der Stichprobe beurteilten ihren Unterricht im Vergleich zu den Junglehrpersonen zum Messzeitpunkt 2 grundsätzlich besser, in sieben der neunzehn Items liegen Unterschiede auf dem 5%-Signifikanzniveau vor. Zu beobachten ist ausserdem, dass die Streuung bei den erfahrenen Lehrpersonen kleiner als bei den Junglehrpersonen ausfällt. Für die berechnete Gesamteinschätzung der Unterrichtsstunde sind die Unterschiede zwischen den beiden Lehrpersonengruppen nicht signifikant.

Die Reflexionspraxis wird von den befragten Lehrpersonengruppen sehr ähnlich eingeschätzt. Die Unterschiede zwischen den Lehrpersonengruppen (Junglehrpersonen am Anfang und am Ende des ersten Berufsjahres und den erfahrenen Lehrpersonen) sind bei diesen Fragestellungen gering und statistisch nicht signifikant. Die Lehrpersonen beider Gruppen sind der Reflexion gegenüber positiv eingestellt und geben an, im Berufsalltag regelmässig individuell zu reflektieren. Die kollegiale Reflexion wird gemäss den Angaben der befragten Lehrpersonen hingegen eher weniger vorgenommen.

Gemäss den hier berichteten Resultaten sind für die vorliegende Stichprobe statistisch signifikante Unterschiede in der Beurteilung der eigenen Unterrichtsstunde im Verlauf des ersten Berufsjahres (zwischen den Junglehrpersonen zu Messzeitpunkt 1 und 2) sowie zwischen den Junglehrpersonen zu Messzeitpunkt 2 und den erfahrenen Lehrpersonen vorhanden. Allerdings befinden sich die Unterschiede zumeist auf dem 5%-Fehlerniveau. Auf Grund der kleinen, anfallenden Stichprobe und der Gefahr eines Fehlers 1. Art (vgl. dazu Kapitel 7.5) müssen die Resultate mit der nötigen Vorsicht wahrgenommen und interpretiert werden, eine Überprüfung der Ergebnisse durch weitere Untersuchungen mit grösseren Stichproben erscheint nötig und sinnvoll.

Wie die in diesem Kapitel berichteten Resultate bezüglich der Frage *(2) Reflexionsfähigkeit und ihre Veränderung durch Berufspraxis* zu deuten sind, wird in Kapitel 9.1 thematisiert. Eine ausführliche Diskussion und Interpretation der Resultate folgt in Kapitel 11.

8.2 Ergebnisse (2) Stimulated Recall Interview (Teil 1): Reflexion der eigenen videografierten Unterrichtslektion durch die Lehrperson

Einige Tage nach der Aufzeichnung der Unterrichtslektion auf Video hatten die Lehrpersonen Gelegenheit, die ersten 20 Minuten der eigenen videografierten Unterrichtsstunde zu betrachten und zu reflektieren. Je sechs Junglehrpersonen und erfahrene Lehrpersonen nahmen am Stimulated Recall Interview teil. Für die Kodierung der transkribierten Aussagen der Lehrpersonen wurden zuerst Bedeutungseinheiten definiert, die danach mit verschiedenen Kodes belegt wurden (vgl. dazu Kapitel 7.3.3). Als Bedeutungseinheit werden Sinneinheiten verstanden. Eine Sinneinheit kann lediglich einen Satzteil oder aber mehrere Sätze umfassen, die inhaltlich eine Einheit bilden.

Die Auswertungen in diesem Kapitel richten sich nach dem Aufbau des Kodiermanuals (vgl. Kapitel 7.3.3.5 und 7.3.3.6). Für jeden Bereich des Kodiermanuals werden die Ergebnisse für die Junglehrpersonen zu t_1 und t_2 sowie für die erfahrenen Lehrpersonen mit entsprechenden grafischen Abbildungen dargestellt. Eine Tabelle mit den deskriptiven Werten der Auswertungen befindet sich im Anhang 1 (Tabelle A3).

Mit dem Wilcoxon-Test und dem Mann Whitney U-Test wurde geprüft, ob statistisch signifikante Unterschiede zwischen dem Reflexionsverhalten der Junglehrpersonen zum Messzeitpunkt 1 und zum Messzeitpunkt 2 (längschnittlicher Vergleich) bzw. dem Antwortverhalten der Junglehrpersonen zum Messzeitpunkt 2 und demjenigen der erfahrenen Lehrpersonen (querschnittlicher Vergleich) bestehen. Ein statistisch signifikanter Unterschied auf dem 5%-Niveau konnte nur in einem Bereich (Aussagen zur Didaktik bei den Junglehrpersonen) gefunden werden (vgl. Kapitel 8.2.2). Für alle anderen in diesem Kapitel berichteten Ergebnisse liegen keine statistisch signifikanten Unterschiede vor.

Bei der Interpretation der Ergebnisse zu beachten gilt, dass das Stimulated Recall Interview mit einer Auswahl von Lehrpersonen von n=12 auf einer kleinen Datenbasis beruht. Auf Grund der kleinen Stichprobe werden in diesem Kapitel auch Resultate auf Einzelfallebene dargestellt.

Die Auswertungen in diesem Kapitel geben Antworten auf die folgenden, in Kapitel 6 dargestellten, Fragestellungen: *(2) Reflexionsfähigkeit und ihre Veränderung durch Berufspraxis*: Wie gross ist die Fähigkeit junger Lehrpersonen zur Analyse des eigenen Unterrichts zu Beginn des ersten Berufsjahres? Inwiefern verändert bzw. entwickelt sich diese Fähigkeit während des ersten Berufsjahres? Und *(3) Reflexionsfähigkeit unterschiedlich erfahrener Lehrpersonen*: Unterscheiden sich junge und erfahrene Lehrpersonen bezüglich der Fähigkeit zur Selbstreflexion?

8.2.1 Allgemeine Auswertungen: Anzahl Wörter und Bedeutungseinheiten

Keine generalisierbaren Unterschiede bei der Anzahl von Bedeutungseinheiten bei den jungen und bei den erfahrenen Lehrpersonen der Stichprobe: Der Vergleich der befragten Junglehrpersonen zu t_1 und t_2 mit den erfahrenen Lehrpersonen zeigt, dass in den Aussagen der erfahrenen Lehrpersonen tendenziell weniger Bedeutungseinheiten zu finden sind als bei den Junglehrpersonen (vgl. Abb. 15, linker Teil). Dies bedeutet, dass sich die jungen Lehrpersonen der vorliegenden Stichprobe zu etwas mehr Inhalten äussern als es dies die erfahrenen Lehrpersonen tun, allerdings ist der Unterschied statistisch nicht bedeutsam. Bei der Anzahl von Bedeutungseinheiten sind die interindividuellen Unterschiede zwischen den erfahrenen Lehrpersonen kleiner, d.h. die Ergebnisse dieser Lehrpersonengruppe sind einheitlicher als jene der jungen Lehrpersonen (Nov t_1: n=6, M=23, SD=8.967; Nov t_2: n=6, M=18.17, SD=8.841; Exp: n=6, M=16.33, SD=5.241).

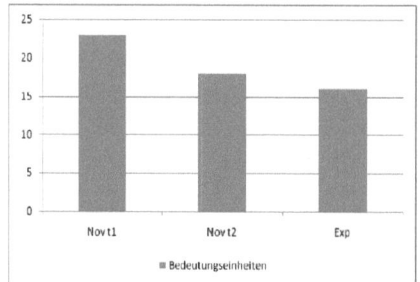 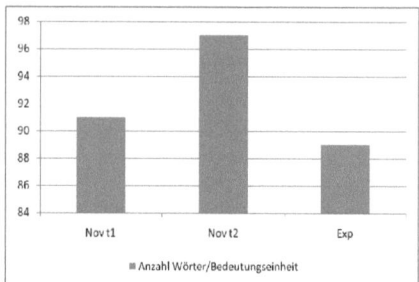

Abb. 15:   Anzahl Bedeutungseinheiten und Anzahl Wörter/Bedeutungseinheit im Stimulated Recall Interview der Junglehrpersonen (Nov; n=6) zu t_1 und t_2 sowie der erfahrenen Lehrpersonen (Exp; n=6)

Tendenziell etwas umfangreichere und einheitlichere Aussagen bei den befragten Junglehrpersonen im Vergleich zu den erfahrenen Lehrpersonen, jedoch insgesamt keine generalisierbaren Unterschiede: Da eine Bedeutungseinheit unterschiedlich viele Wörter und Sätze enthalten kann, wurde für jede Bedeutungseinheit die Anzahl Wörter ausgezählt. Die Anzahl Wörter pro Bedeutungseinheit zeigt, wie ausführlich sich die Lehrpersonen zu einem Inhalt bzw. zu einem Aspekt des Unterrichts äusserten. Aus Abbildung 15 wird deutlich, dass die befragten jungen Lehrpersonen zum Messzeitpunkt 2 zwar weniger Bedeutungseinheiten aufweisen als zum Messzeitpunkt 1, doch sind die Ausführungen zu einer Thematik umfangreicher bzw. enthalten eine grössere Anzahl Wörter. Die Aussagen der erfahrenen

Lehrpersonen sind im Vergleich dazu quantitativ etwas weniger umfangreich (vgl. Abb. 15, rechter Teil); die hier berichteten Unterschiede sind statistisch jedoch nicht bedeutsam. Eine nicht generalisierbare Differenz ist ausserdem bei der Streuung ersichtlich. Bei der Anzahl der Wörter/Bedeutungseinheit ist die Streuung bei den erfahrenen Lehrpersonen der Stichprobe etwas grösser als bei den Junglehrpersonen, diese äussern sich einheitlicher als die erfahrenen Lehrpersonen (Nov t_1: n=6, M=90.747, SD=26.060; Nov t_2: n=6, M=97.35, SD=15.814; Exp: n=6, M=89.21, SD=34.123).

8.2.2 Allgemeine Auswertungen: Inhalt, Didaktik, Erklärung/Erläuterung

Schwerpunkt der Aussagen bei der Didaktik, Übereinstimmung zwischen den befragten Junglehrpersonen und den erfahrenen Lehrpersonen, jedoch individuelle Unterschiede: Aus Abbildung 16 wird ersichtlich, dass sich weitaus die meisten Aussagen der befragten Junglehrpersonen auf die Didaktik beziehen. Dagegen sind Aussagen zum Sachinhalt der Unterrichtsstunde kaum vorzufinden; bei drei Junglehrpersonen kommen zum ersten Messzeitpunkt überhaupt keine inhaltlichen Aussagen vor. Der Vergleich der einzelnen Lehrpersonen (Nov1 - Nov6) zeigt beachtliche interindividuelle Unterschiede (vgl. Abb. 16).

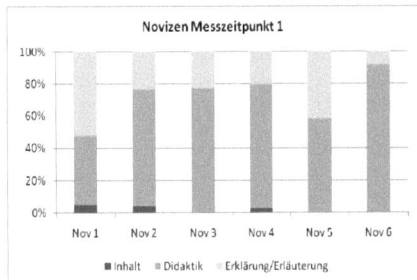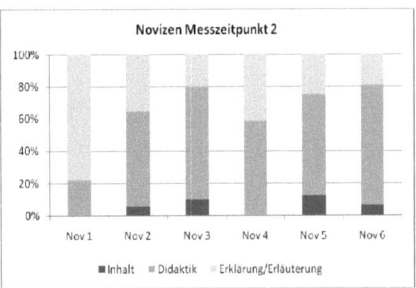

Abb. 16: Aussagen im Stimulated Recall Interview zu „Inhalt", „Didaktik" und „Erklärungen/Erläuterungen" von Junglehrpersonen (Nov; n=6) zu t_1 und t_2

Auch im zweiten Messzeitpunkt überwiegen in der Stichprobe der Junglehrpersonen die Aussagen zur Didaktik. Im Vergleich zum ersten Messzeitpunkt ist der Anteil der Aussagen zur Didaktik jedoch bedeutend kleiner (statistisch signifikant auf dem 5%-Niveau) (Wilcoxon-Test: n=6; Didaktik t_1: M=0.698, SD=0.171; Didaktik t_2: M=0.577, SD=0.185; z=-1.992; p=.046), mit der Folge, dass Aussagen zum

Sachinhalt sowie erklärend/erläuternde Beiträge etwas häufiger vorkommen (statistisch nicht signifikant). Zwei Personen weisen zum Messzeitpunkt 2 keine inhaltlichen Aussagen auf. Die interindividuellen Unterschiede zwischen den befragten Junglehrpersonen sind auch hier wiederum beträchtlich, wobei für die einzelnen Personen über die beiden Messzeitpunkte hinweg eine gewisse Konstanz im Reflexionsverhalten zu erkennen ist.

In der Stichprobe der erfahrenen Lehrpersonen zeigt sich ein ähnliches Bild (vgl. Abb. 17). Zwischen ihnen und den Junglehrpersonen bestehen keine signifikanten Unterschiede in Bezug auf „Inhalt", „Didaktik" und „Erklärungen/Erläuterungen".

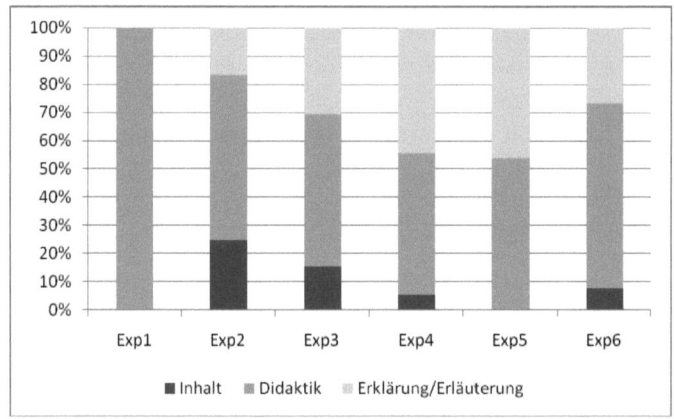

Abb. 17:   Aussagen im Stimulated Recall Interview zu „Inhalt", „Didaktik" und „Erklärungen/Erläuterungen" von erfahrenen Lehrpersonen (Exp; n=6)

Wie in Abbildung 17 ersichtlich, kommen auch bei dieser Versuchspersonengruppe didaktische Reflexionsbeiträge am häufigsten, solche zum Inhalt der Unterrichtsstunde am wenigsten vor. Wiederum bestehen beachtliche Unterschiede zwischen den einzelnen Versuchspersonen. Eine erfahrene Lehrperson (Exp1) machte ausschliesslich Aussagen zur Didaktik.

Etwas höherer Anteil an sachinhaltlichen Aussagen bei den erfahrenen Lehrpersonen im Vergleich zu den Junglehrpersonen der Stichprobe und mehr sachinhaltliche Aussagen am Ende im Vergleich zum Anfang des ersten Berufsjahres, jedoch insgesamt keine generalisierbaren Unterschiede: Der Anteil an sachinhaltlichen

Beiträgen ist in der vorliegenden Stichprobe bei den erfahrenen Lehrpersonen tendenziell grösser als bei den Junglehrpersonen. Das bedeutet, dass sich die erfahrenen Lehrpersonen im Vergleich zu den jungen Lehrpersonen etwas häufiger zu den Inhalten der Unterrichtsstunde äussern. Auffällig ist die Zunahme der inhaltlichen Beiträge von t_1 zu t_2 bei den befragten Junglehrpersonen. Die berichteten Unterschiede sind statistisch jedoch nicht signifikant. Mit lediglich rund 2% aller Aussagen zu t_1 und rund 6% zu t_2 bei den befragten Junglehrpersonen und rund 9% bei den erfahrenen Lehrpersonen ist der Anteil an inhaltlichen Ausführungen bei der Reflexion der eigenen Unterrichtsstunde insgesamt aber sehr gering (vgl. Abb. 18).

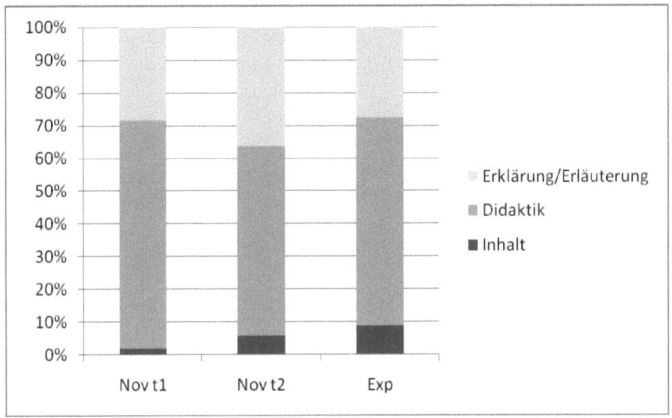

Abb. 18: Aussagen im Stimulated Recall Interview zu „Inhalt", „Didaktik" und „Erklärungen/Erläuterungen" von Junglehrpersonen (Nov; n=6) zu t_1 und t_2 sowie den erfahrenen Lehrpersonen (Exp; n=6)

Grosser Anteil an Aussagen bei den befragten Lehrpersonen, die weder die Didaktik noch den Sachinhalt der Unterrichtsstunde betreffen: Die Erklärungen/Erläuterungen zum Unterricht, die weder die Didaktik noch den Inhalt betreffen, machen sowohl bei den jungen wie auch bei den erfahrenen Lehrpersonen der Stichprobe einen relativ grossen Anteil der Aussagen aus. Es handelt sich um allgemeine Äusserungen zu den Schülerinnen und Schülern, zum Schulzimmer, zur persönlichen Befindlichkeit u.a.m. Bei den befragten Junglehrpersonen besteht hier eine nicht generalisierbare Zunahme von rund 28% zu t_1 auf rund 37% zu t_2 (vgl. Abb. 18).

8.2.3 Reflexionsprozess: Beurteilung der Qualität des Unterrichts

Die Reflexion der befragten Lehrpersonen bezieht sich insbesondere auf drei As-
pekte von Unterrichtsqualität: die „Qualität der Organisation", die „Motivie-
rungsfähigkeit" sowie die „Klassenführung": In den Reflexionsbeiträgen der befragten Lehrpersonen wurde untersucht, welche Aspekte von Unterrichtsqualität
angesprochen werden. Im Kodiermanual (vgl. Anhang 4, S. 4ff) sind fünfzehn
Items zur Erfassung solcher Äusserungen formuliert. Die Auswertungen zeigen,
dass die Reflexionsbeiträge der Lehrpersonen insbesondere auf drei Aspekte von
Unterrichtsqualität Bezug nehmen: die „Qualität der Organisation", die „Motivierungsfähigkeit" sowie die „Klassenführung" (vgl. Abb. 19).

Mit rund 20% kommen Aussagen zur „Qualität der Organisation" am häufigsten
vor. Bei den befragten Junglehrpersonen sind Äusserungen zur „Motivierungsfähigkeit" und der „Klassenführung" mit rund je 10% aller Aussagen am zweithäu-
figsten, wobei für die „Motivierungsfähigkeit" von t_1 zu t_2 eher eine Zunahme, für
die „Klassenführung" eher eine Abnahme festzustellen ist. Bei den erfahrenen
Lehrpersonen der Stichprobe ist mit 17% die „Motivierungsfähigkeit" ein wichtige-
res Thema als die „Klassenführung", die nur in rund 6% aller Aussagen thematisiert wird. Für die befragten Junglehrpersonen scheint ausserdem „der Umgang mit
Unterrichtszeit" von Bedeutung zu sein. Rund 10% aller Aussagen beziehen sich
bei ihnen auf diesen Aspekt, während es bei den erfahrenen Lehrpersonen nur 4%
sind. Die hier berichteten Ergebnisse sind statistisch jedoch nicht abgesichert.

Kaum erwähnt werden bei den befragten Junglehrpersonen der „Umgang mit
Fehlern" sowie die „Sachkompetenz"; die befragten erfahrenen Lehrpersonen äussern sich dazu häufiger. Dagegen sind für die Junglehrpersonen die „Zielklarheit"
sowie die „Differenzierung" wichtigere Themen als für die erfahrenen Lehrpersonen der Stichprobe. Auch hier sind die Unterschiede statistisch nicht signifikant.

In der vorliegenden Stichprobe grosser Anteil an allgemeinen Aussagen, die
sich nicht auf Qualitätskriterien des Unterrichts beziehen: Auffällig ist, dass mit
über 20% sowohl bei den befragten jungen als auch bei den erfahrenen Lehrpersonen Aussagen am häufigsten vorkommen, die keinem vordefinierten Qualitätskriterium zugeordnet werden können und somit in die Kategorie „Anderes" eingeteilt
wurden. Die Reflexionsbeiträge der befragten Lehrpersonen enthalten demnach
häufig allgemeine Kommentare, die sich nicht auf spezifische Qualitätskriterien
von Unterricht beziehen, wie sie in der vorliegenden Untersuchung als zentral angesehen werden (vgl. Abb. 19).

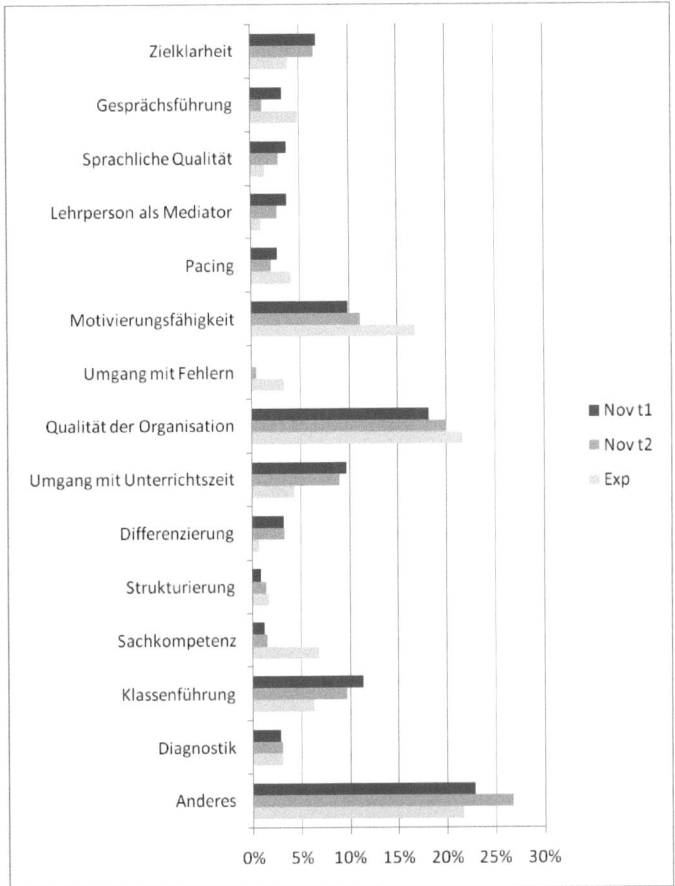

Abb. 19: Aussagen der Junglehrpersonen (Nov; n=6) zu t_1 und t_2 sowie der erfahrenen Lehrpersonen (Exp; n=6) im Stimulated Recall Interview zur Qualität ihres Unterrichts

Höchster, jedoch statistisch nicht signifikanter Anteil an negativen Beurteilungen bei den befragten Junglehrpersonen am Anfang des ersten Berufsjahres: Die Aussagen zur Qualität des Unterrichts wurden zusätzlich daraufhin untersucht, wie die befragten Lehrpersonen die einzelnen Aspekte ihres Unterrichts beurteilen (vgl. Abb. 20). Die Auswertung zeigt, dass die befragten Junglehrpersonen zu t_1 am meisten negative Beurteilungen aufweisen. So sind zum Messzeitpunkt 1 30% der

Aussagen eher negativ bzw. kritisch, zum Messzeitpunkt 2 sind es noch 26%; bei den erfahrenen Lehrpersonen der Stichprobe sind es lediglich 20%. Etwas kleiner sind die Unterschiede zwischen den Lehrpersonengruppen der vorliegenden Stichprobe in den anderen beiden Bereichen („Beurteilung neutral/deskriptiv" und „Beurteilung positiv"), wobei hier die erfahrenen Lehrpersonen jeweils die höchsten Anteile aufweisen. Die berichteten Unterschiede sind statistisch jedoch nicht bedeutsam.

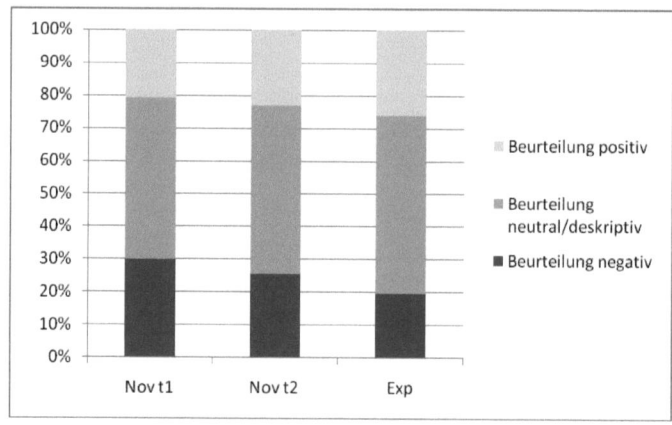

Abb. 20: Beurteilung der Qualität des eigenen Unterrichts im Stimulated Recall Interview durch Junglehrpersonen (Nov; n=6) zu t_1 und t_2 sowie durch erfahrene Lehrpersonen (Exp; n=6)

Grösster Anteil der von den befragten Lehrpersonen gemachten Beurteilungen sind neutral/deskriptiv: Es fällt auf, dass in den Aussagen der befragten Lehrpersonengruppen der Anteil deskriptiver bzw. neutraler Art am grössten ist. In diesen Aussagen kann keine eindeutig positive (gelungene Aspekte im eigenen Unterricht) oder kritische (nicht optimal gelungene Aspekte im eigenen Unterricht) Beurteilung gefunden werden. Vielmehr handelt es sich um Beschreibungen von Aspekten des Unterrichts oder Kommentare, die neutral formuliert oder sowohl positive wie auch negative Aussagen enthalten. Bei den befragten Junglehrpersonen beträgt dieser Anteil 49% (t_1) bzw. 51% (t_2) aller Aussagen und bei den erfahrenen Lehrpersonen 54%; die Unterschiede zwischen den Versuchspersonengruppen sind statistisch nicht bedeutsam (vgl. Abb. 20).

8.2.4 Reflexionsprozess: Fokus der Aussage

Die Reflexionsbeiträge der Lehrpersonen nehmen jeweils Bezug auf Personen, die am Unterricht beteiligt sind oder diesen beeinflusst haben: die Lehrperson selber, die Schülerinnen und Schüler oder Drittpersonen. Bei der Analyse der Daten interessierte einerseits, welche Personen die Lehrpersonen in ihre Reflexionen einbeziehen und wie sie das Verhalten dieser Personen beurteilen.

Beurteilung des Verhaltens von Personen in der vorliegenden Stichprobe zumeist nicht eindeutig: Die Auswertung der Daten ergab, dass die meisten Aussagen der befragten Lehrpersonen weder eine eindeutig positive noch eine eindeutig negative Beurteilung darstellen. So wurde entweder gar keine Beurteilung vorgenommen oder die analysierte Bedeutungseinheit weist sowohl positive als auch negative Aspekte auf, wodurch die Aussage jeweils relativiert bzw. neutralisiert wurde. Solche Aussagen wurden unter die Kategorie „Verhalten anderes" eingeteilt (vgl. Abb. 21).

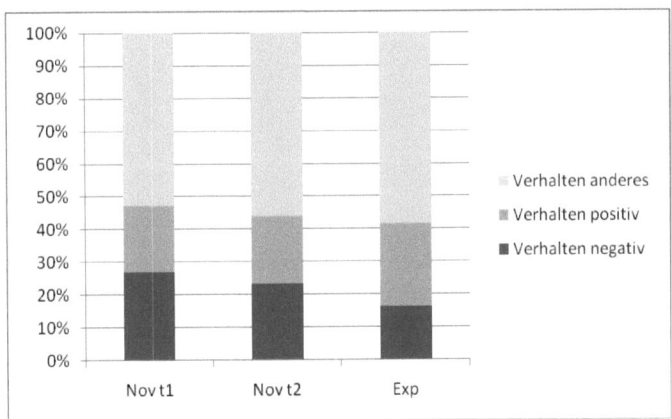

Abb. 21: Beurteilung des Verhaltens von Personen im Stimulated Recall Interview durch Junglehrpersonen (Nov; n=6) zu t_1 und t_2 sowie durch erfahrene Lehrpersonen (Exp; n=6)

In der Tendenz bessere Beurteilung des Verhaltens von Personen bei den erfahrenen Lehrpersonen der Stichprobe, jedoch insgesamt keine generalisierbaren Unterschiede: Die erfahrenen Lehrpersonen der Stichprobe machen in lediglich 16% der Aussagen eine negative Beurteilung, während die befragten Junglehrpersonen zum Messzeitpunkt 2 23% bzw. 26% zum Messzeitpunkt 1 aufweisen. Bei den erfahrenen Lehrpersonen sind im Vergleich zu den Junglehrpersonen rund 5% mehr positive Beurteilungen zu finden; die Unterschiede sind statistisch jedoch nicht bedeutsam (vgl. Abb. 21).

Trotz individuellen Unterschieden ist bei den befragten Lehrpersonen Konstanz im Reflexionsverhalten erkennbar: Der Vergleich der befragten Junglehrpersonen zu den beiden Messzeitpunkten t_1 und t_2 zeigt, dass sich die jungen Lehrpersonen sowohl untereinander als auch zu den zwei Zeitpunkten tendenziell voneinander unterscheiden (vgl. Abb. 22). Bei der Mehrheit scheint allerdings eine gewisse Konstanz im Reflexionsverhalten über die zwei Messzeitpunkte hinweg vorhanden zu sein. Bei den Versuchspersonen Nov1 und Nov5 sind zwischen t_1 und t_2 ausgeprägte Veränderungen festzustellen.

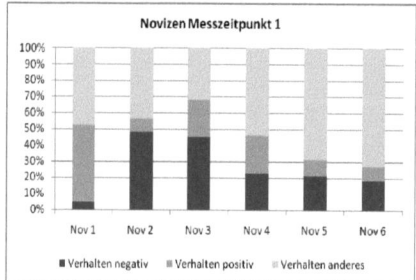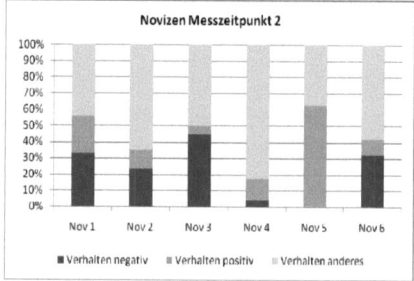

Abb. 22: Beurteilung des Verhaltens von Personen in den Aussagen im Stimulated Recall Interview von Junglehrpersonen (Nov; n=6) zu t_1 und t_2

In der vorliegenden Stichprobe meistens die eigene Person im Fokus der Reflexion: Wie Abbildung 23 zeigt beziehen sich die Aussagen der Versuchspersonen zumeist auf die eigene Person. Durchschnittlich sind rund 80% der Aussagen auf die Lehrperson selber bezogen; ungefähr 20% der Aussagen beziehen sich auf die Schülerinnen und Schüler, wobei bei den befragten Junglehrpersonen dieser Anteil von t_1 zu t_2 etwas ansteigt. Aussagen, die sich inhaltlich auf Drittpersonen beziehen, sind lediglich bei einer Junglehrperson zum Messzeitpunkt 1 sowie bei einer Praxislehrperson zu finden.

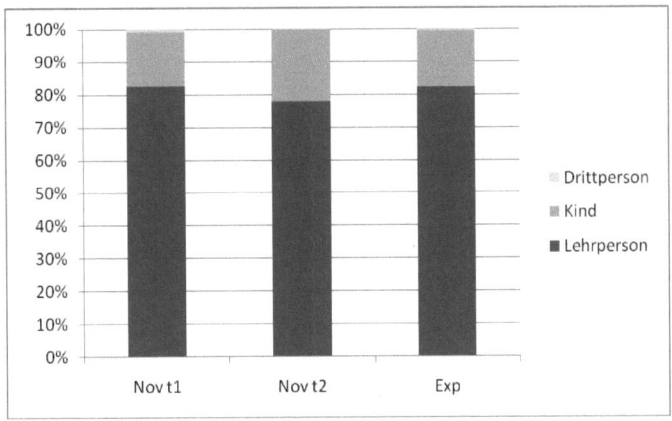

Abb. 23: Fokus der Reflexionsbeiträge im Stimulated Recall Interview von Junglehrpersonen (Nov; n=6) zu t_1 und t_2 sowie den erfahrenen Lehrpersonen (Exp; n=6)

8.2.5 Reflexionsprozess: Handlungsalternativen

Die Reflexionsbeiträge der Lehrpersonen wurden auch nach Aussagen zu Handlungsalternativen kodiert; dabei wurden drei Kategorien unterschieden. Sofern die Lehrperson eine Handlungsalternative nennt, wird für wenig ausführliche Kommentare die Kategorie „Handlungsalternative" gewählt, bei genaueren Ausführungen dagegen die Kategorie „Handlungsalternative elaboriert". Aussagen, die keine Handlungsalternativen enthalten, wurden als "Keine Handlungsalternative" kodiert.

Insgesamt werden von den befragten Lehrpersonen selten Handlungsalternativen genannt: Wie die Abbildung 24 zeigt, kommen bei den befragten Lehrpersonen meistens keine Handlungsalternativen vor. Die meisten Handlungsalternativen wurden von den befragten Junglehrpersonen zum Messzeitpunkt 1 geäussert. Rund 22% ihrer Reflexionsbeiträge enthalten zu diesem Messzeitpunkt alternative Handlungsvorschläge, zum Messzeitpunkt 2 sind es noch rund 18%. Bei den erfahrenen Lehrpersonen der Stichprobe werden lediglich in 15% der Aussagen alternative Handlungsformen genannt. Die grösste Anzahl an ausführlich formulierten Handlungsalternativen findet sich mit rund 13% bei den befragten Junglehrpersonen zum Messzeitpunkt 2. Die berichteten Unterschiede sind statistisch jedoch nicht abgesichert. Auffallend ist, dass eine Junglehrperson zum Messzeitpunkt 2 sowie eine Praxislehrperson gar keine Handlungsalternativen nannten.

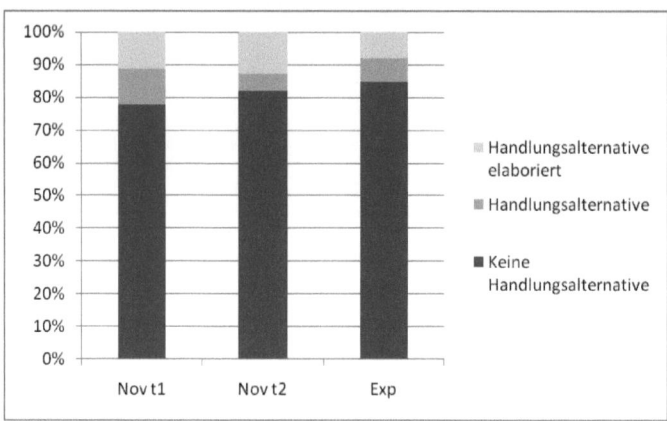

Abb. 24: Nennung von Handlungsalternativen in den Reflexionsbeiträgen im Sti-
          mulated Recall Interview der Junglehrpersonen (Nov; n=6) zu t_1 und t_2
          sowie der erfahrenen Lehrpersonen (Exp; n=6)

8.2.6 Reflexionsprozess: Form der Reflexionsbeiträge

Die Qualität von Reflexionsprozessen wurde bislang in verschiedenen Untersuchungen mit Hilfe von Stufenmodellen beurteilt (vgl. dazu Kapitel 5.2). In der vorliegenden Analyse wurde ein fünfstufiges Modell verwendet, wobei die fünf Stufen
wie folgt definiert sind: (1) Deskription, (2) persönliche Erläuterung, (3) theoretische Erläuterung, (4) kritische Erläuterung, (5) ethisch moralische Erläuterung. Die
niedrigste Stufe des Modells stellt auch die geringste, die oberste Stufe die höchste
qualitative Ausprägung dar. In der vorliegenden Arbeit soll mit den fünf Stufen
weniger die Qualität beurteilt, sondern eher eine Aussage zur Form der Reflexionsbeiträge gemacht werden.

*In der vorliegenden Stichprobe lediglich Aussagen auf den untersten beiden
Stufen des Stufenmodells*: Aus der Abbildung 25 wird ersichtlich, dass in allen Interviews lediglich Aussagen der ersten und zweiten Stufe des Stufenmodells festzustellen sind. Einen deutlich höheren Anteil machen Aussagen aus, die in die zweite
Stufe „persönliche Erläuterung/Erklärung" einzuordnen sind. Den grössten Anteil
haben diesbezüglich die erfahrenen Lehrpersonen der Stichprobe mit 79%; bei den
befragten Junglehrpersonen besteht ein Anstieg von 63% zum Messzeitpunkt 1 auf
74% zum Messzeitpunkt 2. Auch diese Ergebnisse sind jedoch statistisch nicht von
Bedeutung.

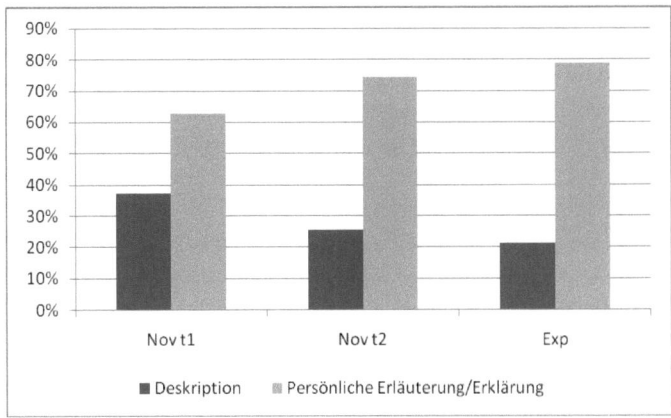

Abb. 25: Form der Reflexionsbeiträge im Stimulated Recall Interview der Junglehrpersonen (Nov; n=6) zu t_1 und t_2 sowie der erfahrenen Lehrpersonen
(Exp; n=6)

8.2.7 Kurze Zusammenfassung der zentralen Ergebnisse in Bezug auf die Fragestellungen

In diesem Kapitel wurden die Ergebnisse der Auswertung der Stimulated Recall
Interviews dargestellt. Sie geben Antworten auf die in Kapitel 6 formulierten Fragestellungen *(2) Reflexionsfähigkeit und ihre Veränderung durch Berufspraxis* und
(3) Selbstreflexion unterschiedlich erfahrener Lehrpersonen. Aus den berichteten
Ergebnissen wird ersichtlich, dass sich die befragten Lehrpersonen in der Reflexion
der eignen Unterrichtsstunde auf bestimmte Aspekte konzentrieren. So wird insbesondere die Didaktik angesprochen und die „Qualität der Organisation", die
„Motivierungsfähigkeit" sowie die „Klassenführung" thematisiert. Andere Aspekte
der Unterrichtsgestaltung bzw. der Qualität des Unterrichts werden nur selten angesprochen. Häufig machen die befragten Lehrpersonen allgemeine Aussagen, die
den Unterricht nur an der Oberfläche betreffen und oft auch keine eindeutige und
spezifische Aussage beinhalten. Zumeist sprechen die Lehrpersonen der vorliegenden Stichprobe in ihrer Reflexion über sich selber und ihr eigenes Handeln, die
Schülerinnen und Schüler sind hingegen viel weniger Thema der Aussage. Für das
zukünftige Handeln werden nur selten alternative Handlungsmöglichkeiten genannt; in rund 80% der Reflexionsbeiträge nennen die Lehrpersonen gar keine alternativen Handlungsmöglichkeiten. Einige Reflexionsbeiträge bleiben rein de-

skriptiv, d.h. die Lehrpersonen beschreiben, was sie im Unterricht gemacht und
erlebt haben; meistens fügen die befragten Lehrpersonen ihren Beschreibungen jedoch eine persönliche Erklärung oder Erläuterung an. Der grössere Kontext, durch
den der Unterricht verortet wird, wird für die Reflexion nicht beachtet. So werden
kaum Aussagen zu Drittpersonen gemacht, theoretische Konzepte oder Modelle
nicht erwähnt und gesellschaftliche oder moralisch-ethische Gesichtspunkte nicht
miteinbezogen. Werden diese Ergebnisse im Lichte der theoretischen Annahmen
und Vorstellungen von Reflexion betrachtet (vgl. Kapitel 3 bis 5), *muss die Reflexionsfähigkeit der befragten Lehrpersonen als wenig entwickelt beurteilt werden.*

Interessant ist, dass für die in diesem Kapitel berichteten Resultate nur geringfügige Unterschiede zwischen den befragten Lehrpersonengruppen vorhanden sind.
Ausser bei einem einzigen Ergebnis in Kapitel 8.2.2 sind die Unterschiede zwischen den Personengruppen statistisch nicht signifikant. Dies bedeutet, dass sich
das Reflexionsverhalten der Lehrpersonen am Anfang und am Ende des ersten
Berufsjahres sowie dasjenige von jungen Lehrpersonen am Ende des ersten Berufsjahres und von erfahrenen Lehrpersonen in der vorliegenden Stichprobe statistisch
nicht voneinander unterscheiden. Das bedeutet, dass Praxiserfahrung allein die Reflexionsfähigkeit und die Qualität der Reflexion steigert bzw. verbessert. Allerdings
gilt es zu beachten, dass die Befragung durch das Stimulated Recall Interview mit
einer kleinen Auswahl an Lehrpersonen (je sechs junge und erfahrene Lehrpersonen) durchgeführt wurde und sich die berichteten Ergebnisse demgemäss auf eine
kleine, anfallende Stichprobe beziehen. In Anbetracht dessen liefern die hier berichteten Ergebnisse interessante Einblicke in die Reflexion von Lehrpersonen und
damit aufschlussreiche Befunde zur Gestaltung von Reflexionen von Lehrpersonen
zum eigenen Unterricht, sie sind jedoch insgesamt nicht generalisierbar. Weiterführende Untersuchungen sind deshalb erforderlich.

Eine ausführliche Diskussion und Interpretation der Ergebnisse folgt in Kapitel 11.

8.3 Ergebnisse (3) Videografie des Unterrichts: Analyse der Unterrichtsvideos durch Kodierung und Rating

Bei der Auswertung der Unterrichtsvideos wurden zwei unterschiedliche Verfahren
angewendet. Einerseits wurden die Videos mit einem niedriginferenten Verfahren
auf der Basis von 10-Sekunden-Einheiten kodiert (vgl. Tabelle 8), andererseits
wurde ein hochinferentes Rating zur Beurteilung der Qualität der ganzen Unterrichtsstunde eingesetzt (vgl. Tabelle 9). Das Rating wurde auf der Basis einer
6-stufigen Skala von 1 („trifft überhaupt nicht zu") bis 6 („trifft voll und ganz zu")
durchgeführt (vgl. Kapitel 7.3.4). Zur Berechnung allfälliger Unterschiede wurden

der Wilcoxon-Test sowie der Mann Whitney U-Test gewählt. Geprüft wurde, ob statistisch signifikante Unterschiede zwischen dem Unterrichten der Junglehrpersonen zu den Messzeitpunkten 1 und 2 (längsschnittlicher Vergleich) bzw. dem Unterrichten der Junglehrpersonen zum Messzeitpunkt 2 und jenem der erfahrenen Lehrpersonen (querschnittlicher Vergleich) vorhanden sind.

Die Auswertungen in diesem Kapitel tragen dazu bei, Antworten auf die folgenden, in Kapitel 6 dargestellten Fragestellungen zu erarbeiten. Die betreffenden Fragen lauten: *(2) Reflexionsfähigkeit und ihre Veränderung durch Berufspraxis:* Wie gross ist die Fähigkeit junger Lehrpersonen zur Analyse des eigenen Unterrichts zu Beginn des ersten Berufsjahres? Inwiefern verändert bzw. entwickelt sich diese Fähigkeit während des ersten Berufsjahres? Und *(3) Reflexionsfähigkeit unterschiedlich erfahrener Lehrpersonen:* Unterscheiden sich junge und erfahrene Lehrpersonen bezüglich der Fähigkeit zur Selbstreflexion?

8.3.1 Kodierung der Unterrichtsvideos

Für die Kodierung wurden insgesamt sieben so genannte Facetten unterschieden: (1) Unterrichtsstatus, (2) unterrichtliche Arbeitsformen, (3) allgemeindidaktische Unterrichtsphasen, (4) Aktivitäten im Klassenunterricht, (5) Kommunikation im Unterricht, (6) Strukturierung und (7) Differenzierung. Jeder Facette sind verschiedene Kategorien zugeordnet (vgl. Tabelle 8). Für die Kodierung der Unterrichtsvideos wurde aus jeder Facette für jede 10-Sekunden-Einheit die jeweils zutreffende Kategorie ausgewählt. Die Facette (1) Unterrichtsstatus dient dazu, die Phasen des Videos zu definieren, in denen Unterricht stattfindet. Mit der statistischen Auswertung kann für jede Kategorie der prozentuale Zeitanteil an der gesamten Unterrichtsstunde berechnet werden (vgl. Kapitel 7.3.4.1).

Nachfolgend werden die Ergebnisse der Kodierungen der einzelnen Facetten dargestellt. Die grafischen Abbildungen zeigen jeweils die Kodierungswerte für die Junglehrpersonen zu t_1 und t_2 und die erfahrenen Lehrpersonen. Statistisch signifikante Unterschiede zwischen diesen Personengruppen werden im Text berichtet und in der Tabelle 14 zusammenfassend wiedergegeben. Die deskriptiven Werte zu den Auswertungen in diesem Kapitel sind in Anhang 1, Tabelle A4 enthalten.

Die Lehrpersonen der Stichprobe unterrichten am häufigsten im Klassenunterricht: In der Abbildung 26 sind die unterschiedlichen Arbeitsformen, die die Lehrpersonen in ihren Unterrichtsstunden einsetzten, ersichtlich. Auffällig ist, dass in der vorliegenden Stichprobe die meiste Zeit für den Klassenunterricht aufgewendet wird. Bei den befragten Junglehrpersonen findet zum Messzeitpunkt 1 zu 45%, zum Messzeitpunkt 2 zu 42% der Unterrichtszeit Klassenunterricht statt, bei den erfahrenen Lehrpersonen sind es sogar 56%. Individualisierende Arbeitsformen wie Stillarbeit, Partner- oder Gruppenarbeit kommen im Unterricht der Lehrpersonengruppen der vorliegenden Stichprobe viel weniger häufig vor, wobei bei den Junglehrpersonen zum Messzeitpunkt 1 vermehrt Einzelarbeit, zum Messzeitpunkt 2 hingegen vermehrt Gruppenarbeit vorkommt. Die Unterschiede sind statistisch jedoch nicht bedeutsam.

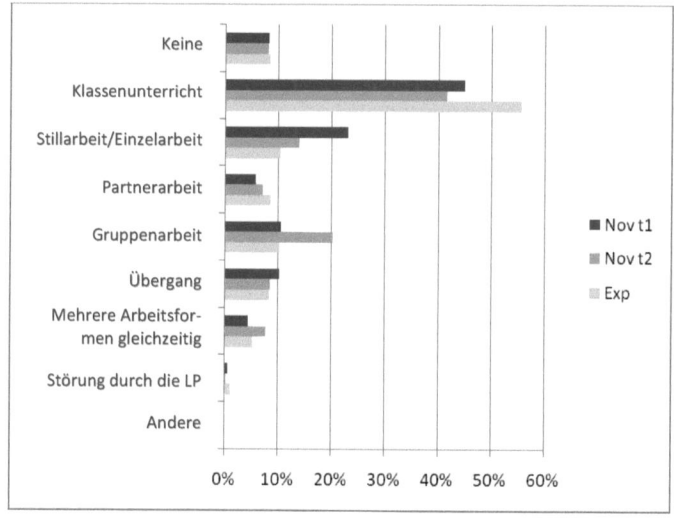

Abb. 26: Prozentualer Anteil an Arbeitsformen im Unterricht der Junglehrpersonen (Nov; N=21) zu t_1 und t_2 sowie der erfahrenen Lehrpersonen (Exp; N=8) auf Basis der Kodierung der videografierten Unterrichtsstunden (Facette „Unterrichtliche Arbeitsformen")

Ein statistisch signifikanter Unterschied auf dem 5%-Niveau liegt für die Kategorie „Störung durch die LP" vor (Mann Whitney U-Test: Nov: N=21, Exp: N=8; U=45.500, p=.022). Die erfahrenen Lehrpersonen der Stichprobe unterbrechen den Unterricht demgemäss häufiger, um den Schülerinnen und Schülern während individualisierenden Arbeitsphasen noch Zusatzinformationen zu geben, und stören auf diese Weise den Lernprozess der Schülerinnen und Schüler mehr, als es die Junglehrpersonen zum Messzeitpunkt 2 tun. Diese Kategorie wurde insgesamt jedoch nur selten kodiert und das Resultat darf deshalb nicht überbewertet werden.

Bei den Lehrpersonen der vorliegenden Stichprobe grosser Anteil an Einführungs- und Arbeits- bzw. Vertiefungsphasen: Im Unterricht der befragten Lehrpersonen können insbesondere zwei didaktische Unterrichtsphasen beobachtet werden (vgl. Abb. 27). Durchschnittlich je rund 40% der Unterrichtszeit wird für die Einführung des Unterrichtsgegenstandes und die nachfolgende Anwendung und Vertiefung verwendet. Für das Zusammenfassen, Prüfen oder Repetieren wird in den videografierten Unterrichtsstunden kaum Zeit aufgewendet; es bestehen hier auch keine statistisch signifikanten Unterschiede zwischen den jungen Lehrpersonen zu den Messzeitpunkten 1 und 2 und den erfahrenen Lehrpersonen. Bei den oben erwähnten zwei didaktischen Unterrichtsphasen (Einführung und Arbeits-, Anwendungs- und Vertiefungsphase) besteht in der vorliegenden Stichprobe bei den Junglehrpersonen zwischen t_1 und t_2 ein signifikanter Unterschied auf dem 5%-Niveau (Wilcoxon-Test: N=21; Einführung: z=-2.033; p=.042; Arbeits-, Anwendungs- und Vertiefungsphase: z=2.346; p=.019). Während die befragten Junglehrpersonen zum Messzeitpunkt 1 noch mehr Zeit für die Einführung verwenden, lassen sie ihre Schülerinnen und Schüler zum Messzeitpunkt 2 vermehrt an Anwendungen und Vertiefungen arbeiten.

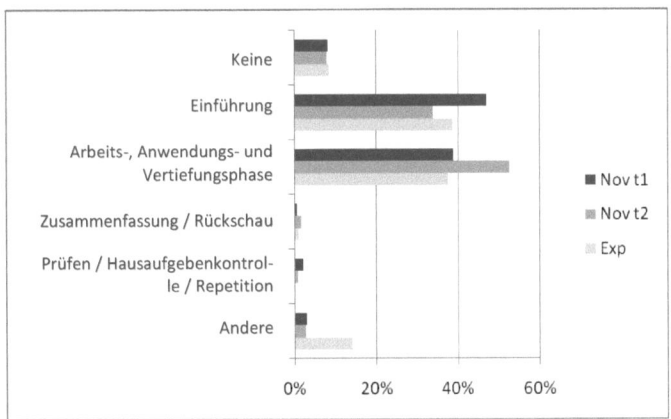

Abb. 27: Prozentualer Anteil allgemeindidaktischer Unterrichtsphasen im Unterricht der Junglehrpersonen (Nov; N=21) zu t_1 und t_2 sowie der erfahrenen Lehrpersonen (Exp; N=8) auf Basis der Kodierung des Unterrichts (Facette „Allgemeindidaktische Unterrichtsphasen")

Bei den erfahrenen Lehrpersonen der Stichprobe grösserer Anteil an nicht klar zu definierenden Unterrichtsphasen: Im Vergleich zu den Junglehrpersonen wurde bei den erfahrenen Lehrpersonen der Stichprobe die Kategorie „Andere" signifikant häufiger (auf dem 1%-Niveau) kodiert. Diese Kategorie wurde gewählt, wenn die Unterrichtsphase nicht einer anderen Kategorie zugeordnet werden konnte, beispielsweise bei längeren Übergangsphasen, für welche die übergeordnete Zielsetzung nicht zu erkennen war (Mann Whitney U-Test: Nov: N=21, Exp: N=8, U=15.000; p=.000). In der vorliegenden Stichprobe kommen solche Phasen des Unterrichts viel häufiger bei den erfahrenen Lehrpersonen vor als bei den Junglehrpersonen (vgl. Abb. 27).

Für die Phasen des Unterrichts, in denen die Lehrperson mit allen Schülerinnen und Schülern im Klassenunterricht arbeitet, wurden verschiedene Aktivitäten (z.B. LP Vortrag, S Vortrag, Unterrichtsgespräch u.a.m.) kodiert. Die prozentualen Anteile, wie sie in Abbildung 28 dargestellt sind, betreffen demgemäss nicht die Anteile an der gesamten Unterrichtslektion, sondern lediglich die Anteile an den Unterrichtsphasen, für die ‚Klassenunterricht' kodiert wurde.

Bei den befragten Lehrpersonen grosser Anteil an Unterrichtsgespräch und an nicht klar zu definierenden Unterrichtsaktivitäten: Zwischen 35% und 39% des Klassenunterrichts wird von den befragten Lehrpersonen als Unterrichtsgespräch gestaltet. Einen weiteren grossen Anteil nimmt die Kategorie „Andere" ein. Damit werden Aktivitäten kodiert, die keiner anderen Kategorie zugeordnet werden können, sowie Phasen des Unterrichts, in denen strukturierende Elemente vorkommen. Die erfahrenen Lehrpersonen der Stichprobe verwenden mit 12% des Klassenunterrichts ausserdem einen beachtlichen Teil der Unterrichtsstunde für den Lehrvortrag. Alle anderen Aktivitäten kommen in den videografierten Unterrichtslektionen entweder gar nicht oder lediglich mit sehr geringen zeitlichen Anteilen vor.

Ein statistisch signifikanter Unterschied besteht in der vorliegenden Stichprobe für die Kategorie „S Vortrag". In drei videografierten Unterrichtsstunden von erfahrenen Lehrpersonen ist diese Aktivität vorhanden; bei den Junglehrpersonen zum Messzeitpunkt 2 sind längere Schülerbeiträge („S Vortrag") in keiner Unterrichtsstunde zu sehen (Mann Whitney U-Test: Nov: N=21, Exp: N=8; U=52.500, p=.004). Allerdings handelt es sich insgesamt um sehr kleine Anteile an „S Vortrag" von jeweils rund 2% des Klassenunterrichts; das Ergebnis muss damit mit Bedacht interpretiert werden.

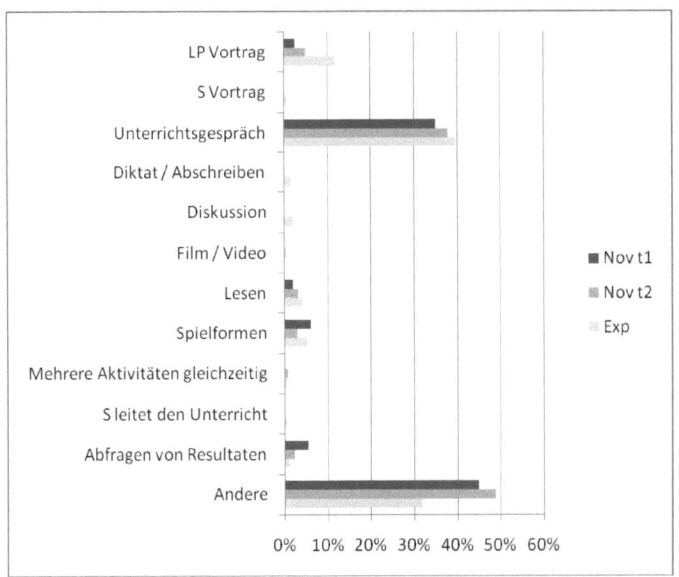

Abb. 28: Prozentualer Anteil an Aktivitäten im Klassenunterricht der Junglehrpersonen (Nov; N=21) zu t_1 und t_2 sowie der erfahrenen Lehrpersonen (Exp; N=8) auf Basis der Kodierung des Unterrichts (Facette „Aktivitäten im Klassenunterricht")

Sprechanteile der befragten Lehrpersonen in der Unterrichtsstunde tendenziell grösser als diejenigen der SchülerInnen, Mischformen der Kommunikation am häufigsten: Mit der Kodierung „Kommunikation im Unterricht" kann gezeigt werden, welche Personen im Unterricht welche Sprechanteile haben. Die Abbildung 29 zeigt, dass in der vorliegenden Stichprobe ein grosser Teil der Unterrichtskommunikation durch die Lehrperson selber gestaltet wird. So sprechen die Lehrpersonen zwischen 25% und 38% der Unterrichtszeit selber, einzelne Schülerinnen und Schüler können sich lediglich in 5% bis 10% der Unterrichtszeit mitteilen. Insgesamt den grössten Anteil machen Mischformen der Kommunikation aus. Das sind Phasen des Unterrichts, wo mehrere Schülerinnen und Schüler gleichzeitig oder sowohl die Schülerinnen und Schüler wie auch die Lehrperson sprechen, beispielsweise in Gruppenarbeits- oder Übergangsphasen.

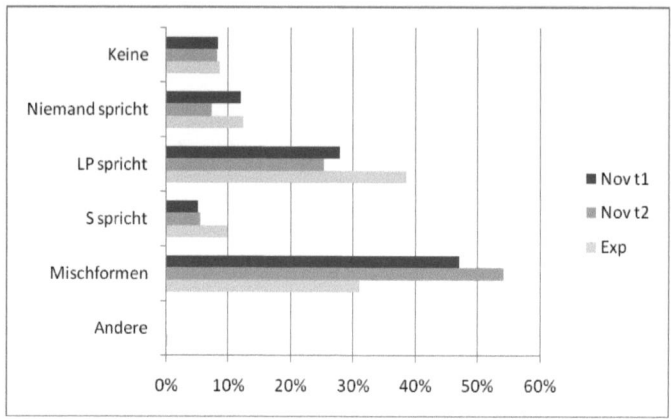

Abb. 29: Prozentualer Anteil an Kommunikation im Unterricht der Junglehrperso-
          nen (Nov; N=21) zu t_1 und t_2 sowie der erfahrenen Lehrpersonen (Exp;
          N=8) auf Basis der Kodierung des Unterrichts (Facette „Kommunikation
          im Unterricht")

*Bei den erfahrenen Lehrpersonen der Stichprobe weniger häufig Mischformen der
Kommunikation, und relativ gesehen mehr individuelle Sprechzeit für die SchülerInnen und die Lehrperson selber:* Für die Kommunikation im Unterricht beste-
hen in der vorliegenden Stichprobe bedeutende Unterschiede zwischen den Junglehrpersonen zum Messzeitpunkt 2 und den erfahrenen Lehrpersonen. Für die Kategorien „niemand spricht" (Mann Whitney U-Test: Nov: N=21, Exp: N=8;
U=43.000, p=.045), „LP spricht" (Mann Whitney U-Test: Nov: N=21, Exp: N=8;
U=28.000, p=.006), „S spricht" (Mann Whitney U-Test: Nov: N=21, Exp: N=8;
U=34.000 , p=.015) sowie für die „Mischformen" (Mann Whitney U-Test: Nov:
N=21, Exp: N=8; U=29.000, p=.007) liegen statistisch signifikante Unterschiede
auf dem 5%-Niveau zwischen den beiden Lehrpersonengruppen vor. Bei den be-
fragten erfahrenen Lehrpersonen gibt es viel weniger Phasen des Unterrichts, für
die Mischformen der Kommunikation kodiert wurden. In ihrem Unterricht kommen
dagegen die Schülerinnen und Schüler im Vergleich zu den Schülerinnen und
Schülern in den Klassen der jungen Lehrpersonen mehr individuell zum Sprechen.
Allerdings ist der Redeanteil der Lehrperson in der Stichprobe der erfahrenen
Lehrpersonen ebenfalls höher als jener der Junglehrpersonen (vgl. Abb. 29).

Strukturierende und differenzierende Elemente im Unterricht der befragten Lehrpersonen kaum vorhanden: Zwei weitere Facetten wurden durch die Kodierung erfasst, die „Strukturierung" und die „Differenzierung" im Unterricht. Für beide Bereiche konnten in der vorliegenden Stichprobe entweder keine oder nur sehr kurze zeitliche Phasen im Unterricht gefunden werden (vgl. Tabelle A4 im Anhang 1). Strukturierende Elemente sind durchschnittlich in 8% der Unterrichtszeit vorhanden. Davon wird rund 6% für die Erläuterung von inhaltlichen Arbeitsaufträgen verwendet. Einzelne Lehrpersonen der Stichprobe erwähnen ausserdem die Ziele und den Ablauf der Unterrichtsstunde oder von weiteren Stunden oder halten Rückschau auf individuelle oder gruppenbezogene Lernverläufe in der Stunde. In keiner der videografierten Unterrichtsstunden sind Unterrichtsphasen vorhanden, in denen Inhalte zusammengefasst werden.

Eine Differenzierung des Unterrichts konnte in der vorliegenden Stichprobe noch seltener gefunden werden. Bei den befragten Junglehrpersonen ist eine individualisierende Unterrichtsgestaltung nur zum Messzeitpunkt 1 vorhanden mit einem durchschnittlichen Anteil von 3% der Unterrichtszeit, bei den erfahrenen Lehrpersonen der Stichprobe sogar lediglich mit einem Anteil von 1% der Unterrichtszeit. Eine Differenzierung im Unterricht kommt damit in den videografierten Unterrichtsstunden der vorliegenden Stichprobe äusserst selten vor. In Bezug auf die Strukturierung und die Differenzierung des Unterrichts sind keine statistisch signifikanten Resultate vorhanden.

Tabelle 14 gibt die statistischen Kennwerte für die in Kapitel 8.3.1 dargestellten Ergebnisse wieder. Auf Grund der geringen Anschaulichkeit der ordinalen Lage- und Verteilungsmasse (Median, Interquartilsabstand) sind in der Tabelle stattdessen die arithmetischen Mittel sowie die Standardabweichung aufgeführt.

Tabelle 14: Kodierung der Unterrichtsstunde: signifikante Unterschiede zwischen den Junglehrpersonen (Nov) zu t_1 und t_2 sowie den erfahrenen Lehrpersonen (Exp) (Wilcoxon-Test / Mann Whitney U-Test)

	Nov t_1			Nov t_2				
	N	M	SD	N	M	SD	z	p
Facette „allgemein didaktische Unterrichtsphasen": Kategorie „Einführung"	21	0.471	0.217	21	0.340	0.183	-2.033	.042
Facette „allgemein didaktische Unterrichtsphasen": Kategorie „Arbeits-, Anwendungs- und Vertiefungsphase"	21	0.388	0.236	21	0.526	0.222	2.346	.019

	Nov t_2			Exp				
	N	M	SD	N	M	SD	U	p
Facette „unterrichtliche Arbeitsformen": Kategorie „Störung durch LP"	21	0.003	0.009	8	0.012	0.011	45.500	.022
Facette „allgemein didaktische Unterrichtsphasen": Kategorie „andere"	21	0.027	0.072	8	0.141	0.080	15.000	.000
Facette „Aktivitäten im Klassenunterricht": Kategorie „S Vortrag"	21	0.000	0.000	8	0.007	0.010	52.500	.004
Facette „Kommunikation im Unterricht": Kategorie „niemand spricht"	21	0.072	0.084	8	0.123	0.074	43.500	.045
Facette „Kommunikation im Unterricht": Kategorie „LP spricht"	21	0.252	0.111	8	0.385	0.105	28.000	.006
Facette „Kommunikation im Unterricht": Kategorie „S spricht"	21	0.055	0.050	8	0.098	0.034	34.000	.015
Facette „Kommunikation im Unterricht": Kategorie „Mischformen"	21	0.541	0.193	8	0.309	0.122	29.000	.007

8.3.2 Rating der Unterrichtsvideos

Das Rating der Unterrichtsvideos beruht auf 37 Items, die neun übergeordneten Facetten zugeordnet sind, welche wiederum nach vier Dimensionen zusammengefasst sind (vgl. Kapitel 7.3.4.2).

Die Qualität des Unterrichts nimmt in der vorliegenden Stichprobe mit zunehmender Berufserfahrung nicht bedeutsam zu: Aus der Auswertung zu den Dimensionen wird ersichtlich, dass die befragten Junglehrpersonen in allen vier Dimensionen („Klarheit und Strukturiertheit", „kognitive Aktivierung", „Schülerorientierung" und „Instruktionseffizienz") zum Messzeitpunkt 2 ein etwas höheres Rating haben als zum Messzeitpunkt 1; die Unterschiede sind statistisch allerdings nicht signifikant. Die grössten Unterschiede bestehen bei den Dimensionen „Klarheit und Strukturiertheit" und „kognitive Aktivierung".

Mit einem Mittelwert von 3.4 ist das Rating der befragten Junglehrpersonen in der Dimension „kognitive Aktivierung" beinahe gleich hoch wie das der erfahrenen Lehrpersonen der Stichprobe, d.h. ihr Unterricht wurde bezüglich der Qualität der kognitiven Aktivierung der Schülerinnen und Schüler praktisch gleich gut beurteilt wie der Unterricht der erfahrenen Lehrpersonen. Bei den drei anderen Dimensionen sind die Ratings der erfahrenen Lehrpersonen der Stichprobe dagegen etwas höher als diejenigen der Junglehrpersonen. Am grössten ist die Differenz bei der Dimension „Instruktionseffizienz", bei der die erfahrenen Lehrpersonen einen mittleren Wert von fast 4.5 erzielen im Vergleich zu 3.8 bei den Junglehrpersonen. Auch zwischen den Junglehrpersonen zum Messzeitpunkt 2 und den erfahrenen Lehrpersonen sind diese Unterschiede in der vorliegenden Stichprobe jedoch statistisch nicht bedeutsam (vgl. Abb. 30 und Tabelle A5 im Anhang 1).

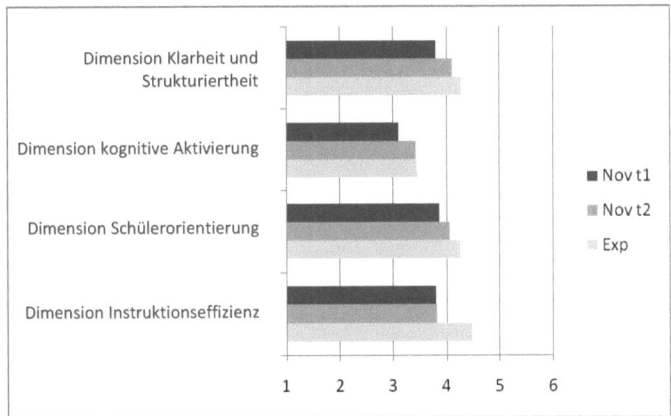

Abb. 30: Rating der Unterrichtslektionen von Junglehrpersonen (Nov; N=21) zu t_1 und t_2 sowie den erfahrenen Lehrpersonen (Exp; N=8) auf Basis von vier Dimensionen der Beurteilung durch das Rating

Auffallend ist, dass die Werte auf der Skala von 1 bis 6 über alle vier Dimensionen durchschnittlich bei rund 3.8 liegen und damit nur leicht über den mittleren Bereich der Bewertungsskala hinaus reichen.

8.3.3 Kurze Zusammenfassung der zentralen Ergebnisse in Bezug auf die Fragestellungen

In diesem Kapitel wurden die Ergebnisse der Unterrichtsstunden der Lehrpersonen, die auf Video aufgezeichnet worden waren, dargestellt. Die Ergebnisse tragen dazu bei, Antworten auf die in Kapitel 6 formulierten Fragestellungen *(2) Reflexionsfähigkeit und ihre Veränderung durch Berufspraxis* und *(3) Reflexionsfähigkeit unterschiedlich erfahrener Lehrpersonen* zu finden. Aus den Ergebnissen wird ersichtlich, dass die in die Untersuchung einbezogenen Lehrpersonen einen eher traditionellen Unterricht zeigen mit hohen Anteilen an Klassenunterricht und fragendentwickelndem Unterrichtsgespräch. In diesem Unterricht führen und lenken die Lehrpersonen den Unterricht inhaltlich und kommunikativ sehr stark, die Schülerinnen und Schüler haben wenige Gelegenheiten, sich am Unterricht kommunikativ zu beteiligen. Strukturierende und Differenzierende Unterrichtsformen sind selten. Das qualitative Rating des Unterrichts attestiert den Lehrpersonen der vorliegenden Stichprobe im Durchschnitt einen guten (aber nicht sehr guten) Unterricht, die tiefsten Werte liegen für die Dimension „kognitive Aktivierung" vor. Insbesondere bei der Kommunikation gibt es statistisch signifikante Unterschiede zwischen den befragten Junglehrpersonen am Ende des ersten Berufsjahres und den erfahrenen Lehrpersonen, die zeigen, dass im Unterricht der erfahrenen Lehrpersonen sowohl die Lehrperson selber wie auch ihre Schülerinnen und Schüler mehr sprechen als dies im Unterricht der jungen Lehrpersonen der Fall ist. Für die anderen Ergebnisse liegen nur geringfügige, statistisch nicht bedeutsame Unterschiede vor. Für die vorliegende Stichprobe bedeutet dies, dass sich der Unterricht der jungen Lehrpersonen im Verlauf des ersten Berufsjahres nur unwesentlich verändert und dass kaum Unterschiede zum Unterricht der erfahrenen Lehrpersonen vorliegen. Die durch die Kodierung und das Rating ermittelten Resultate sind insbesondere im Vergleich zu den Ergebnissen der anderen Instrumente von Interesse. Auf diesen Punkt wird in Kapitel 9 genauer eingegangen. Eine ausführliche Diskussion der gefundenen Resultate folgt in Kapitel 11.

8.4 Ergebnisse (4) SchülerInnenfragebogen: Beurteilung des Unterrichts durch die Schülerinnen und Schüler

Die Schülerinnen und Schüler der befragten Lehrpersonen füllten direkt nach der videografierten Unterrichtslektion einen Fragebogen aus. Der Fragebogen enthält 17 Items zur Beurteilung der Unterrichtsstunde auf einer Skala von 1 bis 4, wobei 4 die beste Beurteilung darstellt (vgl. Kapitel 7.3.5). Zur Berechnung allfälliger Unterschiede wurden der Wilcoxon-Test sowie der Mann Whitney U-Test verwendet.

Es wurde damit geprüft, ob statistisch signifikante Unterschiede zwischen der Beurteilung der SchülerInnen der Junglehrpersonen zum Messzeitpunkt 1 und Messzeitpunkt 2 (längschnittlicher Vergleich) bzw. der Beurteilungen der SchülerInnen der Junglehrpersonen zum Messzeitpunkt 2 und derjenigen der erfahrenen Lehrpersonen (querschnittlicher Vergleich) vorhanden sind.

Die Auswertungen in diesem Kapitel tragen dazu bei, Antworten auf die folgenden, in Kapitel 6 dargestellten, Fragestellungen zu liefern: *(2) Reflexionsfähigkeit und ihre Veränderung durch Berufspraxis*: Wie gross ist die Fähigkeit junger Lehrpersonen zur Analyse des eigenen Unterrichts zu Beginn des ersten Berufsjahres? Inwiefern verändert bzw. entwickelt sich diese Fähigkeit während des ersten Berufsjahres? Und *(3) Reflexionsfähigkeit unterschiedlich erfahrener Lehrpersonen*: Unterscheiden sich junge und erfahrene Lehrpersonen bezüglich der Fähigkeit zur Selbstreflexion?

8.4.1 Fremdbeurteilung der Unterrichtsstunde durch die Schülerinnen und Schüler

Die Klarheit von Inhalten, Zielen und Aufträgen im Unterricht wird von den Schülerinnen und Schülern der befragten Lehrpersonen gut beurteilt: Aus den Beurteilungen der Schülerinnen und Schüler wird ersichtlich, dass die Lehrpersonen der vorliegenden Stichprobe die Inhalte, Ziele und Aufträge offensichtlich gut verständlich darstellen. Die Werte in den entsprechenden Items (Items 3, 8, 11 und 14) sind für alle drei Lehrpersonengruppen (Junglehrpersonen zu t_1 und t_2 und erfahrene Lehrpersonen) durchgehend hoch. Tendenziell geringere Werte sind in den Bereichen, die die diagnostischen Fähigkeiten der Lehrperson betreffen (Items 9, 13 und 16), vorhanden. Die durchschnittlich tiefsten Werte bestehen bei den Items 15 „In der letzten Stunde konnte ich mein Wissen zeigen" und 17 „In der letzten Stunde konnte ich meine eigenen Ideen einbringen". Die durchschnittlichen Beurteilungen sind jedoch insgesamt sehr positiv und alle in der oberen Hälfte der 4-stufigen Skala (vgl. Abb. 31).

In Abbildung 31 sind die aggregierten Werte der Items 1 bis 17 des Fragebogens SchülerInnen für die befragten Junglehrpersonen zu t_1 und t_2 und die befragten erfahrenen Lehrpersonen dargestellt; es handelt sich dabei um die arithmetischen Mittelwerte (vgl. dazu auch Tabelle A6 im Anhang 1).

Abb. 31: Beurteilungen der Schülerinnen und Schüler der Unterrichtsstunde von Junglehrpersonen (Nov; N=21) zu t_1 und t_2 sowie der erfahrenen Lehrpersonen (Exp; N=8) (1 ist die niedrigste Beurteilung, 4 die beste Beurteilung)

Für verschiedene Items des Fragebogens sind statistisch signifikante Unterschiede zwischen der Beurteilung der Unterrichtsstunde der Junglehrpersonen durch ihre Schülerinnen und Schüler zu den Messzeitpunkten t_1 und t_2 vorhanden (sie sind in Abbildung 32 und Tabelle 15 wiedergegeben). Die nachfolgenden Erläuterungen werden darauf eingehen.

Sehr gute Beurteilungen des Unterrichts der befragten Junglehrpersonen durch ihre SchülerInnen, mit tieferen Werten am Ende des ersten Berufsjahres im Vergleich zum Beginn: Insgesamt beurteilen die Schülerinnen und Schüler den Unterricht ihrer Lehrpersonen als sehr gut. Die beste SchülerInnenbeurteilung erhielten die Junglehrpersonen der Stichprobe zu t_1 mit einem Gesamtmittelwert von 3.59; zum Messzeitpunkt 2 sind ihre Beurteilungen mit einem Gesamtmittelwert von 3.49 niedriger. Dieser Unterschied ist auf dem 5%-Niveau statistisch signifikant (Wilcoxon-Test: N=21; z=-2.033, p=.042).

Auch bei einigen Items des Fragebogens gibt es in der vorliegenden Stichprobe bei der Beurteilung der Junglehrpersonen einen statistisch signifikanten Rückgang der Einschätzung der Schülerinnen und Schüler (vgl. Tabelle 15). Für die ersten drei Items in Abbildung 32 sind statistisch signifikante Unterschiede auf dem 5%-Niveau zwischen den Einschätzungen der Schülerinnen und Schüler der Junglehrpersonen von t_1 zu t_2 vorhanden (Items 2, 6 und 15). Bei drei weiteren Items ist der Unterschied knapp nicht signifikant: Item 1: „Die Stunde hat mir gefallen" (Wilcoxon-Test: N=21; z=-1.894, p=.058), Item 12: „Meine Lehrperson konnte mich begeistern" (Wilcoxon-Test: N=21; z=-1.929, p=.054) und Item 17: „In der letzten Stunde konnte ich meine eigenen Ideen einbringen" (Wilcoxon-Test: N=21; z=-1.894, p=.058).

Lediglich ein Item wird von den Schülerinnen und Schülern der vorliegenden Stichprobe zu t_2 leicht besser beurteilt: Item 9: „Meine Lehrperson wusste, wenn ich im Unterricht nicht mitkam"; dieser Unterschied ist statistisch aber nicht abgesichert (vgl. Abb. 31).

Beurteilung des Unterrichts in der Stichprobe der erfahrenen Lehrpersonen durch ihre SchülerInnen gleich wie diejenige der SchülerInnen der Junglehrpersonen: Die erfahrenen Lehrpersonen der vorliegenden Stichprobe werden von ihren Schülerinnen und Schülern mit einem Gesamtmittelwert von 3.45 etwas schlechter beurteilt als die Junglehrpersonen von den Ihren zum Messzeitpunkt 2 mit einem Gesamtmittelwert von 3.49. Bei vier Items sind die Werte allerdings besser als diejenigen der Junglehrpersonen zu t_2: Item 8: „Die Ziele der Stunde waren mir klar", Item 9: „Die Fragen meiner Lehrperson waren mir klar", Item 10: „In der letzten Stunde war eine freundliche Stimmung" sowie Item 15: „In der letzten Stunde habe ich mitgedacht". Die Unterschiede zwischen den Beurteilungen der SchülerInnen der Junglehrpersonen und denen der erfahrenen Lehrpersonen sind in der vorliegenden Stichprobe insgesamt statistisch allerdings nicht bedeutsam und werden deshalb in der Abbildung 32 nicht dargestellt.

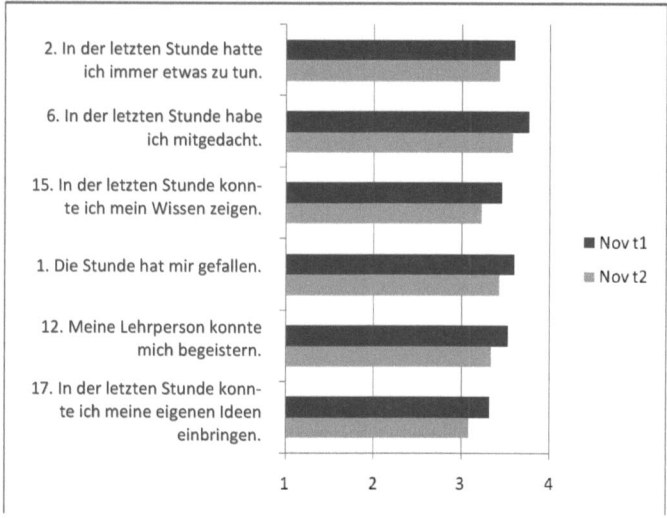

Abb. 32:   Beurteilungen der SchülerInnen der Unterrichtsstunde von Junglehrpersonen (Nov; N=21) zu t_1 und t_2; ausgewählte Items aus dem Fragebogen SchülerInnen (1 ist die niedrigste Beurteilung, 4 die beste Beurteilung); dargestellt sind diejenigen Items aus dem Fragebogen SchülerInnen, bei denen gemäss Tabelle 15 signifikante Unterschiede bestehen. Bei den Items 1, 12 und 17 bestehen (knapp) nicht signifikante Unterschiede, weshalb sie in der Reihenfolge nachgeordnet dargestellt sind

Tabelle 15 gibt die statistischen Kennwerte für die in Abbildung 32 dargestellten Ergebnisse wieder. Auf Grund der geringen Anschaulichkeit der ordinalen Lage- und Verteilungsmasse (Median, Interquartilsabstand) sind auch in dieser Tabelle die arithmetischen Mittel sowie die Standardabweichung aufgeführt.

Tabelle 15: Beurteilungen der videografierten Unterrichtsstunde durch die Schülerinnen und Schüler: signifikante und knapp nicht signifikante Unterschiede zwischen den Beurteilungen der Junglehrpersonen zu t_1 und t_2 (Wilcoxon-Test)

	Nov t_1			Nov t_2				
	N	M	SD	N	M	SD	z	p
2. In der letzten Stunde hatte ich immer etwas zu tun.	21	3.600	0.223	21	3.432	0.327	-2.016	.044
6. In der letzten Stunde habe ich mitgedacht.	21	3.756	0.159	21	3.575	0.265	-2.897	.004
15. In der letzten Stunde konnte ich mein Wissen zeigen.	21	3.460	0.412	21	3.226	0.485	-2.555	.011
1. Die Stunde hat mir gefallen.	21	3.596	0.299	21	3.433	0.384	-1.894	.058
12. Meine Lehrperson konnte mich begeistern.	21	3.527	0.353	21	3.336	0.503	-1.929	.054
17. In der letzten Stunde konnte ich meine eigenen Ideen einbringen.	21	3.317	0.457	21	3.091	0.526	-1.894	.058
Gesamteinschätzung: Mittelwert der Items 1-17	21	3.586	0.212	21	3.488	0.271	-2.033	.042

8.4.2 Kurze Zusammenfassung der zentralen Ergebnisse in Bezug auf die Fragestellungen

Die Befragung der Schülerinnen und Schüler gibt Aufschluss darüber, wie der Unterricht von einer weiteren am Unterricht beteiligten Personengruppe beurteilt wird. Die Ergebnisse tragen dazu bei, die Fragestellungen *(2) Reflexionsfähigkeit und ihre Veränderung durch Berufspraxis* und *(3) Reflexionsfähigkeit unterschiedlich erfahrener Lehrpersonen* zu beantworten. Die Ergebnisse zeigen, dass in der vorliegende Stichprobe die Schülerinnen und Schüler den Unterricht der Lehrpersonen insgesamt sehr positiv beurteilen. Allerdings wird der Unterricht der Junglehrpersonen zum Messzeitpunkt 2 schlechter beurteilt als zum Messzeitpunkt 1; die Unterschiede sind in der vorliegenden Stichprobe zwischen den zwei Messzeitpunkten für die Gesamtbeurteilung der 17 Items und bei drei Items auf dem 5%-Niveau statistisch signifikant. Die Unterschiede zwischen den Bewertungen des Unterrichts der Junglehrpersonen zum Messzeitpunkt 2 und denjenigen der erfahrenen Lehrpersonen sind in der vorliegenden Stichprobe dagegen statistisch nicht signifikant. Die in diesem Kapitel erläuterten Daten sind insbesondere in Bezug auf die weiteren Ergebnisse der vorliegenden Untersuchung von Interesse. Auch auf diesen

Punkt wird in Kapitel 9 näher eingegangen; in Kapitel 11 folgt eine ausführliche Diskussion aller Ergebnisse.

8.5 Ergebniss (5) Vignette: Erfassung des Planungswissens der Lehrpersonen

Die Lehrpersonen äusserten sich anhand von zwei Vignetten schriftlich zu Problemsituationen der Unterrichtsplanung. Die Aussagen der befragten Lehrpersonen wurden bezogen auf vier Dimensionen ausgewertet: Didaktik, Diagnostik, Klassenführung und Sachkompetenz. Insgesamt konnten 59 Punkte erreicht werden, wobei für die einzelnen Dimensionen unterschiedlich viele Punkte vergeben werden: Didaktik 38 Punkte, Diagnostik 13 Punkte, Klassenführung und Sachkompetenz je 4 Punkte (vgl. Kapitel 7.3.6). Zur Berechnung allfälliger Unterschiede wurden der Wilcoxon-Test sowie der Mann Whitney U-Test eingesetzt. Es wurde damit geprüft, ob statistisch signifikante Unterschiede zwischen den Antworten zu den Vignetten der Junglehrpersonen zum Messzeitpunkt 1 und Messzeitpunkt 2 (längsschnittlicher Vergleich) bzw. den Antworten der Junglehrpersonen zum Messzeitpunkt 2 und der erfahrenen Lehrpersonen (querschnittlicher Vergleich) bestehen.

Die Ergebnisse in diesem Kapitel geben Antworten auf die in Kapitel 6 dargestellte Fragestellung *(4) Reflexion – Kompetenz – Persönlichkeit*: Welche Zusammenhänge bestehen zwischen der Reflexion der Lehrperson, deren berufspraktischen Kompetenzen und Variablen ihrer Persönlichkeit? Die Ergebnisse werden insbesondere im Zusammenhang mit den Ergebnissen der weiteren Instrumente von Bedeutung sein, worauf sich das nachfolgende Kapitel 9 bezieht. Auf eine Zusammenfassung der zentralen Ergebnisse in Bezug auf die Fragestellungen am Ende des Kapitels wird deshalb verzichtet. Nachfolgend werden die zentralen Resultate der Auswertung der Vignetten dargestellt.

Das Wissen über das Planen von Unterricht (Planungswissen) nimmt in der vorliegenden Stichprobe mit zunehmender Berufserfahrung nicht bedeutsam zu: Von der Gesamtpunktzahl 59, die mit den Vignetten maximal erzielt werden können, erreichen die befragten Junglehrpersonen zu t_1 durchschnittlich 14.48 Punkte und zu t_2 15.19 Punkte. Die erfahrenen Lehrpersonen der Stichprobe erzielen mit 16.86 Punkten einen etwas höheren Wert. In Bezug auf die Gesamtpunktzahl sind die Unterschiede zwischen den Personengruppen der vorliegenden Stichprobe aber statistisch nicht signifikant (vgl. Abb. 33 und Tabelle A7 im Anhang 1).

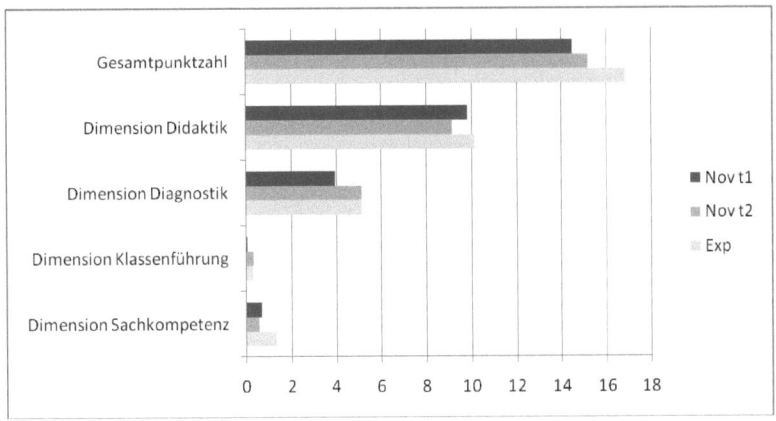

Abb. 33: Durchschnittliche Werte im Vignetten-Test von Junglehrpersonen (Nov; N=21) zu t_1 und t_2 sowie den erfahrenen Lehrpersonen (Exp; N=7)

Anstieg des Wissens über das Planen von Unterricht (Planungswissen) bei den befragten Junglehrpersonen von t_1 zu t_2 in den Dimensionen Diagnostik und Klassenführung: Der Vergleich der Werte der befragten Junglehrpersonen zu t_1 und t_2 zeigt, dass die Werte zu den Dimensionen Didaktik und Sachkompetenz tendenziell eher ab- (die Differenz ist statistisch nicht signifikant), die Werte zu den Dimensionen Diagnostik und Klassenführung dagegen zunehmen. Für die Dimension Klassenführung sind die Unterschiede auf dem 5%-Niveau knapp nicht signifikant (Wilcoxon-Test: N=21; z=-1.897, p=.058), für die Dimension Diagnostik sind sie signifikant (Wilcoxon-Test: N=21; z=2.716, p=.007) (vgl. Abb. 33 und Tabelle 16).

Junge und erfahrene Lehrpersonen der Stichprobe unterscheiden sich lediglich in der Dimension Sachkompetenz: Wie aus Abbildung 33 und Tabelle 16 hervorgeht, bestehen in der vorliegenden Stichprobe zwischen den Junglehrpersonen zum Messzeitpunkt 2 und den erfahrenen Lehrpersonen keine grossen Unterschiede, ausser in der Dimension Sachkompetenz. Mit einer durchschnittlichen Punktzahl von 0.57 bei den Junglehrpersonen gegenüber 1.29 Punkten bei den erfahrenen Lehrpersonen besteht hier ein signifikanter Unterschied zwischen den beiden Personengruppen auf dem 5%-Niveau (Mann Whitney U-Test: Nov: N=21, Exp: N=7; U=30.000, p=.020).

Erreichte Punktzahl im Vergleich zu möglicher Punktzahl in der vorliegenden Stichprobe gering: Da wie oben erwähnt für die einzelnen Dimensionen unterschiedliche Maximalpunktzahlen bestehen, sind in Abbildung 34 die prozentualen Werte der erreichten Punktzahlen der einzelnen Dimensionen verglichen mit den maximal möglichen Punktzahlen dargestellt. Daraus wird ersichtlich, dass die befragten Lehrpersonen der vorliegenden Stichprobe im Durchschnitt nur rund ein Viertel der möglichen Gesamtpunktzahl erreichen. Die höchsten Werte werden bei der Dimension Diagnostik erreicht, die geringsten Werte bei der Dimension Klassenführung.

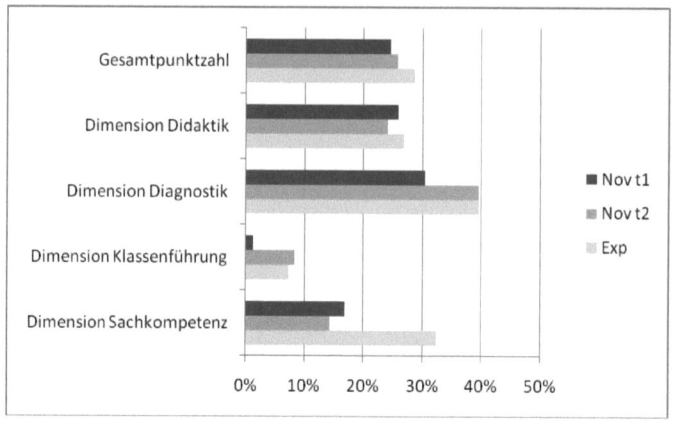

Abb. 34: Durchschnittliche prozentuale Werte im Vignetten-Test der Junglehrpersonen (Nov; N=21) zu t_1 und t_2 sowie der erfahrenen Lehrpersonen (Exp; N=7); bei der Dimension Diagnostik bestehen signifikante, bei der Dimension Klassenführung (knapp) nicht signifikante Unterschiede (vgl. Tabelle 16)

Tabelle 16 gibt die statistischen Kennwerte für die berichteten statistisch signifikanten Ergebnisse wieder. Wiederum werden auf Grund der geringen Anschaulichkeit der ordinalen Lage- und Verteilungsmasse (Median, Interquartilsabstand) zur besseren Anschaulichkeit die arithmetischen Mittel und die Standardabweichung aufgeführt.

Tabelle 16: Auswertung der Vignetten: signifikante Unterschiede zwischen den Junglehrpersonen (Nov) zu t_1 und t_2 (Wilcoxon-Test) sowie den erfahrenen Lehrpersonen (Exp) (Mann Whitney U-Test)

	Nov t_1			Nov t_2				
	N	M	SD	N	M	SD	z	p
Dimension Diagnostik	21	3.95	1.774	21	5.14	1.424	2.716	.007
Dimension Klassenführung	21	0.05	0.218	21	0.33	0.577	1.897	.058
	Nov t_2			Exp				
	N	M	SD	N	M	SD	U	p
Dimension Sachkompetenz	21	0.57	.507	7	1.29	.488	30.000	.020

8.6 Ergebnisse (6) Fragebogen NEO-FFI: Erfassung von Persönlichkeitsmerkmalen der Lehrpersonen

Durch die Befragung der Lehrpersonen mit dem Fragebogen NEO-FFI wurden fünf Persönlichkeitsmerkmale erfasst: Neurotizismus, Extraversion, Offenheit für Erfahrung, Verträglichkeit und Gewissenhaftigkeit. Der Fragebogen beruht auf insgesamt 60 Items, die in Form von Aussagen formuliert sind, die fünfstufig nach dem Grad der Zustimmung (starke Ablehnung / Ablehnung / neutral / Zustimmung / starke Zustimmung) beurteilt werden (vgl. Kapitel 7.3.7). Zur Berechnung allfälliger Unterschiede wurden der Wilcoxon-Test sowie der Mann Whitney U-Test verwendet. Geprüft wurde, ob statistisch bedeutsame Unterschiede zwischen den zum Messzeitpunkt 1 und zum Messzeitpunkt 2 erhobenen Persönlichkeitsmerkmalen der jungen Lehrpersonen (längsschnittlicher Vergleich) bzw. den Persönlichkeitsmerkmalen der jungen Lehrpersonen zum Messzeitpunkt 2 und jenen der erfahrenen Lehrpersonen (querschnittlicher Vergleich) bestehen.

Die Ergebnisse in diesem Kapitel geben Antworten auf die in Kapitel 6 dargestellte Fragestellung *(4) Reflexion – Kompetenz – Persönlichkeit*: Welche Zusammenhänge bestehen zwischen der Reflexion der Lehrperson, deren berufspraktischen Kompetenzen und Variablen ihrer Persönlichkeit? Die Ergebnisse werden insbesondere im Zusammenhang mit den Ergebnissen der weiteren Instrumente von Bedeutung sein. Auf diesen Punkt geht das nachfolgende Kapitel 9 ausführlich ein, weshalb hier am Ende des Kapitels auf eine Zusammenfassung der zentralen Ergebnisse in Bezug auf die Fragestellungen verzichtet wird. Es werden nachfolgend aber trotzdem die Resultate der Auswertung des Fragebogens NEO-FFI dargestellt.

Keine bedeutsamen Unterschiede bei den Persönlichkeitsmerkmalen der befragten
Junglehrpersonen zwischen t_1 und t_2 und den erfahrenen Lehrpersonen: Aus den
Auswertungen wird deutlich, dass bei den befragten Junglehrpersonen erwartungsgemäss in Bezug auf die Persönlichkeitsmerkmale des NEO-FFI keine statistisch
bedeutsamen Unterschiede zwischen Messzeitpunkt 1 und Messzeitpunkt 2 vorliegen (vgl. Abb. 35). Auch die Differenzen zwischen den Junglehrpersonen zu t_2 und
den erfahrenen Lehrpersonen sind statistisch unbedeutend.

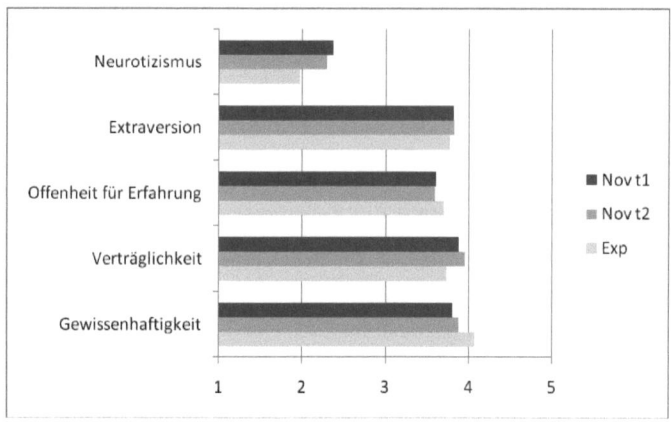

Abb. 35: Durchschnittliche Werte im NEO-FFI Fragebogen von Junglehrpersonen
(Nov; N=20) zu t_1 und t_2 sowie den erfahrenen Lehrpersonen (Exp; N=9)

Wie aus Abbildung 35 ersichtlich, sind bei den befragten Junglehrpersonen leicht
höhere Werte beim Merkmal Neurotizismus und Verträglichkeit, dagegen leicht
niedrigere Werte beim Merkmal Gewissenhaftigkeit vorhanden. Das deutet darauf
hin, dass für die vorliegende Stichprobe die Junglehrpersonen im Vergleich zu den
erfahrenen Lehrpersonen tendenziell etwas nervöser, ängstlicher und unsicherer,
aber auch verständnisvoller und mitfühlender sind. Die erfahrenen Lehrpersonen
der Stichprobe zeigen hingegen etwas grössere Ordnungsliebe, Zuverlässigkeit und
Disziplin (vgl. auch Tabelle A8 im Anhang 1). Wie oben bereits erwähnt sind diese
Unterschiede jedoch statistisch nicht abgesichert und deshalb sehr vorsichtig zu
interpretieren.

8.7 Zusammenfassung der Ergebnisse der Auswertung der mit verschiedenen Instrumenten erhobenen Daten

In diesem Kapitel wurden die Resultate der Auswertung der Daten dargestellt, die mit den Instrumenten, die im Rahmen der vorliegenden Arbeit eingesetzt wurden, erhoben wurden. Für die vorliegende Stichprobe zeigen sich in verschiedener Hinsicht Unterschiede, einerseits zwischen den zwei Messzeitpunkten bei den Junglehrpersonen, andererseits zwischen den Junglehrpersonen zu t_2 und den erfahrenen Lehrpersonen. Allerdings bestehen die Unterschiede fast ausschliesslich auf dem 5%-Signifikanzniveau, nur vereinzelt liegen Unterschiede auf dem 1%-Fehlerniveau vor. In bestimmten Bereichen sind lediglich geringe Differenzen festzustellen, die statistisch nicht von Bedeutung sind. Ganz grundsätzlich muss beachtet werden, dass die erhobenen Daten auf einer kleinen, anfallenden Stichprobe von 21 Junglehrpersonen und acht erfahrenen Lehrpersonen beruhen. Aus diesem Grund sind die Ergebnisse der vorliegenden Arbeit nicht generalisierbar. Sie stellen jedoch im Hinblick auf weiterführende Forschungsprojekte wichtige Erkenntnisse dar, die für die Generierung von Hypothesen von Bedeutung sein können.

(1) Reflexionsbogen Lehrperson – Selbstbeurteilung der Lehrperson: Die befragten Junglehrpersonen beurteilten ihren Unterricht mit dem Reflexionsbogen zum Messzeitpunkt 1 insgesamt besser als zum Messzeitpunkt 2; bei fünf der insgesamt 19 Items sowie für die Gesamtbeurteilung ist dieser Unterschied statistisch signifikant, bei zwei Items ist er knapp nicht signifikant. Die detaillierte Analyse zeigt, dass lediglich bei drei Items die durchschnittliche Einschätzung der Lehrpersonen zu t_2 besser ist als zu t_1. Die erfahrenen Lehrpersonen der Stichprobe beurteilten ihren Unterricht besser als es die Junglehrpersonen zum Zeitpunkt t_2 für ihren Unterricht tun. Bei sieben Items ist der Unterschied statistisch signifikant. Zu beachten gilt, dass die Unterschiede fast ausschliesslich auf dem 5%-Niveau signifikant sind, lediglich zwei Ergebnisse bei den Junglehrpersonen sind es auf dem 1%-Signifikanzniveau.

Alle Versuchspersonengruppen (Junglehrpersonen zu t_1 und t_2 sowie erfahrene Lehrpersonen) äusserten übereinstimmend, dass sie ihren Unterricht bewusst und regelmässig reflektieren und dass die Selbstreflexion hilft, den eigenen Unterricht zu verbessern. Videografierte Unterrichtsstunden werden als hilfreich für die Reflexion von Unterricht erachtet. Gemeinsame Reflexion im Lehrerkollegium findet bei beiden Versuchspersonengruppen eher selten statt.

(2) Stimulated Recall Interview (Teil 1) – Reflexion der eigenen videografierten Unterrichtslektion durch die Lehrperson: Das Stimulated Recall Interview liefert

weitere Ergebnisse zu den Reflexionen der Lehrpersonen. Die Analyse der Aussagen der befragten Lehrpersonen gibt Aufschluss darüber, wie Lehrpersonen ihren eigenen Unterricht reflektieren. Bei der Auswertung der Reflexionen der vorliegenden Stichprobe konnte lediglich bei den Junglehrpersonen bei den Aussagen zur Didaktik ein statistisch bedeutsamer Unterschied auf dem 5%-Niveau gefunden werden (vgl. Kapitel 8.2.2), für alle anderen Resultate sind keine statistisch bedeutsamen Unterschiede zwischen den Aussagen der Junglehrpersonen zu t_1 und t_2 und denjenigen der Junglehrpersonen zu t_2 und den erfahrenen Lehrpersonen vorhanden. Für die Interpretation der Resultate ist ausserdem zu beachten, dass die Datenaufnahme mit einer kleinen Stichprobe von jeweils sechs Lehrpersonen (je sechs Junglehrpersonen zu t_1 und t_2 sowie erfahrene Lehrpersonen) vorgenommen wurde.

Im Stimulated Recall Interview gibt es bei den befragten Junglehrpersonen tendenziell mehr Bedeutungseinheiten als bei den erfahrenen Lehrpersonen. Bei den Junglehrpersonen nimmt die Anzahl Bedeutungseinheiten von t_1 zu t_2 leicht ab. Am meisten Wörter pro Bedeutungseinheit gibt es bei den Junglehrpersonen zu t_2. Dies bedeutet, dass sich die befragten Junglehrpersonen zum Messzeitpunkt 2 zu einer Sache tendenziell ausführlicher äusserten als zum Messzeitpunkt 1. Ihre reflektierenden Aussagen sind zudem etwas umfangreicher als jene der erfahrenen Lehrpersonen. Die hier berichteten Unterschiede sind jedoch statistisch nicht abgesichert.

Die Aussagen der befragten Lehrpersonen im Stimulated Recall Interview beziehen sich vor allem auf die Didaktik. Aussagen zum Inhalt der Unterrichtsstunde kommen selten vor. Auffallend ist, dass bei allen Lehrpersonen der Stichprobe ein grosser Anteil der Aussagen allgemeine Erklärungen und Erläuterungen sind, die weder die Didaktik noch den Inhalt der Unterrichtsstunde betreffen.

Die Aspekte von Unterrichtsqualität, welche in den Reflexionen der vorliegenden Stichprobe angesprochen wurden, beziehen sich hauptsächlich auf die „Qualität der Organisation", die „Motivierungsfähigkeit" sowie die „Klassenführung". Die „Motivierungsfähigkeit" wurde insbesondere in den Reflexionen der erfahrenen Lehrpersonen angesprochen, die „Klassenführung" hingegen eher von den Junglehrpersonen; auch diese Ergebnisse sind allerdings nicht generalisierbar. Auffallend ist, dass in allen Gruppen Aussagen am häufigsten sind, die keiner für die Kodierung vordefinierten Kategorien zugeordnet werden können, da sie keinen der vorgesehenen Aspekte von Unterrichtsqualität thematisieren.

Mit rund 30% aller Aussagen äussern sich die befragten Junglehrpersonen zum Messzeitpunkt 1 am negativsten zum eigenen Unterricht. Etwas weniger kritisch ist die Beurteilung des eigenen Unterrichts der Junglehrpersonen zu t_2 mit 26% negativen Reflexionsbeiträgen, mit 20% negativen Reflexionsaussagen am wenigsten negativ beurteilen die erfahrenen Lehrpersonen ihren Unterricht. Ein ähnliches Bild zeigt sich bei der Beurteilung von Personen (Lehrperson selber, Schülerinnen und

Schüler sowie Drittpersonen). Auch hier sind bei den erfahrenen Lehrpersonen der Stichprobe nur rund 16% aller Aussagen negativ, im Vergleich zu 23% bei den Junglehrpersonen zum Messzeitpunkt 2 bzw. 26% zum Messzeitpunkt 1. Die hier berichteten Unterschiede sind für die vorliegende Stichprobe allerdings statistisch nicht abgesichert. Für beide Bereiche (die Beurteilung des Unterrichts und die Beurteilung von Personen) können rund die Hälfte aller Aussagen nicht eindeutig in positiv bzw. negativ eingeteilt werden, da sie von den befragten Lehrpersonen entweder neutral oder zweideutig formuliert wurden.

Die allermeisten reflektierenden Aussagen der Lehrpersonen der vorliegenden Stichprobe beziehen sich auf die eigene Person. In durchschnittlich 80% der Beiträge steht die Lehrperson selber im Zentrum der Aussage, ungefähr 20% der Aussagen beziehen sich auf die Schülerinnen und Schüler. Aussagen zu Drittpersonen wurden lediglich bei einer Junglehrperson zu t_1 sowie bei einer Praxislehrperson gefunden.

In den Reflexionsbeiträgen der befragten Lehrpersonen werden zumeist keine alternativen Handlungsmöglichkeiten erwähnt. Bei den Junglehrpersonen kommen zum Messzeitpunkt 1 mit rund 22% aller Aussagen die meisten Handlungsalternativen vor, zum Messzeitpunkt 2 sind es noch rund 18%; die wenigsten Handlungsalternativen äussern die erfahrenen Lehrpersonen mit rund 15%. Auch hier sind die berichteten Ergebnisse nicht generalisierbar.

Die meisten reflektierenden Aussagen fallen in der vorliegenden Stichprobe in die Kategorie „persönliche Erläuterung/Erklärung": bei den erfahrenen Lehrpersonen sind es 79% aller Aussagen, bei den Junglehrpersonen 63% zu t_1 und 74% zu t_2 (die Unterschiede sind statistisch nicht abgesichert). Die restlichen reflektierenden Aussagen sind blosse Beschreibungen von im Unterricht vorgekommenen Ereignissen und wurden deshalb als „Deskription" kodiert. Bei keiner Lehrperson konnten Aussagen gefunden werden, die theoretische oder ethisch moralische Erläuterungen enthalten.

(3) Videografie des Unterrichts – Kodierung der Unterrichtsvideos: Die für die Untersuchung videografierten Lehrpersonen unterrichteten vor allem im Plenum. Bei den Junglehrpersonen fand während 45% (t_1) bzw. 42% (t_2) der Unterrichtszeit Klassenunterricht statt, bei den erfahrenen Lehrpersonen waren es 56%, wobei die Unterschiede statistisch nicht bedeutsam sind. Zwischen 35% bis 39% des Klassenunterrichts wurde von den Lehrpersonen der Stichprobe als Unterrichtsgespräch gestaltet. Die Unterrichtszeit wurde insbesondere für die Einführung sowie für Arbeits-, Anwendungs- und Vertiefungsarbeiten verwendet. Strukturierende Elemente sowie Differenzierungen im Unterricht kamen nur selten und wenn dann in geringem zeitlichen Ausmass vor.

Die Kommunikation im Unterricht wird in der vorliegenden Stichprobe stark durch die Lehrperson bestimmt. Zwischen 25% und 38% des Unterrichts spricht die Lehrperson selber, die Schülerinnen und Schüler beteiligen sich lediglich in 5% bis 10% des Unterrichts individuell an der Kommunikation. Den grössten Anteil haben „Mischformen", in denen mehrere Schülerinnen und Schüler gleichzeitig oder sowohl die Schülerinnen und Schüler wie auch die Lehrperson sprechen, beispielsweise in Gruppenarbeiten oder in Übergangsphasen. Bei den erfahrenen Lehrpersonen der Stichprobe kommen „Mischformen" im Vergleich zu den Junglehrpersonen statistisch signifikant (auf dem 1%-Niveau) weniger vor, dagegen wurden die anderen Kategorien „LP spricht" (auf dem 1%-Niveau), „S spricht" und „Niemand spricht" (beide auf dem 5%-Niveau) bei dieser Personengruppe signifikant häufiger kodiert.

(3) Videografie des Unterrichts – Rating der Unterrichtsvideos: Die Qualität der auf Video aufgenommenen Unterrichtsstunden wurde bezogen auf die vier Dimensionen „Instruktionseffizienz", „Schülerorientierung", „kognitive Aktivierung" und „Klarheit und Strukturiertheit" beurteilt. Die Auswertung hat ergeben, dass für die vorliegende Stichprobe keine statistisch signifikanten Unterschiede zwischen den Personengruppen vorliegen. Dies bedeutet, dass sich die Qualität der videografierten Unterrichtsstunden der Lehrpersonen der vorliegenden Stichprobe mit zunehmender Berufserfahrung nicht bedeutsam verändert. Geringfügige Unterschiede können dennoch festgestellt werden: ausser bei der Dimension „kognitive Aktivierung" haben die erfahrenen Lehrpersonen im Durchschnitt etwas bessere Beurteilungen als die Junglehrpersonen; der grösste Unterschied findet sich in der Dimension „Instruktionseffizienz". Insgesamt liegen die Ratingwerte durchschnittlich auf rund 3.8 auf einer Skala von 1 bis 6, reichen also kaum über ein mittelmässiges Rating von 4 hinaus.

(4) Fragebogen SchülerInnen – Beurteilung des Unterrichts durch die Schülerinnen und Schüler: Die befragten Schülerinnen und Schüler beurteilen den Unterricht ihrer Lehrpersonen insgesamt sehr gut. Auf der Skala von 1 bis 4 liegen alle mittleren Werte über 2.8. Insgesamt die beste Beurteilung haben die Junglehrpersonen zu t_1 mit einem Mittelwert von 3.59. Zu t_2 liegt der Mittelwert auf dem 5%-Niveau statistisch signifikant tiefer auf 3.49; ausserdem bestehen in drei Items signifikante (wovon eines auf dem 1%-Niveau) und in weiteren drei Items knapp nicht signifikante Unterschiede zwischen den Beurteilungen der SchülerInnen zu t_1 und zu t_2. Mit einem Mittelwert von 3.45 wurden die erfahrenen Lehrpersonen der Stichprobe von ihren Schülerinnen und Schülern etwas tiefer beurteilt als es die Schülerinnen und Schüler in den Klassen der jungen Lehrpersonen taten. Zwischen den Beurtei-

lungen der Junglehrpersonen zu t_2 und den erfahrenen Lehrpersonen sind die Unterschiede in der vorliegenden Stichprobe jedoch statistisch nicht signifikant.

(5) Vignette – Erfassung des Planungswissens der Lehrpersonen: Bei der schriftlichen Bearbeitung der Vignetten äusserten sich die befragten Lehrpersonen insgesamt am ausführlichsten zur Didaktik und zur Diagnostik. Gemessen an den Gesamtpunktzahlen werden in diesen zwei Dimensionen die besten Punktzahlen erreicht. Eindeutig die geringste Punktzahl wird bei der Dimension „Klassenführung" erreicht, wobei bei den befragten Junglehrpersonen von t_1 zu t_2 eine knapp nicht signifikante Zunahme auf dem 5%-Niveau besteht. Für die Dimension „Diagnostik" ist bei den befragten Junglehrpersonen ausserdem eine signifikante Zunahme auf dem 1%-Niveau von t_1 zu t_2 zu beobachten. Während in drei der vier Dimensionen kaum Unterschiede zwischen den Junglehrpersonen zu t_2 und den erfahrenen Lehrpersonen bestehen, ist ein signifikanter Unterschied auf dem 5%-Niveau in der Dimension „Sachkompetenz" vorhanden. Die erfahrenen Lehrpersonen der vorliegenden Stichprobe äusserten sich hierzu ausführlicher als die Junglehrpersonen.

(6) Fragebogen NEO-FFI – Erfassung von Persönlichkeitsmerkmalen der Lehrpersonen: Die Auswertung der Daten zu den Persönlichkeitsvariablen, die durch den NEO-FFI Fragebogen erfasst wurden, ergibt keine statistisch signifikanten Unterschiede zwischen den einzelnen Lehrpersonengruppen. Geringe Unterschiede zwischen den Junglehrpersonen zum Messzeitpunkt 2 und den erfahrenen Lehrpersonen bestehen bei den Merkmalen Neurotizismus, Verträglichkeit und Gewissenhaftigkeit. Diese Ergebnisse deuten darauf hin, dass die befragten Junglehrpersonen im Vergleich zu den erfahrenen Lehrpersonen tendenziell etwas nervöser, ängstlicher und unsicherer, gleichzeitig aber auch verständnisvoller und mitfühlender sind. Die erfahrenen Lehrpersonen der Stichprobe zeigen hingegen etwas grössere Ordnungsliebe, Zuverlässigkeit und Disziplin. Die Resultate sind, wie oben bereits erwähnt, jedoch statistisch nicht abgesichert und demnach vorsichtig zu interpretieren.

9 Ergebnisse der Datentriangulation – Verknüpfung der Instrumente

In diesem Kapitel werden die einzelnen Instrumente miteinander in Verbindung gebracht und im Sinne einer Datentriangulation Zusammenhänge zwischen den Daten der einzelnen Instrumente gesucht. Es wird dadurch zu klären versucht, welche Zusammenhänge zwischen der Reflexion der Lehrperson, deren berufspraktischen Kompetenzen und Merkmalen ihrer Persönlichkeit bestehen. Hierzu liegen bislang noch kaum empirischen Befunde vor. Die Analysen werden auf der Grundlage theoretischer Annahmen vorgenommen, weisen aber auch explorativen Charakter auf. Die Ergebnisse können dazu beitragen, eine Grundlage für das Generieren von Forschungshypothesen und weiterführenden Fragestellungen zu bieten.

Für die Analysen werden Daten aus allen in der Untersuchung eingesetzten Instrumenten verwendet: (1) Reflexionsbogen, (2) Stimulated Recall Interview, (3) Unterrichtsvideographie, (4) SchülerInnenfragebogen, (5) Vignette sowie (6) Fragebogen NEO-FFI. Beim Instrument (2) Stimulated Recall Interview wurden die Daten aus dem Teil 1 des Interviews miteinbezogen, beim Instrument (3) Unterrichtsvideographie die Daten, die durch das Rating erhoben wurden.

Die Ergebnisse der Auswertungen geben Antworten auf die in Kapitel 6 erläuterte Fragestellung *(4) Reflexion – Kompetenz – Persönlichkeit*: Welche Zusammenhänge bestehen zwischen der Reflexion der Lehrperson, deren berufspraktischen Kompetenzen und Variablen ihrer Persönlichkeit? Auf Grund der Komplexität dieser Fragestellung wurden verschiedene Unterfragen formuliert (vgl. Tabelle 3), auf die in den nachfolgenden Kapiteln eingegangen wird. Am Ende der einzelnen Kapitel werden die Resultate jeweils kurz zusammengefasst.

Da die Daten aus den Stimulated Recall Interviews auf Ordinalskalenniveau beruhen und ausserdem kleine Stichprobengrössen vorliegen, wurden die statistischen Berechnungen von Korrelationen mit dem bivariaten Verfahren nach Kendalls Tau mit zweiseitiger Testung und unter Berücksichtigung von exakten Wahrscheinlichkeiten ausgeführt (vgl. dazu auch Kapitel 7.5).

9.1 Eigen- und Fremdbeurteilung: Stimmen die Eigenbeurteilung des Unterrichts der Lehrpersonen mit der Fremdbeurteilung der SchülerInnen und der externen Beurteilung überein?

In der vorliegenden Untersuchung wurden verschiedene Datenerhebungsinstrumente eingesetzt, die von unterschiedlichen Personengruppen bearbeitet wurden (vgl. dazu Kapitel 7). Ein Vergleich dieser Daten lässt Rückschlüsse darüber zu, ob und inwiefern die Einschätzungen der unterschiedlichen Gruppen übereinstimmen. Mit der Auswertung wird ein Vergleich zwischen Fremd- und Eigenbeurteilung des Unterrichts angestrebt und Antworten gesucht auf die Frage *(4.1) Eigen- und Fremdbeurteilung*: Stimmen die Eigenbeurteilung des Unterrichts der Lehrpersonen mit der Fremdbeurteilung der SchülerInnen und der externen Beurteilung durch ExpertInnen überein?

9.1.1 Beurteilung des Unterrichts durch die Lehrperson, deren SchülerInnen und das externe Rating

Die Unterrichtsstunde, die auf Video aufgenommen wurde, wurde jeweils gleich im Anschluss an die Lektion durch die Lehrperson selber mit Hilfe des Reflexionsbogens (vgl. Kapitel 7.3.2) sowie von den Schülerinnen und Schülern mit einem Fragebogen (vgl. Kapitel 7.3.5) bewertet. Ausserdem wurde die Qualität der videografierten Unterrichtsstunde von externen RaterInnen auf der Basis von 37 Items beurteilt (vgl. Kapitel 7.3.4). Beim Reflexionsbogen der Lehrperson wurden für die Berechnung der Gesamtbeurteilung die Items 4 bis 18, beim Fragebogen SchülerInnen und dem Rating jeweils alle Items einbezogen. Die Bewertung der Schülerinnen und Schüler fand auf einer 4-stufigen Skala statt und wurde hier auf eine 6-stufige Skala aufgerechnet, da für die anderen beiden Instrumente jeweils eine 6-stufige Skala verwendet wurde. Mit der Auswertung wird ein Vergleich zwischen Fremd- und Eigenbeurteilung des Unterrichts angestrebt und damit geprüft, ob und inwiefern die unterschiedlichen Gruppen in ihren Beurteilungen des Unterrichts übereinstimmen.

Zur Überprüfung der Übereinstimmung wurden für die einzelnen Gruppen die Interrater-Reliabilitäten mit Cronbach's Alpha berechnet. Für den zweiten Messzeitpunkt bei den Junglehrpersonen liegt der Alpha-Wert bei der Fremdbeurteilung durch die SchülerInnen und der Beurteilung durch die RaterInnen auf .613 und ist damit gleichzeitig der höchste erreichte Alpha-Wert. Allerdings zeigt Abbildung 36, dass die Werte der beiden Gruppen auf der 6-stufigen Skala über einen Punkt auseinander liegen, so dass die Übereinstimmung trotz des akzeptablen Alpha-Wertes als ungenügend bezeichnet werden muss. Für alle anderen Gruppen liegen die berechneten Interrater-Reliabilitäten zumeist deutlich unter .6 und damit auf einem tiefen Niveau, was bedeutet, dass die unterschiedlichen Gruppen in ihren Beurteilungen des Unterrichts nicht übereinstimmen.

In der Abbildung 36 sind die durchschnittlichen Werte der Beurteilungen durch die drei Gruppen für die Junglehrpersonen zu den Messzeitpunkten 1 und 2 sowie jene der erfahrenen Lehrpersonen abgebildet.

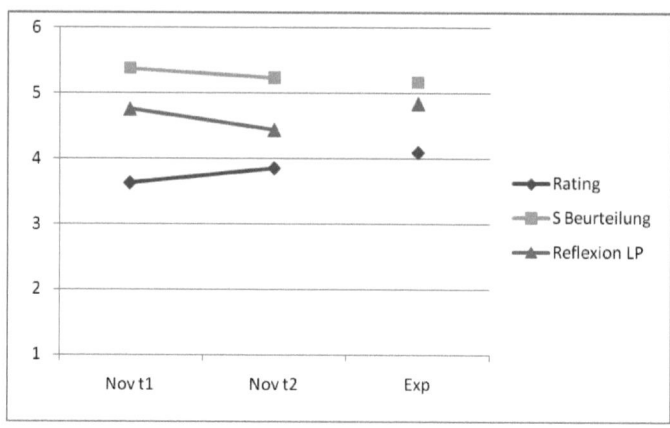

Abb. 36: Durchschnittliche Beurteilung der Unterrichtsstunde der Junglehrpersonen (Nov; N=21) zu t_1 und t_2 sowie der erfahrenen Lehrpersonen
(Exp; N=8) durch die betreffende Lehrperson selber (Reflexion LP),
deren Schülerinnen und Schüler (S Beurteilung) sowie durch das externe
Rating (Rating); (1=niedrigste Beurteilung; 6=höchste Beurteilung)

Fremd- und Eigenbeurteilung der Unterrichtsstunde fallen in der vorliegenden
Stichprobe unterschiedlich aus: Wie oben erwähnt sind die berechneten Interrater-
Reliabilitäten für alle Gruppen der Stichprobe ungenügend. Das bedeutet, dass die
unterschiedlichen Gruppen die Unterrichtsstunde, die auf Video aufgezeichnet
wurde, unterschiedlich beurteilen.

Mit durchschnittlichen Werten von 5.38 zu t_1 und 5.23 zu t_2 sind die Beurteilungen der Unterrichtstunden der jungen Lehrpersonen durch die Schülerinnen und
Schüler am höchsten, wobei der Unterschied zwischen den zwei Messzeitpunkten
auf dem 5%-Niveau statistisch signifikant ist. Die erfahrenen Lehrpersonen
erhalten von ihren Schülerinnen und Schülern mit einem durchschnittlichen Wert
von 5.17 tiefere Bewertungen (vgl. Kapitel 8.4).

Die Fremdbeurteilung der videografierten Unterrichtsstunde durch das Rating
zeigt einen gegenläufigen Trend. Der Unterricht der Junglehrpersonen wird zum
zweiten Messzeitpunkt besser beurteilt als zum ersten und die besten Bewertungen
erhalten die erfahrenen Lehrpersonen der Stichprobe. Die Unterschiede sind statistisch jedoch nicht signifikant (vgl. Kapitel 8.3.2). Im Vergleich zu den Beurteilungen der anderen beiden Personengruppen (Lehrpersonen selber und ihre
SchülerInnen) sind die Ratingwerte der aussenstehenden ExpertInnen am tiefsten.

Die Selbstbeurteilungen der Unterrichtsstunde durch die befragten Lehrpersonen liegen zwischen den Beurteilungen der anderen beiden Personengruppen (ihre SchülerInnen und aussenstehenden ExpertInnen). Die befragten Junglehrpersonen sind am Ende des ersten Berufsjahres kritischer und beurteilen sich zu t_2 schlechter als zu t_1 (der Unterschied ist auf dem 5%-Niveau statistisch signifikant); die erfahrenen Lehrpersonen der Stichprobe sind am positivsten und beurteilen sich selber mit einem durchschnittlichen Wert von 4.8 am besten (vgl. Kapitel 8.1.1).

Grosse Unterschiede zwischen der Beurteilung der Lehrpersonen der Stichprobe: Aus Tabelle 17 wird ersichtlich, dass die Varianz der Beurteilungen insbesondere bei den Schülerinnen und Schülern der Stichprobe, jedoch auch bei den befragten Lehrpersonen, eher gering und die Bewertungen damit ziemlich einheitlich sind. Die grösste Varianz liegt bei den Beurteilungen vor, die durch die aussenstehenden ExpertInnen vorgenommen wurden.

Interessant ist, dass in allen Gruppen die Varianz von Messzeitpunkt 1 zum Messzeitpunkt 2 zunimmt und demgemäss zum zweiten Messzeitpunkt eine grössere Heterogenität der Beurteilungswerte vorliegt. Der Vergleich der Junglehrpersonen zum Messzeitpunkt 2 mit den erfahrenen Lehrpersonen zeigt, dass die Bewertungen der erfahrenen Lehrpersonen der Stichprobe in allen Gruppen einheitlicher sind.

Tabelle 17: Statistische Kennwerte zu den Ergebnissen der Unterrichtsbeurteilung durch die Lehrpersonen, ihre SchülerInnen und die ExpertInnen

	N	min	max	M	SD	Var
Junglehrpersonen Messzeitpunkt 1						
Beurteilung durch die SchülerInnen	21	4.47	5.80	5.37	.319	.102
Fremdbeurteilung durch ExpertInnen	21	1.95	4.92	3.62	.898	.807
Selbstbeurteilung durch die Lehrpersonen	21	3.62	5.5	4.75	.433	.188
Junglehrpersonen Messzeitpunkt 2						
Beurteilung durch die SchülerInnen	21	4.19	5.88	5.23	.406	.166
Fremdbeurteilung durch ExpertInnen	21	2.22	5.05	3.85	.900	.812
Selbstbeurteilung durch die Lehrpersonen	21	3.44	5.62	4.44	.554	.307
Erfahrene Lehrpersonen						
Beurteilung durch die SchülerInnen	8	4.52	5.66	5.17	.329	.108
Fremdbeurteilung durch ExpertInnen	8	3.00	5.38	4.10	.862	.744
Selbstbeurteilung durch die Lehrpersonen	8	4.06	5.50	4.84	.400	.160

9.1.2 Beurteilung des Unterrichts durch die Lehrperson und die Kodierung der videografierten Unterrichtsstunden

Im Reflexionsbogen, den die Lehrpersonen unmittelbar nach der videografierten Unterrichtsstunde bearbeiteten, sollten sie auch eine Einschätzung dazu machen, zu welchem Anteil der Unterricht als Klassenunterricht stattgefunden hatte und wie die Kommunikation im Unterricht gewesen war. Diese Angaben der Lehrpersonen können mit den Resultaten der Kodierung der Unterrichtsstunden (Fremd-beurteilung) verglichen werden. Die deskriptiven Ergebnisse zeigen, dass die Einschätzungen der befragten Lehrpersonen nicht mit der effektiven Unterrichts-gestaltung, die durch die Kodierung der Unterrichtsstunden festgestellt wurde, übereinstimmen.

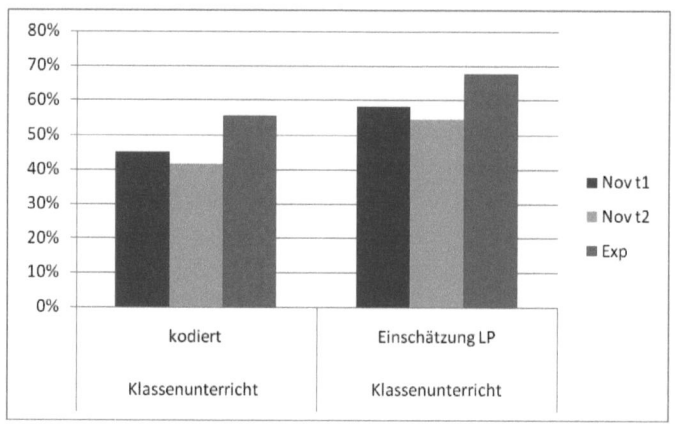

Abb. 37: Einschätzungen der Junglehrpersonen (Nov; N=21) zu t_1 und t_2 sowie der erfahrenen Lehrpersonen (Exp; N=8) zum Anteil an Klassenunterricht im Vergleich zu den durch die Kodierung festgestellten Anteile an Klassenunterricht

Die Einschätzungen der befragten Lehrpersonen zu ihrer Unterrichtsgestaltung weichen teilweise erheblich von der effektiven Unterrichtsgestaltung ab: Die Einschätzung der befragten Lehrpersonen zum Anteil an Klassenunterricht ist für alle drei Lehrpersonengruppen höher als es effektiv (festgestellt über die Kodierungen der videografierten Unterrichtsstunden) der Fall ist (vgl. Abb. 37). Die Einschätzung der Junglehrpersonen der Stichprobe ist in beiden Mess-zeitpunkten durchschnittlich um 13% höher als dies mit der Kodierung festgestellt wurde. Bei den erfahrenen Lehrpersonen der Stichprobe beträgt die Differenz 12%. Damit sind die Einschätzungen der befragten Lehrpersonen in diesem Bereich ungenau und entsprechen nicht der Wirklichkeit.

Die Beurteilung der Kommunikation im Unterricht bereitet den befragten Lehrpersonen noch mehr Mühe (vgl. Abb. 38). Die Lehrpersonen sprechen in der Unterrichtsstunde selber effektiv weniger, als sie dies vermuten.

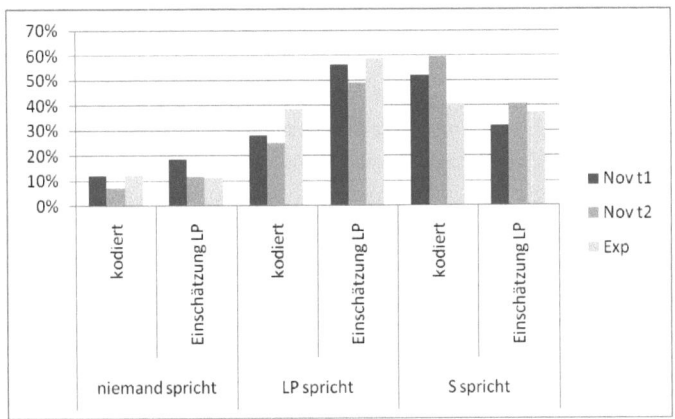

Abb. 38: Einschätzungen der Junglehrpersonen (Nov; N=21) zu t_1 und t_2 sowie der erfahrenen Lehrpersonen (Exp; N=8) zur Kommunikation im Unterricht im Vergleich zu den durch die Kodierung festgestellten Anteilen an Kommunikation

Die Junglehrpersonen der Stichprobe liegen mit ihrer Einschätzung zum Messzeitpunkt 1 rund 29% höher als es durch die Kodierung festgestellt wurde; zum Messzeitpunkt 2 sind es 24%. In der Stichprobe der erfahrenen Lehrpersonen beträgt der Unterschied zwischen Selbsteinschätzung und Kodierung rund 20%. Andererseits liegen die Einschätzungen der Lehrpersonen zur Kommunikation der Schülerinnen und Schüler unter den Werten aus der Kodierung der Unterrichtsstunden. Allerdings wurden bei der Kodierung zwei Kategorien des Kodiersystems berücksichtigt: die Anteile des Unterrichts, in denen die Schülerinnen und Schüler individuell („S spricht") und Phasen, in denen mehrere Schülerinnen und Schüler gleichzeitig sprechen („Mischformen"), wurden zusammen genommen (vgl. Kapitel 7.3.4.1). Die Einschätzung der befragten Junglehrpersonen zum Messzeitpunkt 1 liegt diesbezüglich rund 20%, zum Messzeitpunkt 2 rund 18% unter dem effektiven Wert. Bei den befragten erfahrenen Lehrpersonen beträgt die Differenz lediglich ca. 2%. Auf Grund der hier berichteten Ergebnisse sind die Einschätzungen der erfahrenen Lehrpersonen der Stichprobe in allen Bereichen zutreffender als diejenige der Junglehrpersonen. Bei diesen zeigt sich von t_1 zu t_2 jedoch in der Tendenz eine Annäherung an die effektiven Werte aus den Kodierungen der videografierten Unterrichtsstunden.

9.1.3 Kurze Zusammenfassung der zentralen Ergebnisse in Bezug auf die Fragestellungen

Die Abschnitte 9.1.1 und 9.1.2 geben Antworten auf die in Kapitel 6 formulierte Fragestellung *(4.1) Eigen- und Fremdbeurteilung.* Aus den Resultaten wird ersichtlich, dass die Selbstbeurteilungen der befragten Lehrpersonen nicht mit der Fremdbeurteilung durch die Schülerinnen und Schüler oder durch die ExpertInnen übereinstimmen. Auch der Vergleich der Selbsteinschätzung der Lehrpersonen bezüglich der Unterrichtsgestaltung mit der effektiven Unterrichtsgestaltung (die durch die Kodierung der Unterrichtsstunden ermittelt wurde) zeigt zum Teil grosse Abweichungen. Im Vergleich zu den Junglehrpersonen sind die Abweichungen bei den erfahrenen Lehrpersonen der Stichprobe tendenziell geringer.

Gemäss den berichteten Ergebnissen weicht die Selbstwahrnehmung der befragten Lehrpersonen in verschiedenen Bereichen von der Fremdwahrnehmung ab. Bezüglich der Reflexionsfähigkeit der Lehrperson ist dies ein eher kritisch zu beurteilender Befund. Da die vorliegende Untersuchung auf einer kleinen, anfallenden Stichprobe beruht sind weitere Untersuchungen mit grösseren und belastbareren Stichproben erforderlich. Die Interpretation der vorliegenden Resultate muss demgemäss mit der nötigen Vorsicht vorgenommen werden. Eine weiterführende Diskussion und Interpretation der Ergebnisse folgt in Kapitel 11.

9.2 Zusammenhänge zwischen dem Reflexionsverhalten der Lehrperson, ihrem Planungswissen, Merkmalen ihrer Persönlichkeit und der Art und der Qualität ihres Unterrichts

Mit dem Reflexionsbogen und im Stimulated Recall Interview reflektierten die Junglehrpersonen und die erfahrene Lehrpersonen ihren eigenen Unterricht. Die Auswertung dieser Reflexionsbeiträge gibt Aufschluss über das Reflexionsverhalten der beiden Lehrpersonengruppen. Die Daten der beiden Instrumente können mit den Daten der anderen Instrumente in Bezug gesetzt werden; dies wurde durch die Berechnung von Korrelationen vorgenommen. Die Korrelationen wurden auf der Basis von paarweisen Vergleichen von Einzelitems berechnet. Damit kann untersucht werden, inwiefern das Reflexionsverhalten mit dem Planungswissen, Merkmalen der Persönlichkeit und der Art und Qualität des Unterrichts der Lehrpersonen zusammenhängt. Untersuchungen dieser Art wurden bislang noch nicht durchgeführt, weshalb die Analysen in diesem Kapitel einen explorativen Charakter aufweisen. Durch dieses Verfahren und zusätzlich die kleine Stichprobe besteht die Gefahr einer Alphafehlerkumulation und der verstärkten Anfälligkeit auf Verzerrungen. Um diese Gefahr zu entschärfen, wurden entsprechende Verfahren (nichtparametrisches Verfahren mit Berücksichtigung von exakten Wahrscheinlichkeiten) für die statistischen Berechnungen gewählt. Ausserdem wird in diesem Kapitel das Signifikanzniveau auf 1% abgesenkt. Gleichwohl werden auch Resultate auf dem 5%-Signifikanzniveau und solche, die knapp über dem 5%-Signifikanzniveau liegen, berichtet, da sie interessante Hinweise für weiterführende Forschungsarbeiten geben (vgl. dazu Kapitel 7.5). Zur besseren Anschaulichkeit werden die Signifikanzen durchwegs als Zahlenwerte aufgeführt. Die hier dargestellten Resultate sind insgesamt mit Vorsicht zu interpretieren und haben ihren Wert vor allem auch für die Hypothesengenerierung.

Die nachfolgend dargestellten Ergebnisse geben Antwort auf die in Kapitel 6 formulierte Frage *(4.2) Reflexion – unterrichtliches Planungswissen – Persönlichkeit – Fremdbeurteilung des Unterrichts*: Welche Zusammenhänge bestehen zwischen dem Reflexionsverhalten der Lehrperson, ihrem Planungswissen, Variablen ihrer Persönlichkeit und der Art und Qualität ihres Unterrichts? Die Ergebnisse ermöglichen erste Rückschlüsse auf Zusammenhänge zwischen dem Reflexionsverhalten der Lehrpersonen, ihren berufspraktischen Kompetenzen sowie Merkmalen ihrer Persönlichkeit. In die durchgeführten Berechnungen wurden die Daten aus dem zweiten Messzeitpunkt einbezogen, da zu diesem Messzeitpunkt Ergebnisse der statistischen Analysen sowohl zu den jungen wie zu den erfahrenen Lehrpersonen vorliegen.

9.2.1 Zusammenhänge in Bezug auf die Selbstbeurteilung des Reflexionsverhaltens

Im Reflexionsbogen sind neben den Fragen zur Selbstbeurteilung des Unterrichts auch fünf Fragen zum Reflexionsverhalten der Lehrperson enthalten (Items 20–24, vgl. Kapitel 7.3.2). In einer ersten Analyse wurde untersucht, ob die Angaben der Lehrpersonen zum Reflexionsverhalten untereinander in Zusammenhang stehen. Bei den Angaben der Lehrpersonen zu diesen Items bestehen zwei statistisch signifikante Korrelationen auf dem 1%-Niveau und zwei auf dem 5%-Niveau.

Tabelle 18:   Untersuchte Zusammenhänge in Bezug auf die Selbstbeurteilung im
Reflexionsbogen

	(1) Reflexionsbogen Lehrperson: Items 20–24
(1) Reflexionsbogen Lehrperson: Items 20–24	*getestete Beziehungen: 5x5=25 davon fallen 2 Korrelationen auf dem 1%-Niveau und 2 auf dem 5%-Niveau signifikant aus*

*Die Beurteilung der eigenen Reflexionspraxis steht in der vorliegenden Stichprobe
in Zusammenhang mit der Beurteilung der kollegialen Reflexionspraxis:* Für die
vorliegende Stichprobe zeigt sich, dass sowohl bei den Junglehrpersonen als auch
bei den erfahrenen Lehrpersonen diejenigen Lehrpersonen, die von sich aussagen,
dass sie ihren Unterricht bewusst und regelmässig reflektieren (Item 20), auch der
Meinung sind, dass in ihrem Lehrerkollegium häufig gemeinsam über Unterricht
reflektiert wird (Item 21). Für die befragten Junglehrpersonen besteht ein
Zusammenhang auf dem 1%-Signifikanzniveau, für erfahrenen Lehrpersonen ist
der Zusammenhang auf dem 5%-Niveau signifikant (Kendalls Tau: Nov: N=21,
Tau_b=.491, p=.007; Exp: N=8, Tau_b=.774, p=.025).

Ein negativer Zusammenhang auf dem 1%-Niveau besteht bei den befragten
Junglehrpersonen zwischen dem Item 21 „Unterricht wird in meinem Lehrerkollegium häufig gemeinsam reflektiert" und dem Item 22 „Ich würde gerne
häufiger über Unterricht reflektieren". Wenn also in den Augen der Lehrpersonen
im Kollegium bereits eine aktive Reflexionspraxis vorhanden ist, besteht weniger
der Wunsch nach mehr Reflexion (Kendalls Tau: N=21, Tau_b=-.503, p=.005).
Ausserdem sind diejenigen befragten Junglehrpersonen, die der Meinung sind, dass
gefilmte Unterrichtslektionen hilfreich für die Reflexion sein können (Item 23),
auch eher der Meinung, dass Selbstreflexion von Unterricht hilft, den eigenen
Unterricht zu verbessern (Item 24). Dieser Zusammenhang ist auf dem 5%-Niveau
signifikant (Kendalls Tau: N=21, Tau_b=.469, p=.021). In Tabelle 19 sind die
statistischen Kennwerte für die berichteten Korrelationen dargestellt.

Tabelle 19: Signifikante Korrelationen bezüglich der Beurteilungen des Reflexionsverhaltens der Lehrpersonen im Reflexionsbogen (Items 20–24)

	N	Tau$_b$	p $_{exakt}$
Junglehrpersonen			
Korrelation zwischen Item 20: „Ich reflektiere meinen Unterricht bewusst und regelmässig selber" *und* Item 21 „Unterricht wird in meinem Lehrerkollegium häufig gemeinsam reflektiert"	21	.491	.007
Korrelation zwischen Item 21: „Unterricht wird in meinem Lehrerkollegium häufig gemeinsam reflektiert" *und* Item 22: „Ich würde gerne häufiger über Unterricht reflektieren"	21	-.503	.005
Korrelation zwischen Item 23: „Gefilmte Unterrichtslektionen können hilfreich für die Reflexion sein" *und* Item 24: „Selbstreflexion von Unterricht hilft, den eigenen Unterricht zu verbessern"	21	.469	.021
	N	**Tau$_b$**	**p $_{exakt}$**
Erfahrene Lehrpersonen			
Korrelation zwischen Item 20: „Ich reflektiere meinen Unterricht bewusst und regelmässig selber" *und* Item 21: „Unterricht wird in meinem Lehrerkollegium häufig gemeinsam reflektiert"	8	.774	.025

Es wurde auch geprüft, ob und inwiefern die Daten aus dem Reflexionsbogen (Items 20–24) mit der Fremdbeurteilung des Unterrichts, dem Planungswissen (Vignette) und den Persönlichkeitsmerkmalen (Fragebogen NEO-FFI) zusammenhängen. Gefunden werden konnten statistisch signifikante Korrelationen auf dem 5%-Signifikanzniveau zwischen der Selbstbeurteilung der Reflexionspraxis im Reflexionsbogen und dem Planungswissen sowie den Persönlichkeitsmerkmalen.

Tabelle 20: Untersuchte Zusammenhänge in Bezug auf die Selbstbeurteilung im Reflexionsbogen und weiteren Daten der Untersuchung

	(3) Videografie des Unterrichts: Analyse der Unterrichtsvideos durch Rating	(4) Fragebogen SchülerInnen	(5) Vignette	(6) Fragebogen NEO-FFI
(1) Reflexionsbogen Lehrperson Items 20-24	*getestete Beziehungen: 5x1=5 Keine signifikanten Korrelationen*	*getestete Beziehungen: 5x1=5 Keine signifikanten Korrelationen*	*getestete Beziehungen: 5x5=25 davon fallen 3 Korrelationen auf dem 5% Niveau signifikant aus*	*getestete Beziehungen: 5x5=25 davon fallen 2 Korrelationen auf dem 5%-Niveau signifikant aus*

Eigenbeurteilung des Reflexionsverhaltens steht in der vorliegenden Stichprobe in keinem Zusammenhang mit der Fremdbeurteilung: Für die Selbstbeurteilung des Reflexionsverhaltens bestehen in der vorliegenden Stichprobe keine statistisch signifikanten Korrelationen zur Fremdbeurteilung des Unterrichts. Lediglich für die Stichprobe der erfahrenen Lehrpersonen wurde ein Zusammenhang, der knapp über dem 5%-Signifikanzniveau liegt, gefunden: die befragten erfahrenen Lehrpersonen, die angeben, sie würden gerne häufiger über Unterricht reflektieren (Item 22), haben bei der Fremdbeurteilung der Qualität des Unterrichts durch das Rating eine höhere Bewertung (Kendalls Tau: N=8, Tau_c=.625, p=.057).

Die Beurteilung der eigenen Reflexionspraxis korreliert bei den befragten Junglehrpersonen mit dem Planungswissen: Die Junglehrpersonen der Stichprobe, die gerne häufiger über Unterricht reflektieren würden (Item 22), erzielen im Vignetten-Test insgesamt höhere Werte (Kendalls Tau: N=21, Tau_c=.381, p=.031). Hingegen bestehen negative Korrelationen bei den Junglehrpersonen der Stichprobe, die meinen, Selbstreflexion helfe, den eigenen Unterricht zu verbessern (Item 24); sowohl in der Gesamtpunktzahl wie auch bei der Dimension „Klassenführung" bestehen negative Zusammenhänge (Kendalls Tau: N=21, Tau_c=-.320, p=.039 / N=21, Tau_c=-.279, p=.030). Die berichteten Zusammenhänge sind alle auf dem 5%-Niveau signifikant. Bei den erfahrenen Lehrpersonen der Stichprobe konnten keine signifikanten Zusammenhänge zu den Daten des Vignetten-Tests festgestellt werden.

Die Beurteilung der eigenen Reflexionspraxis korreliert in der vorliegenden Stichprobe in verschiedenen Bereichen mit Persönlichkeitsmerkmalen: Die befragten Junglehrpersonen, die sagen, sie reflektieren ihren Unterricht bewusst und regelmässig selber (Item 20), haben höhere Werte in der Skala „Gewissenhaftigkeit" (Kendalls Tau: N=20, Tau_c=.380, p=.050). In der Stichprobe der erfahrenen Lehrpersonen besteht ein signifikanter, positiver Zusammenhang zwischen der Aussage, videografierte Unterrichtsstunden können hilfreich sein für die Reflexion (Item 23) und den Werten zum Merkmal „Neurotizismus" (Kendalls Tau: N=8, Tau_c=.750, p=.032). Beide hier berichteten Zusammenhänge sind auf dem 5%-Fehlerniveau signifikant. Ein negativer, knapp über dem 5%-Signifikanzniveau liegender Zusammenhang besteht bei den befragten erfahrenen Lehrpersonen, die meinen, Unterricht werde im Kollegium häufig gemeinsam reflektiert (Item 21) und den Werten in der Skala „Extraversion" (Kendalls Tau: N=8, Tau_c= -.625, p=.059).

In Tabelle 21 sind die statistischen Kennwerte für die berichteten Korrelationen dargestellt.

Tabelle 21: Signifikante und knapp nicht signifikante Korrelationen zwischen der Beurteilung des Reflexionsverhaltens im Reflexionsbogen (Items 20–24), der Fremdbeurteilung des Unterrichts, dem Planungswissen (Vignette) und Persönlichkeitsmerkmalen (Fragebogen NEO-FFI)

	N	Tau$_c$	p $_{exakt}$
Junglehrpersonen			
Korrelation zwischen Item 22: „Ich würde gerne häufiger über Unterricht reflektieren" *und* Vignetten-Test Gesamtpunktzahl	21	.381	.031
Korrelation zwischen Item 24: „Selbstreflexion von Unterricht hilft, den eigenen Unterricht zu verbessern" *und* Vignetten-Test Gesamtpunktzahl	21	-.320	.039
Korrelation zwischen Item 24: „Selbstreflexion von Unterricht hilft, den eigenen Unterricht zu verbessern" *und* Vignetten-Test Dimension „Klassenführung"	21	-.279	.030
Korrelation zwischen Item 20: „Ich reflektiere meinen Unterricht bewusst und regelmässig selber" *und* NEO-FFI Skala „Gewissenhaftigkeit"	20	.380	.050

	N	Tau$_c$	p $_{exakt}$
Erfahrene Lehrpersonen			
Korrelation zwischen Item 22: „Ich würde gerne häufiger über Unterricht reflektieren" *und* Fremdbeurteilung durch Rating	8	.625	.057
Korrelation zwischen Item 23: „Gefilmte Unterrichtslektionen können hilfreich für die Reflexion sein" *und* NEO-FFI Skala „Neurotizismus"	8	.750	.032
Korrelation zwischen Item 21: „Unterricht wird in meinem Lehrerkollegium häufig gemeinsam reflektiert" *und* NEO-FFI Skala „Extraversion"	8	-.625	.059

9.2.2 Zusammenhänge in Bezug auf das mündliche Reflexionsverhalten im Stimulated Recall Interview (Teil 1)

Für verschiedene Bereiche des Stimulated Recall Interviews (vgl. dazu Kapitel 7.3.3) wurde geprüft, ob signifikante Korrelationen vorhanden sind. Es wurde dabei einerseits geprüft, ob zwischen den einzelnen Bereichen, die bei der Auswertung der Stimulated Recall Interviews beachtet wurden, Zusammenhänge bestehen. Andererseits wurden Zusammenhänge gesucht zwischen den Aussagen im Stimulated Recall Interview und der Fremdbeurteilung des Unterrichts (Rating der Unterrichtsvideos und Fragebogen SchülerInnen), dem Planungswissen (Vignette) und den Persönlichkeitsmerkmalen (Fragebogen NEO-FFI). Die Darstellung der Ergebnisse richtet sich nach der inhaltlichen Gliederung des Auswertungsmanuales für die Stimulated Recall Interviews (vgl. Kapitel 7.3.3.5 und 7.3.3.6).

Die Tabelle 22 zeigt, wo Korrelationen vorhanden sind bzw. wo für die vorliegende Stichprobe keine Zusammenhänge vorliegen. Zu beachten ist wiederum, dass die Auswertungen in diesem Kapitel auf einem kleinen Datensatz von je sechs jungen und erfahrenen Lehrpersonen beruhen. Die nachfolgend dargestellten Ergebnisse sind auch deshalb interessant, weil sie Hinweise auf Zusammenhänge geben, die mit einer grösseren und belastbareren Stichprobe weiter untersucht und überprüft werden können. In den Kapiteln 9.2.2.1 bis 9.2.2.6 werden die Ergebnisse der in Tabelle 22 zusammenfassend dargestellten Zusammenhänge erläutert.

Tabelle 22: Untersuchte Zusammenhänge in Bezug auf das mündliche Reflexionsverhalten im Stimulated Recall Interview und weiteren Daten der Untersuchung

	(2a) Stimulated Recall Interview (Teil 1)	(3) Videografie des Unterrichts: Analyse der Unterrichtsvideos durch Rating	(4) Fragebogen SchülerInnen	(5) Vignette	(6) Fragebogen NEO-FFI
2a) Stimulated Recall Interview (Teil 1):					
Kapitel 9.2.2.1 Anzahl Wörter und Bedeutungseinheiten	*getestete Beziehungen: 2x20=40 Keine signifikanten Korrelationen*	*getestete Beziehungen: 2x1=2 Keine signifikanten Korrelationen*	*getestete Beziehungen: 2x1=2 Keine signifikanten Korrelationen*	*getestete Beziehungen: 2x5=10 Keine signifikanten Korrelationen*	*getestete Beziehungen: 2x5=10 Keine signifikanten Korrelationen*
Kapitel 9.2.2.2 Inhalt, Didaktik, Erklärung/Erläuterung	*getestete Beziehungen: 3x20=60 Keine signifikanten Korrelationen*	*getestete Beziehungen: 3x1=3 Keine signifikanten Korrelationen*	*getestete Beziehungen: 3x1=3 Keine signifikanten Korrelationen*	*getestete Beziehungen: 3x5=15 Keine signifikanten Korrelationen*	*getestete Beziehungen: 3x5=15 davon fallen 1 Korrelation auf dem 1%-Niveau und 2 auf dem 5%-Niveau signifikant aus*

	(2a) Stimulated Recall Interview (Teil 1)	(3) Videografie des Unterrichts: Analyse der Unterrichtsvideos durch Rating	(4) Fragebogen SchülerInnen	(5) Vignette	(6) Fragebogen NEO-FFI
Kapitel 9.2.2.3 Beurteilung von Unterrichtselementen sowie des Verhaltens von am Unterricht beteiligten Personen	*getestete Beziehungen:* $6x20=120$ *davon fällt 1 Korrelation auf dem 5%-Niveau signifikant aus*	*getestete Beziehungen:* $6x1=6$ *Keine signifikanten Korrelationen*	*getestete Beziehungen:* $6x1=6$ *Keine signifikanten Korrelationen*	*getestete Beziehungen:* $6x5=30$ *Keine signifikanten Korrelationen*	*getestete Beziehungen:* $6x5=30$ *Keine signifikanten Korrelationen*
Kapitel 9.2.2.4 Aussagen zur Lehrperson, zu Kindern oder Drittpersonen	*getestete Beziehungen:* $3x20=60$ *Keine signifikanten Korrelationen*	*getestete Beziehungen:* $3x1=3$ *davon fällt 1 Korrelation auf dem 5%-Niveau signifikant aus*	*getestete Beziehungen:* $3x1=3$ *Keine signifikanten Korrelationen*	*getestete Beziehungen:* $3x5=15$ *Keine signifikanten Korrelationen*	*getestete Beziehungen:* $3x5=15$ *Keine signifikanten Korrelationen*
Kapitel 9.2.2.5 Nennung von alternativen Handlungsmöglichkeiten	*getestete Beziehungen:* $3x20=60$ *Keine signifikanten Korrelationen*	*getestete Beziehungen:* $3x1=3$ *Keine signifikanten Korrelationen*	*getestete Beziehungen:* $3x1=3$ *Keine signifikanten Korrelationen*	*getestete Beziehungen:* $3x5=15$ *Keine signifikanten Korrelationen*	*getestete Beziehungen:* $3x5=15$ *davon fallen 1 Korrelation auf dem 1%-Niveau und 1 auf dem 5%-Niveau signifikant aus*
Kapitel 9.2.2.6 Aussagen rein deskriptiv oder mit persönlicher Erläuterung	*getestete Beziehungen:* $2x20=40$ *davon fällt 1 Korrelation auf dem 5%-Niveau signifikant aus*	*getestete Beziehungen:* $2x1=2$ *Keine signifikanten Korrelationen*	*getestete Beziehungen:* $2x1=2$ *Keine signifikanten Korrelationen*	*getestete Beziehungen:* $2x5=10$ *Keine signifikanten Korrelationen*	*getestete Beziehungen:* $2x5=10$ *Keine signifikanten Korrelationen*

9.2.2.1 Zusammenhänge in Bezug auf Anzahl Wörter und Bedeutungseinheiten im Reflexionsbeitrag

In den transkribierten Aussagen der Lehrpersonen wurden einerseits die Anzahl Wörter ausgezählt und andererseits die Anzahl Bedeutungseinheiten bestimmt. Anschliessend wurde geprüft, ob Zusammenhänge zwischen diesen quantitativen Eigenschaften der Reflexionen und den weiteren Daten der Untersuchung bestehen. *Die quantitativen Aspekte der Reflexionsbeiträge der vorliegenden Stichprobe stehen in keinem Zusammenhang mit weiteren Daten der Untersuchung*: Gemäss den vorliegenden Daten besteht kein statistisch signifikanter Zusammenhang zwischen den quantitativen Merkmalen der Reflexion und weiteren Daten, die im Rahmen der Untersuchung erhoben wurden. Ein interessanter, negativer Zusammenhang, der knapp über dem 5%-Signifikanzniveau liegt, besteht allerdings bei den Junglehrpersonen der Stichprobe zwischen der Länge der Reflexionsbeiträge und einem Persönlichkeitsmerkmal. Junglehrpersonen, die im Stimulated Recall Interview quantitativ umfangreichere Äusserungen machen, weisen geringere Werte bei der Skala „Gewissenhaftigkeit" des Persönlichkeitsfragebogens NEO-FFI auf (Kendalls Tau: n=6, Tau_c =-.733, p=.056).

9.2.2.2 Zusammenhänge in Bezug auf Reflexionsaussagen zu Sachinhalt, Didaktik und Erklärung/Erläuterung

Die Reflexionsaussagen der Lehrpersonen wurden daraufhin analysiert, ob sie eher den sachlichen Inhalt oder die Didaktik betreffen bzw. ob es allgemeine Erklärungen/Erläuterungen sind, die weder den Inhalt noch die Didaktik betreffen. Auch für diesen Bereich wurde geprüft, ob Zusammenhänge zu weiteren Daten der Untersuchung vorhanden sind. Es konnten drei signifikante Korrelationen mit Persönlichkeitsmerkmalen der Lehrpersonen gefunden werden.

Bestimmte thematische Aspekte der Reflexionen hängen in der vorliegenden Stichprobe mit Persönlichkeitsmerkmalen der Lehrperson zusammen: Diejenigen jungen wie auch erfahrenen Lehrpersonen der Stichprobe, die vermehrt Äusserungen zum Inhalt der Unterrichtsstunde machen, haben niedrigere Werte beim Persönlichkeitsmerkmal „Offenheit" (Kendalls Tau: Nov: n=6, Tau_c=-.764, p=.044; Exp: n=6, Tau_c=-.764, p=.039). Diese Zusammenhänge sind auf dem 5%-Fehlerniveau signifikant. Bei den erfahrenen Lehrpersonen der Stichprobe besteht zudem ein negativer Zusammenhang auf dem 1%-Signifikanzniveau zwischen erklärend/erläuternden Aussagen in den Reflexionsbeiträgen und der Skala „Verträglichkeit" im NEO-FFI Fragebogen (Kendalls Tau: n=6, Tau_c=-.972, p=.006).

Zwei weitere Resultate, die knapp über dem 5%-Signifikanzniveau liegen, seien ebenfalls erwähnt. Bei den befragten Junglehrpersonen besteht ein knapp nicht signifikanter Zusammenhang zur Beurteilung des Unterrichts durch die Schülerinnen und Schüler: diejenigen Lehrpersonen, die in der Reflexion ihres Unterrichts vermehrt didaktische Aussagen machen, erhalten von ihren Schülerinnen und Schülern eine schlechtere Beurteilung (Kendalls Tau: n=6, Tau_c=-.733, p=.056). Bei den befragten erfahrenen Lehrpersonen besteht hingegen ein knapp über dem 5%-Signifikanzniveau liegender Zusammenhang zur Nennung von Handlungsalternativen: die befragten erfahrenen Lehrpersonen, die vermehrt erklärend/ erläuternde Aussagen machen, nennen öfters keine Handlungsalternativen (Kendalls Tau: n=6, Tau_c=.733, p=.056).

In Tabelle 23 sind die statistischen Kennwerte für die berichteten Korrelationen wiedergegeben.

Tabelle 23: Signifikante und knapp nicht signifikante Korrelationen zwischen Reflexionsaussagen zu „Inhalt", „Didaktik" und „Erklärung/Erläuterung" im Stimulated Recall Interview und der Fremdbeurteilung des Unterrichts, dem Planungswissen (Vignette) und Persönlichkeitsmerkmalen (Fragebogen NEO-FFI)

	n	Tau_c	p exakt
Junglehrpersonen			
Korrelation zwischen Anzahl Reflexionsaussagen zum „Inhalt" *und* NEO-FFI Skala „Offenheit"	6	-.764	.044
Korrelation zwischen Anzahl Reflexionsaussagen zu „Didaktik" *und* Beurteilung des Unterrichts durch die S	6	-.733	.056
Erfahrene Lehrpersonen			
Korrelation zwischen Anzahl Reflexionsaussagen zum „Inhalt" *und* NEO-FFI Skala „Offenheit"	6	-.764	.039
Korrelation zwischen Anzahl Reflexionsaussagen zu „Erklärung/Erläuterung" *und* NEO-FFI Skala „Verträglichkeit"	6	-.972	.006
Korrelation zwischen Anzahl Reflexionsaussagen zu „Erklärung/Erläuterung" *und* „Keine Handlungsalternative genannt"	6	.733	.056

9.2.2.3 Zusammenhänge in Bezug auf die Beurteilung von
Unterrichtselementen sowie des Verhaltens von Personen

Die Lehrpersonen beurteilten in ihren Reflexionsbeiträgen den eigenen Unterricht
und das Verhalten der am Unterricht beteiligten Personen unterschiedlich. Für die
Aussagen wurden je drei Kodierungen vorgenommen: „positiv", „neutral/des-
kriptiv/anderes" und „negativ". Die Beurteilung der beiden Aspekte „Qualität des
Unterrichts" und „Verhalten von Personen" war zumeist, wenn auch nicht
durchgehend, identisch. Wenn also ein Unterrichtselement positiv beurteilt wurde,
so wurde meistens auch das Verhalten der am Unterricht beteiligten Personen als
positiv eingeschätzt. Eine statistisch signifikante Korrelation auf dem 5%-Niveau
besteht hier für die befragten Junglehrpersonen.

Die Einschätzungen des Verhaltens von Personen in der Reflexion der
befragten Junglehrpersonen korreliert mit der Form der Reflexion: Junge Lehrpersonen der vorliegenden Stichprobe, die das Verhalten von am Unterricht beteiligten
Personen negativ einschätzen, machen in ihren Reflexionen des Unterrichts
vermehrt rein deskriptive Äusserungen (Kendalls Tau: n=6, Tau_c=.867, p=.017).

Bei den Junglehrpersonen können ausserdem drei weitere Korrelationen
gefunden werden, die knapp über dem 5%-Signifikanzniveau liegen: Diejenigen
jungen Lehrpersonen der Stichprobe, die Unterrichtselemente und das Verhalten
von am Unterricht beteiligten Personen vermehrt negativ beurteilen, erhalten auch
eine schlechtere Beurteilung durch das Rating (Kendalls Tau: n=6, Tau_c=-.733,
p=.056). Diejenigen Junglehrpersonen, die ihren Unterricht und das Verhalten von
Personen besser beurteilen, erhalten bessere Schülerbewertungen (Kendalls Tau:
n=6, Tau_c=.733, p=.056). Bei den Junglehrpersonen der Stichprobe besteht
ausserdem ein negativer Zusammenhang zwischen den Aussagen zum Verhalten
von Personen, die neutral/deskriptiv formuliert sind, und der Skala „Gewissenhaftigkeit" im NEO-FFI Fragebogen (Kendalls Tau: n=6, Tau_c=-.733, p=.056).

In Tabelle 24 sind die statistischen Kennwerte für die hier berichteten
Korrelationen dargestellt.

Tabelle 24: Signifikante und knapp nicht signifikante Korrelationen zwischen Reflexionsaussagen zu „Qualität des Unterrichts" und „Verhalten von Personen" im Stimulated Recall Interview und der Fremdbeurteilung des Unterrichts, dem Planungswissen (Vignette) und Persönlichkeitsmerkmalen (Fragebogen NEO-FFI)

	n	Tau$_c$	p $_{exakt}$
Junglehrpersonen			
Korrelation zwischen Reflexionsaussagen der LP zu „Verhalten von Personen" negativ *und* Anzahl Reflexionsaussagen „rein deskriptiv"	6	.867	.017
Korrelation zwischen Reflexionsaussagen der LP zu „Verhalten von Personen" und „Qualität des Unterrichts" negativ *und* Fremdbeurteilung des Unterrichts durch das Rating	6	-.733	.056
Korrelation zwischen Reflexionsaussagen der LP zu „Verhalten von Personen" und „Qualität des Unterrichts" positiv *und* Beurteilung des Unterrichts durch die S	6	.733	.056
Korrelation zwischen Reflexionsaussagen der LP zu „Verhalten von Personen" neutral/deskriptiv/anderes *und* NEO-FFI Skala „Gewissenhaftigkeit"	6	-.733	.056

9.2.2.4 Zusammenhänge in Bezug auf Aussagen zur Lehrperson, zu Kindern oder Drittpersonen

In den Reflexionsbeiträgen äusserten sich die Lehrpersonen entweder über sich selber, über die Schülerinnen und Schüler oder über Drittpersonen.

Diejenigen Junglehrpersonen der Stichprobe, die in ihren Reflexionsbeiträgen vermehrt über sich selber sprechen, unterrichten besser: Bei den Junglehrpersonen der Stichprobe besteht ein Zusammenhang auf dem 5%-Fehlerniveau zwischen der Anzahl Aussagen zur Lehrperson in den Reflexionen des Unterrichts im Stimulated Recall Interview und der Beurteilung der Qualität des Unterrichts durch ExpertInnen (Rating). Junge Lehrpersonen der Stichprobe, die in ihrer Reflexion vermehrt über sich selber sprechen, werden durch das Rating der ExpertInnen besser beurteilt und weisen somit einen qualitativ besseren Unterricht auf (Kendalls Tau: n=6, Tau$_c$=.867, p=.015).

9.2.2.5 Zusammenhänge in Bezug auf die Nennung von alternativen Handlungsmöglichkeiten

In ihren Reflexionsbeiträgen nannten die Lehrpersonen auch Handlungsalternativen und erläuterten diese mehr oder weniger elaboriert.

Bei den erfahrenen Lehrpersonen der Stichprobe hängt die Nennung von Handlungsalternativen mit Persönlichkeitsmerkmalen der Lehrperson zusammen: Bei den erfahrenen Lehrpersonen der Stichprobe, die in ihren Unterrichtsreflexionen keine Handlungsalternativen nennen, besteht ein negativer Zusammenhang auf dem 5%-Signifikanzniveau zur Skala „Verträglichkeit" im Fragebogen NEO-FFI (Kendalls Tau: n=6, Tau_c=-.833, p=.028). Ein positiver Zusammenhang auf dem 1%-Signifikanzniveau ist hingegen vorhanden, wenn Handlungsalternativen vermehrt elaboriert ausgeführt werden (Kendalls Tau: n=6, Tau_c=.972, p=.006).

Es besteht ausserdem eine Korrelation, die knapp über dem 5%-Signifikanzniveau liegt: erfahrene Lehrpersonen, die keine Handlungsalternativen nennen, machen öfters erklärend/erläuternde Aussagen (Kendalls Tau: n=6, Tau_c=.733, p=.056).

Tabelle 25 enthält die statistischen Kennwerte für die berichteten Korrelationen.

Tabelle 25: Signifikante und knapp nicht signifikante Korrelationen zwischen Reflexionsaussagen im Stimulated Recall Interview zu „Formulierung von Handlungsalternativen" und der Fremdbeurteilung des Unterrichts, dem Planungswissen (Vignette) und Persönlichkeitsmerkmalen (Fragebogen NEO-FFI)

	n	Tau_b	p exakt
Erfahrene Lehrpersonen			
Korrelation zwischen Reflexionsaussagen der LP, in denen „Keine Handlungsalternative" genannt *und* NEO-FFI Skala „Verträglichkeit"	6	-.833	.028
Korrelation zwischen Reflexionsaussagen der LP, in denen „Handlungsalternativen elaboriert" genannt *und* NEO-FFI Skala „Verträglichkeit"	6	.972	.006
Korrelation zwischen Reflexionsaussagen der LP, in denen „Keine Handlungsalternative" genannt *und* Reflexionsaussagen der LP mit „persönlichen Erklärungen/Erläuterungen"	6	.733	.056

9.2.2.6 Zusammenhänge in Bezug auf rein deskriptive Aussagen sowie Aussagen mit persönlicher Erläuterung/Erklärung

Die Aussagen der Lehrpersonen der vorliegenden Stichprobe sind entweder rein deskriptiv oder enthalten eine persönliche Erläuterung oder Erklärung.

Die Anzahl persönlicher Erläuterungen/Erklärungen korreliert in der Stichprobe der Junglehrpersonen mit Aussagen zum Verhalten von am Unterricht beteiligten Personen: Die befragten jungen Lehrpersonen, in deren Reflexionsaussagen sich vermehrt persönliche Erläuterungen/Erklärungen finden, äussern weniger negative Aussagen zum Verhalten von am Unterricht beteiligten Personen; dieser Zusammenhang ist auf dem 5%-Niveau signifikant (Kendalls Tau: n=6, Tau$_c$=-.867, p=.017). Ausserdem benennen Junglehrpersonen, die in ihren Reflexionen vermehrt eine persönliche Erläuterung/Erklärung äussern, weniger Handlungsalternativen. Dieser Zusammenhang liegt jedoch knapp über dem 5%-Signifikanzniveau (Kendalls Tau: n=6, Tau$_c$=.733, p=.056).

Die statistischen Kennwerte für die dargestellten Zusammenhänge sind in Tabelle 26 dargestellt.

Tabelle 26: Signifikante und knapp nicht signifikante Korrelationen zwischen Reflexionsaussagen im Stimulated Recall Interview rein deskriptiver Art bzw. mit persönlichen Erläuterungen/Erklärungen und der Fremdbeurteilung des Unterrichts, dem Planungswissen (Vignette) und Persönlichkeitsmerkmalen (Fragebogen NEO-FFI)

	n	Tau$_b$	p exakt
Junglehrpersonen			
Korrelation zwischen Reflexionsaussagen der LP mit „persönlichen Erklärungen/Erläuterungen" *und* Reflexionsaussagen der LP zu „Verhalten von Personen" negativ	6	-.867	.017
Korrelation zwischen Reflexionsaussagen der LP mit „persönlichen Erklärungen/Erläuterungen" *und* Reflexionsaussagen der LP, in denen „Keine Handlungsalternative" genannt	6	.733	.056

9.2.2.7 Zusammenhänge und Unterschiede zwischen der Reflexion und dem Wissen über das Planen von Unterricht

Mit dem Vignetten-Test wurde das Planungswissen der Lehrpersonen erfasst. Die schriftlichen Antworten der Lehrpersonen wurden auf vier Dimensionen hin ausgewertet (Didaktik, Diagnostik, Klassenführung und Sachkompetenz). Bei der Analyse der Reflexion der Lehrpersonen im Stimulated Recall Interview (Teil 1) wurden die gleichen Aspekte beachtet, so dass ein Vergleich der beiden Datengruppen möglich ist. Für die Interpretation der Ergebnisse muss beachtet werden, dass bei der Analyse der beiden Datengruppen methodisch ein anderes Vorgehen gewählt wurde (vgl. dazu Kapitel 7.3.3 und 7.3.6). Ausserdem bezieht sich die Reflexion des Unterrichts auf die eigene Unterrichtspraxis, bei den Vignetten muss demgegenüber auf eine nicht reale, sondern eine fiktive Situation reagiert werden. Trotzdem lässt sich aus dem Verhalten, das die Lehrpersonen in diesen zwei Untersuchungssituationen gezeigt haben, einiges herauslesen.

In der vorliegenden Stichprobe wird die Didaktik bei der Planung und bei der Reflexion von Unterricht häufig thematisiert, die Klassenführung dagegen eher selten: Sowohl bei der Reflexion als auch bei der Planung von Unterricht spielt die Didaktik eine wichtige Rolle. Bei der Planung des Unterrichts erwähnen die befragten Lehrpersonen ausserdem häufig Aspekte der Diagnostik. Interessant ist, dass die Diagnostik bei der Reflexion des Unterrichts in der vorliegenden Stichprobe sehr wenig thematisiert wird. Ein ähnliches Ergebnis zeigt sich bei der Sachkompetenz. Auch dazu wird von den befragten Lehrpersonen im Vignetten-Test einiges erwähnt, in der Reflexion wird die Sachkompetenz hingegen nur sehr selten thematisiert. Bei der Klassenführung sind die Ergebnisse des Stimulated Recall Interviews und des Vignetten-Tests in der vorliegenden Stichprobe sehr ähnlich. In beiden Untersuchungen sind nur wenige Aussagen zu diesem Aspekt des Unterrichts vorhanden. Die Klassenführung scheint demnach für die befragten Lehrpersonen sowohl bei der Planung als auch in der Reflexion über den durchgeführten Unterricht wenig wichtig zu sein (vgl. Abb. 39).

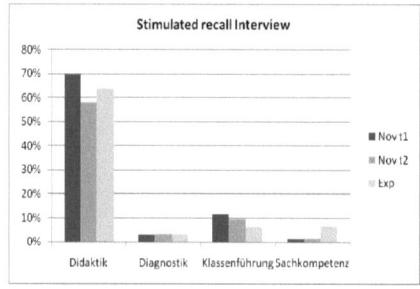 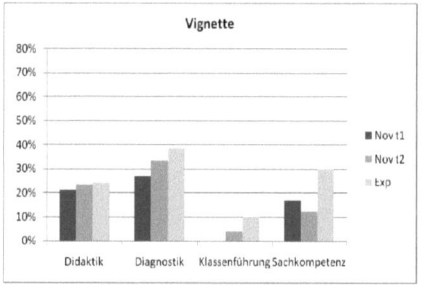

Abb. 39:   Verhalten der Junglehrpersonen zu t_1 und t_2 sowie der erfahrenen
Lehrpersonen im Stimulated Recall Interview ($n_{Nov}=6$, $n_{Exp}=6$) und dem
Vignetten-Test ($N_{Nov}=21$, $N_{Exp}=7$)

Die befragten Lehrpersonen achten bei der Planung und bei der Reflexion von Unterricht nicht durchwegs auf gleiche Aspekte: Für die je vier Aspekte (Didaktik, Diagnostik, Klassenführung und Sachkompetenz) wurde geprüft, ob ein Zusammenhang zwischen dem Verhalten bei der Reflexion und der Planung festzustellen ist. Für die zwölf Lehrpersonen, die sich an der Untersuchung beteiligt haben, konnten positive, jedoch nicht generalisierbare Zusammenhänge gefunden werden. Lehrpersonen, die sich zum Beispiel in der Reflexion vermehrt zur Sachkompetenz äusserten, erreichten auch im Vignetten-Test in der Tendenz mehr Punkte in der

Dimension Sachkompetenz. Die höchste Korrelation ist zur Didaktik zu finden, die geringste bei der Dimension Klassenführung. Wie bereits erwähnt sind die Zusammenhänge jedoch in keinem Bereich statistisch signifikant. Dies bedeutet, dass sich die befragten Lehrpersonen in der Planung von Unterricht nicht durchwegs auf die gleichen Aspekte beziehen, wie sie es bei der Reflexion von Unterricht tun.

9.2.3 Kurze Zusammenfassung der zentralen Ergebnisse in Bezug auf die Fragestellungen

In diesem Kapitel wurden Antworten auf die in Kapitel 6 formulierte Fragestellung *(4.2) Reflexion – unterrichtliches Planungswissen – Persönlichkeit – Fremdbeurteilung des Unterrichts* gegeben. Es wurde dafür auf explorativem Weg nach Zusammenhängen zwischen dem Reflexionsverhalten der Lehrperson und deren berufspraktischen Kompetenzen sowie Aspekten ihrer Persönlichkeit gesucht. Die Auswertungen zeigen, dass unterschiedliche Zusammenhänge bestehen. Allerdings sind lediglich vier der gefundenen Zusammenhänge auf dem 1%-Niveau signifikant. Die weiteren dreizehn Korrelationen, die in diesem Kapitel erläutert wurden, sind auf dem 5%-Fehlerniveau signifikant. Auf Grund der explorativen Vorgehensweise und der dadurch entstehenden Gefahr der Alpha-Fehlerkumulation wurde entschieden, für dieses Kapitel eine Verschärfung des Signifikanzniveaus auf 1% anzuwenden. Damit sind nur wenige Resultate statistisch bedeutsam, die meisten Korrelationen liegen über der Fehlerwahrscheinlichkeit von 1%. Die Ergebnisse sind deshalb vorsichtig zu interpretieren und dienen insbesondere der Hypothesengenerierung. Umso wichtiger erscheint es, weiterführende Forschungsarbeiten vorzunehmen. Die Erkenntnisse der vorliegenden Untersuchung können dafür wertvolle Grundlagen liefern. Einige zentrale Ergebnisse dieses Kapitels werden nachfolgend zusammenfassend erläutert, eine weiterführende Diskussion und Interpretation ist in Kapitel 11 zu finden.

Wie die Lehrpersonen der vorliegenden Stichprobe ihre eigene Reflexionspraxis beurteilen, hängt in mehreren Bereichen mit der Wahrnehmung der kollegialen Reflexionspraxis zusammen. Diejenigen Lehrpersonen der Stichprobe, die eine positive kollegiale Reflexionspraxis erfahren, reflektieren selber häufiger über Unterricht. Die befragten Junglehrpersonen, die eine positive kollegiale Reflexionspraxis erleben, äusserten zudem weniger den Wunsch, häufiger über Unterricht reflektieren zu wollen. Beide Zusammenhänge sind auf dem 1%-Niveau statistisch signifikant.

Geprüft wurde zudem, ob und inwiefern das Reflexionsverhalten der Lehrpersonen, das durch das Stimulated Recall Interview erfasst wurde, mit der Qualität

des Unterrichts, gemessen durch das Rating der ExpertInnen, und dem Planungs-
wissen der befragten Lehrpersonen zusammenhängt. Für die Qualität des
Unterrichts ist eine signifikante Korrelation auf dem 5%-Niveau vorhanden, für das
Planungswissen waren hingegen keine statistisch signifikanten Zusammenhänge zu
finden. Auf der Grundlage der vorliegenden Resultate gibt es demgemäss kaum
Zusammenhänge zwischen der Reflexion und der Qualität des Unterrichts bzw.
dem Planungswissen. Ein Grund für das Fehlen von statistisch bedeutsamen
Zusammenhängen könnte jedoch in der kleinen Stichprobengrösse liegen. Es ist
deshalb sehr wichtig, in diesem Bereich weitere Forschungsarbeiten vorzunehmen.
Im Rahmen der vorliegenden Arbeit wurden bereits ergänzende Analysen
durchgeführt, die im Kapitel 9.4 vorgestellt werden.

Verschiedene Korrelationen konnten in der vorliegenden Stichprobe zwischen
der Reflexion der Lehrpersonen und ihren Persönlichkeitsmerkmalen gefunden
werden. Dies bedeutet, dass das Reflexionsverhalten der befragten Lehrpersonen in
unterschiedlichen Bereichen mit Merkmalen ihrer Persönlichkeit zusammenhängt.
Allerdings sind die gefundenen Ergebnisse teilweise schwer zu interpretieren. Auf
Grund dessen wurden diese Resultate nochmals spezifisch analysiert, um zu prüfen,
ob der Grund für die engen Beziehungen nicht in der Kombination der geringen
Fallzahl mit eingeschränkten Varianzen zu suchen ist. Es konnte dafür jedoch keine
Bestätigung gefunden werden. Auch in diesem Bereich wäre es deshalb sehr
aufschlussreich, überprüfende und weiterführende Untersuchungen vorzunehmen.
Im Kapitel 11.1.3.3 werden die Ergebnisse ausführlich diskutiert und interpretiert.

Aufgefallen ist bei der Analyse ausserdem, dass unterschiedliche Zusammenhänge zwischen den durch die Auswertung der Stimulated Recall Interviews
erfassten Aspekte der Reflexion vorhanden sind. Der Aufbau der Inhalte einer
Reflexion scheint demgemäss bestimmten Kriterien zu folgen und sich nicht
zufällig zu ereignen. Diese Erkenntnis kann hilfreich für die Förderung und
Entwicklung von Reflexion in der Aus- und Weiterbildung von Lehrpersonen sein.

9.3   Zusammenhänge zwischen der Selbstreflexion der Lehrpersonen im Reflexionsbogen (schriftlich) und ihrer Reflexion des Unterrichts im Stimulated Recall Interview (mündlich)

In diesem Kapitel wird darauf eingegangen, ob Zusammenhänge zwischen den
Aussagen der Lehrpersonen, die mit dem Instrument (1) Reflexionsbogen, und jenen, die mit dem Instrument (2) Stimulated Recall Interview (Teil 1) erhoben wurden, bestehen. Es werden damit Antworten gegeben auf die in Kapitel 6 formulierte
Fragestellung (4.3): *Schriftliche Selbstreflexion – mündliche Selbstreflexion*:

Welche Zusammenhänge bestehen zwischen der Selbstreflexion der Lehrpersonen im Reflexionsbogen (schriftlich) und ihrer Reflexion des Unterrichts im Stimulated Recall Interview (mündlich)?

Auch in diesem Bereich sind bislang keine Ergebnisse bekannt, weshalb auch die Analysen, die in diesem Kapitel dargestellt werden, explorativen Charakter haben. Wie in Kapitel 9.2 wurden auf Grund dieser Vorgehensweise und der zusätzlich kleinen Stichprobe wiederum nichtparametrische Verfahren mit Berücksichtigung von exakten Fehlerwahrscheinlichkeiten durchgeführt und das Signifikanzniveau wurde auf 1% verschärft. Es werden jedoch auch hier Resultate auf dem 5%-Fehlerniveau berichtet, da sie für weitere Untersuchungen interessant sind (vgl. auch Kapitel 7.5). Zur besseren Anschaulichkeit werden die Signifikanzen durchwegs als Zahlenwerte aufgeführt.

9.3.1 Zusammenhänge zwischen schriftlicher und mündlicher Selbstreflexion

Um zu untersuchen, ob Zusammenhänge zwischen der schriftlichen und der mündlichen Reflexion von Unterricht bestehen, wurden die Daten des Reflexionsbogens und jene aus dem Stimulated Recall Interview korreliert. Es konnten dabei einige Zusammenhänge festgestellt werden, die sich insbesondere bei den erfahrenen Lehrpersonen der Stichprobe finden. Die Darstellung der Resultate richtet sich nach der inhaltlichen Gliederung des Auswertungsmanuales für die Stimulated Recall Interviews (vgl. Kapitel 7.3.3.5 und 7.3.3.6).

Die Tabelle 27 gibt einen Überblick über die Anzahl untersuchter Zusammenhänge und die gefundenen Korrelationen.

Tabelle 27: Untersuchte Zusammenhänge zwischen schriftlicher und mündlicher Reflexion des Unterrichts

(1) Reflexionsbogen Lehrperson: Items 20–24 und Gesamteinschätzung (Mittelwert der Items 4–18)	2a) Stimulated Recall Interview (Teil 1) *getestete Beziehungen: 6x20=120* *davon ist 1 Korrelation auf dem 1%-Niveau und* *5 auf dem 5%-Niveau signifikant*

Diejenigen erfahrenen Lehrpersonen der Stichprobe, die quantitativ ausführlicher reflektieren, stehen der Reflexion positiver gegenüber: Positive Zusammenhänge auf dem 5%-Niveau bestehen bei den befragten erfahrenen Lehrpersonen zwischen der Anzahl der Wörter, die im Stimulated Recall Interview geäussert wurden, und der Aussage „Unterricht wird in meinem Kollegium häufig reflektiert" (Item 21 im Reflexionsbogen Lehrperson) sowie der Aussage „Selbstreflexion von Unterricht hilft, den eigenen Unterricht zu verbessern" (Item 24 im Reflexionsbogen Lehrperson) (Kendalls Tau: n=6, Tau_c=.815, p=.044 / n=6, Tau_c=.917, p=.033).

Erfahrene Lehrpersonen der Stichprobe, die vermehrt erklärend/erläuternde Reflexionsbeiträge machen, beurteilen den eigenen Unterricht schlechter: Einen negativen Zusammenhang auf dem 5%-Niveau gibt es bei den erfahrenen Lehrpersonen der Stichprobe zwischen der Anzahl der erklärend/erläuternden Aussagen und der Selbstbeurteilung im Reflexionsbogen. Erfahrene Lehrpersonen, die vermehrt erklärend/erläuternde Aussagen machen, beurteilten sich selber im Reflexionsbogen schlechter (Kendalls Tau: n=6, Tau_c=-.867, p=.017).

Die Aussagen in der Reflexion zu den SchülerInnen korrelieren mit der Wahrnehmung der befragten Junglehrpersonen zur Anwesenheit der Kamera: Bei den befragten Junglehrpersonen ist eine Korrelation auf dem 5%-Signifikanzniveau vorhanden: diejenigen jungen Lehrpersonen, die in ihrer Reflexion des Unterrichts vermehrt Aussagen zu den Schülerinnen und Schülern machen, sind eher der Meinung, dass der Unterricht durch die Anwesenheit der Kamera beeinflusst wurde (Item 19 im Reflexionsbogen Lehrperson) (Kendalls Tau: n=6, Tau_c=.917, p=.017).

Die persönliche Wahrnehmung der Qualität des Unterrichts hängt bei den befragten erfahrenen Lehrpersonen mit dem Nennen von Handlungsalternativen zusammen: Eine weitere Korrelation, die auf dem 5%-Niveau signifikant ist, besteht bei den erfahrenen Lehrperson: Erfahrene Lehrpersonen der Stichprobe, die in ihrer Reflexion des Unterrichts keine Handlungsalternativen nennen, beurteilen ihren eigenen Unterricht im Reflexionsbogen schlechter (Kendalls Tau: n=6, Tau_c=-.867, p=.017). Erfahrene Lehrpersonen der Stichprobe hingegen, die vermehrt elaborierte Handlungsalternativen äussern, beurteilen ihren Unterricht massgeblich (auf dem 1%-Signifikanzniveau) besser (Kendalls Tau: n=6, Tau_c=.972, p=.006).

In Tabelle 28 sind die statistischen Kennwerte für die genannten Korrelationen wiedergegeben.

Tabelle 28: Signifikante Korrelationen zwischen Aussagen der Lehrpersonen im Stimulated Recall Interview und im Reflexionsbogen (Items 19–24)

	n	Tau$_b$	p $_{exakt}$
Junglehrpersonen			
Korrelation zwischen Anzahl Reflexionsaussagen zu „SchülerInnen" *und* Item 19: „Der Unterricht wurde durch die Anwesenheit der Kamera beeinflusst"	6	.917	.017
Erfahrene Lehrpersonen			
Korrelation zwischen Anzahl Wörter in der Reflexion *und* Item 21:„Unterricht wird in meinem Kollegium häufig reflektiert"	6	.815	.044
Korrelation zwischen Anzahl Wörter in der Reflexion *und* Item 24: „Selbstreflexion von Unterricht hilft, den eigenen Unterricht zu verbessern"	6	.917	.033
Korrelation zwischen Anzahl Reflexionsaussagen zu „Erklärung/Erläuterung" *und* Selbstbeurteilung im Reflexionsbogen	6	-.867	.017
Korrelation zwischen Reflexionsaussagen der LP, in denen „Keine Handlungsalternative" genannt *und* Selbstbeurteilung der Qualität des Unterrichts im Reflexionsbogen	6	-.867	.017
Korrelation zwischen Reflexionsaussagen der LP, in denen „Handlungsalternativen elaboriert" genannt *und* Selbstbeurteilung der Qualität des Unterrichts im Reflexionsbogen	6	.972	.006

9.3.2 Kurze Zusammenfassung der zentralen Ergebnisse in Bezug auf die Fragestellungen

Zusammenfassend lässt sich zur im Kapitel 6 gestellten Frage *(4.3) schriftliche Selbstreflexion – mündliche Selbstreflexion* Folgendes sagen: Die Ergebnisse zeigen, dass zwischen der schriftlichen Selbsteinschätzung im Reflexionsbogen und der mündlichen Reflexion fünf Zusammenhänge auf dem 5%-Signifikanzniveau bestehen, ein Zusammenhang bei den erfahrenen Lehrpersonen der Stichprobe ist auf dem 1%-Niveau signifikant. Beachtet werden muss dabei, dass insgesamt eine grosse Anzahl an Beziehungen getestet wurde und die dabei gefundenen Korrelationen fast ausschliesslich auf dem 5%-Niveau sind. Die Ergebnisse sind deshalb sehr vorsichtig zu interpretieren und sollten mit einer grösseren und belastbareren Stichprobe weiter untersucht werden. Für solche weiterführenden Untersuchungen können die Ergebnisse jedoch interessante Hinweise geben.

So konnte festgestellt werden, dass bei den erfahrenen Lehrpersonen der vorliegenden Stichprobe ein positiver Zusammenhang zwischen der Anzahl Wörter in der mündlichen Reflexion des Unterrichts und der Beurteilung der kollegialen Reflexionspraxis sowie der Einschätzung der Selbstreflexion im Reflexionsbogen besteht. Dies bedeutet, dass diejenigen erfahrenen Lehrpersonen der Stichprobe, die

die (kollegiale) Reflexion positiver beurteilen, längere Reflexionsbeiträge äussern. Es bestehen zudem Zusammenhänge zwischen der Selbstbeurteilung der Qualität des Unterrichts im Reflexionsbogen und den Aussagen in der mündlichen Reflexion. Ein Zusammenhang auf dem 1%-Niveau soll hier erwähnt werden: diejenigen erfahrenen Lehrpersonen, die die Qualität ihres Unterricht im Reflexionsbogen besser beurteilt haben, haben vermehrt elaborierte Handlungsalternativen formuliert. Eine ausführlichere Diskussion und Interpretation der Ergebnisse folgt in Kapitel 11.

9.4 Unterschiede zwischen Lehrpersonen mit hoher Unterrichtsqualität und Lehrpersonen mit niedrigerer Unterrichtsqualität im Bereich der Reflexion, des Planungswissens und Variablen ihrer Persönlichkeit

Durch das Rating der videografierten Unterrichtsstunden wurde die Qualität des Unterrichts beurteilt (vgl. Kapitel 7.3.4.2). Von Interesse ist, ob und inwiefern sich junge Lehrpersonen mit einer guten Beurteilung der Unterrichtsstunde und Junglehrpersonen, bei denen sich die Qualität ihres Unterrichts im ersten Berufsjahr positiv verändert, von Lehrpersonen mit weniger guter Beurteilung bzw. Veränderung der Unterrichtsqualität im ersten Berufsjahr unterscheiden. Es werden damit Antworten gegeben auf die in Kapitel 6 formulierte Fragestellung *(4.4) Hohe und niedrige Unterrichtsqualität – Reflexion, Planungswissen und Persönlichkeit*: Bestehen Unterschiede zwischen Lehrpersonen mit hoher Unterrichtsqualität und Lehrpersonen mit niedrigerer Unterrichtsqualität in Bezug auf die Reflexion, das Planungswissen und Merkmale ihrer Persönlichkeit?

Für die in diesem Kapitel vorgenommenen Gruppenvergleiche konnten in der vorliegenden Stichprobe keine statistisch signifikanten Unterschiede gefunden werden. Nachfolgend werden trotzdem einige Erkenntnisse berichtet, die für weiterführende Forschungsprojekte bzw. die Generierung von Forschungshypothesen von Interesse sein könnten.

9.4.1 Unterschiede zwischen jungen Lehrpersonen mit hoher Unterrichtsqualität und mit niedriger Unterrichtsqualität bezüglich Reflexion, Planungswissen und Persönlichkeitsmerkmalen

Um den angestrebten Gruppenvergleich zwischen den Lehrpersonengruppen mit hoher und mit niedriger Unterrichtsqualität vornehmen zu können, wurden die Junglehrpersonen der Stichprobe auf Grund der durch das Rating erfassten Unterrichtsqualität zum Messzeitpunkt 2 in drei Gruppen aufgeteilt. Die Gruppe mit der höchsten Unterrichtsqualität zum Messzeitpunkt 2 (n=6) wurde mit derjenigen mit der niedrigsten Beurteilung (n=8) verglichen. Zur Berechnung allfälliger Unterschiede zwischen den Gruppen wurde der Mann Whitney U-Test verwendet. Wie oben bereits erwähnt konnten keine statistisch signifikanten Unterschiede zwischen den Junglehrpersonen der Stichprobe, die besser unterrichten, und denjenigen mit geringerer Unterrichtsqualität gefunden werden. Die Resultate können jedoch Hinweise darauf geben, welche Bedingungen förderlich bzw. hinderlich für die Qualität des Unterrichts sein können. Es sollen hier deshalb die wichtigsten Ergebnisse berichtet werden; auf eine grafische Darstellung der Resultate wird verzichtet.

Vergleich zwischen den befragten Personengruppen mit hoher und mit niedriger Unterrichtsqualität in Bezug auf die SchülerInnenbeurteilung und die Selbstbeurteilung der Lehrpersonen im Reflexionsbogen: Direkt nach der videografierten Unterrichtslektion füllten die Schülerinnen und Schüler der befragten Lehrpersonen wie auch die Lehrpersonen selber einen Fragebogen aus. Der Fragebogen für die Schülerinnen und Schüler beinhaltet 17 Items zur Beurteilung der Unterrichtsstunde (vgl. Kapitel 7.3.5), der Fragebogen für die Lehrperson umfasst 19 Items zur Reflexion der eigenen Unterrichtsstunde, wobei das letzte Item auf die Anwesenheit der Kamera eingeht. Fünf weitere Items betreffen die persönliche Reflexionspraxis (vgl. Kapitel 7.3.2).

Gemäss den Gruppenvergleichen haben die Junglehrpersonen der Stichprobe mit einer besseren Unterrichtsqualität (gemessen durch das Rating) ihren eigenen Unterricht im Reflexionsbogen tendenziell besser beurteilt und auch die Schülerinnen und Schüler geben den Junglehrpersonen der Stichprobe mit höherem Rating eine etwas bessere Beurteilung ab. Die Junglehrpersonen der Stichprobe mit tieferem Rating scheinen sich durch die Anwesenheit der Kamera eher gestört zu fühlen. Sie sind aber eher der Meinung, dass Selbstreflexion von Unterricht hilft, den eigenen Unterricht zu verbessern. Interessanterweise sind die befragten Junglehrpersonen mit einer besseren Unterrichtsqualität etwas häufiger der Meinung, dass in ihrem Lehrerkollegium gemeinsam über Unterricht reflektiert wird und sehen eher einen Nutzen von Unterrichtsvideos für die Reflexion. Bei den Items 20 des Reflexionsbogens „Ich reflektiere meinen Unterricht bewusst und regelmässig selber" und 22 „Ich würde gerne häufiger über Unterricht reflektieren" sind die Werte der beiden Gruppen sehr ähnlich (vgl. dazu Tabelle A9 im Anhang 2).

Vergleich zwischen den befragten Personengruppen mit hoher und mit niedriger Unterrichtsqualität in Bezug auf Gesichtspunkte der Reflexion der Lehrpersonen im Stimulated Recall Interview: Im Stimulated Recall Interview reflektierten die

Lehrpersonen ihren eigenen Unterricht. Die Aussagen wurden auf unterschiedliche Aspekte hin untersucht und mit verschiedenen Kodes belegt (vgl. Kapitel 7.3.3). Da der Vergleich der Daten der Lehrpersonengruppen aus dem Stimulated Recall Interview auf einer sehr kleinen Datenbasis beruht (da das Stimulated Recall Interview nur mit einer Auswahl von 6 Junglehrpersonen durchgeführt wurde, reduziert sich die Datenlage beim angestrebten Gruppenvergleich auf n=2) sind diese Ergebnisse äusserst vorsichtig zu interpretieren.

Diejenigen Junglehrpersonen der Stichprobe, deren Unterrichtsstunde durch das Rating besser beurteilt wurde, machten eher erklärend/erläuternde Aussagen und äusserten sich zur Lehrperson selber, während Junglehrpersonen mit schlechterem Rating mehr Aussagen zu Inhalt und Didaktik sowie zu den Schülerinnen und Schülern formulierten. Die Unterschiede in diesen Bereichen sind allerdings marginal. Etwas grösser fällt der Unterschied bei der Beurteilung des eigenen Unterrichts und des Verhaltens von am Unterricht beteiligten Personen aus. Diejenigen Junglehrpersonen der Stichprobe mit gutem Rating stellen ihren Unterricht und das Verhalten von Personen tendenziell positiver dar und nennen ausserdem weniger Handlungsalternativen als Junglehrpersonen mit niedrigeren Ratingwerten, die dafür etwas mehr Aussagen mit negativem bzw. kritischem Charakter formulieren sowie tendenziell mehr elaborierte Handlungsalternativen beschreiben. Ein weiterer, nicht generalisierbarer Unterschied kann schliesslich bei der Form der Aussagen gefunden werden. Die befragten Junglehrpersonen mit geringerer Unterrichtsqualität äussern sich in der Reflexion vermehrt rein deskriptiv, wohingegen die Junglehrpersonen mit besserer Unterrichtsqualität eher Aussagen in Form von „persönlichen Erläuterungen/Erklärungen" machten.

Die Aussagen der Junglehrpersonen im Stimulated Recall Interview wurden ausserdem darauf hin untersucht, welche Aspekte der Unterrichtsqualität sie in ihren Reflexionen erwähnen. Insgesamt sind 15 Kodes zur Erfassung solcher Inhalte vorgesehen. Der Vergleich der beiden Personengruppen zeigt, dass die befragten Junglehrpersonen mit höheren Ratingwerten tendenziell ein breiteres Spektrum an Unterrichtsmerkmalen ansprechen.

Vergleich zwischen den befragten Personengruppen mit hoher und mit niedriger Unterrichtsqualität in Bezug auf das Planungswissen, das durch den Vignetten-Test erhoben wurde: Im Vignetten-Test schlossen die Lehrpersonen mit höheren Beurteilungen ihres Unterrichts im Rating insgesamt etwas besser ab. Sie erzielten in zwei der vier untersuchten Dimensionen, in den Dimensionen Didaktik und Diagnostik, tendenziell höhere Punktzahlen (vgl. dazu Tabelle A10 im Anhang 2).

Vergleich zwischen den befragten Personengruppen mit hoher und mit niedriger Unterrichtsqualität in Bezug auf Persönlichkeitsmerkmale (Fragebogen NEO-FFI): Ein Vergleich der beiden Gruppen der Persönlichkeitsmerkmale, die mit dem Fragebogen NEO-FFI erfasst wurden, ergibt lediglich kleine, in allen Bereichen nicht signifikante Unterschiede. Diese weisen jedoch darauf hin, dass Lehrpersonen mit höheren Beurteilungen ihres Unterrichts im Rating tendenziell auch etwas höhere Werte bei den Persönlichkeitsmerkmalen Extraversion und Offenheit aufweisen. Demgegenüber sind die Werte der Lehrpersonen mit tieferem Rating tendenziell etwas höher in Bezug auf die Persönlichkeitsmerkmale Neurotizismus, Verträglichkeit und Gewissenhaftigkeit (vgl. dazu Tabelle A11 im Anhang 2).

9.4.2 Unterschiede zwischen Lehrpersonen mit positiver und mit negativer Veränderung der Unterrichtsqualität im ersten Berufsjahr bezüglich Reflexion, Planungswissen und Persönlichkeit

Ein wichtiger Aspekt der Reflexion im Lehrberuf ist die Weiterentwicklung und Verbesserung des eigenen Unterrichts (vgl. Kapitel 4.3). Da die Datenerhebung mit den Junglehrpersonen zu zwei Messzeitpunkten, zu Beginn (t_1) und am Ende (t_2) des ersten Berufsjahres, durchgeführt wurde, kann der Vergleich der Daten zu t_1 und zu t_2 allfällige Veränderungen im unterrichtlichen Verhalten der Lehrpersonen aufzeigen.

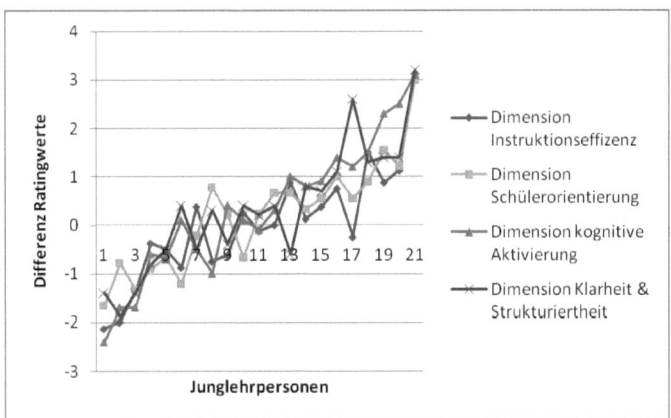

Abb. 40: Differenzwerte zwischen Messzeitpunkt 1 und Messzeitpunkt 2 der Ratings der Unterrichtslektionen der Junglehrpersonen (N=21) angeordnet nach der Differenz der Ratingwerte

Die Auswertung ergab beachtliche Unterschiede bei den 21 Junglehrpersonen, wobei grundsätzlich drei Gruppen unterschieden werden können. Ein Drittel der befragten Junglehrpersonen (n=7) unterrichtete gemäss Beurteilung im Rating durch ExpertInnen zum zweiten Messzeitpunkt besser, ein Drittel (n=7) hat zum zweiten Messzeitpunkt ungefähr die gleiche Qualität des Unterrichts erreicht wie im ersten, und bei einem Drittel (n=7) verschlechterte sich die Qualität des Unterrichts vom ersten zum zweiten Messzeitpunkt (vgl. Abb. 40).

Interessant ist, dass sich die Beurteilungen der einzelnen Lehrpersonen in allen vier Dimensionen der durch das Rating erfassten Unterrichtsqualität in die gleiche Richtung bewegen. Das bedeutet, dass sich die Mehrheit der befragten Junglehrpersonen im ersten Berufsjahr entweder in allen vier Dimensionen eher verbessern oder sich eher verschlechtern. Der Effekt ist hochsignifikant (vgl. Tabelle 29).

Tabelle 29: Korrelationen der Differenzwerte der Beurteilung der Unterrichtsqualität (Rating) von t_1 zu t_2 der Junglehrpersonen (N=21)

	Dimension Instruktionseffizienz	Dimension Schülerorientierung	Dimension kognitive Aktivierung	Dimension Klarheit & Strukturiertheit
Dimension Instruktionseffizienz	–	.628**	.727**	.532**
Dimension Schülerorientierung		–	.711**	.603**
Dimension kognitive Aktivierung			–	.711**
Dimension Klarheit & Strukturiertheit				–

(**$p < .01$)

Für den angestrebten Gruppenvergleich wurden die Gruppe mit der grössten Verbesserung der Ratingwerte von t_1 zu t_2 (n=7) mit der Gruppe verglichen, die einen Rückgang der Ratingwerte vom Anfang zum Ende des ersten Berufsjahres aufweist (n=7). Der Gruppenvergleich wurde mit den Daten aus dem zweiten Messzeitpunkt durchgeführt, da das Verhalten und Befinden am Ende des ersten Berufsjahres eher im Zusammenhang mit dem Entwicklungsverlauf der gemessenen Unterrichtsqualität stehen könnte als das zu Beginn des ersten Berufsjahres der Fall ist. Zur Berechnung allfälliger Unterschiede zwischen den Personengruppen wurde der Mann Whitney U-Test eingesetzt. Auch für diese Vergleiche konnten insgesamt keine statistisch signifikanten Unterschiede gefunden werden. Die Resultate können aber trotzdem Hinweise darauf geben, welche Bedingungen förderlich bzw. hinderlich für eine positive Entwicklung des Unterrichts sein könnten. Es sollen deshalb die wichtigsten Ergebnisse berichtet werden, wobei auch in diesem Kapitel auf die grafische Darstellung der Resultate verzichtet wird.

Vergleich der befragten Personengruppen mit positiver und mit negativer Veränderung der Unterrichtsqualität im ersten Berufsjahr in Bezug auf die SchülerInnenbeurteilung und die Selbstbeurteilung der Lehrpersonen im Reflexionsbogen: Diejenigen Junglehrpersonen der Stichprobe, die eine positive Veränderung der Unterrichtsqualität aufzeigen, beurteilen ihren Unterricht im Reflexionsbogen insgesamt etwas besser als dies Junglehrpersonen tun, die eine negative Veränderung aufweisen. Interessant ist, dass diejenigen Junglehrpersonen der Stichprobe, bei denen eine positive Veränderung des Unterrichts im ersten Berufsjahr festgestellt werden kann, das Reflexionsverhalten insgesamt etwas positiver beurteilen. In vier der fünf Items, die im Reflexionsbogen dazu enthalten sind, sind die Einschätzungen tendenziell höher. Bei der Beurteilung durch die Schülerinnen und Schüler können hingegen nur sehr geringe Unterschiede erkannt werden (vgl. dazu Tabelle A12 im Anhang 2).

Vergleich der befragten Personengruppen mit positiver und mit negativer Veränderung der Unterrichtsqualität im ersten Berufsjahr in Bezug auf Gesichtspunkte der Reflexion der Lehrpersonen im Stimulated Recall Interview: Da der Vergleich der Daten der Personengruppen aus dem Stimulated Recall Interview auf einer sehr kleinen Datenbasis beruht (da das Stimulated Recall Interview nur mit einer Auswahl von 6 Junglehrpersonen durchgeführt wurde, reduziert sich die Datenlage beim angestrebten Gruppenvergleich auf n=2) sind die Ergebnisse äusserst vorsichtig zu interpretieren; es werden lediglich die wichtigsten Erkenntnisse berichtet. Im Stimulated Recall Interview äussern die Junglehrpersonen mit positiver Veränderung der Unterrichtsqualität rund einen Viertel mehr Wörter und formulieren fast 10% mehr Bedeutungseinheiten. Ihre Aussagen machen sie eher in Form einer „Erklärung/Erläuterung". Wie auch im Reflexionsbogen beurteilen sie ihren Unterricht und das Verhalten von am Unterricht beteiligten Personen etwas besser, im Fokus der Aussage stehen eher die Lehrperson als die Schülerinnen und Schüler. Im Vergleich zu den Junglehrpersonen mit einer negativen Veränderung der Unterrichtsqualität nennen Junglehrpersonen mit positiver Veränderung der Unterrichtsqualität eher Handlungsalternativen, die Aussagen erfolgen aber vermehrt in Form einer „Deskription". Junglehrpersonen mit positiver Veränderung thematisieren in ihren Reflexionsbeiträgen ausserdem eine etwas grössere Anzahl von Aspekten der Unterrichtsqualität.

Vergleich der befragtem Personengruppen mit positiver und mit negativer Veränderung der Unterrichtsqualität im ersten Berufsjahr in Bezug auf das Planungswissen, das durch den Vignetten-Test erhoben wurde: Die Auswertung der Aussagen zu den Vignetten zeigt, dass die befragten Junglehrpersonen mit positiver Veränderung der Unterrichtsqualität im ersten Berufsjahr in drei der vier gemessenen Dimensionen tendenziell höhere Werte erreichen als die Junglehrpersonen mit negativer Veränderung; damit erlangen sie auch eine etwas höhere Gesamtpunktzahl. Lediglich bei der Dimension Didaktik erzielen die befragten Junglehrpersonen mit negativer Veränderung der Unterrichtsqualität eine etwas höhere Punktzahl (vgl. dazu Tabelle A13 im Anhang 2).

Vergleich der befragten Personengruppen mit positiver und mit negativer Veränderung der Unterrichtsqualität in Bezug auf Persönlichkeitsmerkmale (Fragebogen NEO-FFI): Auch bei den Persönlichkeitsmerkmalen können leichte, nicht generalisierbare Unterschiede zwischen den beiden Personengruppen festgestellt werden. Diejenigen Junglehrpersonen mit einer positiven Veränderung der Unterrichtsqualität im ersten Berufsjahr weisen tendenziell höhere Werte in den Skalen „Neurotizismus" und „Offenheit für Erfahrung" auf, diejenigen Junglehrpersonen der Stichprobe mit negativen Veränderung haben dafür etwas höhere Werte bei der Skala „Gewissenhaftigkeit" (vgl. dazu Tabelle A14 im Anhang 2).

9.4.3 Kurze Zusammenfassung der zentralen Ergebnisse in Bezug auf die Fragestellungen

In diesem Kapitel wurde nach Unterschieden zwischen Lehrpersonen gesucht, die sich bezüglich der Unterrichtsqualität unterscheiden. Die Ergebnisse geben Antworten auf die in Kapitel 6 formulierte Fragestellung *(4.4) Hohe und niedrige Unterrichtsqualität – Reflexion, Planungswissen und Persönlichkeit*. Für diese Fragestellung konnten in der vorliegenden Stichprobe keine statistisch signifikanten Ergebnisse gefunden werden. Trotzdem können die Ergebnisse Hinweise darüber geben, welche Bedingungen förderlich bzw. hinderlich für das Erreichen einer guten Unterrichtsqualität sein könnten.

Für Junglehrpersonen der Stichprobe, die einen guten Unterricht zeigten, konnten durch die Analyse folgende Merkmale gefunden werden: Die Junglehrpersonen beurteilen die kollegiale Reflexionspraxis eher positiv und sind auch eher der Meinung, dass gefilmte Unterrichtslektionen hilfreich für die Reflexion sein können. Sie weisen zudem etwas höhere Werte in der Dimension Didaktik und Diagnostik bei der Planung von Unterricht auf (Vignetten-Test) und haben tendenziell höhere Werte in der Skala „Extraversion" und „Offenheit für Erfahrung" im Persönlichkeitsfragebogen NEO-FFI.

Für diejenigen Junglehrpersonen der Stichprobe, die eine positive Veränderung ihrer Unterrichtsqualität im ersten Berufsjahr aufweisen, konnten durch die Analyse folgende Merkmale gefunden werden: Die Lehrpersonen sind gegenüber der Reflexion grundsätzlich etwas positiver eingestellt, sie weisen tendenziell höhere Werte in den Dimensionen Diagnostik, Klassenführung und Sachkompetenz bei der Planung von Unterricht auf (Vignetten-Test) und haben etwas höhere Werte in der Skala „Neurotizismus" und „Offenheit für Erfahrung" im Persönlichkeitsfragebogen NEO-FFI.

Mit Berücksichtigung dessen, dass die Ergebnisse statistisch nicht belegt sind und eine kleine, anfallende Stichprobe vorliegt, müssen die hier berichteten Resultate sehr vorsichtig interpretiert werden. Auf Grund der dargestellten Ergebnisse kann für die vorliegende Stichprobe zusammenfassend folgende Hypothese formuliert werden: für eine gute Unterrichtsqualität und eine positive Entwicklung der Unterrichtsqualität scheint entscheidend zu sein, dass die Lehrperson eine positive Einstellung gegenüber der Reflexion hat und individuell sowie insbesondere mit Kolleginnen und Kollegen Unterricht reflektiert, dass sie bei der Planung des Unterrichts diagnostische Kenntnisse zeigt und offen für Erfahrung ist. Diese Hypothese an einer anderen, belastbareren Stichprobe weiter zu untersuchen und zu überprüfen wäre sehr aufschlussreich.

9.5 Zusammenfassung der Resultate der Datentriangulation

In diesem Kapitel wurde geprüft, ob und inwiefern die Daten aus den unterschiedlichen Instrumenten miteinander in Verbindung stehen. Es interessierte hierbei insbesondere, ob Zusammenhänge zwischen dem Reflexionsverhalten der befragten Lehrpersonen und den weiteren Daten gefunden werden können. Die dargestellten Ergebnisse geben Antwort auf die in Kapitel 6 formulierte Fragestellung 4 und ihre Unterfragen.

(4.1) Eigen- und Fremdbeurteilung des Unterrichts: Stimmen die Eigenbeurteilung des Unterrichts der Lehrpersonen mit der Fremdbeurteilung der SchülerInnen und der externen Beurteilung durch ExpertInnen überein? (vgl. Kapitel 9.1)
Die Schülerinnen und Schüler der Stichprobe sind bei der Beurteilung des Unterrichts ihrer Lehrpersonen am wenigsten kritisch, die Werte liegen im Vergleich zu den Selbstbeurteilungen der befragten Lehrpersonen und der Fremdbeurteilung durch das Rating am höchsten, wobei die erfahrenen Lehrpersonen die tiefste Beurteilung erhalten. Die Fremdbeurteilung durch das Rating liegt

insgesamt am tiefsten, wobei die erfahrenen Lehrpersonen der Stichprobe die höchsten Werte erzielten. Interessant scheint die Veränderung bei den befragten Junglehrpersonen zwischen Messzeitpunkt 1 und 2. Der Unterricht der Jung-lehrpersonen der Stichprobe wurde durch das Rating zu t_2 besser beurteilt als zu t_1, womit eine Verbesserung des Unterrichts festgestellt werden kann. Die Selbst-beurteilung der Lehrpersonen wie auch die Einschätzungen der Schülerinnen und Schüler verlaufen konträr dazu, indem beide Gruppen den Unterricht zum Messzeitpunkt 2 schlechter beurteilen. Insgesamt fallen die Beurteilungen der drei Personengruppen (Lehrpersonen selber, ihre SchülerInnen und aussenstehende Ex-pertInnen) bei den erfahrenen Lehrpersonen homogener aus als bei den Junglehrpersonen zum Messzeitpunkt 2. Die Berechnung einer Interrater-Reliabilität hat jedoch gezeigt, dass die Alpha-Werte für alle Personengruppen ungenügend ausfallen und die Beurteilungen der drei Gruppen damit insgesamt schlecht übereinstimmen.

Die Einschätzungen der befragten Lehrpersonen zur Organisation und zur Kommunikation des eigenen Unterrichts weichen teilweise deutlich von der effektiven Unterrichtsgestaltung ab. Insbesondere die Beurteilung darüber, wer im Unterricht wieviel Sprechzeit einnimmt, bereitet den befragten Lehrpersonen Mühe. Mit ihren Einschätzungen liegen sie durchschnittlich rund 20% neben den durch die Kodierung gemessenen Zeiten. Allerdings kann bei den Junglehrpersonen der Stichprobe von Messzeitpunkt 1 zu Messzeitpunkt 2 tendenziell eine Verbesserung festgestellt werden, die befragten erfahrenen Lehrpersonen können ihren Unterricht insgesamt etwas adäquater einschätzen als die befragten Jung-lehrpersonen.

(4.2) *Reflexion – unterrichtliches Planungswissen – Persönlichkeit – Fremd-beurteilung des Unterrichts: Welche Zusammenhänge bestehen zwischen dem Reflexionsverhalten der Lehrperson, ihrem Planungswissen, Variablen ihrer Persönlichkeit und der Art und der Qualität ihres Unterrichts? (vgl. Kapitel 9.2)*
Zusammenhänge in Bezug auf die Selbstbeurteilung des Reflexionsverhaltens: Im Reflexionsbogen haben die Lehrpersonen auch mehrere Fragen zu ihrem Reflexionsverhalten beantwortet. Dabei können in der vorliegenden Stichprobe je zwei signifikante Korrelationen auf dem 1%-Niveau und auf dem 5%-Niveau festgestellt werden. Sowohl die jungen wie auch die erfahrenen Lehrpersonen der Stichprobe, die von sich aussagen, dass sie ihren Unterricht bewusst und regelmässig selber reflektieren, erfahren auch häufiger kollegiale Reflexion in ihrem Lehrerkollegium. Wenn in den Augen der befragten Junglehrpersonen im Kollegium bereits eine aktive Reflexionspraxis vorhanden ist, besteht weniger Bedürfnis nach vermehrter Reflexion (für die Junglehrpersonen beide Korrelatio-

nen auf dem 1%-Signifikanzniveau). Und diejenigen Junglehrpersonen der Stichprobe, die der Meinung sind, dass gefilmte Unterrichtslektionen hilfreich für die Reflexion sein können, sind auch eher der Meinung, dass Selbstreflexion von Unterricht hilft, den eigenen Unterricht zu verbessern.

Der Vergleich der Daten mit weiteren Instrumenten der Untersuchung zeigt, dass in der vorliegenden Stichprobe für verschiedene Items aus dem Reflexionsbogen auch Zusammenhänge auf dem 5%-Signifikanzniveau zum Planungswissen und zu Persönlichkeitsmerkmalen bestehen. Junge Lehrpersonen der Stichprobe, die gerne häufiger über Unterricht reflektieren würden, erreichen im Vignetten-Test höhere Punktzahlen; junge Lehrpersonen der Stichprobe, die meinen, Selbstreflexion von Unterricht helfe, den eigenen Unterricht zu verbessern, erreichen schlechtere Werte sowohl in der Gesamtpunktzahl wie auch bei der Dimension „Klassenführung". Die Selbsteinschätzung des Reflexionsverhaltens hängt in der vorliegenden Stichprobe ausserdem mit Persönlichkeitsmerkmalen, gemessen durch den NEO-FFI, zusammen. Junge Lehrpersonen, die angeben, dass sie ihren Unterricht bewusst und regelmässig selber reflektieren, weisen im Persönlichkeitsfragebogen NEO-FFI höhere Werte in der Skala „Gewissenhaftigkeit" auf. Erfahrene Lehrpersonen, die gefilmte Unterrichtslektionen als hilfreich für die Reflexion ansehen, haben höhere Werte in „Neurotizismus". Da die in diesem Abschnitt berichteten Korrelationen lediglich auf dem 5%-Niveau signifikant sind, sind sie vorsichtig zu interpretieren; sie können aber wertvolle Hinweise für die Generierung von Hypothesen und weiterführende Forschungsprojekte liefern.

Zusammenhänge in Bezug auf das mündliche Reflexionsverhalten im Stimulated Recall Interview: Im Stimulated Recall Interview reflektierten die Lehrpersonen ihren eigenen Unterricht. Die Analyse der Aussagen der Lehrpersonen gibt Auskunft über die Inhalte der Reflexionsbeiträge. Ein Vergleich mit anderen Daten der Untersuchung kann Aufschluss über allfällige Zusammenhänge des Verhaltens der Lehrpersonen geben. Bei den Berechnungen konnten zwei signifikante Korrelationen auf dem 1%-Signifikanzniveau und sechs Korrelationen auf dem 5%-Signifikanzniveau gefunden werden.

Diejenigen Lehrpersonen der Stichprobe, die einen grösseren Anteil an inhaltlichen Reflexionsbeiträgen formulieren, erzielen einen geringeren Wert im Bereich „Offenheit" des Persönlichkeitsfragebogens NEO-FFI und erfahrene Lehrpersonen, die insbesondere erklärend/erläuternde Beiträge machen, erhalten schlechtere Werte im Bereich „Verträglichkeit" im Fragebogen NEO-FFI (Korrelation auf dem 1%-Signifikanzniveau).

Bei der Selbsteinschätzung der Unterrichtselemente und des Verhaltens von Personen liegt nur ein statistisch signifikanter Zusammenhang zu weiteren Daten der Untersuchung vor. Bei den befragten Junglehrpersonen, die am Unterricht beteiligte Personen eher negativ beurteilen, ist ein grösserer Anteil der Aussagen rein deskriptiv. Eine weitere statistisch signifikante Korrelation ist in einem anderen Bereich vorhanden. Diejenigen Junglehrpersonen der Stichprobe, die vermehrt über sich selber sprechen, erhalten eine bessere Beurteilung des Unterrichts durch das Rating.

Schliesslich wurden in der vorliegenden Stichprobe auch für die Form der Reflexionsbeiträge statistisch signifikante Zusammenhänge zu anderen Daten der Untersuchung gefunden. Junge Lehrpersonen der Stichprobe, die einen höheren Anteil an persönlichen Erläuterungen aufweisen, schätzen das Verhalten von am Unterricht beteiligten Personen weniger negativ ein. Erfahrene Lehrpersonen der Stichprobe, die vermehrt keine Handlungsalternativen nennen, erreichen geringere Werte in der Skala „Verträglichkeit" im Fragebogen NEO-FFI; diejenigen, die vermehrt elaborierte Handlungsalternativen äussern, erreichen hingegen höhere Werte in dieser Skala (Korrelation auf dem 1%-Signifikanzniveau).

Der Vergleich der Daten aus dem Stimulated Recall Interview und dem Vignetten-Test gibt Aufschluss darüber, wie das Verhalten der Lehrperson bei der Planung und bei der Reflexion von Unterricht ausfällt. Dabei zeigt sich, dass für die Lehrpersonen der vorliegenden Stichprobe bei der Planung offensichtlich nicht durchwegs die gleichen Inhalte wichtig sind wie bei der Reflexion: Die Didaktik scheint sowohl bei der Planung und insbesondere bei der Reflexion von Unterricht von Bedeutung zu sein. Hingegen wurde sowohl in der Planung wie auch der Reflexion die Klassenführung gemäss den vorliegenden Resultaten kaum angesprochen. Die beiden Bereiche Diagnostik und Sachkompetenz, die in der Planung ziemlich häufig erwähnt werden, werden bei der Reflexion nur selten angesprochen.

(4.3) *Schriftliche Selbstreflexion – mündliche Selbstreflexion: Welche Zusammenhänge bestehen zwischen der Selbstreflexion der Lehrpersonen im Reflexionsbogen (schriftlich) und ihrer Reflexion des Unterrichts im Stimulated Recall Interview (mündlich)? (vgl. Kapitel 9.3)*
Zwischen den Aussagen der Lehrpersonen im Reflexionsbogen und im Stimulated Recall Interview wurden insbesondere bei den erfahrenen Lehrpersonen der Stichprobe verschiedene statistisch signifikante Zusammenhänge auf dem 5%-Signifikanzniveau erkennbar, eine Korrelation besteht ausserdem auf dem 1%-Niveau. Die Quantität der Wortmeldungen im Stimulated Recall Interview korreliert bei den erfahrenen Lehrpersonen der Stichprobe positiv mit den Aussagen im Reflexionsbogen „Unterricht wird in meinem Kollegium häufig reflektiert" und „Selbstreflexion von Unterricht hilft, den eigenen Unterricht zu verbessern". Ausserdem gibt es einen negativen Zusammenhang zwischen der

Anzahl an erklärend/erläuternden Aussagen im Stimulated Recall Interview und der Selbstbeurteilung der Unterrichtsstunde im Reflexionsbogen.

Bei den befragten jungen Lehrpersonen ist eine positive Korrelation vorhanden, die den Inhalt der Reflexion im Stimulated Recall Interview betrifft: junge Lehrpersonen der Stichprobe, die vermehrt Aussagen zu den Schülerinnen und Schülern machen, sind eher der Meinung, dass der Unterricht durch die Anwesenheit der Kamera beeinflusst wird.

Zwei weitere Korrelationen sind bei den befragten erfahrenen Lehrpersonen bei den geäusserten Vorschlägen für Handlungsalternativen zu finden. Diejenigen befragten erfahrenen Lehrpersonen, die vermehrt keine Handlungsalternativen nennen, beurteilen den eigenen Unterricht im Reflexionsbogen schlechter. Besser beurteilen sich hingegen diejenigen erfahrenen Lehrpersonen der Stichprobe, die vermehrt elaborierte Handlungsalternativen nennen (Korrelation auf dem 1%-Signifikanzniveau).

(4.4) Hohe und niedrige Unterrichtsqualität: Bestehen Unterschiede zwischen Lehrpersonen mit hoher Unterrichtsqualität und Lehrpersonen mit niedrigerer Unterrichtsqualität in Bezug auf die Reflexion, das Planungswissen und Merkmale ihrer Persönlichkeit? (vgl. Kapitel 9.4)

Anhand der Beurteilungen der Unterrichtsqualität durch ExpertInnen im Rating wurden die jungen Lehrpersonen der Stichprobe schliesslich in drei Gruppen unterteilt. Die Gruppe mit den besten Ratingwerten wurde mit der Gruppe mit den tiefsten Werten, sowie die Junglehrpersonen mit positiver Veränderung der Unterrichtsqualität im ersten Berufsjahr mit denjenigen mit negativer Veränderung verglichen. Die Gruppenvergleiche können Hinweise darauf geben, welche Aspekte der Reflexion und Planung von Unterricht sowie der Persönlichkeit Einfluss auf die Qualität des Unterrichts nehmen. Obwohl keine statistisch signifikanten Unterschiede vorliegen, ist zu erkennen, dass sich die Gruppen in verschiedenen Bereichen tendenziell voneinander unterscheiden. Die Erkenntnisse sind demgemäss nicht generalisierbar, können jedoch wertvolle Informationen für weiterführende Forschungsarbeiten und die Generierung von Hypothesen liefern.

Die befragten Junglehrpersonen, die eine geringere Qualität des Unterrichts aufweisen, teilen zum Teil andere Ansichten über die Reflexionspraxis als die befragten Junglehrpersonen mit höherer Qualität. Gemäss ihren Angaben im Reflexionsbogen sind sie tendenziell weniger davon überzeugt, dass Unterrichtsvideos hilfreich für die Reflexion sein können und erleben etwas weniger kollegiale Reflexion im Berufsalltag. Sie sind jedoch eher der Meinung, dass Selbstreflexion von Unterricht hilft, den eigenen Unterricht zu verbessern. Diejenigen Junglehrpersonen der Stichprobe mit einer positiven Veränderung der Unterrichtsqualität im ersten Berufsjahr beurteilen die Fragen zur Reflexionspraxis im Reflexionsbogen insgesamt etwas positiver als diejenigen Junglehrpersonen mit negativer Veränderung. Sowohl befragte Junglehrpersonen mit guter Unterrichtsqualität als auch Junglehrpersonen mit positiver Veränderung der Unterrichtsqualität im ersten Berufsjahr beurteilen den eigenen Unterricht tendenziell etwas besser und erhalten auch eher positivere Rückmeldungen von ihren Schülerinnen und Schülern.

Auch bei den Aussagen im Stimulated Recall Interview sind nicht generalisierbare Unterschiede zwischen den Gruppen ersichtlich. Allerdings beruhen diese Ergebnisse auf einer sehr kleinen Datenbasis von n=2 und sind deshalb äusserst vorsichtig zu deuten. Junge Lehrpersonen der Stichprobe, deren Unterricht durch das Rating besser beurteilt wurde, äussern ihre Reflexionsbeiträge eher in Form einer „persönlichen Erläuterung/Erklärung" und sie nennen etwas weniger Handlungsalternativen. Junglehrpersonen der Stichprobe mit positiver Veränderung der Unterrichtsqualität machen tendenziell vermehrt Aussagen in Form einer „Deskription" und nennen etwas mehr Handlungsalternativen. Für die beiden Gruppen der Stichprobe, die bezüglich der Unterrichtsqualität positive Werte aufweisen, fällt auf, dass sie im Vergleich zu den beiden Vergleichsgruppen, die negative Werte aufweisen, vermehrt über sich selber, also die Lehrperson, sprechen und insgesamt etwas mehr positive Formulierungen in ihren Reflexionsbeiträgen aufweisen. Die Junglehrpersonen der anderen Gruppen, die tiefere Ratingwerte und eine negative Veränderung der Unterrichtsqualität im ersten Berufsjahr aufweisen, machen demgegenüber eher Aussagen zu den Schülerinnen und Schülern und äussern tendenziell mehr negative Erläuterungen.

Diejenigen Junglehrpersonen der Stichprobe mit höheren Ratingwerten wie auch Junglehrpersonen mit positiver Veränderung der Unterrichtsqualität thematisieren in ihren Reflexionsbeiträgen tendenziell vielseitigere Aspekte des Unterrichts als dies Junglehrpersonen mit tieferen Ratingwerten tun. Sie erreichen ausserdem etwas höhere Punktzahlen bei der Bearbeitung der Vignetten, was auf ein tendenziell höheres Planungswissen hinweist. Die Unterschiede bei den Persönlichkeitsmerkmalen, die durch den Fragebogen NEO-FFI erhoben wurden, sind sehr gering, wobei die Junglehrpersonen mit höheren Ratingwerten und diejenigen mit positiver Veränderung der Unterrichtsqualität tendenziell höhere Werte in der Skala „Offenheit für Erfahrung" aufweisen.

Zu beachten ist dabei, dass von den Junglehrpersonen zu den beiden Messzeitpunkten jeweils nur eine Unterrichtsstunde aufgenommen wurde. Die Qualität des Unterrichts könnte demgemäss auch eher zufällig auf Grund der situativen Bedingungen, der Lerninhalte oder der Tagesform der Lehrperson erklärt werden. Die vergleichenden Analysen, die auf Grund der durch das Rating gemessenen

Unterrichtsqualität vorgenommen wurden, müssen auch diesbezüglich kritisch betrachtet werden.

Die in diesem Kapitel berichteten Resultate geben Einblick in Zusammenhänge zwischen der Reflexion der befragten Lehrpersonen und der Fremdbeurteilung des Unterrichts, dem Planungswissen oder den Persönlichkeitsmerkmalen der Lehrpersonen. Diese Ergebnisse werden als sehr wertvoll angesehen, da empirische Resultate in diesem Bereich noch kaum vorhanden sind. Dies bedeutet jedoch auch, dass die Analysen in diesem Kapitel explorativen Charakter aufweisen. Dabei wurden verschiedene Beziehungen geprüft, um mögliche Zusammenhänge aufzudecken. Die sich daraus ergebenden Befunde lassen sich teilweise sinnvoll interpretieren und mit theoretischen Erkenntnissen begründen, einige Ergebnisse sind jedoch schwer interpretierbar. Ausserdem beruhen die vorliegenden Ergebnisse auf einer kleinen, anfallenden Stichprobe, was eine zusätzliche Problematik darstellt. Mit entsprechenden Massnahmen (vgl. dazu Kapitel 7.5) wurde versucht, die Problematik zu entschärfen; eine Lösung des Problems kann damit jedoch nicht erreicht werden. Viele vergleichende Analysen ergaben zudem keine statistisch bedeutsamen Ergebnisse oder lediglich solche auf dem 5%-Signifikanzniveau. Die hier beschriebenen Einschränkungen legen nahe, dass die in diesem Kapitel dargestellten Ergebnisse nicht generalisierbar sind. Vielmehr geben sie Hinweise darauf, welche Beziehungen in der vorliegenden Stichprobe bestehen und welche Mechanismen sich abspielen könnten. Diese Hinweise können für weitere Studien hilfreich sein und als Grundlage für weiterführende Untersuchungen dienen. Die hier gezeigten Zusammenhänge sollten dort noch genauer untersucht und statistisch abgesichert werden. Eine weiterführende Interpretation und Diskussion der Ergebnisse wird in Kapitel 11.1.3 vorgenommen. Hier wird auch spezifisch darauf eingegangen, welche Ergebnisse theoretisch sinnvoll erklärt werden können und wo Irritationen in Bezug auf die theoretische Literatur bestehen.

10 Ergebnisse der Auswertung des (2) Stimulated Recall Interviews (Teil 2): Reflexionspraxis von Lehrpersonen

Das Stimulated Recall Interview wurde mit je sechs jungen und erfahrenen Lehrpersonen durchgeführt. Im ersten Teil des Interviews hatten die Lehrpersonen Gelegenheit, einen Teil ihrer Unterrichtsstunde auf Video zu betrachten und diesen zu kommentieren bzw. zu reflektieren. Im zweiten Teil des Interviews wurden die Lehrpersonen auf der Grundlage eines halbstrukturierten Interviews zu ihrer Reflexionspraxis befragt. In diesem Kapitel werden die Resultate zum zweiten Teil des Stimulated Recall Interviews dargestellt. Es werden damit Antworten gegeben auf die in Kapitel 6 formulierte Frage (5): *Einstellungen zu und Vorstellungen von Reflexion*: Welche Einstellungen zur und Vorstellungen von Unterrichtsreflexion haben junge und erfahrene Lehrpersonen?

Für die Auswertung der Interviews wurden die Audioaufnahmen transkribiert und sodann mit Hilfe der Software Atlas.ti analysiert. Es wurden keine statistischen Berechnungen angestrebt, sondern es wurde eine qualitative Analyse der Aussagen der jungen und der erfahrenen Lehrpersonen angestrebt.

10.1 Persönliche Erfahrungen mit Reflexion

Der zweite Teil des Stimulated Recall Interviews ging zunächst auf persönliche Erfahrungen der Lehrpersonen ein. Gefragt wurde nach dem Befinden beim Betrachten der videografierten Unterrichtsstunde sowie beim Reflektieren des eigenen Unterrichts, der Vorerfahrung im Arbeiten mit und Reflektieren von Unterricht anhand von Unterrichtsvideos und der Einschätzung der Praxis der Unterrichtsreflexion in der berufspraktischen Ausbildung.

Das Betrachten der eigenen videografierten Unterrichtsstunde ist für die befragten Lehrpersonen nicht unangenehm.

Die befragten Lehrpersonen äussern sich generell positiv auf die Frage, wie sie das Betrachten der eigenen Unterrichtslektion erlebt hatten. Eine eher kritische Einschätzung gaben lediglich zwei Junglehrpersonen zum Messzeitpunkt 1. Obwohl die Videografie der Unterrichtsstunde bei einigen Lehrpersonen als etwas ungewohnt und besonders empfunden wurde, und deshalb teilweise auch etwas Nervosität ausgelöst hatte, wurde das Betrachten der Lektion zumeist als interessant und aufschlussreich betrachtet.

„T: Nein. Ich find's eigentlich noch speziell. Nichts Unangenehmes. Es ist eigentlich eher ... es ist ... ich find's schön, ich find's toll die Gelegenheit zu haben, das nochmal so zu sehen. Denn während dem Unterrichten fallen einem gewisse Sachen auf, das ist klar. Aber wenn man es dann nachher sehen kann auf DVD oder Video, dann ist es doch anders. Ist schön. Also ich find's nichts Schlimmes. Nichts Unangenehmes." (Junglehrperson t_2, T2_f_nov_40034, 130:130)

Als ansprechend wird an den Videos insbesondere die Möglichkeit gesehen, das eigene Handeln und das Verhalten der Schülerinnen und Schüler für einmal aus einer anderen Perspektive betrachten zu können, und dies ohne den in der Schulstunde erlebten Handlungsdruck. Dies bietet ausserdem die Möglichkeit, aus dem Gesehenen Rückschlüsse zu ziehen und Handlungsalternativen für den Unterricht zu überlegen.

„T: Nein, es ist nicht komisch, überhaupt nicht. Nein, ich finde das noch spannend, oder? Man kann ja auch etwas aus dem herausziehen. Ich finde es nicht eine Musterlektion, muss ich ehrlicherweise sagen, aber, ja, irgendwie aus dem kann ich ganz viel wieder herausziehen und ich wüsste jetzt auch wie ich es anders machen würde das nächste Mal, wenn ich das wieder behandle, vielleicht, oder?" (Praxislehrperson, T2_f_exp_PL11, 175:175)

Das Betrachten von Videos kann allerdings neben solchen beruflichen Aspekten auch weitere Überlegungen hervorrufen.

„T: Nein, ich habe einfach gedacht, ich habe ja wieder zugenommen. Das habe ich mir gedacht. {Gelächter}" (Praxislehrperson, T2_exp_PL01, 84:84)

Das Reflektieren der eigenen Unterrichtspraxis bereitet den befragten Lehrpersonen keine Mühe.
Über den eigenen Unterricht zu sprechen bzw. diesen zu reflektieren ist für die befragten Lehrpersonen nichts Aussergewöhnliches. So gibt es keine Lehrperson, die sich diesbezüglich kritisch geäussert hätte. Für viele der befragten Lehrpersonen ist es etwas, was zur täglichen Berufspraxis gehört und das in irgendeiner Form auch ausgeübt wird. Solche Aussagen sind insbesondere bei den jungen Lehrpersonen der Stichprobe zu finden. Sie sind der Ansicht, dass das Thema Reflexion in der Ausbildung sehr präsent war und dass während der Ausbildung in unterschiedlicher Art und Weise über Unterricht reflektiert wurde.

„T: Ja ich habe das Gefühl, das mussten wir schon so oft machen, das haben wir intus. Das sagen mir auch sehr viele Leute, dass wir sehr gut reflektieren können, weil wir mussten so häufig Journale schreiben; immer im Praktikum habe ich ein Lernjournal geschrieben, und ich habe dies wirklich sehr genau gemacht. Und habe mir auch Ideen aufgeschrieben, wie ich es hätte besser machen können. Und ich habe das Gefühl, das wird uns so eingebläut, dass wir dies wirklich beherrschen." (Junglehrperson t_1, T1_f_nov_30002, 159:160)

In der Aus- und Weiterbildung haben die befragten Lehrpersonen das gezielte Arbeiten mit Unterrichtsvideos selten erlebt.
Das Arbeiten mit eigenen oder fremden Videos ist in der Aus- und Weiterbildung von Lehrpersonen an der Pädagogischen Hochschule Zürich offenbar noch wenig verbreitet. Keine der an der Untersuchung teilnehmenden Lehrpersonen betrachtete während der Aus- oder Weiterbildung fremde Videos oder arbeitete mit ihnen. Vier der sechs Junglehrpersonen sowie fünf Praxislehrpersonen hatten jedoch bereits Gelegenheit, eigene Unterrichtsvideos oder zumindest Ausschnitte davon zu betrachten. Gemäss ihren Aussagen waren dies eher zufällige Gelegenheiten, die wenig strukturiert abliefen. Eine eingehende Bearbeitung von Unterrichtsvideos in Form der Reflexion des eigenen Unterrichts erlebte offenbar keine Lehrperson.

„T: Wir haben einmal im Fachpraktikum – haben wir uns mal gefilmt. Weil eh – also der, der mit mir zusammen gearbeitet hat, hat über offene Unterrichtsformen etwas gemacht, und dann hat er mich gefragt, ob er mich auch filmen dürfe. Und dann konnte ich mich dann auch mal anschauen." (Junglehrperson t_1, T1_f_nov_30002, 131:131)

„T: Es war in irgendeiner Weiterbildung. ... Aber ich weiss gar nicht mehr was, es ist wirklich schon lange her." (Praxislehrperson, T2_f_exp_PL06, 258:258)

„T: Ja, in der Ausbildung zur Schulleiterin oder auch in Kursen die ich gemacht habe – doch, das hat es schon auch gegeben. Aber das sind natürlich so gestellte Sachen gewesen, also da hat man ein Gedicht rezitiert oder eine Situation gespielt, die ein bisschen schwierig ist für den Schulleiter, also, das, so Sachen schon. Ein Unterrichtsvideo wie das, in voller Länge, das haben wir eigentlich noch nie gemacht." (Praxislehrperson, T2_f_exp_PL10, 76:76)

Die Erfahrungen der befragten Junglehrpersonen in der berufspraktischen Ausbildung sind sehr unterschiedlich.

Die Junglehrpersonen wurden im Interview auch zu ihren Erfahrungen in der berufspraktischen Ausbildung befragt. Aus den Aussagen wird deutlich, dass die Einschätzung dieser Teile der Ausbildung sehr unterschiedlich ausfallen. Dabei spielt das Verhalten der Praxislehrperson, die die Studierenden in der berufspraktischen Ausbildung betreuen, eine wesentliche Rolle. Kritisch beurteilt wurden Praxislehrpersonen, die aus der Sicht der Junglehrpersonen keine konstruktive Kritik anbringen oder sich ungenügend auf die Studierenden einlassen konnten.

„T: Mmh, ja, also ... im Orientierungspraktikum, das weiss ich, da haben wir immer auch die Präp noch angeschaut, welche wir gemacht haben und haben geschaut, ob das Ziel erreicht wurde. Das fand immer statt. Im P1[17] ... ja, eigentlich auch. Nur für mich waren die nicht sehr geeignet, da sie keine konstruktive Kritik bringen konnten. Ich kam z.B. nach einer Stunde rein und das erste, was ich hören musste – man schaut einfach da unten, mein Ziel für diese Lektion, äh - und dann sagt sie, ja, du hast da das und das aufgeschrieben, ja nicht erreicht, oder?
I: Ja.
T: Das war dieses Problem. Im P2 hat es weniger stattgefunden. Das war so ein wenig – aber er, der Lehrer, hatte dort eine sehr schwierige Phase. Er hat nachher aufgehört. Das war nicht so ganz eine saubere Sache, irgendwie. Er hat sich schon Mühe gegeben, aber Reflexion hat dort nicht so... Er hat immer gesagt: Sie machen das super, machen das super. Im P3 dann schon wieder, die haben sich dann schon sehr – und auch vorausblickend. Sie hat mich auch gefragt, woran möchtest du besonders arbeiten, damit man das auch fokussiert und die Reflexion darauf ausgerichtet hat." (Junglehrperson t_1, T1_f_nov_30034, 399:403)

„T: Und, dort sicher. Im P2, hat er eh – dort hatte ich zwei. Aber der Hauptlehrer, der hat eigentlich die Elterngespräche gerade so kurz nach dem Unterricht festgelegt, und dann eh – ja, also, da wurde man dort etwas allein gelassen. Wir waren dort zwar zu zweit, und dann – hat man sich dann einfach untereinander.
I: Ja.

---

17 P1 bedeutet Praktikum 1. Entsprechend bedeuten die im Text nachfolgenden Bezeichnungen P2 und P3 Praktikum 2 und Praktikum 3.

T: Weil die andere ... Praktikantin hat ja dann auch immer die Lektionen gesehen, und dann hat man einfach so miteinander, eigentlich, ja, die Lektionen
ausgewertet.
I: Ja.
T: Und im P3 ... dort ... ja, war ich auch nicht so glücklich – also dort hatte ich
auch zwei gehabt. Und die eine hat sich dann wirklich auch Zeit genommen,
und hat auch mir detaillierte Rückmeldungen gegeben. Und dann hat man – ja
– dort schon. Ja, haben wir zusammen den Unterricht reflektiert. Mit dem anderen, der hat sich auch ein bisschen weniger Zeit genommen. {schmunzelt}
T: Oder war oft auch gar nicht anwesend." (Junglehrperson t_1,
T1_f_nov_30024, 278:283)

Obwohl einige der befragten Junglehrpersonen kritisch anmerken, dass ihre Praxislehrpersonen zu wenig Zeit oder Aufmerksamkeit für sie aufwendeten, kann auch
das gegenteilige Verhalten einer Praxislehrperson als unproduktiv aufgefasst werden.

„T: Es war unterschiedlich. Also ich weiss, im Praktikum zwei wurde es ...
sehr intensiv reflektiert. Im eins und im drei war es so – also, im Praktikum
eins war es weniger, aber wir hatten kurz schon besprochen, und es wurde
auch immer aufgeschrieben. Und ich konnte dann diese Zettel mitnehmen und
zu Hause nochmals genau anschauen, was diese Klassenlehrperson aufgeschrieben hatte. Aber ich hatte dann – also im Praktikum zwei war es mir zu
viel an Reflexion. Da hatte ich ... da fand ich, also jetzt möchte ich lieber gehen, es wurde dann fast zu Tode geredet." (Junglehrperson t_1,
T1_m_nov_30010, 364:364)

Die Unterrichtsbesprechungen in der berufspraktischen Ausbildung fanden bei allen Lehrpersonen der Stichprobe insbesondere mündlich und retrospektiv statt. Sofern Zeit zur Verfügung stand, wurden die Unterrichtsstunden nach dem Unterricht
oder am Ende des Tages zumeist auf der Grundlage der Unterrichtsvorbereitung der
Studierenden besprochen. Eine schriftliche Reflexion erwähnten lediglich zwei der
befragten Junglehrpersonen.

10.2 Ziele der Reflexion

Die Lehrpersonen wurden auch danach befragt, was für sie das Ziel von Reflexion
im Lehrberuf ist.

Das Ziel der Reflexion ist gemäss den Aussagen der befragten Lehrpersonen die Verbesserung von Unterricht.
Für die allermeisten Lehrpersonen der Stichprobe ist das Ziel die Verbesserung oder Optimierung von Unterricht.

> „T: Unterrichtsoptimierung. ... Ganz klar, also was da alles dazugehört. Also die Klassenführung, Zielerreichung, Planung, also effiziente Planung vor allem, das ist es. Klassenführung im Sinne von, wenn ich nochmals darauf zurückgreifen darf, Klassenführung im Sinne von wie läuft es in der Klasse, aber auch das ganze Administrative.
> T: Dann die Koordination – also ich habe sehr viele Kinder mit sozialen Problemen. Man muss einfach tausend Sachen koordinieren." (Junglehrperson t_1, T1_m_nov_30023, 246:248)

Für einige der befragten Lehrpersonen dient die Reflexion dazu, die Schwierigkeiten des Unterrichts oder die positiven Aspekte zu erkennen.
Für vier Junglehrpersonen und fünf Praxislehrpersonen dient die Reflexion dazu, die Schwierigkeiten oder Schwachstellen des Unterrichts zu erkennen. Zwei Junglehrpersonen und drei Praxislehrpersonen erwähnten zudem, durch die Reflexion sollten auch die positiven oder gelungenen Aspekte des Unterrichts erkannt werden.

> „T: ... und das andere – auch, dass ich weiss, ja warum habe ich jetzt beim Kind auch das erwünschte Verhalten erreicht. Oder warum ist das jetzt gelungen und beim nächsten Mal dann auch wieder darauf aufbaue." (Junglehrperson t_2, T2_f_nov_40024, 384:384)

10.3 Umsetzung im Unterrichtsalltag

Die Lehrpersonen wurden im Interview auch dazu befragt, welchen Stellenwert für sie die Reflexion im Unterrichtsalltag hat. Sie sollten sich dazu äussern, ob und inwiefern sie ihren Unterricht und ihr Handeln reflektieren, was allenfalls Probleme der Reflexion sein könnten und welche Möglichkeiten der Verbesserung für sie persönlich oder für das Lehrerkollegium bestehen.

Die befragten Lehrpersonen sind der Ansicht, dass sie ihren Unterricht und ihr Handeln regelmässig reflektieren.
Die Reflexion scheint für viele der befragten Lehrpersonen ein fester Bestandteil des Unterrichtsalltages zu sein. Zumeist nach dem Unterricht, auf der Heimfahrt im Bus oder auf dem Fahrrad, über Mittag oder am Wochenende verarbeiten Lehrpersonen die Eindrücke des Tages oder der Woche und denken über die erlebten Geschehnisse nach. Sehr häufig passiert dies retrospektiv, dient sodann aber oft auch als Vorüberlegung für die Planung der nächsten Unterrichtsstunden.

> „T: Ja. Also, ich mache eine sehr rollende Planung. Und das können Sie ja nur, wenn Sie reflektieren und ansonsten ist es chaotisch. Das heisst, ich – ich – ähm – überlege mir täglich, was ist heute gelaufen und was steht jetzt morgen an, was ist zu kurz gekommen, was kommt morgen." (Praxislehrperson, T2_f_exp_PL06, 278:278)

> „T: Aber ich versuche eigentlich schon immer, in der Ausbildung mehr, aber auch jetzt, ja, zu überlegen, wie war diese Stunde und was hätte ich anders machen sollen." (Junglehrperson t_1, T1_f_nov_30024, 178:178)

Die Reflexion findet zumeist individuell in Gedanken statt; insbesondere die befragten Junglehrpersonen sehen allerdings auch ein Bedürfnis, sich mit anderen Personen auszutauschen.
Für viele der befragten Lehrpersonen erfolgt Reflexion persönlich und individuell in ihren Gedanken nach, vor oder teilweise auch während des Unterrichts. Insbesondere die Junglehrpersonen der Stichprobe äussern jedoch zudem das Bedürfnis, sich mit anderen Personen austauschen zu können. Dies vor allem mit Arbeitskolleginnen und -kollegen, Peers, aber auch mit Eltern oder Bekannten.

> „T: ... Und was ich auch fortlaufend mache, ist – eh – dort muss ich mich etwas an meinen Mitbewohner halten – wenn etwas gut gelaufen ist, dann erzähle ich das! {lacht} Dann erzähle ich es allen. Allen, die es hören wollen oder die es nicht hören wollen.
> I: Ja.
> T: Und das gehört sicher auch zur Reflexion, wenn man es irgendjemandem erzählt. Weil dann hat es irgendeinen Wert für einen selber." (Junglehrperson t_1, T1_m_nov_30023, 268:270)

„T: Oftmals tausche ich auch mit der Parallellehrperson – da tauschen wir auch oft aus. Und durch das ... reflektiert man ja eigentlich auch ständig. Und hat dann gleichzeitig auch eine andere Sicht. Oder ja ... es sind dann eigentlich wie vier – ist dann vier Mal die gleiche Lektion, aber es ist vier Mal anders abgelaufen. Und so erhält man auch unterschiedliche Sichtweisen.

I: Und machen Sie das auf Ihre Initiative hin? Wenn Sie jetzt sagen, Sie reden auch ab und zu mit der Parallelklassenlehrperson, ist das eher von Ihnen aus, oder ist sie wie eine Art Mentor für Sie, der Ihnen zugeteilt worden ist?

T: Nein er, also – wir haben gleichzeitig angefangen ... und, also wir sind beide eben – haben neu angefangen. Und – und wir sind zwar drei Parallelklassen, aber eben jetzt mit ihm tausche ich mich aus. Und die dritte ist aber auch nicht meine Mentorin. So, sondern ...

I: Und dann haben Sie feste Treffen vereinbart, im Lehrerzimmer oder so?

T: Nein, in der Pause, über Mittag oder nach der Schule ... am Wochenende bereiten wir meistens zusammen vor und .... Also ja, eigentlich täglich. Und irgendwie habe ich auch das Bedürfnis, ein bisschen auszutauschen und – oder gewissen Sachen auch deponieren zu können. Und zu erzählen.

I: Ja.

T: Und es ist trotzdem nochmals anders, als wenn ich es zu Hause jemandem erzähle. Dort kann ich es deponieren, aber dann ist es einfach – ist es dann dort. Aber es geht nicht – ja man hat nicht ... es ist nicht dasselbe. Ja, es findet dann kein Austausch statt.

I: Ja.

T: Oder ich frage ihn, ja wie hast du das gemacht. Und ... ja.

I: Ja.

I: Ja klar, das ist anders als irgendwelche Familienangehörigen, oder Kollegen, die nichts mit der Sache zu tun haben.

T: Ja, und es ist auch gerade – ja, gleich am Mittag, oder gleich nach der Schule, und es ist dann sofort, und nicht erst drei Stunden später. Und ... gewisse Sachen müssen auch gleich sofort ....

I: Irgendwo deponiert werden.

T: Ja, deponiert werden.

{lachen}

T: Und dann, es ist so ein gegenseitiges Deponieren. Und man merkt dann viel – dann halt auch, ja, bei ihm war's halt bei diesen Kindern und da ist es bei diesen Kindern." (Junglehrperson t_1, T1_f_nov_30024, 200:215)

Gemäss den Angaben der befragten Lehrpersonen findet die Reflexion zumeist un-
strukturiert und ohne schriftliche Hilfsmittel statt.
Alle Lehrpersonen der Stichprobe erwähnen, dass sie sich regelmässig mit dem Unterricht auseinandersetzen. Es wird meistens als ein Nachdenken über Unterricht
bezeichnet, das jedoch ohne strukturierenden Vorlagen oder Hilfsmittel stattfindet.
Einzelne der befragten Lehrpersonen bemerken, dass sie sich ab und zu auch Notizen ins Vorbereitungsheft oder ins Lehrbuch schreiben, wenn ihnen etwas Spezifisches auffiel. Diese Notizen helfen, sich später an die Situation zu erinnern und
entsprechend zu handeln handeln. Die Reflexion, wie sie die Lehrpersonen schildern, ist damit eher unstrukturiert und geschieht wenig geplant. Eine Lehrperson
erkennt diese Problematik und äussert sich folgendermassen:

„T: ... Ich habe keine Konstanz in dem, sondern die Reflexion passiert eigentlich indem, dass ich mir selber überlege, einfach – zum Beispiel wenn ich
nach der Schule im Bus sitze, oder wenn man beim Mittagessen ist, dann er-
zählt man sich vielleicht ab und zu was so vorgefallen ist, oder so. ... Ja, es ist
eigentlich un- ... wie sagt man, so eine sporadische Reflexion. Ob man dies
jetzt gerade als Schwierigkeit bezeichnen kann? Aber ... man könnte ja sagen,
man macht es regelmässig." (Junglehrperson t_2, T2_m_nov_40010, 274:274)

Reflexion braucht Energie und Zeit, die manchmal nicht vorhanden ist – oder die
man nicht dafür aufbringen möchte.
Als Begründung, weshalb für die Reflexion nicht mehr Zeit oder Energie aufgebracht wird, wird insbesondere das Fehlen von Zeit genannt. Die Junglehrpersonen
der Stichprobe sehen sich zu Beginn ihres Arbeitslebens mit so vielen Aufgaben
beschäftigt, dass kaum mehr Zeit für eine strukturierte Reflexion bleibt.

„T: Nicht bewusst. Also ich habe das Gefühl man hat so viel nebendran, dass
man sich die Zeit nicht so nimmt, um sich hinzusetzen und findet, ich schaue
mir die Stunde nun an." (Junglehrperson t_2, T2_f_nov_40002, 63:63)

„T: Ich glaub das Problem ist einfach, wir haben so viel anderes im Schul-
haus, so viele Projekte, jetzt kommt eben noch ... jetzt sind wir noch eine neue
QUIMS-Schule[18] geworden. Jetzt kommt das auch noch und etwas mit der in-

---

18 QUIMS (Qualität in multikulturellen Schulen) ist ein Programm der Bildungsdirektion des
   Kantons Zürich, das Schulen mit ausgeprägt multikultureller Zusammensetzung fachlich und
   finanziell unterstützt. Im Zentrum steht die Förderung der Sprache, des Schulerfolgs und der

tegrativen Schulförderung ... es ist einfach ... die Zeit ist nicht mehr da. Es ist auch gar nicht die Zeit da zu fragen, was wäre mal ein Thema für uns. Es wird einfach alles von aussen – es gibt so viele Veränderungen, man kann gar nicht mehr fragen. Das ist, glaub ich, wirklich das Problem. Jetzt haben wir da noch die externe Schulevaluation gehabt und das alles." (Junglehrperson t_2, T2_f_nov_40034, 209:209)

Und eine andere Junglehrperson beschreibt die Situation folgendermassen:

„T: ... Reflexion ist noch gut mit dem Fleiss – es ist so ein bisschen ein Indikator für das eigene Engagement.

I: Mit was haben Sie gesagt?

T: Fleiss. Also die Reflexion ist ein Indikator für – eh – den eigenen Fleiss.

I: Ah, den Fleiss.

T: Also das heisst, wenn man sich hinsetzt und sich selber reflektiert, dann ist man einfach – dann macht man seine Berufspflicht bis zum Schluss fertig. Weil viele die machen, oder planen – planen ok, und dann machen sie es, und dann sind sie froh, dass es vorbei ist und können an die nächste Planung gehen. Und es ist einfach so, wie bei einem Marathonläufer, wenn er eigentlich nicht mehr mag, aber er muss noch.

T: Eh, dann muss man einfach noch. Und dann setzt man sich hin, und wer den inneren Schweinehund nicht überwindet, der hört dann einfach auf, oder vielleicht gewisse haben auch gar keine Kraft mehr. Es muss nicht mal sein, dass man nicht will, ab und zu kann man auch nicht mehr. Und Reflexion ist für mich so das Supplement, also das ist – sich nochmals hinsetzen, nochmals machen." (Junglehrperson t_1, T1_m_nov_30023, 248:255)

Eine gegenseitige Unterrichtshospitation findet gemäss den Angaben der befragten Lehrpersonen vielerorts statt – allerdings scheint sie wenig koordiniert oder strukturiert abzulaufen.
Viele der befragten Lehrpersonen kennen in ihren Schulkollegien Hospitationsbesuche, die gegenseitig organisiert und durchgeführt werden. Die Anzahl solcher Besuche ist sehr unterschiedlich und variiert von ein Mal in drei Jahren bis zwei bis drei Mal pro Semester. Für die Durchführung von solchen Unterrichtsbesuchen scheinen wenige Vorgaben vorhanden zu sein. Häufig werden die Beobachtungs-

---

sozialen Integration. Weitere Informationen sind unter http://www.quims.ch zu finden [aufgerufen am 23.2.2010].

kriterien von den Lehrpersonen selber nach Gutdünken festgelegt und nach der Lektion gemeinsam besprochen.

„T: Ja, also wir haben auch Hospitationen, wo wir jemanden besuchen müssen und von jemandem besucht werden müssen, ähm – und dort hat man dann schon so einen Bogen, bei dem man sagt, wann war man schauen und auf welche Schwerpunkte hat man geschaut. Also man kann dann beispielsweise sagen, ich habe das Gefühl, ich erkläre teilweise zu schwierig, schaue doch darauf. Oder ich habe das Gefühl, ähm – weiss auch nicht, ich rede zu leise oder zu laut, stehe vielleicht nicht gut vorne, schaue auf das. Und das nützt schon noch. Und das halte ich dann schon jeweils fest. Und manchmal kommt auch der Schulleiter – ist jetzt mal reinschauen gekommen und hat dann wirklich auch die Ziele, die man sich setzt, aufgeschrieben." (Junglehrperson t_2, T2_f_nov_40002, 77:77)

„T: Ja, wir haben Hospitationsgruppen institutionalisiert. Es ist so, dass jede Lehrperson in drei Jahren mindestens einmal sich auf so eine Lernpartnerschaft einlassen muss, aber da bin ich gerade ausgeschlossen, weil ich die Schulleiterin bin.
(...)
T: Also diese zwei Personen die sich gegenseitig hospitieren, die machen Zielvereinbarungen, also die sagen zum Beispiel, schau bitte bei mir mal was ich für Ticks habe oder ob ich immer gleich rede oder ob man meine Schrift an der Tafel nicht lesen kann oder einfach irgendetwas, wo sie das Gefühl haben, sie haben es dort nötig und geben sich so das Feedback. Ich mische mich da nicht ein, aber es funktioniert wirklich zwischen diesen zwei Personen, die es machen. Und was auch interessant ist, es gibt stufenfremde Einblicke. Es hat viele Kindergärtnerinnen, die mit Mittelstufenlehrpersonen diesen Austausch machen. Es geht natürlich auch um den Aspekt, ich will mal sehen wie die Kinder eigentlich sind auf der fremden Stufe, und das gibt ein enormes Verständnis überhaupt in der ganzen Lehrerschaft." (Praxislehrperson, T2_f_exp_PL10, 98:102)

Die befragten Lehrpersonen sind teilweise der Meinung, Unterrichtshospitation und gemeinsame Reflexion sollte häufiger und effektiver stattfinden.
Die Hospitation und der gemeinsame Austausch über Unterricht werden von den meisten Lehrpersonen der Stichprobe als sehr wertvoll angesehen. Je vier von sechs Junglehrpersonen und Praxislehrpersonen wünschen sich, dass es in ihrem Lehrer-

kollegium vermehrt Möglichkeiten zur gegenseitigen Unterrichtsbeobachtung und -besprechung gäbe. Positiv wird daran insbesondere die Möglichkeit gesehen, eine Rückmeldung von einer Drittperson zu erhalten, die entweder unterstützend oder anregend sein kann, sich gegenseitig auszutauschen und damit die Qualität des Unterrichts zu sichern.

„T: Ja nein, unbedingt, klar. Also, ich denke es gäbe – vor allem, es müssten Gefässe sein, wo regelmässige kollegiale Unterrichtsbesuche – also, ich meine, das haben wir schon, diese Hospitationsbesuche, aber das ist etwas was einmal im Jahr von den Jahrgangsteams wahrgenommen werden muss. Eigentlich müsste das in meiner Vorstellung viel häufiger der Fall sein können, dass es mehr Zusammenarbeitsformen gibt, wo zum Beispiel drei Lehrpersonen eine Lehrperson – oder, zwei Lehrpersonen singen mit einer Klasse zusammen und andere Lehrpersonen haben die Gelegenheit, Unterricht zu feedbacken, den sie gesehen haben, oder? Es gäbe einen Haufen von Möglichkeiten, wie man das machen könnte, aber es müsste viel regelmässiger zum Alltag gehören, denke ich." (Praxislehrperson, T2_m_exp_PL01, 139:139)

„T: Ja also.... Bei uns ist es eben wirklich mal, das Hospitieren können. Und wirklich mal solche Phasen machen im Schuljahr, wo jeder Lehrer wirklich mal reflektieren kann. Das ist jetzt bei mir vielleicht weniger die Gefahr, aber ich merk' das bei anderen Lehrpersonen. Ja, macht doch ein bisschen das, oder macht doch ein bisschen das, wo ich dann denke, ja hast du überhaupt überlegt? Denkst du drüber nach, was du machst? Reflektierst du, hast du auch mal das Gefühl, das ist nicht gut gewesen? So was fänd' ich eigentlich noch schön. Zum auch mal so ein bisschen austauschen. Unterrichts- ...einfach Qualitätssicherung. Wenn das nicht von selber kommt und man irgendwie das Gefühl hat, dass es nicht gut ist, dann braucht es sowas einfach." (Junglehrperson t$_2$, T2_f_nov_40034, 205:205)

„T: Und das andere ist für mich – ja eben, ich glaube ich profitier' schon am meisten so ... eben so im gegenseitigen Austausch. ... Also dass ich dort so am meisten verarbeiten kann. Ja so, und dann hat man nochmals die andere Sicht, und das nochmals so für mich ... auch nochmals durchgehe." (Junglehrperson t$_1$, T1_f_nov_30024, 252:252)

Eine erfahrene Lehrperson findet es ganz wichtig, dass die institutionellen Voraussetzungen dahingehend geändert werden, dass Lehrpersonen Zeit haben, um gemeinsam gezielt und effektiv zu reflektieren. Andere Lehrpersonen nennen als

Verbesserungsvorschlag ausserdem die Möglichkeit, Feedback von Schülerinnen und Schülern oder Eltern einzuholen oder vermehrt mit Videos arbeiten zu können.

Eine Schwierigkeit kann sein, dass die Reflexion zu kritisch ist oder die wichtigen Aspekte nicht erkannt werden.
Bei der Reflexion erkennen die befragten Lehrpersonen auch einige Schwierigkeiten bzw. Herausforderungen. Die meisten der befragten Lehrpersonen sehen eine Gefahr darin, dass bei der Reflexion lediglich die negativen Aspekte erkannt werden und damit eine einseitige und auf lange Sicht ungesunde Wahrnehmung des eigenen Unterrichts stattfindet. Eine andere Schwierigkeit besteht darin, die richtigen bzw. wichtigen Aspekte bei der Reflexion zu erkennen. Und schliesslich muss auch ein ausgewogenes Mass gefunden werden, denn einige Lehrpersonen der Stichprobe sind davon überzeugt, dass auch zu viel reflektiert werden kann.

„T: Ja eben, es kommt drauf an, wenn die Selbstreflexion in eine Selbstzerfleischung mündet, dann kann der nicht mehr unterrichten. Der brennt aus, diese Person ist nicht mehr für den Unterricht geeignet. Da muss man einfach ein gesundes Mass selber finden. Es kann einem nicht mal jemand sagen wie gesund dieses Mass ist, das muss man selber entdecken." (Praxislehrperson, T2_f_exp_PL10, 135:135)

„T: Ja, Schwierigkeiten sehe ich darin, dass ich manchmal gewisse Situationen ein bisschen zu genau hinterfrage und dann denke, hätte ich das doch so gemacht, und in dieser Situation muss man dann auch mal einen Punkt drunter setzen. Und es so akzeptieren, wie es gewesen ist. Und was mach ich jetzt das nächste Mal. Aber nicht zu sehr, was hätte ich noch – und dem Alten nach trauern. Oder sich dann anschliessend auch wirklich abgrenzen zu können. Und eigentlich ist das dann ja schon mein Ziel, wenn ich reflektiere, dass ich das Ganze dann auch abschliessen kann." (Junglehrperson t_2, T2_f_nov_40024, 382:382)

„T: Ja eben, dass man alles gut findet, oder eben alles auf die Umstände abschiebt, darum finde ich die Aussensicht gut. Also, die Selbstreflektion ist ja nur ein Bild davon, was man selber wahrnimmt, und – ähm, inwiefern man bestimmen kann, was man wirklich wahrnehmen will, das müsste man jetzt vielleicht den Herrn Freud fragen, öhm, ob man da wirklich etwas aktiv verdrängen kann, oder ob man etwas schönreden kann, öhm, das weiss ich nicht. Ich sage einfach, das, was ich sehe, das kann ich ändern, aber es gibt dann einfach so einen blinden Flecken, ich glaube, das gibt es auch – das gibt es doch so, mit Innensicht, Aussensicht, und das, was beide sehen, ist kein Problem, das, was ich sehe, ist kein Problem, und das was die anderen sehen ist auch kein Problem, solange wir es sagen. Aber das, was die anderen nicht sehen und das, was ich nicht sehe, das ist dann das, was am meisten dann Spätfolgen gibt, und die ganz krassen Probleme, darum müsste man sich fragen, wie man diesen blinden Fleck abdecken kann." (Junglehrperson t_2, T2_m_nov_40023, 155:155)

„T: Ja, also, dass man halt immer so ein wenig nach den gleichen Punkten – ähm, geht. Also ich meine, ich habe jetzt einfach so die, wo ich mich selber irgendwie danach ... ja. Oder ob ich jetzt auf die Kinder eingegangen bin und so, das habe ich jetzt nicht gross noch erwähnt. Wobei ich finde, dass ich schon irgend – also ja jetzt, vor allem in dieser Gruppe, und nachher noch beim Schauen, wie es geht, habe ich schon irgendwie ... ähm, den Kindern – also versucht zu schauen wo sie stehen. Aber es ist, man kann nie irgendwie alles in einer Lektion gleich bewerten oder beurteilen oder gewichten. Und dann ... ja. Also ich habe manchmal das Gefühl, dass ich immer ein wenig nach dem Gleichen meine Stunde beurteile und dass mir manchmal vielleicht noch irgendwelche anderen Faktoren oder so – oder was aufgefallen wäre in dieser Stunde, dass das mir vielleicht untergeht, oder." (Junglehrperson t_1, T1_f_nov_30035, 453:453)

10.4 Zusammenfassung der Resultate zur Reflexionspraxis

Im zweiten Teil des Stimulated Recall Interviews gaben die Lehrpersonen Auskunft über ihre Reflexionspraxis. Sie beantworteten dabei Fragen zu ihrer persönlichen Erfahrung mit der Reflexion von Unterricht, ihren Vorstellungen deren Ziele sowie ihre Umsetzung im Berufsalltag. Die Auswertung der Aussagen erfolgte als qualitative Analyse ihrer Inhalte.

Obwohl die Videografierung der Unterrichtsstunde von einigen Lehrpersonen der Stichprobe als ungewohnt empfunden wurde und teilweise auch etwas Nervosität auslöste, wurde das Betrachten der eigenen Unterrichtslektion generell positiv erlebt. Lediglich zwei Junglehrpersonen äusserten sich zum Messzeitpunkt 1 dazu eher kritisch. Ansprechend fanden die befragten Lehrpersonen an den Videos insbesondere die Möglichkeit, das eigene Handeln und das Verhalten der Schülerinnen und Schüler einmal aus einer anderen Perspektive betrachten zu können. Unterrichtsvideos können dann auch Anlass sein, Rückschlüsse und Handlungsalternativen für den zukünftigen Unterricht herauszuarbeiten.

Die befragten Junglehrpersonen sind der Ansicht, dass sie während ihrer Ausbildung häufig über Unterricht reflektierten und dass das Thema Reflexion insgesamt sehr präsent war. Es war für sie deshalb auch nichts Aussergewöhnliches, ihren Unterricht zu reflektieren. Auch die erfahrenen Lehrpersonen der Stichprobe zeigten keine Mühe, über ihren Unterricht zu sprechen.

Das Arbeiten mit Unterrichtsvideos scheint in der Aus- und Weiterbildung der Lehrpersonen an der Pädagogischen Hochschule Zürich noch nicht sehr verbreitet zu sein. Gemäss den gemachten Aussagen hatten die meisten der befragten Lehrpersonen zwar schon Gelegenheit, ein eigenes Unterrichtsvideo zu betrachten. Dies scheint jedoch zumeist eher zufällig und wenig strukturiert abgelaufen zu sein. Keine der befragten Lehrpersonen hatte in der Aus- oder Weiterbildung mit fremden Unterrichtsvideos gearbeitet oder diese spezifisch als Instrument zur Reflexion von Unterricht genutzt.

Die Erfahrungen der befragten Junglehrpersonen in der berufspraktischen Ausbildung waren sehr unterschiedlich. Eine wichtige Rolle für die Einschätzung spielten die Praxislehrpersonen, die die Studierenden während der Praktika betreuen. Bemängelt wurde von den Junglehrpersonen, dass ihre Praxislehrpersonen teilweise zu wenig Interesse und Zeit für sie investierten und keine konstruktive Kritik anbringen konnten. Sofern Zeit zur Verfügung stand, wurden Unterrichtsbesprechungen insbesondere mündlich und retrospektiv nach dem Unterricht oder am Ende des Tages durchgeführt. Eine schriftliche Reflexion erwähnten lediglich zwei Junglehrpersonen.

Das Ziel der Reflexion sieht die Mehrheit der befragten Lehrpersonen in der Verbesserung oder Optimierung des Unterrichts. Für die meisten Lehrpersonen der Stichprobe dient die Reflexion dazu, die Schwierigkeiten oder Schwachstellen des Unterrichts zu erkennen. Durch die Reflexion auch die positiven Aspekte des Unterrichts und die dahinter liegenden Gründe zu verstehen, wird lediglich von wenigen Lehrpersonen genannt.

Die Umsetzung der Reflexion im Unterrichtsalltag findet bei den meisten der befragten Lehrpersonen individuell und in Gedanken statt. Es wird dafür die Zeit bei der Heimfahrt mit dem Velo oder Bus, eine Zwischenstunde zwischen zwei Schulstunden oder die Mittagspause genutzt. Insbesondere die Junglehrpersonen der Stichprobe äussern teilweise das Bedürfnis, sich mit Kolleginnen und Kollegen oder Bekannten auszutauschen, was sie auf eigene Initiative hin teilweise auch tun. Gemäss den Aussagen der befragten Lehrpersonen erfolgt die Reflexion eher sporadisch und ungeplant. Sie ist wenig strukturiert und geschieht zumeist nach eigenen, persönlichen Kriterien. Eine organisierte und obligatorische kollegiale Hospitation kennen die meisten Lehrpersonen. Die Anzahl solcher Besuche variiert jedoch stark und die Durchführung erscheint wenig strukturiert abzulaufen. Die Hospitation und der gemeinsame Austausch über Unterricht werden von den befragten Lehrpersonen jedoch als sehr wertvoll erachtet und die meisten wünschen sich, dass es in ihrem Kollegium vermehrt Möglichkeiten zur gemeinsamen Unterrichtsreflexion gäbe. Als Grund, weshalb bislang für die Reflexion nicht mehr Zeit und Energie aufgebracht wurde, wird insbesondere der Faktor Zeit genannt. Vor allem die Junglehrpersonen im Berufseinstieg sehen sich mit so vielen Verpflichtungen befasst, dass kaum Zeit für eine strukturierte Reflexion bleibt.

Für viele der befragten Lehrpersonen gibt es auch einige Schwierigkeiten und Stolpersteine. Am meisten genannt wird die Gefahr, bei der Reflexion eine zu einseitige Sicht einzunehmen und dabei entweder zu kritisch oder zu positiv zu verfahren. Die Schwierigkeit ist ausserdem, sich bei der Reflexion auf die wichtigen Punkte zu konzentrieren und das richtige Mass für sich selber finden zu können. Denn nicht nur ein Defizit an Reflexion, sondern auch ein Übermass kann sich gemäss der Meinung der befragten Lehrpersonen negativ auf das eigene Wohlbefinden auswirken.

11 Diskussion

Die vorliegende Arbeit befasst sich mit der Reflexion im Lehrberuf und hat zum Ziel, Erkenntnisse zur Reflexionsfähigkeit und Reflexionspraxis von Lehrpersonen zu gewinnen. In mehreren, jedoch nicht sehr zahlreichen, Studien wurden bereits ähnliche Fragestellungen bearbeitet. Eine Erweiterung zu den bisherigen Studien ist in dieser Untersuchung der Einbezug von verschiedenen Instrumenten der Datenerhebung – (1) Reflexionsbogen Lehrperson, (2) Stimulated Recall Interview, (3) Videografie des Unterrichts, (4) Fragebogen SchülerInnen, (5) Vignette und (6) Fragebogen NEO-FFI – die sowohl eine Fremdbeurteilung wie auch die Selbstbeurteilung durch die Lehrpersonen ermöglichen. Ausserdem wurde durch den Einsatz der unterschiedlichen Instrumente eine Triangulation der Daten angestrebt, durch die ein vertiefter Erkenntnisgewinn erhofft wird. Die Resultate der Auswertungen wurden in den vorangehenden Kapiteln vorgestellt. In diesem abschliessenden Kapitel werden die Ergebnisse unter Bezugnahme auf die Fragestellungen von Kapitel 6 und die methodische Vorgehensweise (vgl. Kapitel 7) diskutiert und Schlussfolgerungen für die Aus- und Weiterbildung von Lehrpersonen und für weiterführende Forschungsarbeiten gezogen.

11.1 Diskussion der zentralen Ergebnisse der Untersuchung

Die Diskussion der Ergebnisse dieser Untersuchung orientiert sich an den in Kapitel 6 formulierten Fragestellungen (1) – (5). Es wird vorerst auf die Bereitschaft und Fähigkeit von jungen und erfahrenen Lehrpersonen zur Reflexion eingegangen. Danach werden Zusammenhänge zwischen der Reflexion, den berufspraktischen Kompetenzen und den Persönlichkeitsmerkmalen der Lehrpersonen diskutiert. Schliesslich werden die Einstellungen der Lehrpersonen zur Reflexion und ihre Vorstellungen dazu erörtert.

11.1.1 Fragestellung (1): Reflexionsbereitschaft junger und erfahrener Lehrpersonen

In diesem Kapitel wird auf die Bereitschaft der Lehrpersonen eingegangen, ihren Unterricht und ihr Handeln im Unterrichtsalltag zu reflektieren. Es werden damit Antworten gegeben auf die in Kapitel 6 formulierte Fragestellung *(1) Reflexionsbereitschaft: Wie gross ist die Bereitschaft von jungen und erfahrenen Lehrpersonen, den eigenen Unterricht zu reflektieren?*
Mit den Instrumenten (1) Reflexionsbogen und (2) Stimulated Recall Interview Teil 2 wurden Junglehrpersonen im ersten Berufsjahr und erfahrene Lehrpersonen dazu befragt, ob und inwiefern sie ihren Unterricht und ihr Handeln reflektieren.

Aus der Auswertung der Daten wird ersichtlich, dass die befragten Lehrpersonen der Meinung sind, dass sie ihren *Unterricht bewusst und regelmässig reflektieren* (vgl. Kapitel 8.1.2 und 10.3). Die Auswertung des Reflexionsbogens zeigt, dass sich die Junglehrpersonen der Stichprobe zum Messzeitpunkt 2 gemäss ihrer persönlichen Einschätzung in der Tendenz etwas mehr der Reflexion widmen als zum Messzeitpunkt 1; die erfahrenen Lehrpersonen der Stichprobe sind im Vergleich zu den Junglehrpersonen eher der Meinung, bewusst und regelmässig zu reflektieren (die Unterschiede sind statistisch jedoch nicht bedeutsam). Die Aussagen der befragten Lehrpersonen im Stimulated Recall Interview zeigen ein sehr ähnliches Bild. Auch hier geben die Lehrpersonen an, sich regelmässig mit dem eigenen Unterricht und pädagogischen Handeln auseinanderzusetzen und darüber zu reflektieren. Insbesondere die befragten Junglehrpersonen sind der Ansicht, dass sie sich in der Ausbildung an der Pädagogischen Hochschule häufig mit der Reflexion beschäftigt haben und dadurch über die nötigen Kenntnisse verfügen, um eine gute Reflexion durchzuführen.

Etwas weniger positiv beurteilen die Lehrpersonen der Stichprobe die kollegiale Reflexion am Arbeitsort. Gemäss den Angaben der befragten Lehrpersonen findet gemeinsame Reflexion im Schulkollegium eher selten statt und ist zumeist wenig koordiniert und strukturiert. Insbesondere die jungen Lehrpersonen der Stichprobe äussern im Stimulated Recall Interview, dass sie gerne vermehrt mit Kolleginnen und Kollegen über Unterricht reflektieren würden. Es ist für sie wichtig, die eigenen Erfahrungen mit jemandem auszutauschen, die positiven wie auch die negativen Erlebnisse mitzuteilen und Rückmeldungen und Einschätzungen von anderen Lehrpersonen einholen zu können. Für die erfahrenen Lehrpersonen, die bereits auf eine langjährige Berufserfahrung zurück blicken, scheint dieser Austausch weniger Bedeutung zu haben. Dieser Befund bestätigt die Annahme, dass der Berufseinstieg für Lehrpersonen neue und teilweise hohe Anforderungen stellt, die individuell oder unter Nutzung von sozialen Ressourcen verarbeitet und bewältigt werden müssen (Keller-Schneider, 2009a).

Gemäss den Angaben der befragten Lehrpersonen im Reflexionsbogen kann ein Zusammenhang zwischen der Beurteilung der individuellen Reflexion und der gemeinsamen Reflexion im Schulkollegium festgestellt werden (vgl. Frage (4.2) bzw. Kapitel 9.2.1). Sowohl Junglehrpersonen wie auch erfahrene Lehrpersonen der Stichprobe, die ihren Unterricht vermehrt selber reflektieren, sind der Meinung, dass in ihrem Lehrerkollegium häufiger gemeinsam reflektiert wird. Der Zusammenhang ist in der Stichprobe der Junglehrpersonen auf dem 1%-Niveau, in der Stichprobe der erfahrenen Lehrpersonen auf dem 5%-Niveau signifikant. Ein weiterer Zusammenhang auf dem 1%-Niveau kann bei den befragten Junglehrpersonen beobachtet werden. Wenn in den Augen der jungen Lehrpersonen der Stichprobe im Kollegium häufig gemeinsam reflektiert wird, besteht weniger der Wunsch, vermehrt über Unterricht zu reflektieren. Gemäss diesen Resultaten besteht zwischen der Wahrnehmung der persönlichen und der kollegialen Reflexion ein Zusammenhang, sie scheinen sich gegenseitig zu beeinflussen.

Die Einschätzungen der Lehrpersonen, wie sie hier berichtet wurden, sind vergleichbar mit Ergebnissen aus anderen Untersuchungen, wie beispielsweise die Grundschulstudie „VERA – Gute Unterrichtspraxis"[19]. Das Projekt knüpft an das in Deutschland flächendeckend durchgeführte Projekt VERA[20] (Vergleichsarbeiten in der Grundschule, Projektleitung Prof. Dr. A. Helmke und Juniorprof. Dr. I. Hosenfeld) an. An einer Teilstichprobe von 54 Klassen wurden die unterrichtlichen Bedingungen des Lernerfolgs in den Fächern Deutsch und Mathematik in der Grundschule analysiert. In der Untersuchung kam auch ein Fragebogen zur Selbstreflexion, der durch die Landauer Forschungsgruppe um Helmke entwickelt worden war, zum Einsatz. Die Ergebnisse zeigen auch hier deutlich, dass die Lehrpersonen ihr persönliches Reflexionsverhalten als sehr positiv einschätzen. So sind 92% der Befragten der Meinung, dass sie sich Zeit nehmen, um den eigenen Unterricht zu reflektieren, 97% der Lehrpersonen versuchen, sich ein klares Bild vom eigenen Unterricht zu machen und alle befragten Lehrpersonen sind der Ansicht, dass die Forderung nach „lebenslangem Lernen" gerade beim Unterrichten erfordert, dass man ständig an sich arbeitet (Helmke, 2009; Helmke, Helmke, Heyne et al., 2007).

Die Aussagen und Einschätzungen der befragten Lehrpersonen zeigen, dass grundsätzlich ein grosses Interesse besteht und auch die Bereitschaft vorhanden ist, sich im Unterrichtsalltag mit der Reflexion von Unterricht zu beschäftigen. Für viele Lehrpersonen der Stichprobe scheint die *Reflexion ein fester Bestandteil ihrer Berufspraxis* zu sein. Insbesondere die jungen Lehrpersonen sind überzeugt, in der Ausbildung die nötigen Kenntnisse dafür erworben zu haben. Die Aussagen der Lehrpersonen machen jedoch auch deutlich, dass *die Reflexion zumeist individuell und wenig strukturiert abläuft.* Als Zeitgefässe werden hauptsächlich Mittagspausen, die Pausen zwischen zwei Unterrichtsstunden oder der Reiseweg vom Schulort nach Hause genutzt. Die Reflexion findet zumeist in Gedanken statt, eine Verschriftlichung wird sehr selten vorgenommen.

Aus den Angaben der befragten Lehrpersonen können wichtige Hinweise auf die Wahrnehmung der Reflexionspraxis im Schulalltag gewonnen werden. Die Aussagen lassen jedoch nur beschränkt Rückschlüsse auf die Qualität der Reflexion zu. Um die Reflexionsfähigkeit der Lehrpersonen besser zu analysieren, wurde

---

19 Weitere Informationen sind unter folgender Website erhältlich: http://www.uni-koblenz-landau.de/landau/fb8/entwicklungspsychologie/Projekte/vera-gup [aufgerufen am 24.5.2013].

20 Weitere Informationen zur Studie sind auf der Projektwebsite erhältlich unter http://veraweb.uni-landau.de/verapub/index.php?id=174 [aufgerufen am 24.5.2013].

deshalb in der vorliegenden Untersuchung eine Fremdbeurteilung vorgenommen. Auf sie wird im nächsten Kapitel eingegangen.

11.1.2 Fragestellung (2) und (3): Reflexionsfähigkeit und ihre Veränderung durch Berufspraxis – Reflexionsfähigkeit unterschiedlich erfahrener Lehrpersonen

In diesem Kapitel geht es um die Fähigkeit der Lehrpersonen, eine Reflexion über ihr unterrichtliches Handeln vorzunehmen. Die nachfolgenden Ausführungen geben Antworten auf die in Kapitel 6 formulierte Fragestellung *(2) Reflexionsfähigkeit und ihre Veränderung durch Berufspraxis: Wie gross ist die Fähigkeit junger Lehrpersonen zur Analyse des eigenen Unterrichts zu Beginn des ersten Berufsjahres? Inwiefern verändert bzw. entwickelt sich diese Fähigkeit während des ersten Berufsjahres?* und *(3) Reflexionsfähigkeit unterschiedlich erfahrener Lehrpersonen: Unterscheiden sich junge und erfahrene Lehrpersonen bezüglich der Fähigkeit zur Selbstreflexion?*

Aus den Aussagen der Lehrpersonen zur Reflexionspraxis im 2. Teil des Stimulated Recall Interviews können erste Angaben zur Qualität der Reflexionspraxis der Lehrpersonen entnommen werden. Die Auswertung zeigt (vgl. Kapitel 10), *dass die befragten Lehrpersonen zumeist für sich alleine in Gedanken über ihren Unterricht reflektieren.* Sie kennen kaum theoretische Hilfsmittel oder schriftliche Dokumente, die sie für die Strukturierung der Reflexion verwenden könnten und halten die Ergebnisse der Reflexion, wie bereits erwähnt, nur sehr selten schriftlich fest. Die Kriterien für die Reflexion werden nach persönlichem Gutdünken festgelegt und ergeben sich zumeist erst in der Reflexion selber. Diese Art der Reflexion wurde in Kapitel 3.3 als offene Reflexion bezeichnet. Obwohl diese Form der Reflexion den Vorteil hat, sehr flexibel und situativ auf die erlebten Handlungen und Geschehnisse eingehen zu können, besteht die Gefahr, sich in der Offenheit zu verlieren und ungeeignete Kriterien auszuwählen (vgl. dazu Jay & Johnson, 2002; Brookfield, 1995). Für die Qualität der Reflexion wäre es deshalb von Vorteil, zumindest teilweise mit theorie- und praxisbezogenen, vordefinierten Kriterien zu arbeiten, die es ermöglichen, zielgerichtet und strukturiert über Unterricht zu reflektieren (vgl. Kapitel 3.3.1). Auch die einseitige Ausrichtung auf die individuelle Selbstreflexion kann negative Konsequenzen für die Güte der Reflexion mit sich bringen. Es ist oft schwierig, sich selbstkritisch im Sinne einer reflexiven Distanz über die Schultern zu schauen und adäquat zu reflektieren. Im Austausch mit Kolleginnen und Kollegen können die eigenen Gedanken und Ideen geklärt und weiterentwickelt sowie andere Ansichten und Meinungen in die Reflexion miteinbezogen werden (Kroath,

2004; Farrell, 2004; Meyer, 2004; Zeichner & Liston, 1996). Durch die einge-
schränkte Variation der Reflexionsprozesse, wie sie in den Aussagen der befragten
Lehrpersonen gefunden werden kann, muss demgemäss bereits eine Einbusse der
Qualität erwartet werden.

Um noch konkretere Aussagen zur Reflexionsfähigkeit der befragten Lehrpersonen machen zu können, wurden die Lehrpersonen gebeten, ihren Unterricht auf
der Grundlage einer videografierten Unterrichtsstunde zu reflektieren. Die Aussagen der Lehrpersonen, die den ersten Teil des Instrumentes (2) Stimulated Recall
Interview ausmachen, wurden auf verschiedene Kriterien hin analysiert (vgl. Kapitel 8.2).

*Die befragten Junglehrpersonen äussern sich in der Reflexion quantitativ etwas
umfangreicher als die befragten erfahrenen Lehrpersonen, jedoch gibt es insgesamt keine generalisierbaren Unterschiede.* Die Aussagen der Lehrpersonen wurden zuerst in Bedeutungseinheiten unterteilt, die danach mit den entsprechenden
Kodes belegt werden konnten (vgl. Kapitel 7.3.3). Einen ersten Hinweis auf die
Beschaffenheit der Reflexionsbeiträge gibt die Auszählung der formulierten Bedeutungseinheiten, d.h. welche Inhalte von den Lehrpersonen angesprochen wurden,
und die Anzahl Wörter. Es wird dabei ersichtlich, dass die befragten Junglehrpersonen zum Messzeitpunkt 1 am meisten Bedeutungseinheiten formulieren, die erfahrenen Lehrpersonen der Stichprobe am wenigsten. Die grösste Anzahl Wörter
enthalten die Bedeutungseinheiten der befragten Junglehrpersonen zum Messzeitpunkt 2, wiederum am wenigsten enthalten diejenigen der erfahrenen Lehrpersonen
der Stichprobe. Obwohl die hier berichteten Unterschiede statistisch nicht bedeutsam sind, scheinen sich in der vorliegenden Stichprobe die Junglehrpersonen quantitativ tendenziell etwas ausführlicher zu äussern als es die erfahrenen Lehrpersonen tun, indem sie etwas mehr und umfangreichere Bedeutungseinheiten aufweisen.

Dieses Ergebnis steht im Gegensatz zu den Befunden von zwei anderen Forschungsprojekten. In den Studien von Sato, Akita und Iwakawa (1993) und Krull,
Oras und Sisask (2007) waren es die erfahrenen Lehrpersonen, die im Vergleich zu
den Novizen quantitativ umfangreichere Reflexionsbeiträge äusserten (vgl. Kapitel
5.3.2). Für diese abweichenden Ergebnisse scheinen zwei Erklärungen plausibel.
Einerseits beruht die vorliegende Untersuchung auf einer kleinen, anfallenden
Stichprobe und es ist deshalb möglich, dass die Ergebnisse durch die kleine Fallzahl beeinflusst bzw. verzerrt sind. Andererseits besteht in der Vorgehensweise der
Datenerhebung ein entscheidender Unterschied. Im Gegensatz zu der vorliegenden
Untersuchung mussten die Lehrpersonen in den oben erwähnten Studien den Unter-
richt einer fremden Lehrperson reflektieren, und nicht den eigenen (vgl. dazu Sei-

del et al., 2011). Es ist durchaus denkbar, dass dieser methodische Unterschied mitverantwortlich für die unterschiedlichen Ergebnisse ist. Bei fremden Videos ist die Distanz grösser, es werden weniger persönliche Emotionen hervorgerufen und die Betroffenheit ist geringer. Bei der Reflexion fremder Videos besteht deshalb eher die Gelegenheit, vielfältige Überlegungen zum Unterricht anzustellen oder Begründungen für den Verlauf des Unterrichts zu suchen (Schnetzler, 2007; Krammer & Reusser, 2005). Expertenlehrpersonen können auf Grund ihrer mehrjährigen Berufserfahrung auf ein grösseres Repertoire zurückgreifen, um solche Überlegungen und Vermutungen anzustellen und zu verbalisieren. Bei der Reflexion des eigenen Unterrichts muss man sich trotz der persönlichen Betroffenheit oder emotionalen Nähe auf die Reflexion einlassen können, was den Junglehrpersonen in der vorliegenden Untersuchung offensichtlich etwas leichter gefallen ist als den erfahrenen Lehrpersonen.

Interessant sind in diesem Zusammenhang zwei Korrelationen auf dem 5%-Signifikanzniveau, die bei den erfahrenen Lehrpersonen der Stichprobe bestehen. Die befragten erfahrenen Lehrpersonen, die in ihrem Kollegium vermehrt Unterricht gemeinsam reflektieren sowie erfahrene Lehrpersonen, die Unterrichtsreflexion als hilfreich für die Unterrichtsentwicklung beurteilen, äusserten sich bei der Reflexion des Unterrichts ausführlicher und formulierten damit längere Reflexionsbeiträge (vgl. Frage (4.3) bzw. Kapitel 9.3). Zu einem ähnlichen Ergebnis kam Hosenfeld (2010). Ihre Untersuchung zeigt, dass Lehrpersonen, die schriftliche Unterrichtsrückmeldungen eher mit Kolleginnen und Kollegen besprechen, eine erhöhte Kooperationsbereitschaft sowie eine hohe Reflexionsbereitschaft aufweisen. Eine erhöhte Kooperation bzw. Kooperationsbereitschaft scheint sich demgemäss auch positiv auf die Reflexionsbereitschaft auszuwirken. Da die in der vorliegenden Untersuchung berichteten Zusammenhänge allerdings nur auf dem 5%-Signifikanzniveau bestehen, bedürfen sie einer weiteren Absicherung und Überprüfung.

Gemäss den hier erläuterten Ergebnissen scheint die Quantität der von den Lehrpersonen formulierten Reflexionsbeiträge von verschiedenen Faktoren abhängig zu sein, sie ist jedoch kein Indiz für die Qualität der Reflexion. Um Aussagen zur Qualität der Reflexionen machen zu können, wurde ihre inhaltliche Beschaffenheit analysiert.

Überlegungen, die den Inhalt der Unterrichtsstunde betreffen, sind in den Reflexionen der befragten Lehrpersonen kaum vorhanden. Ein wichtiger Aspekt der Reflexion betrifft die Aussagen und Überlegungen zur Didaktik, denn über 60% der Reflexionsaussagen der befragten Lehrpersonen sind darauf ausgerichtet. Dies erstaunt nicht, da auch in der Aus- und Weiterbildung der Lehrpersonen an der Pädagogischen Hochschule Zürich der Fokus auf der Didaktik liegt. Interessanterweise nimmt der Anteil der Aussagen, die sich auf die Didaktik beziehen, bei den befragten Junglehrpersonen von Messzeitpunkt 1 zu Messzeitpunkt 2 bedeutsam ab (der Unterschied ist auf dem 5%-Niveau statistisch signifikant). Der Anteil an Aussagen, der sich auf den Inhalt des Unterrichts bezieht, nimmt dafür tendenziell zu und ist bei den erfahrenen Lehrpersonen der Stichprobe am grössten (diese Unterschiede sind statistisch jedoch nicht bedeutsam). Der Anteil bleibt mit durchschnittlich weniger als 10% aller Aussagen jedoch insgesamt sehr gering. Dieses Ergebnis ist insbesondere in der aktuellen öffentlichen Debatte zur Ausbildung an den Pädagogischen Hochschulen interessant, die eher kritisch zu den Defiziten der fachlich inhaltlichen Ausbildung Stellung nimmt (Fahrländer, 2011, 2010). Die Resultate der COACTIV-Studie (Kunter, Baumert, Blum et al., 2011) zeigen ausserdem, dass das Fachwissen der Lehrperson als Bedingung für das fachdidaktische Wissen einzuordnen ist und damit die professionelle Kompetenz der Lehrperson massgeblich beeinflusst. Wichtig scheint in diesem Zusammenhang auch die Erkenntnis, dass deklaratives Wissen die Grundlage einer Handlungsreflexion bildet (Schmelzing, Wüsten, Sandmann et al., 2010; Weinert, 2001a). Ist das inhaltsbezogene fachliche Wissen nur unzureichend vorhanden, findet es bei der Reflexion von Unterricht kaum Anwendung. Aus der vorliegenden Untersuchung könnte demgemäss geschlossen werden, dass das Fachwissen der Lehrpersonen nicht ausreichend ausgebildet ist. Eine stärkere Förderung sowohl der fachlichen Kompetenz sowie der Reflexion von inhaltlichen Aspekten in der Ausbildung ist aus dieser Sicht wünschenswert.

Einen grossen Anteil der Reflexionsbeiträge der befragten Lehrpersonen betreffen weder die Didaktik noch den Inhalt des Unterrichts, sondern wurden bei der Auswertung der Interviews als „Erklärung/Erläuterung" kodiert. Solche Wortmeldungen sind allgemeine Kommentare zum Schulzimmer, zur eigenen Befindlichkeit oder Ähnliches, die den Unterricht, wenn überhaupt, lediglich auf der Oberfläche betreffen. Bei den Junglehrpersonen nimmt dieser Anteil von Messzeitpunkt 1 zu Messzeitpunkt 2 um 9% zu und ist mit 37%, im Vergleich zu den 27% bei den erfahrenen Lehrpersonen, am höchsten (die Unterschiede sind statistisch jedoch nicht bedeutsam). Solche Aussagen sind notwendig und wichtig, um das Erlebte bzw. das im Unterrichtsvideo wahrgenommene Geschehen zu beschreiben und zu verarbeiten. Wie die Auswertungen zeigen, bestehen hier sowohl bei den Junglehrpersonen wie auch bei den erfahrenen Lehrpersonen interindividuelle Unterschiede, die bei den Junglehrpersonen über die beiden Zeitpunkte hinweg relativ konstant bleiben (vgl. Kapitel 8.2.2). Dies ist ein Hinweis darauf, dass das individuelle Bedürfnis, sich mit solchen eher persönlichen Aspekten auseinanderzusetzen, sehr unterschiedlich ausfallen kann (vgl. Fund, Court & Kramarski, 2002).

Sich neben didaktischen und inhaltlichen Fragen auch allgemeinen und persönlichen Aspekten des unterrichtlichen Handelns zu widmen und diese in die Reflexion mit einzubeziehen, scheint für die befragten Lehrpersonen wichtig zu sein und sich in der vorliegenden Stichprobe auch nicht negativ auf die Gestaltung des Unterrichts auszuwirken (vgl. Frage (4.4) bzw. Kapitel 9.4). Es stellt sich aber trotzdem die Frage, wie gross dieser Anteil bei einer Reflexion sein sollte, damit die anderen Aspekte (Inhalt und Didaktik), die sich stärker auf die Gestaltung des Unterrichts beziehen, nicht zu kurz kommen. Um die Qualität des eigenen Handelns bzw. des Unterrichts zu verändern, müssen insbesondere inhaltliche und didaktische Bereiche bearbeitet werden. Mit durchschnittlich 37% bei den Junglehrpersonen zum Messzeitpunkt 2 bzw. knapp 30% bei den erfahrenen Lehrpersonen ist dieser Anteil vergleichsweise hoch.

Für die Ausbildung von Lehrpersonen kann daraus abgeleitet werden, dass es wichtig ist, nicht nur fachliche und didaktische Kompetenzen auszubilden, sondern auch die Reflexion dieser beiden Bereiche in Bezug auf das eigene Wissen, Können und Handeln zu thematisieren und zu üben (Valli, 1997).

In der Reflexion von Unterricht gehen die befragten Lehrpersonen hauptsächlich auf drei Aspekte von Unterrichtsqualität ein: „Qualität der Organisation", „Motivierungsfähigkeit" und „Klassenführung". Bereits seit vielen Jahren wird versucht, die Qualität von Unterricht empirisch zu untersuchen und zentrale Bereiche der Unterrichtsqualität zu klassifizieren. Gemäss Helmke (2009, 2006, 2003) können auf Grund solcher Untersuchungen heute empirisch gesicherte fachübergreifende Merkmale guten Unterrichts definiert werden: Klassenführung, Klarheit und Strukturiertheit, Konsolidierung und Sicherung, Aktivierung, Motivierung, lernförderliches Klima, Schülerorientierung, Kompetenzorientierung, Umgang mit Heterogenität sowie Angebotsvariation. Eine Lehrperson sollte sich nicht nur bei der Planung und Umsetzung des Unterrichts mit solchen Merkmalen auseinandersetzen, sie sollten auch bei der Reflexion von Unterricht Beachtung finden. In Anlehnung an Helmke (2003, 2009) wurden deshalb vierzehn Bereiche von Unterrichtsqualität in die Analyse des Unterrichts sowie der Reflexionsbeiträge miteinbezogen. Es zeigt sich, dass die befragten Lehrpersonen in ihrer Reflexion insbesondere auf drei Bereiche der Unterrichtsqualität eingehen: die „Qualität der Organisation", die „Motivierungsfähigkeit" und die „Klassenführung". Für die Junglehrpersonen der Stichprobe sind ausserdem der „Umgang mit der Unterrichtszeit" und für die erfahrenen Lehrpersonen die „Sachkompetenz" wichtige Bereiche. Die weiteren Aspekte wurden in der vorliegenden Studie sehr selten und nur von einzelnen Lehrpersonen angesprochen (vgl. Kapitel 8.2.3). Eine interessante Beobachtung wurde durch den Gruppenvergleich in Kapitel 9.4 gemacht (vgl. Frage (4.4)). Die Junglehrpersonen, die gemäss Beurteilung durch ExpertInnen (Rating) besser unterrichten, sowie Junglehrpersonen, die eine positive Veränderung des Unterrichts im ersten Berufsjahr aufweisen, sprechen tendenziell mehr und unterschiedlichere Aspekte der Unterrichtsqualität an. Da dieses Ergebnis auf einer sehr kleinen Datenbasis beruht und statistisch nicht belegt ist, muss es mit grossem Bedacht interpretiert werden. Es könnte jedoch dahingehend gedeutet werden, dass es wichtig ist, sich in der Reflexion von Unterricht nicht nur auf einzelne Bereiche zu beschränken, sondern auf verschiedene Aspekte der Unterrichtsqualität zu achten und diese in der Reflexion zu bearbeiten. Ob sich diese Schlussfolgerung an einer grösseren und belastbareren Stichprobe zeigt und in der Berufspraxis auch längerfristig von Bedeutung ist, ist durch weiterführende Studien zu untersuchen.

Auffallend ist ausserdem, dass über 20% der Aussagen der befragten Lehrpersonen keinem der vordefinierten Bereiche der Unterrichtsqualität zugeordnet werden konnten. Solche Aussagen thematisieren Aspekte des Unterrichts, die nur marginalen Einfluss auf die Qualität des Unterrichts haben und oft eher nebensächlich sind. Es stellt sich deshalb auch hier die Frage, ob der Anteil solcher Äusserungen nicht geringer sein sollte, so dass vermehrt Reflexionen zu zentralen Bereichen der Unterrichtsqualität vorgenommen werden könnten.

In der Reflexion von Unterricht liegt der Fokus der befragten Lehrpersonen insbesondere auf der eigenen Person. Ein wichtiges Ergebnis aus der Auswertung der Stimulated Recall Interviews ist die Erkenntnis, dass durchschnittlich rund 80% der Aussagen der befragten Lehrpersonen den Fokus primär auf sich selber richten und nur in rund 20% der Aussagen die Schülerinnen und Schüler im Zentrum der Reflexion stehen. Bei der Reflexion von Unterricht wurde in der vorliegenden Stichprobe insbesondere das Verhalten der Lehrperson thematisiert und weniger auf die Aktivitäten der Schülerinnen und Schüler geachtet. Im Rahmen von aktuellen Trends im Schulsystem, zum Beispiel die zunehmende Integration von Kindern mit besonderen Bedürfnissen, die migrationsbedingte Heterogenität oder die Einführung von altersgemischtem Lernen, werden von Lehrpersonen vermehrt Kompetenzen zur Individualisierung des Unterrichts erwartet. Als Voraussetzung für eine adaptive Lehrkompetenz gelten ein Repertoire von Methoden zur Differenzierung von Unterricht, Sachkompetenz und eine damit verbundene diagnostische Kompetenz als charakteristisch (Lintorf, McElvany, Rjosk et al., 2011; Krammer, 2009; Beck, Baer, Guldimann et al., 2008).

Verschiedene Studien zur Analyse der diagnostischen Kompetenz zeigen, dass Lehrpersonen insgesamt eher geringe Fähigkeiten in der Einschätzung von Schülerleistungen und Schülermerkmalen aufweisen (Spinath, 2005). Die Resultate der vorliegenden Untersuchung knüpfen an solchen Befunden an, indem ersichtlich wird, dass die befragten Lehrpersonen bei der Reflexion des Unterrichts den individuellen Lernprozessen von Schülerinnen und Schülern kaum Beachtung schenken.[21] Interessant ist in dieser Hinsicht auch der durch die Auswertung der Unterrichtsvideos belegte Befund, dass im Unterricht der befragten Lehrpersonen kaum Formen der Differenzierung vorhanden sind (vgl. Kapitel 8.3.1). Dies ist ein Hinweis darauf, dass der Differenzierung und Individualisierung auch bei der Durchführung des Unterrichts wenig Rechnung getragen wird. Tatsächlich zeigt die Analyse der Sichtstrukturen des Unterrichts durch die Kodierung, dass der Unterricht fast ausschliesslich als traditioneller Klassenunterricht mit Einzelarbeit und vereinzelt Partner- oder Gruppenarbeit stattfindet; dies allen Anliegen der theoretischen Ausbildung der Pädagogischen Hochschule zum Trotz (vgl. auch Baer, Kocher, Wyss et al., 2011).

Aus den in Kapitel 9.4 dargestellten Ergebnissen (vgl. Frage (4.4)) wird ersichtlich, dass die Junglehrpersonen der Stichprobe, die ein schlechteres Unterrichtsrating und eine negative Veränderung der Unterrichtsqualität im ersten Berufsjahr aufweisen, sich in ihrer Unterrichtsreflexion vermehrt zu den Schülerinnen und Schülern äussern. Obwohl sich dieses Ergebnis auf eine sehr kleine Datenbasis bezieht und statistisch nicht belegt ist, scheint es den oben formulierten Schlussfolgerungen zu widersprechen. Bei der näheren Betrachtung der Aussagen wurde jedoch ersichtlich, dass sich die Aussagen der Lehrpersonen nicht primär auf die Lernprozesse der Schülerinnen und Schüler beziehen (was wünschenswert wäre), sondern vielmehr Erklärungen für das Fehlverhalten der Schülerinnen und Schüler in der Unterrichtsstunde umfassen.

Eine mögliche Erklärung dieser Ergebnisse liegt allenfalls in der methodischen Vorgehensweise. Die Videoaufnahme des Unterrichts, die der Lehrperson für die Reflexion gezeigt wurde, fokussierte auf das Handeln der Lehrperson. Die Kameraführung war also primär auf die Lehrperson ausgerichtet, und nicht auf die Schülerinnen und Schüler. Dies könnte die Lehrpersonen bei der Reflexion dazu angeleitet haben, insbesondere das eigene Handeln zu thematisieren und weniger auf dasjenige der Schülerinnen und Schüler einzugehen. Diese Begründung kann die gefundenen Ergebnisse etwas relativieren, sie kann sie jedoch kaum vollständig erklären.

Handlungsalternativen für den zukünftigen Unterricht werden in der Reflexion der befragten Lehrpersonen nur selten vorgesehen und konkret formuliert. Ein wichtiger Aspekt der Reflexion von Unterricht wird darin gesehen, aus den Erkenntnissen

---

21 Die Inhalte und die Adäquatheit der Aussagen der Lehrpersonen zum Verhalten der Schülerinnen und Schüler wurden im Rahmen der vorliegenden Untersuchung nicht analysiert.

der Reflexion Konsequenzen für das zukünftige unterrichtliche Handeln abzuleiten. Als besonders gewinnbringend wird ein mehrmaliger Zyklus von Handeln und Reflektieren betrachtet, der es erlaubt, die durch die Reflexion geplanten Handlungsalternativen immer wieder in der Praxis zu erproben und im Anschluss gleichsam wieder zu reflektieren (z.b. Altrichter & Posch, 2007; Korthagen & Vasalos, 2005; Wahl, 2001). Die an der Untersuchung teilnehmenden Lehrpersonen formulierten in rund 80% ihrer Aussagen zur Reflexion des Unterrichts keine Handlungsalternativen. Interessant ist, dass der Anteil an geäusserten Handlungs-alternativen in der vorliegenden Stichprobe mit zunehmender Berufserfahrung tendenziell abnimmt: die Junglehrpersonen zum ersten Messzeitpunkt haben den grössten Anteil, die erfahrenen Lehrpersonen den geringsten; der Unterschied ist statistisch allerdings nicht signifikant (vgl. Kapitel 8.2.5). Gemäss den vorliegenden Resultaten führen die Erfahrungen im Berufsalltag demnach nicht dazu, dass vermehrt nach Handlungsalternativen gesucht wird; es scheint eher, als ob die zunehmende Sicherheit und Routine dazu führt, dass der eigene Unterricht und das Verhalten in der Reflexion weniger kritisch beurteilt wird und ein kleineres Bedürfnis für das Suchen nach bzw. Nennen von Handlungsalternativen besteht.

Eine mögliche Begründung für dieses Verhalten könnte sein, dass junge Lehrpersonen sich aus der Ausbildung noch eher gewohnt sind, sich mit Kolleginnen und Kollegen über Unterricht auszutauschen, das eigene Handeln kritisch zu hinterfragen und alternative Handlungsmöglichkeiten auszuarbeiten. Dies wird, insbesondere im Rahmen der berufspraktischen Ausbildung, von den angehenden Lehrpersonen erwartet. Im Berufsalltag wird dafür jedoch kaum mehr Zeit aufgewendet (Gräsel, Fussangel & Parchmann, 2006). Eine Befragung von rund 800 Lehrpersonen in zwei Deutschschweizer Kantonen hat ergeben, dass lediglich 10% der Lehrpersonen angeben, sich ‚einmal' oder ‚mehrmals pro Woche' mit Kolleginnen und Kollegen über neue Vorgehensweisen im Unterricht auszutauschen (Kunz Heim, Trachsler, Rindlisbacher et al., 2007).

Eine denkbare Erklärung kann auch in der Experten-Novizen-Forschung gefunden werden (vgl. Kapitel 2.3.1). Das explizite Wissen wird in der professionellen Laufbahn zunehmend zu implizitem Wissen umgewandelt, es entwickeln sich Handlungsroutinen und intuitive Situationsverarbeitung. Das gewandte Vorgehen der Lehrperson zeigt sich in der Flüssigkeit ihres unterrichtlichen Handelns und der Klarheit der Stoffdarbietung, dahinter zurück bleiben die bewusste Reflexion und die Berücksichtigung von alternativen Handlungsmöglichkeiten (Messner & Reusser, 2000a; Bromme & Haag, 2008; Bromme, 1997). Sollen Lehrpersonen jedoch nicht einer unwägbaren Praxis ausgeliefert sein, die vor allem durch Routinehandeln gesteuert wird, sollte die Reflexion des eigenen Handelns auch in der fortgeschrittenen Berufslaufbahn zum Repertoire einer Lehrperson gehören (Combe &

Kolbe, 2008) und eine lebenslange berufliche Weiterentwicklung und Professionalisierung ermöglichen (vgl. Kapitel 4.3). Hinweise auf eine positive Auswirkung von Reflexion auf die Unterrichtsentwicklung konnten in der vorliegenden Untersuchung insofern gefunden werden, als die befragten Junglehrpersonen, die vermehrt Handlungsalternativen äusserten, eher eine positive Veränderung der Unterrichtsqualität im ersten Berufsjahr aufweisen (vgl. Frage (4.4) bzw. Kapitel 9.4.2). Dieses Ergebnis muss jedoch auf Grund der beschränkten Datenlage und fehlender statistischer Absicherung mit Bedacht aufgenommen werden; eine Überprüfung mit einer grösseren und belastbareren Stichprobe wäre äusserst interessant.

Theoretische, ethische, moralische oder gesellschaftliche Gesichtspunkte werden in der Reflexion des Unterrichts der befragten Lehrpersonen nicht berücksichtigt. In bisherigen Untersuchungen der Reflexionsfähigkeit von Lehrpersonen wurden unterschiedliche Stufenmodelle von Reflexionsqualität verwendet (vgl. Kapitel 5.2). In Anlehnung an diese Arbeiten wurden in der vorliegenden Untersuchung fünf Formen der Reflexion unterschieden: Deskription, persönliche Erläuterung, theoretische Erläuterung, kritische Erläuterung und ethisch-moralische Erläuterung. Lediglich die ersten zwei Formen, Deskription und persönliche Erläuterung, konnten in den Reflexionen der befragten Lehrpersonen gefunden werden (vgl. Kapitel 8.2.6). Dieser Befund weist darauf hin, dass sich die Lehrpersonen der vorliegenden Stichprobe bei der Reflexion von Unterricht ausschliesslich auf der Mikro-Ebene des Systems bewegen (vgl. Kapitel 3.3.4). Das im Unterricht Erlebte wird nacherzählt und beschrieben, allfällige Erklärungen oder Begründungen erfolgen auf Grund von persönlichen Erfahrungen. Es konnten in keiner Reflexion Bezüge zu theoretischen Aspekten oder die Berücksichtigung von politischen, ethisch-moralischen oder gesellschaftlichen Gesichtspunkten gefunden werden. Obwohl damit die Ergebnisse von bisherigen Untersuchungen bestätigt werden (z. B. Watts & Lawson, 2009; Abou Baker El-Dib, 2007; Fischer, Rieck & Lobemeier, 2008; vgl. auch Schwindt, 2008; Hoffman-Kipp, Artiles & López-Torres, 2003), erscheint das Resultat einigermassen ernüchternd. In der Ausbildung an der Pädagogischen Hochschule liegt ein gewichtiger Aspekt auf dem Lehren und Lernen von theoretischen Kenntnissen. Zumindest bei der Reflexion von Unterricht scheinen diese gemäss den vorliegenden Resultaten jedoch keine Anwendung zu finden. Gerade bei der Reflexion von praktischem Handeln würde die Gelegenheit bestehen, in der Ausbildung erworbenes theoretisches Wissen mit der Praxis zu verknüpfen bzw. das unterrichtliche Handeln theoriebasiert zu begründen und zu erklären (von Felten, 2005; Brookfield, 1995). Die Gründe, weshalb diese Verknüpfung offenbar nicht gelingt, liegen vermutlich in erster Linie in der Ausbildung der Lehrpersonen, die es nicht schafft, den Lehrpersonen die dafür notwendigen Voraussetzungen nachhaltig genug zu vermitteln bzw. auf den Berufsweg mitzugeben. Es fehlt einerseits an Möglichkeiten, die in der Ausbildung erworbenen theoretischen Erkenntnisse gezielt mit praktischen Erfahrungen verknüpfen und reflektieren zu können, andererseits werden ethische, moralische oder gesellschaftliche Aspekte in Bezug auf das Unterrichten in der Ausbildung kaum thematisiert bzw. reflektiert (Hoffmann-Kipp et al. 2003; Etscheidt, Curran & Sawyer, 2012).

Positiv gewertet werden können die Unterschiede zwischen den Lehrpersonengruppen, die in der vorliegenden Studie untersucht wurden (Junglehrpersonen zum ersten und zweiten Messzeitpunkt und erfahrene Lehrpersonen). Der Anteil an rein deskriptiven Aussagen nimmt mit zunehmender Berufserfahrung tendenziell ab, der Anteil an Aussagen mit persönlichen Erläuterungen/Erklärungen nimmt hingegen eher zu. Obwohl diese Unterschiede in der vorliegenden Stichprobe statistisch nicht abgesichert sind, gehen sie in eine ähnliche Richtung wie die Ergebnisse der Studien von Sato, Akita und Iwakawa (1993) und Krull, Oras und Sisask (2007). Erklärbar werden die Resultate mit Erkenntnissen der Experten-Novizen-Forschung, die besagt, dass Experten die wahrgenommenen Situationen vermehrt erklären und interpretieren, während Novizen sie lediglich beschreiben (Bromme, 1992).

Die Selbstbeurteilung des Unterrichts von den Lehrpersonen weicht in der vorliegenden Stichprobe von der Fremdeinschätzung des Unterrichts durch die SchülerInnen und ExpertInnen ab. Eine weitere Möglichkeit, die Reflexionsfähigkeit von Lehrpersonen zu untersuchen, ist der Vergleich von Daten aus unterschiedlichen Perspektiven, zum Beispiel der Schülerinnen und Schüler, der Lehrperson sowie von aussenstehenden Beobachtern. Solche Studien wurden gemäss Clausen (2002) bislang jedoch nur selten durchgeführt, da der Aufwand für solche mehrperspektivischen Analysen hoch ist. Die bisherigen Untersuchungen zeigen eher kritische Befunde. In Studien, die die Beurteilung der Unterrichtsqualität durch SchülerInnen, Lehrpersonen und BeobachterInnen vergleichen, zeigen sich mehrheitlich relativ geringe Zusammenhänge. Erklärt werden diese geringen Übereinstimmungen zumeist durch den Verweis auf Fehlerquellen der Perspektiven, d.h. unter anderem durch Halo-Effekte bei den SchülerInnen, selbstwertdienliche Verzerrungen bei den Lehrpersonen oder durch die eingeschränkte Beobachtungsstichprobe aussenstehender BeobachterInnen (Clausen, 2002). Auch Helmke und Schrader (2006) gehen davon aus, dass bei Unterrichtsbeurteilungen solche Verzerrungen vorhanden sind. Sie sind jedoch der Meinung, dass die blosse Beschreibung des eigenen Unterrichts hinsichtlich der Häufigkeit von bestimmten Merkmalen dadurch nicht beeinflusst werden sollte. Gestützt auf die Daten der DESI-Videostudie[22] zeigen die Autoren, dass die Einschätzungen der Lehrpersonen trotzdem in verschiedenen Bereichen wesentlich von der realen Unterrichtsgestaltung abweichen. Lehrpersonen schätzen sich als erheblich zurückhaltender und schweigsamer ein, als sie es in Wirklichkeit sind und unterschätzen zudem das Ausmass ihrer fragenden Aktivitäten im Unterricht. Diese Ergebnisse beurteilen Helmke und Schrader (2006) dahingehend, dass sich Lehrpersonen offenbar wichtiger Aspekte ihres unterrichtlichen Handelns nicht bewusst sind, weshalb die Autoren eine stärkere Ausrichtung zukünftiger Forschung und Praxis in diese Richtung fordern.

Durch das Erheben unterschiedlicher Daten konnten in der vorliegenden Untersuchung mehrperspektivische Analysen durchgeführt werden, wie sie oben erläutert wurden. Betrachtet man die realen Beurteilungswerte der verschiedenen Personengruppen (SchülerInnen, Lehrpersonen selber und externe ExpertInnen), findet man beachtliche Unterschiede. Wie in den oben erwähnten Studien zeigt sich demnach auch hier, dass zwischen den verschiedenen Gruppen von Beurteilerinnen und Beurteilern, die den Unterricht aus unterschiedlichen Perspektiven betrachten, nur geringe Übereinstimmung besteht (vgl. Frage (4.1) bzw. Kapitel 9.1). Bei der Beurteilung der eigenen Unterrichtsstunde stimmen die Werte der Lehrpersonen nicht mit denen der Schülerinnen und Schüler oder der aussenstehenden ExpertInnen überein. Überdies weichen die Werte der Lehrpersonen bei der Einschätzung der Häufigkeit von bestimmten Merkmalen des Unterrichts von denen der durch die Kodierung festgestellten ab. Die befragten Lehrpersonen schätzen den Anteil an Klassenunterricht sowie an eigener Kommunikation zu hoch ein, den Sprechanteil der Schülerinnen und Schüler dafür zu tief. Durch den Vergleich der Lehrpersonengruppen (junge Lehrpersonen am Anfang und am Ende des ersten Berufsjahres und erfahrene Lehrpersonen) zeigt sich in der vorliegenden Stichprobe tendenziell, dass mit zunehmender Berufserfahrung ein etwas besseres Gespür für den eigenen Unterricht entwickelt wird. Die Abweichungen sind bei den Junglehrpersonen zum Messzeitpunkt 1 am grössten, verringern sich in Messzeitpunkt 2 und sind bei den erfahrenen Lehrpersonen am geringsten. Ob sich dieses Ergebnis in einer grösseren und belastbareren Stichprobe auch zeigt, bleibt zu überprüfen.

11.1.3 Fragestellung (4): Reflexion – Kompetenz – Persönlichkeit

Wie oben erwähnt sind Studien mit mehrperspektivischem Ansatz bislang selten. Bei Studien, die sich mit der Analyse der Reflexionskompetenz beschäftigen, lie-

---

22 Weitere Informationen zum Projekt sind unter folgender Website erhältlich: http://www.uni-koblenz-landau.de/landau/fb8/entwicklungspsychologie/Projekte/desi [aufgerufen am 27.4.2010].

gen (soweit der Autorin bekannt) überhaupt keine Ergebnisse empirischer Untersuchungen mit mehrperspektivischem Ansatz vor. Die vorliegende Untersuchung basiert auf einem solchen mehrperspektivischen Ansatz, indem verschiedene Daten
von unterschiedlichen Personengruppen erfasst wurden. Diese Vorgehensweise erlaubt, nach Zusammenhängen oder Unterschieden zwischen den Datengruppen zu
suchen (vgl. Kapitel 9) und damit einen erweiterten Erkenntnisgewinn zu erlangen.
Gleichzeitig wurde eine explorative Datenanalyse vorgenommen, was, besonders
angesichts der kleinen Stichprobengrösse, einige Einschränkungen mit sich bringt
(vgl. dazu Kapitel 7.5). Die Ergebnisse in diesem Bereich sind deshalb besonders
vorsichtig zu interpretieren und sollten durch weiterführende Studien überprüft und
weiter untersucht werden.

In diesem Kapitel wird auf die in Kapitel 6 formulierte Fragestellung *(4) Zusammenhang Reflexion – Kompetenz – Persönlichkeit: Welche Zusammenhänge
bestehen zwischen der Reflexion der Lehrperson, deren berufspraktischen Kompetenzen und Variablen ihrer Persönlichkeit?* eingegangen. In den nachfolgenden
Kapiteln 11.1.3.1 bis 11.1.3.3 werden die Zusammenhänge, wie sie in der vorliegenden Stichprobe gefunden werden konnten, diskutiert. In jedem der drei Kapitel
wird der Fokus auf einen bestimmten Aspekt gelegt.

Da die Ergebnisse der mehrperspektivischen Analysen auch interessante, ergänzende Informationen zur Beantwortung der Fragen (1) bis (3) liefern, wurden in
den vorangehenden Kapiteln an unterschiedlichen Stelle bereits einige Resultate
der Unterfragen (4.1) bis (4.4) miteinbezogen. Die betreffenden Textstellen wurden
durch die Angabe der entsprechenden Unterfragen gekennzeichnet.

11.1.3.1 Welche Zusammenhänge bestehen zwischen dem Reflexionsverhalten der Lehrperson und der Qualität des Unterrichts?

In der Fachliteratur findet man viele Hinweise darauf, dass die Professionalisierung
im Lehrberuf und die Weiterentwicklung der Unterrichtskompetenzen primär durch
gezielte Reflexion erreicht werden kann (z.B. Altrichter und Posch, 2007; Wahl,
2006, 2001, 1991; Korthagen & Vasalos, 2005; Korthagen, 1992, 1999; Boud, Keogh und Walker, 1988; Schön, 1987). Empirische Untersuchungen, die Belege für
diese Annahmen liefern könnten, sind bislang praktisch nicht vorhanden (Fat'hi &
Behzadpour, 2011). Die Resultate der vorliegenden Studie geben erste Hinweise
darauf.

Untersucht wurde einerseits, ob zwischen dem Reflexionsverhalten der Lehrpersonen und der Qualität ihres Unterrichts (beurteilt durch ExpertInnen und SchülerInnen) Zusammenhänge gefunden werden können (vgl. Frage (4.2) bzw. Kapitel
9.2). *Auf Grund der Resultate der vorliegenden Stichprobe sind keine statistisch*

bedeutsamen Zusammenhänge zwischen der Selbstbeurteilung der Reflexionspraxis der Lehrpersonen im Reflexionsbogen und der Fremdbeurteilung des Unterrichts vorhanden. Bei den befragten Junglehrpersonen besteht jedoch eine positive Korrelation auf dem 5%-Signifikanzniveau zwischen dem Reflexionsverhalten im Stimulated Recall Interview Teil 1 und der Unterrichtsbeurteilung durch ExpertInnen (Rating). Diejenigen Junglehrpersonen, die bei der Reflexion vermehrt über sich selber sprechen, haben eine bessere Beurteilung des Unterrichts. Hier stellt sich die Frage, ob die befragten Lehrpersonen einen besseren Unterricht zeigen, weil sie in der Unterrichtsreflexion vermehrt die eigene Person fokussieren. Dies würde gegen die Annahme sprechen, dass eine effektive Reflexion vermehrt das Verhalten und den Lernprozess der Schülerinnen und Schüler thematisieren sollte (vgl. Kapitel 11.1.2). Eine andere Erklärung für diesen Befund ist, dass die befragten Lehrpersonen in der Reflexion vermehrt die eigene Person fokussieren, weil sie eine gute Unterrichtsstunde gezeigt haben. Diese Begründung scheint aus zwei Gründen plausibler zu sein. Lehrpersonen, die einen guten Unterricht gezeigt haben, haben den Unterricht wie auch das Verhalten von Personen positiver eingestuft. Es ist zu vermuten, dass sie die positiven Zuschreibungen eher auf ihr eigenes Verhalten zurückführen als auf dasjenige der Schülerinnen und Schüler, und demgemäss in der Reflexion auch vermehrt über sich selber sprechen. Ausserdem besteht die Korrelation nur bei den Junglehrpersonen der Stichprobe, nicht aber bei den befragten erfahrenen Lehrpersonen. Sollte eine Fokussierung in der Reflexion auf die eigene Person längerfristig einen positiven Einfluss auf die Qualität des Unterrichts ausüben, müsste dies auch bei den erfahrenen Lehrpersonen der Stichprobe mit mehreren Jahren Berufserfahrung erkennbar sein.

Eine zweite Analyse wurde durch die in Kapitel 9.4 (vgl. Frage (4.4)) beschriebene Gegenüberstellung von hoher und niedriger Unterrichtsqualität vorgenommen. Es wurde untersucht, inwiefern die Junglehrpersonen, die eine gute Beurteilung ihres Unterrichts durch die ExpertInnen (Rating) erhalten haben, sich bezüglich Reflexion, Planungswissen und Persönlichkeitsvariablen von denjenigen mit einer schlechteren Beurteilung unterscheiden. Die Datenauswertungen ergaben diesbezüglich keine signifikanten Unterschiede zwischen den beiden Personengruppen. Trotzdem können die Resultate Hinweise auf mögliche Beziehungen geben, die durch weiterführende Studien überprüft werden könnten. Es hat sich gezeigt, dass Junglehrpersonen der Stichprobe, die qualitativ besser unterrichten, zwei Items im Reflexionsbogen tendenziell positiver beurteilen: „Gefilmte Unterrichtsstunden können hilfreich für die Reflexion sein" und „Unterricht wird in meinem Lehrerkollegium häufig gemeinsam reflektiert". Für beide Zusammenhänge können auch in der Literatur Hinweise gefunden werden.

Für den ersten Zusammenhang gibt es Entsprechungen in der Untersuchung von Hosenfeld (2010). Sie konnte zeigen, dass das Interesse von Lehrpersonen, per Video etwas über verschiedene Unterrichtsaspekte zu erfahren, in positivem Zusammenhang mit allen drei Unterrichtsentwicklungsstufen („Rezeption", „Reflexion" und „Aktion") steht, wobei der Einfluss besonders deutlich auf das Ausmass an Reflexion ist. Wenn die Erwartungen der Lehrpersonen bezüglich des Lernpotenzials des Unterrichtsvideos erfüllt wurden, dachten sie eher über ihren Unterricht nach und waren eher bereit, daran etwas zu verändern. Die Einstellung gegenüber videografierten Unterrichtslektionen hat demgemäss Einfluss auf das unterrichtsbezogene Handeln der Lehrperson.

Sofern die Wahrnehmung der Junglehrpersonen beim zweiten Item der effektiven Reflexionspraxis entspricht, ist dies ein Hinweis darauf, dass eine funktionierende Reflexionskultur in einem Schulkollegium bei jungen Lehrpersonen einen günstigen Einfluss auf die Unterrichtsgestaltung ausüben kann. Dieses Ergebnis ist mit den Erkenntnissen der Forschung zu professionellen Lerngemeinschaften vereinbar, die zeigt, dass die Zusammenarbeit unter Lehrpersonen sich positiv auf das Arbeiten von Lehrpersonen auswirken kann. Die Zusammenarbeit führt dazu, dass Lehrpersonen neue Ideen und Methoden austauschen, sich gemeinsam für das Lernen der Schülerinnen und Schüler verantwortlich fühlen und besser auf deren Bedürfnisse eingehen können. Die Unterrichtspraxis der Lehrpersonen kann sich dadurch verbessern, die Schulentwicklung wird angeregt (Gräsel, Fussangel & Pröbstel, 2006; Hadar & Brody, 2010).

Werden Handlungen oder Ereignisse in der Reflexion lediglich beschrieben, wurde dies in bisherigen Studien als ein geringes Reflexionsniveau bezeichnet. Eine qualitativ bessere Reflexion bezieht auch Erklärungen und Erläuterungen in die Aussagen mit ein (vgl. Kapitel 5.2). Eine Bestätigung dieser Annahmen kann in den Auswertungen der vorliegenden Studie gefunden werden: Es zeigt sich, dass Junglehrpersonen, die beurteilt durch ExpertInnen (Rating) besser unterrichten, in der Tendenz vermehrt persönliche Erläuterungen/Erklärungen äussern und eher weniger rein deskriptive Aussagen machen. Zu überprüfen bleibt, ob dieses Resultat auch in einer grösseren und belastbareren Stichprobe gefunden bzw. statistisch abgesichert werden kann.

11.1.3.2 Welche Zusammenhänge bestehen zwischen dem Reflexionsverhalten der Lehrperson und dem Planungswissen?

Die Planung des Unterrichts steht in direktem Zusammenhang mit der Reflexion von Unterricht, da die durch Reflexion gewonnenen Erkenntnisse in die Planung der zukünftigen Lektionen einfliessen können und auch sollten (Altrichter & Posch, 2007).

Sowohl bei der Reflexion als auch bei der Planung von Unterricht sind didaktische Überlegungen für die Lehrpersonen der vorliegenden Stichprobe wichtig (vgl. Kapitel 9.2.2.7). Dies scheint wenig verwunderlich, da im Studium an der Pädagogischen Hochschule ein Schwergewicht auf der didaktischen Ausbildung liegt. *Die Klassenführung wurde von den befragten Lehrpersonen hingegen in der Planung wie auch in der Reflexion von Unterricht viel weniger thematisiert.* Nach Helmke (2009) scheint dieser Befund nicht erstaunlich, denn gemäss seinen Erkenntnissen führt die Klassenführung sowohl in der Lehrerausbildung wie auch in der Forschung ein Schattendasein. Forschungsresultate aus anderen Studien belegen ausserdem, dass beim Thema „Klassenführung" gravierende Defizite im Wissen und im Handlungsrepertoire von Lehrpersonen vorhanden sind. Es ist demgemäss nicht verwunderlich, dass die Lehrpersonen in der vorliegenden Studie der Klassenführung sehr wenig Aufmerksamkeit zukommen liessen. Gemäss Helmke (2009) kommt dem Thema jedoch grosse Bedeutung zu, da eine effiziente Klassenführung eine unabdingbare Voraussetzung für anspruchsvollen Unterricht ist und ein wesentlicher Faktor für die Lehrergesundheit darstellt. Es ist deshalb wünschenswert, dass das Thema in der Aus- und Weiterbildung von Lehrpersonen vermehrt thematisiert wird, so dass sich das Wissen und Können in diesem Bereich erweitert und auch in der Planung und Reflexion von Unterricht Anwendung findet.

In zwei Bereichen weichen die Ergebnisse des Vignetten-Tests von jenen im Stimulated Recall Interview Teil 1 ab. Gemessen an den prozentualen Anteilen werden die Sachkompetenz und die Diagnostik bei der Planung von Unterricht recht häufig erwähnt, bei der Reflexion des Unterrichts finden diese beiden Bereiche jedoch nur selten Erwähnung. Anscheinend sind für die befragten Lehrpersonen insbesondere bei der Planung von Unterricht Überlegungen zu den Sachinhalten sowie zum Vorwissen und Verständnis der Schülerinnen und Schüler wichtig. Dies scheint verständlich, da Lehrpersonen sich bei der Vorbereitung über die zu unterrichtenden Sachinhalte sowie den Lernstand von Schülerinnen und Schülern informieren sollten. Erstaunlich ist jedoch, *dass die Diagnostik bei den befragten Lehrpersonen in der Reflexion von Unterricht so wenig Beachtung findet,* da gerade in der Nachbereitung des Unterrichts wichtige Erkenntnisse für die Planung und Durchführung zukünftiger Unterrichtsstunden gewonnen werden könnten. Eine mögliche Erklärung für diesen Befund ist, dass Lehrpersonen zwischen der Reflexion als Nachbereitung und den Gedanken zur Vorbereitung einer Unterrichtsstunde unterscheiden und diagnostische Überlegungen nur bei der Vorbereitung des Unterrichts vornehmen. Viel eher scheint der Befund jedoch darauf hinzuweisen, dass die Diagnostik in der Ausbildung der Lehrpersonen eine untergeordnete Rolle spielt und darauf insbesondere bei der Reflexion von Unterricht wenig geachtet wird. Verschiedene Studien belegen denn auch, dass die diagnostischen Fähigkeiten von Lehrpersonen eher schwach sind (z.b. Helmke, 2009; McElvany et al., 2009; Spinath, 2005). Die grosse Bedeutung, die der pädagogischen Diagnostik in der Schulpraxis beigemessen wird (z.b. Baumert und Kunter, 2006; Lintorf, McElvany, Riosk et al., 2011; Helmke, 2009, McElvany et al., 2009), scheint sich in der vorliegenden Untersuchung zu bestätigen, indem Junglehrpersonen mit besseren Werten im Bereich Diagnostik des Vignetten-Tests auch qualitativ tendenziell besser unterrichten (gemessen durch die Fremdbeurteilung der Unterrichtsqualität mittels Rating) (vgl. Kapitel 9.4.1). Gemäss den vorliegenden Resultaten scheinen in der Aus- und Weiterbildung auch in diesem Bereich Defizite vorhanden zu sein.

11.1.3.3 Welche Zusammenhänge bestehen zwischen dem Reflexionsverhalten der Lehrperson und den Persönlichkeitsmerkmalen?

In der theoretischen Literatur sowie einigen empirischen Untersuchungen finden sich Hinweise darauf, dass das Reflexionsverhalten von bestimmten kognitiven und persönlichen Voraussetzung der Person abhängt (vgl. Kapitel 3.4). Um Angaben zur Persönlichkeit der Lehrpersonen erfassen zu können, wurde in der vorliegenden Untersuchung der NEO-FFI Persönlichkeitstest eingesetzt. Mit dem NEO-FFI werden die fünf Hauptdimensionen der Persönlichkeit erfasst: Neurotizismus, Extraversion, Offenheit für Erfahrung, Verträglichkeit und Gewissenhaftigkeit. *Die Analyse der Daten zeigt, dass in der vorliegenden Stichprobe in verschiedenen Bereichen Zusammenhänge zwischen dem Reflexionsverhalten und den Persönlichkeitsmerkmalen bestehen, allerdings entsprechen diese häufig nicht den Erwartungen.*

Gemäss den Ausführungen von Dewey (1933) sollte eine Lehrperson bereit sein, sich unvoreingenommen auf eine Situation einzulassen, offen für neue Ideen oder Gedanken sein und für die Lösung von Problemen neue oder andere Wege in Betracht ziehen können. Dewey benannte diese Persönlichkeitseigenschaften als „open-mindedness" und sah in ihnen eine Voraussetzung für die Reflexion (vgl. Kapitel 3.4). Im Fragebogen NEO-FFI werden solche Persönlichkeitsmerkmale hauptsächlich durch die Dimension „Offenheit für Erfahrung" erfasst. *Aus den Daten dieser Untersuchung können zu den Überlegungen von Dewey allerdings kaum Belege gefunden werden.* Zwischen der Skala „Offenheit für Erfahrung" und der Selbstbeurteilung der Reflexionspraxis der befragten Lehrpersonen im Reflexionsbogen besteht kein Zusammenhang. Ein Zusammenhang besteht jedoch zwischen der Skala „Offenheit für Erfahrung" und der Fremdbeurteilung der Reflexion im Stimulated Recall Interview Teil 1. Sowohl die jungen wie die erfahrenen Lehrpersonen der Stichprobe, die niedrigere Werte in der Dimension „Offenheit für Erfahrung" haben, machten in der Reflexion vermehrt Aussagen zu den Sachinhalten. Die Korrelationen sind für beide Lehrpersonengruppen auf dem 5%-Niveau signifikant und sollten deshalb vorsichtig interpretiert werden (vgl. Frage (4.2) bzw. Kapitel 9.2.2.2). Der Zusammenhang ist schwierig zu interpretieren. Wie die Ergebnisse von Kapitel 8.2.2 zeigen, beschäftigen sich die befragten Lehrpersonen in der Reflexion eher selten mit sachlichen Inhalten. Die Lehrpersonen thematisieren in ihrer Reflexion vielmehr die Didaktik oder geben allgemeine Erklärungen/Erläuterungen ab. Da die Dimension „Offenheit für Erfahrung" Eigenschaften wie hohe Wertschätzung für neue Erfahrungen und Abwechslung, Wissbegierde oder Kreativität umfasst, wäre zu erwarten, dass sich Personen mit diesbezüglich hohen Werten in der Reflexion eher mit Aspekten des Unterrichts beschäftigen, die sonst weniger Erwähnung finden (und die in der Ausbildung wenig Aufmerksamkeit erfahren; vgl. dazu auch Kapitel 11.1.2). Es wäre sehr interessant zu prüfen, ob die in der vorliegenden Stichprobe gefundenen Zusammenhänge auch in einer grösseren und belastbareren Stichprobe vorhanden sind.

Erwartungswidrig und weiter zu überprüfen sind auch die folgenden Ergebnisse. Die Skala „Gewissenhaftigkeit" erfasst Persönlichkeitsbereiche wie Anstrengungsbereitschaft, Ehrgeiz und Disziplin. Diejenigen Junglehrpersonen der Stichprobe, die in dieser Skala hohe Werte aufweisen, äusserten sich im Stimulated Recall Interview Teil 1 quantitativ weniger ausführlich (vgl. Kapitel 9.2.2.1). Dieser Zusammenhang besteht lediglich auf einem Alpha-Fehlerniveau von 0.056 und ist damit statistisch knapp nicht signifikant. Trotzdem ist das Ergebnis erstaunlich, da hier eher eine positive als eine negative Korrelation zu erwarten wäre. Ob sich dieser Zusammenhang auch in einer grösseren und belastbareren Stichprobe zeigt und wie dieser zu erklären ist, müsste in weiterführenden Studien untersucht werden.

Auch bei den erfahrenen Lehrpersonen der Stichprobe entsprechen zwei vorhandene Korrelationen nicht den Erwartungen. Die erfahrenen Lehrpersonen, die eher der Meinung sind, dass gefilmte Unterrichtsstunden hilfreich für die Reflexion sein können, haben höhere Werte beim Persönlichkeitsmerkmal „Neurotizismus" ($p=0.032$), und erfahrene Lehrpersonen, die die Reflexionspraxis im Schulkollegium als eher hoch einschätzen, haben tiefere Werte im Merkmal „Extraversion" ($p=0.059$) (vgl. Kapitel 9.2.1). Auch hier sind die Korrelationen auf Grund der gemessenen Signifikanzwerte vorsichtig zu interpretieren; für beide Zusammenhänge wären zudem eher die gegenteiligen Korrelationen zu erwarten. Eine Überprüfung dieser Resultate scheint deshalb notwendig und sinnvoll.

Schwierig zu deuten sind drei weitere Ergebnisse bei den erfahrenen Lehrpersonen der Stichprobe, die alle die Skala „Verträglichkeit" betreffen. Diejenigen Lehrpersonen, die diesbezüglich hohe Werte aufweisen, formulierten mehr elaborierte Handlungsalternativen ($p=0.006$) und nannten seltener keine Handlungsalternativen (p=0.028) (vgl. Kapitel 9.2.2.5); zudem machten sie weniger erklärend/erläuternde Aussagen (p=0.006) (vgl. Kapitel 9.2.2.2). Mit den Daten der vorliegenden Untersuchung können diese Ergebnisse nicht zufriedenstellend erklärt werden und es bedarf weiterer Untersuchungen für eine adäquate Interpretation.

Zwei Ergebnisse bei den befragten Junglehrpersonen sind hingegen gut nachvollziehbar. Beide betreffen die Skala „Gewissenhaftigkeit". Junge Lehrpersonen der Stichprobe, die in diesem Bereich höhere Werte aufweisen, beurteilen das Verhalten von Personen weniger neutral/deskriptiv (vgl. Kapitel 9.2.2.3). Der Zusammenhang ist mit einem Alpha-Fehlerniveau von 0.056 statistisch knapp nicht bedeutsam, ist an sich jedoch gut nachvollziehbar und erklärbar. Da „Gewissenhaftigkeit" Persönlichkeitseigenschaften wie Anstrengungsbereitschaft, Disziplin und Ehrgeiz umfasst, ist durchaus verständlich, dass Lehrpersonen mit hohen Ausprägungen in diesen Bereichen das Verhalten von Personen kritisch beurteilen und damit weniger auf der beschreibenden Ebene bleiben. Ausserdem berichten junge Lehrpersonen der Stichprobe mit hohen Werten beim Merkmal „Gewissenhaftigkeit", dass sie ihren Unterricht vermehrt bewusst und regelmässig reflektieren (p=0.05) (vgl. Kapitel 9.2.1). Auch dieser Zusammenhang ist nachvollziehbar.

Ein weiteres Resultat, das nicht erstaunt, liegt im Vergleich der befragten Junglehrpersonen mit unterschiedlichen Werten der Unterrichtsqualität (vgl. Frage (4.4) bzw. Kapitel 9.4). Die jungen Lehrpersonen, die bei der Fremdbeurteilung durch ExpertInnen (Rating) eine höhere Beurteilung der Unterrichtsqualität haben und bei denen eine positive Veränderung der Unterrichtsqualität im ersten Berufsjahr erkennbar ist, weisen bei den Skalen „Extraversion" und „Offenheit für Erfahrung" tendenziell höhere Werte auf (das Ergebnis ist statistisch jedoch nicht abgesichert). Beide Persönlichkeitsaspekte zeichnen sich aus durch Empfänglichkeit für Anregungen und Wertschätzung für neue Erfahrungen, Wissbegierde, Optimismus und Gesprächigkeit, was gute Voraussetzungen sind, sich kritisch mit dem eigenen Unterricht auseinander zu setzen und eine Weiterentwicklung anzustreben (vgl. Mayr, 2007).

Drei weitere interessante Ergebnisse, die die Persönlichkeit betreffen, sollen nachfolgend ebenfalls erwähnt werden. *Der Vergleich der Testergebnisse des NEO-FFI zeigt in der vorliegenden Stichprobe insgesamt nur geringe und nicht generalisierbare Unterschiede zwischen den jungen und den erfahrenen Lehrpersonen,* geringfügige Differenzen sind jedoch in drei Dimensionen ersichtlich (vgl. Kapitel 8.6). In der vorliegende Stichprobe zeigen erfahrene Lehrpersonen tendenziell grössere Ordnungsliebe, Zuverlässigkeit und Disziplin, junge Lehrpersonen sind hingegen eher ängstlich, nervös und unsicher, aber auch verständnisvoller und mitfühlender. Dieses Ergebnis könnte unter anderem begründen, weshalb sich die befragten Junglehrpersonen in der Selbstbeurteilung ihres Unterrichts im Reflexionsbogen insgesamt kritischer einschätzen als die erfahrenen Lehrpersonen, von den Schülerinnen und Schülern ihrer Klasse aber tendenziell bessere Bewertungen erhalten. Die Unterrichtsqualität der erfahrenen Lehrpersonen wird in der Fremd-beurteilung durch die ExpertInnen hingegen in den Dimensionen „Instruktionseffi-zienz" und „Klarheit und Strukturiertheit" etwas besser beurteilt als diejenige der Junglehrpersonen. Auf Grund der fehlenden statistischen Absicherung ist auch in diesem Bereich eine weitere Überprüfung notwendig, weiterführende Untersu-chungen mit grösseren und belastbareren Stichproben wären sehr aufschlussreich.

Es fällt auf, dass in der vorliegenden Stichprobe viele Zusammenhänge zu den Persönlichkeitsaspekten, die mit dem Fragebogen NEO-FFI erfasst wurden, vor-handen sind. Durch vertiefende Analysen wurde überprüft, ob die Zusammenhänge allenfalls durch die eingeschränkte Varianz bzw. zusammenfallende Werte (ties) bedingt sind; es konnten jedoch keine Unregelmässigkeiten festgestellt werden. Es bleibt die Erkenntnis, dass die Zusammenhänge teilweise entgegen den Erwartun-gen ausgefallen und schwer interpretierbar, und damit wenig aufschlussreich sind. Zu einem vergleichbaren Schluss ist auch von Felten (2005) in ihrer Untersuchung des reflexiven Praktikums gekommen. Die Frage, ob Persönlichkeitsmerkmale der Studierenden mit der Wirkung des reflexiven Praktikums zusammenhängen, konnte sie nur unzureichend beantworten. Ihre Analyse ergab keine signifikanten Korrela-tionen, wo solche zu erwarten wären, oder widersprüchliche Zusammenhänge, die schwer zu interpretieren sind. Eine mögliche Erklärung für diese Ergebnisse liegt möglicherweise in der methodischen Vorgehensweise. Denkbar ist, dass die einge-setzten Instrumente die zu untersuchenden Konzepte zu wenig genau erfassen und Zusammenhänge dadurch nicht sinngemäss erfasst werden können. *Es wäre des-halb besonders wünschenswert, wenn die Ergebnisse der vorliegenden Untersu-chung durch weiterführende Studien überprüft und elaboriert würden.*

11.1.4 Fragestellung (5): Einstellungen zur und Vorstellungen von Reflexion

Dieses Kapitel geht der in Kapitel 6 formulierten Fragestellung *(5) Einstellungen zu und Vorstellungen von Reflexion: Welche Einstellungen zur und Vorstellungen von Unterrichtsreflexion haben junge und erfahrene Lehrpersonen?* nach.

Alle Lehrpersonen, die an der Untersuchung teilgenommen haben, haben insge-samt eine sehr positive Einstellung zur Reflexion: Die Reflexion wird von den be-fragten Lehrpersonen als wichtiges Instrument der professionellen Arbeit betrachtet und ist ein fester Bestandteil der alltäglichen Unterrichtspraxis. Bei den Junglehr-personen ist die Reflexion ausserdem ein Begriff, den sie in der Ausbildung an der Pädagogischen Hochschule oft gehört und bearbeitet haben, und demgemäss herrscht die Überzeugung vor, dass die Reflexionsfähigkeit ausreichend geübt und angeeignet wurde. Sich selber beim Unterrichten auf Video zu betrachten und darüber zu reflektieren, ist für die allermeisten befragten Lehrpersonen auch nichts Unangenehmes, sondern wird als Teil der professionellen Lehrerarbeit betrachtet (vgl. Kapitel 10 und Kapitel 11.1.1). Zu bemerken ist hierzu, dass dieses Ergebnis mit der freiwilligen Teilnahme der Lehrpersonen zusammenhängen könnte, die wussten, dass Videoaufnahmen des eigenen Unterrichts gemacht werden. Für einige der angefragten Lehrpersonen waren die geplanten Videoaufnahmen ein Grund, sich gegen die Teilnahme an der Untersuchung zu entschieden. Offensichtlich sind nicht alle Lehrpersonen positiv gegenüber Unterrichtsaufnahmen eingestellt.

Das Ziel der Reflexion wird von den befragten Lehrpersonen insbesondere darin gesehen, den eigenen Unterricht zu verbessern. Durch die Reflexion soll aufgedeckt werden, was im Unterricht gut oder weniger gut gelungen ist, um daraus Konsequenzen für das zukünftige Handeln abzuleiten. Der Fokus der befragten Lehrpersonen liegt somit hauptsächlich auf der Verbesserung der Qualität des Unterrichts. Wie in Kapitel 4.3 ausgeführt wurde, ist die Reflexion jedoch auch für weitere Aspekte von Bedeutung. Sie dient beispielsweise dazu, sich über die Hintergründe und Ziele der eigenen Handlung bewusst zu werden und diese gegenüber von Drittpersonen darzulegen, sich selber, die eigenen Ansichten und Fähigkeiten besser kennen zu lernen und dadurch die Grenzen des eigenen Handelns zu erkennen, neue, erweiterte Sichtweisen einzunehmen und sich dadurch bei der Arbeit längerfristig wohl zu fühlen (z.B. Dauber, 2006; Brookfield, 1995; Stokking et al., 2003). Aus den Aussagen der befragten Lehrpersonen im Stimulated Recall Interview Teil 2 wird ersichtlich, dass solche Bereiche der Reflexion in der Aus- oder Weiterbildung kaum thematisiert wurden.

Kritisch angemerkt wird von den Lehrpersonen der Stichprobe, dass im Unterrichtsalltag zumeist wenig Zeit für die Reflexion vorhanden ist. Dies einerseits, weil kaum institutionalisierte Gefässe für die Reflexion zur Verfügung stehen, zum anderen, weil der Alltag mit vielen anderen Aufgaben und Pflichten beladen ist, dass für eine gezielte Reflexion kaum mehr Zeit oder Energie aufgewendet werden kann. Die Reflexion findet deshalb, wenn überhaupt, häufig auf dem Heimweg oder beim Mittagessen mit Kolleginnen und Kollegen o.ä. statt. Viele der befragten Lehrpersonen bedauern diesen Zustand und wünschen sich, dass vermehrt Möglichkeiten für kollegiales Reflektieren, beispielsweise beim Besprechen von Unterricht oder bei Unterrichtshospitationen, vorhanden wären.

Die Studie von Kunz Heim, Trachsler, Rindlisbacher et al. (2007) belegt, dass Unterrichtshospitationen noch wenig verbreitet sind. Lediglich 4.8% der rund 800 befragten Lehrpersonen besuchen und besprechen Unterricht gegenseitig ‚einmal pro Monat' oder häufiger. Die restlichen Lehrpersonen geben an, solche Hospitationen allenfalls ‚mehrmals pro Jahr' (36.1%), ‚einmal pro Jahr' (28.4) oder ‚fast nie/nie' (30.7%) durchzuführen. Die Studien von Kreis (Kreis & Staub, 2009; Kreis, Lügstenmann & Staub, 2008) bestätigen hingegen, dass Lehrpersonen durchaus bereit sind, vermehrt Unterrichtsbesuche und -besprechungen durchzuführen. Allerdings scheinen zusätzlichen Zeitgefässe allein für die vermehrte kollegiale Zusammenarbeit nicht auszureichen. Vielmehr gab die in der Studie durchgeführte Weiterbildung den Anstoss dafür. Das blosse Zur-Verfügung-Stellen und Institutionalisieren von Zeiträumen für die individuelle und kollegiale Reflexion wird ohne entsprechende Anregungen von Drittpersonen, beispielsweise durch schulinterne Weiterbildung durch Erwachsenenbildner oder die Schulleitung, kaum zum erwünschten Ziel führen.

Die befragten Lehrpersonen sehen in der Reflexion auch Schwierigkeiten oder Gefahren. So wird von einigen Lehrpersonen der Stichprobe auf die Gefahr hingewiesen, sich zu oft oder zu stark mit dem Unterricht auseinanderzusetzen, sich dadurch zu wenig von den beruflichen Problemen abgrenzen zu können. Wenn sich eine Lehrperson zu einseitig oder nur mit den negativen Erfahrungen aus dem Unterricht beschäftigt und das eigene Handeln zu kritisch beurteilt, könnten sich daraus ungute Entwicklungen ergeben, die zu Burn-out führen können. Die Schwierigkeit wird insbesondere darin gesehen, die wichtigen Kriterien für die Reflexion zu finden und sich nicht immer auf die gleichen Kriterien zu beschränken. Die Aussagen der befragten Lehrpersonen sind sehr gut nachvollziehbar, denn sie stellen wichtige Aspekte der Reflexion dar, die es zu beachten gilt. In der Aus- und Weiterbildung sollten genau solche Schwierigkeiten und Gefahren erkannt, bearbeitet und ihnen entgegengewirkt werden.

11.1.5 Fazit zur vorgefundenen Reflexionspraxis der jungen und erfahrenen Lehrpersonen

In der vorliegenden Untersuchung wurde versucht, auf der Grundlage verschiedener Analyseinstrumente ein mehrperspektivisches Bild über die Reflexionspraxis von Lehrpersonen zu zeichnen. Die gewonnenen Erkenntnisse umfassen einige positive Befunde, die meisten Befunde sind jedoch als eher kritisch zu beurteilen.

Sehr erfreulich sind die positiven Einstellungen, die die befragten Lehrpersonen gegenüber der Reflexion von Unterricht äussern. Die Lehrpersonen sind grundsätzlich der Ansicht, dass die Reflexion ein wichtiger Bestandteil der Lehrerarbeit ist und zu einer verbesserten Unterrichtsqualität und Unterrichtsentwicklung beiträgt. Laut ihren Angaben gehört die Reflexion zu den alltäglichen Arbeiten und die Reflexion von Unterricht wird regelmässig und bewusst vorgenommen. Die Mehrheit der befragten Lehrpersonen wünscht sich bessere Voraussetzungen und Möglichkeiten für die gemeinsame Reflexion mit Kolleginnen und Kollegen, die im Berufsalltag eher zu kurz kommt. Obwohl einige Lehrpersonen kritisch anmerken, dass auf Grund der vielfältigen Verpflichtungen manchmal die Zeit und Energie für eine bewusste Reflexion fehlt, scheinen gemäss den vorliegenden Resultaten die motivationalen und volitionalen Voraussetzungen für eine gelingende Reflexionspraxis grundsätzlich vorhanden zu sein.

Ein kritischeres Fazit muss gegenüber der vorgefundenen Qualität der Reflexion gezogen werden. Die Reflexion der befragten Lehrpersonen findet meistens individuell, häufig eher zufällig und wenig strukturiert statt. Es fehlt den Lehrpersonen der vorliegenden Stichprobe an klaren Vorstellungen (Konzepten, Begriffen, Theorien) über das Unterrichten und besonders das Lernen der Schülerinnen und Schüler. Die Reflexion wird sehr breit aufgefasst, Kenntnisse über mögliche Kriterien, Ziele und Inhalte der Reflexion sind nur ansatzweise vorhanden. So bleibt die Reflexion der befragten Lehrperson häufig auf einem rein beschreibenden Niveau stehen, die Inhalte sind einseitig auf einzelne Aspekte des Unterrichts ausgerichtet, das Lernen der Schülerinnen und Schüler wird kaum thematisiert und alternative Handlungsmöglichkeiten werden zumeist nicht vorgesehen.

Orientiert man sich nach dem Kompetenzbegriff von Weinert (2001b, S. 27f), den er definiert als „die bei Individuen verfügbaren oder durch sie erlernbaren kognitiven Fähigkeiten und Fertigkeiten, um bestimme Probleme zu lösen, sowie die damit verbundenen motivationalen, volitionalen und sozialen Bereitschaften und Fähigkeiten, um die Problemlösungen in variablen Situationen erfolgreich und verantwortungsvoll nutzen zu können", *muss die Reflexionskompetenz der befragten Lehrpersonen auf Grund der Resultate dieser Studie als gering beurteilt werden.*

Bemerkenswert ist, dass *sich bei den Junglehrpersonen der Stichprobe im ersten Berufsjahr nur unwesentliche Veränderungen ereignen.* Der Einstieg ins Berufsleben scheint bei der vorliegenden Stichprobe, zumindest über die Dauer des ersten Berufsjahres, kaum Auswirkungen auf das berufsbezogene Handeln der jungen Lehrpersonen zu haben. Zu beobachten ist ausserdem, dass *in der vorliegenden Stichprobe zwischen den jungen Lehrpersonen am Ende des ersten Berufsjahres und den erfahrenen Lehrpersonen nur geringfügige Unterschiede vorhanden sind.* Die im Studium erworbenen Fähigkeiten und Kenntnisse scheinen sich mit zunehmender Berufserfahrung nicht wesentlich zu entwickeln. Zumindest kann festgestellt werden, dass die Veränderungen, wo denn solche vorhanden sind, grundsätzlich positiv zu beurteilen sind.

Einen erweiterten Einblick in die Reflexionspraxis der Lehrpersonen konnte durch die Triangulation der Daten gewonnen werden. Hier zeigt sich, dass sich eine positive Einstellung gegenüber der Reflexion sowie eine funktionierende Reflexionspraxis im Schulkollegium positiv auf die Qualität des Unterrichts auswirken können. Wie Lehrpersonen reflektieren scheint durch verschiedene Kriterien bestimmt zu sein. Die persönliche Einstellung zu Reflexion, die Wahrnehmung des Unterrichts sowie Persönlichkeitsmerkmale scheinen einen Einfluss auf die Ausgestaltung der Reflexion zu haben. In diesen Bereichen sind die Ergebnisse jedoch oft statistisch nicht oder nur ungenügend belegt, die Interpretation wegen theoretisch noch wenig geklärter Zusammenhänge zum Teil schwierig. Die Ergebnisse können trotzdem sehr wertvolle Hinweise auf mögliche Beziehungen und Mechanismen geben, die in zukünftigen Forschungsarbeiten überprüft und weiter analysiert werden sollten.

Allgemein sind die Ergebnisse der vorliegenden Untersuchung in Anbetracht der Befunde bisheriger Studien nicht überraschend, vielmehr bestätigen sie die eher betrübliche Bilanz, die für die Reflexionskompetenz der Lehrperson zu ziehen ist (vgl. Kapitel 5.3). Auch die Bemühungen der Aus- und Weiterbildung, die Reflexionsfähigkeit der Lehrpersonen zu fördern (vgl. Kapitel 4.4), scheinen gemäss den Befunden bislang wenig Wirkung zu zeigen. Es stellt sich unweigerlich die Frage, wo die Gründe für die unbefriedigenden Kompetenzen der Lehrpersonen im Bereich der Reflexion zu suchen sind. Obwohl diese Arbeit keine abschliessenden Antworten auf diese Frage liefern kann, sollen im Kapitel 11.3 einige Überlegungen dazu folgen. Vorangestellt werden im nächsten Kapitel Gedanken zur methodischen Vorgehensweise.

11.2 Diskussion des methodischen Vorgehens

In der vorliegenden Untersuchung wurde versucht, den Erkenntnisstand zur Reflexionsfähigkeit und Reflexionspraxis der Lehrpersonen zu erweitern. Die unterschiedlichen Instrumente, die dafür zur Verwendung kamen, wurden aus bisherigen empirischen Studien übernommen bzw. in Anlehnung daran neu konzipiert (vgl. Kapitel 7). Der Einbezug verschiedener Analyseinstrumente hat den Vorteil, dass durch die Triangulation der Daten erweiterte Erkenntnisse möglich werden. Als besonders wertvoll für die Messung von Kompetenzen, forschungsmethodisch allerdings sehr anspruchsvoll, werden Kombinationen aus quantitativen und qualitativen Verfahren betrachtet (Blömeke, 2007b). Im Vergleich zu den bisherigen Studien, die sich mehrheitlich auf den Einsatz eines einzelnen Instrumentes beschränkten, liegt hier der besondere Mehrwert der vorliegenden Untersuchung. Wie in den vorangehenden Kapiteln dargestellt, konnte durch dieses mehrperspektivische Verfahren ein umfassendes Bild gezeichnet werden, das aufschlussreiche Erkenntnisse zur Reflexion im Lehrberuf wiedergibt. Spezielles Augenmerk galt dem Stimulated Recall Interview, das spezifisch auf die Reflexion der Lehrperson ausgerichtet wurde und verschiedene Aspekte der Reflexion erfassen kann. Das nächste Kapitel geht darauf genauer ein.

11.2.1 Fragestellung (6): Eignung des Datenerhebungsinstrumentes (2) Stimulated Recall Interview zur Erfassung der Reflexion von Unterricht

Dieses Kapitel nimmt die letzte in Kapitel 6 formulierte Fragestellung auf, die Frage *(6) Eignung des Datenerhebungsinstrumentes zur Erfassung der Reflexion: Inwiefern eignet sich das eigene, für die Untersuchung entwickelte Instrument, um die Qualität der Reflexion des Unterrichts durch Lehrpersonen zu erfassen und zu beurteilen?*

Auf der Grundlage von theoretischen Erkenntnissen und bisherigen empirischen Untersuchungen wurde ein Instrument zur Analyse von Reflexion konzipiert und eingesetzt. Durch die Vorgehensweise mit dem Stimulated Recall sollte die Reflexion des eigenen Unterrichts angeregt und damit eine möglichst authentische Reflexionssituation geschaffen werden, wie sie im Berufsalltag der Lehrperson vorhanden ist. Wichtig war dabei, dass sich die Reflexion auf den eigenen Unterricht bezieht und die Reflexion mündlich stattfinden kann, da sich Lehrpersonen im Unterrichtsalltag insbesondere diesen Formen der Reflexion zuwenden. Diese Vorgehensweise wurde von den befragten Lehrpersonen als sehr anregend empfunden. Sie fanden es spannend, den eigenen Unterricht nochmals auf Video betrachten zu können und über ihn zu reflektieren. Die befragten Lehrpersonen fühlten sich dabei sichtlich wohl und berichteten zumeist sehr ausführlich, so dass durch die Interviews umfangreiches Datenmaterial gewonnen werden konnte.

Die Reflexion des eigenen Unterrichts birgt aber auch gewisse Gefahren. Das Betrachten und Reflektieren der eigenen Unterrichtspraxis ist sehr persönlich und kann vielfältige Emotionen auslösen (Schnetzler, 2007; Krammer & Reusser, 2005). Dadurch kann eine Verzerrung der Daten entstehen, weil beispielsweise die Wahrnehmung einer misslungenen Unterrichtsstunde andere Aussagen hervorrufen kann als die Wahrnehmung einer gelungenen. Ein Ergebnis der vorliegenden Untersuchung scheint von dieser methodischen Schwierigkeit betroffen zu sein. Lehrpersonen der Stichprobe, die eine schlechtere Beurteilung des Unterrichts durch die ExpertInnen (Rating) erhielten, äusserten sich vermehrt zu den Schülerinnen und Schülern, was grundsätzlich wünschenswert ist. Die Aussagen dieser Lehrpersonen betrafen jedoch nicht die Lernprozesse der Schülerinnen und Schüler, sondern thematisierten vielmehr das Fehlverhalten, das sie bei diesen wahrnahmen (vgl. Kapitel 11.1.2).

Bei der Auswertung der Reflexionsaussagen der Lehrpersonen wurden ganz unterschiedliche Aspekte beachtet, die aus theoretischer und empirischer Sicht als sinnvoll für die Analyse von Reflexionsprozessen gelten. Es wurde dadurch möglich, die Aussagen der Lehrpersonen aus unterschiedlichen Perspektiven zu beleuchten und ein Abbild der Qualität der Reflexion zu zeichnen. Mit dem Instrument kann jedoch kein Gesamtindex der Reflexionskompetenz ermittelt werden. Besonders für die Berechnung von Zusammenhängen ist dies nachteilig, da die Korrelationen nicht nur mit einem Wert, sondern mit den jeweiligen Werten der unterschiedlichen Aspekte analysiert werden müssen. Für die vorliegende Untersuchung ergaben sich daraus eine Fülle von Berechnungen, die im Kapitel 9.2.2 dargestellt sind. Die Ergebnisse dieser Berechnungen sind teilweise gut nachvollziehbar, teilweise jedoch schwer zu interpretieren und erwartungswidrig. Eine mögliche Erklärung kann hierfür in der methodischen Vorgehensweise liegen. Für die Berechnung von Korrelationen wäre von Vorteil, einen Gesamtindex der Reflexionskompetenz einsetzen zu können. Die Ergebnisse wären dadurch weniger dispers und besser interpretierbar.

Für die Anwendung des Auswertungsmanuals ist zudem anzumerken, dass der Aufwand für die Datenaufbereitung und -auswertung gross ist auf Grund der vielfältigen Aspekte, die damit erfasst werden können. Das Stimulated Recall Interview ist somit weniger eignet, um grössere Datensätze zu analysieren oder um in der Aus- oder Weiterbildung von Lehrpersonen eingesetzt zu werden. Das Instrument kann jedoch Aufschluss darüber geben, welche Aspekte bei der Analyse von Reflexion beachtet werden könnten oder sollten. Je nach Zielsetzung, Verwendungszweck und Ressourcen können Aspekte ausgewählt, angepasst, und gegebenenfalls weiter verfeinert eingesetzt werden.

11.2.2 Grenzen der Untersuchung

Der Einbezug von quantitativen und qualitativen Instrumenten der Datenerhebung kann dazu dienen, ein facettenreicheres Bild vom Untersuchungsgegenstand zu zeichnen, indem dieser aus verschiedenen Blickwinkeln beleuchtet wird. Dies ermöglicht neue und erweiterte Einsichten und damit einen grösseren Erkenntnisgewinn. Die Verbindung qualitativer und quantitativer Forschung wird zumeist auf der Ebene der gefundenen Resultate vorgenommen. Viel seltener werden die unterschiedlichen Instrumente bereits auf der Ebenen der Daten miteinander verbunden (Kelle & Erzberger, 2007; Flick, 2004). In der vorliegenden Untersuchung wurden beide Vorgehensweisen angewendet, indem die Ergebnisse einzelner Instrumente nebeneinander wie auch im Vergleich zueinander dargestellt und ausserdem Zusammenhänge zwischen den Daten ermittelt wurden (vgl. Kapitel 8 und 9).

Dadurch wurden die Vorteile der Methodentriangulation genutzt und ausgeschöpft. Allerdings birgt die Arbeit mit unterschiedlichen Methoden auch Gefahren. Eine erste besteht darin, dass die unterschiedliche Beschaffenheit der Analyseinstrumente den Vergleich und die Triangulation der Daten erschwert. Sowohl die Bearbeitung der Instrumente durch die Untersuchungsteilnehmer und -teilnehmerinnen wie auch die Auswertung der Daten ist bei der Videografie, den Vignetten, dem Stimulated Recall Interview und den Fragebögen sehr unterschiedlich. Diesem Umstand muss bei den statistischen Berechnungen und bei der Interpretation der Ergebnisse Rechnung getragen werden. Eine weitere Problematik ergibt sich bei der statistischen Auswertung durch die kleine Fallzahl und die Gefahr einer Alpha-Fehlerkumulation, die durch die explorative Vorgehensweise bedingt ist. Diese Problematik wurde mit entsprechenden Massnahmen (nichtparametrisches Verfahren mit Berücksichtigung von exakten Wahrscheinlichkeiten sowie das teilweise Absenken des Signifikanzniveaus auf 1%) zu entschärfen versucht, eine vollständige Lösung des Problems konnte dadurch aber nicht erreicht werden (vgl. dazu Kapitel 7.5).

Eine weitere Schwierigkeit besteht im Feldzugang. Die Sozialforschung generell, die qualitative Forschung jedoch im Besonderen, stellen ‚Zumutungen' an das untersuchte Feld und seine Mitglieder. Dazu zählen beispielsweise (Wolff, 2007, S. 335):

- Zeit für Gespräche zu erübrigen,
- die Raumsouveränität teilweise aufzugeben,
- Peinlichkeiten auszuhalten,
- sich kommunikativen Zugzwängen auszusetzen (wie sie durch narrative Interviews entstehen),
- die eigenen Kommunikationsbedürfnisse einzuschränken (wenn sie sich einem Leitfaden-Regime unterwerfen),
- Infragestellungen bislang geltender Selbstverständlichkeiten zu akzeptieren.

Sie sollen darüber hinaus noch vielfältige *eigene Aktivitäten entfalten* wie:

- sich in den Forscher hineinversetzen (um für diesen interessante Daten liefern zu können);
- ihn über situative Relevanzen belehren;
- ihm Wege ebnen und auf kompetente Gesprächspartner hinweisen;
- Antworten auf Fragen geben, die sie sich selbst noch nie gestellt haben und deren Sinn zunächst dunkel bleibt;
- ihm ohne Sicherheiten Vertrauen schenken;
- sich und anderen erklären, was es mit dem Forscher und seinem Projekt auf sich hat;
- die eigene Ungestörtheit zu signalisieren, obwohl man sich unter Beobachtung weiss u.a.m.

Bei Studien, die verschiedene Methoden integrieren, verstärkt sich dieser Zumutungscharakter der Forschung. Einerseits verdoppeln (oder ver-x-fachen) sich die Zumutungen bei der Verwendung von zwei (oder mehr) Methoden, andererseits steigt auch der zeitliche Aufwand (Flick, 2004). Die Lehrpersonen, die sich an der vorliegenden Studie beteiligten, stellten sich den grossen Zumutungen durch die umfangreichen Untersuchungen. Diese hohen Ansprüche sind wohl verantwortlich dafür, weshalb es zuweilen einige Bemühungen und Überzeugungskraft kostete, die Lehrpersonen für das Forschungsvorhaben zu gewinnen. Aus diesem Grund beschränkt sich die Anzahl an UntersuchungsteilnehmerInnen auf insgesamt 29 Lehrpersonen, die Stichprobengrösse ist damit als eher klein zu bezeichnen und es handelt sich zudem um eine anfallende Stichprobe. Dadurch ergeben sich zwei Einschränkungen, die die Aussagekraft der Ergebnisse sowie die Möglichkeiten für statistische Berechnungen betreffen: mit der kleinen Fallzahl, die der Untersuchung zu Grunde liegt, lassen sich keine allgemein gültigen Ergebnisse formulieren und durch die geringe Fallzahl sind verschiedene statistische Berechnungsverfahren nicht durchführbar bzw. nicht sinnvoll.

Eine weitere Einschränkung ergibt sich dadurch, dass die ermittelten Unterschiede zwischen den Lehrpersonengruppen in verschiedenen Bereichen eher gering ausfielen. Vergleichende Analysen zwischen den Gruppen sind zwar möglich, die Aussagekraft bleibt jedoch beschränkt.

Die in diesem Kapitel geschilderten Grenzen der Untersuchung machen deutlich, dass die Ergebnisse insgesamt nicht generalisierbar sind. Bezogen auf die der Untersuchung zugrunde liegende Stichprobe konnten interessante Erkenntnisse zur Reflexionspraxis und Reflexionskompetenz der Lehrpersonen gewonnen, mögliche Zusammenhänge und Mechanismen aufgezeigt werden. Durch die Beschränkung der Datengrundlage und der statistischen Analysen sind die Resultate allerdings nicht ohne Weiteres auf die Grundgesamtheit übertragbar. Sie geben aber begründete wichtige Hinweise für weiterführende Analysen und sind hilfreich für die Konzeption der Aus- und Weiterbildung der Lehrpersonen. In den nächsten Kapiteln finden sich dazu abschliessend einige Gedanken.

11.3 Implikationen für die Aus- und Weiterbildung von Lehrpersonen

Die dargestellten Resultate zeigen, dass die in die vorliegende Untersuchung einbezogenen Lehrpersonen zwar motivationale und volitionale Voraussetzungen mitbringen, um im Berufsalltag Reflexionen durchzuführen, jedoch nur über ungenügende Kenntnisse verfügen, um diese strukturiert und effektiv ausführen zu können. Diese Ergebnisse bestätigen grundsätzlich die Erkenntnisse, die im Rahmen von bisherigen Studien gefunden wurden (vgl. Kapitel 5).

Drei Befunde der vorliegenden Stichprobe sind besonders zentral: (1) in den Reflexionen der Lehrpersonen wird das Lernen der Schülerinnen und Schüler kaum thematisiert, (2) die Lehrpersonen sehen selten Handlungsalternativen für zukünftiges Handeln vor, und (3) theoretische Erkenntnisse sowie ethisch-moralische oder gesellschaftliche Aspekte sind in den Reflexionen des Unterrichts nicht vorhanden. Allgemein fehlt es den befragten Lehrpersonen an klaren und tragfähigen Vorstellungen darüber, was unter professioneller Unterrichtsreflexion zu verstehen ist, was es für deren Umsetzung im Berufsalltag zu beachten gilt und welches die Kriterien und Gütemassstäbe einer qualitativ guten Reflexion sind. Offensichtlich gelingt es der Aus- und Weiterbildung der Lehrpersonen nicht, diese Kenntnisse nachhaltig an die Lehrpersonen weiterzugeben. Dies obschon gerade in der Ausbildung das Reflektieren des eigenen Unterrichts immer wieder veranlasst und verlangt wird, so beispielsweise auch in der Abschlussprüfung der berufspraktischen Ausbildung, bei der die Studierenden ihr unterrichtliches Können zeigen müssen. Zu vermuten ist, dass der Grund für die mangelnden Kenntnisse nicht primär bei den befragten Lehrpersonen selber, sondern im fehlenden Bewusstsein für diese Problematik in der Aus- und Weiterbildung zu suchen ist. Wie in Kapitel 2 und 3 ausgeführt, kam das Interesse für die Reflexion im deutsch-französischen Sprachraum erst vor relativ kurzer Zeit auf und schlug sich erst in den letzten Jahren in der Aus- und Weiterbildung der Lehrpersonen nieder. Dabei wurde zumeist wenig hinterfragt, welche Konzepte hinter dem Begriff der Reflexion stehen und wie diese im Lehrberuf am gewinnbringendsten umgesetzt werden könnten. Zudem fehlen auch empirische Befunde, da zur Reflexionskompetenz bislang wenig empirische Forschungsarbeit geleistet wurde.

Die Aus- und Weiterbildung der Lehrpersonen sollte dementsprechend nicht bei der Implementation von reflexiven Elementen stehen bleiben, sondern sich vermehrt mit den dahinter stehenden theoretischen und, so weit vorhanden, empirischen Befunden auseinandersetzen und diese in die Gestaltung von Lehr- und Lernarrangements miteinbeziegt. Auf der Grundlage der theoretischen und empirischen Überlegungen der vorliegenden Arbeit sollen dazu abschliessend einige Gedanken folgen.

11.3.1 Grundlegende Aspekte der Reflexion auf der Grundlage theoretischer und empirischer Erkenntnisse

Professionelle Reflexion ist ein gezieltes Nachdenken über bestimmte Handlungen oder Geschehnisse im Berufsalltag. Individuell oder im Austausch mit anderen Personen werden die Handlungen oder Geschehnisse systematisch und kriteriengeleitet erkundet und geklärt. Dies geschieht unter Einbezug von: (1) einem erweiterten

Blickwinkel, (2) eigenen Werten, Erfahrungen, Überzeugungen, (3) dem grösseren Kontext (theoretische, ethisch-moralische, gesellschaftliche Aspekte). Aus dem Prozess werden begründete Konsequenzen für das weitere Handeln abgeleitet und in der Praxis umgesetzt.

Eine Reflexion in diesem Verständnis wird zumeist nach einer bestimmten Handlung oder eines Geschehnisses stattfinden und ist damit vorbereitend für zukünftige Handlungen oder die Wahrnehmung zukünftiger Geschehnisse. Eine Reflexion während der Handlung (vgl. Schön, 1983, 1987) ist möglich und sinnvoll. Da die nötige Zeit und die kognitive Bereitschaft durch den Handlungsdruck in diesem Fall aber nur begrenzt vorhanden sind, kann sie die retro- und prospektive Reflexion nicht ersetzen.

Die Reflexion kann in ganz unterschiedlichen Formen, zeitlichen Formaten und inhaltlichen Fokussierungen stattfinden. Wichtig ist eine Kombination von individueller und kollegialer Reflexion, da der Aussenblick von und der Austausch mit anderen Personen die Erkenntnisse und den Horizont erweitern.

Für Lehrpersonen sollte die Reflexion ein Bestandteil der professionellen Lehrerarbeit sein und zur Kompetenzentwicklung und beruflichen Weiterentwicklung beitragen. Sie sollte regelmässig und in unterschiedlichen Formen stattfinden, so dass konsequente wie auch vielseitige Reflexionsprozesse angeregt und verfolgt werden können. Die Qualität der Reflexion ist abhängig von verschiedenen Kriterien. Eine Reflexion von hoher Qualität beachtet die Tiefenstruktur des Unterrichts, und nicht lediglich die Oberflächenstrukturen. Die *Tiefenstruktur* umfasst nach Reusser (1999) die mehrdimensionale Qualität der Lern- und Verstehensprozesse der Schülerinnen und Schüler und des darauf bezogenen instruktionalen und lernunterstützenden Handelns der Lehrperson. Die *Oberflächenstruktur* betrifft hingegen die sichtbaren Handlungsstrukturen, die im Unterricht über Beobachtung erfasst werden können (z.B. Methoden, Inszenierungsformen, Lehr-Lern-Kommunikation) (vgl. auch Hugener, 2008). Eine Reflexion sollte möglichst adäquat sein und sowohl die positiven wie auch die kritischen Aspekte des Unterrichts und das, was dieser bei den Schülerinnen und Schülern bezogen auf das zu erreichende, letztlich individuelle Lernziel des jeweiligen Schülers und der jeweiligen Schülerin zu bewirken oder eben nicht zu bewirken vermochte, thematisieren. Schliesslich sollten die Überlegungen möglichst unter Einbezug von persönlichen und theoretischen Erkenntnissen, klaren Lernprozess bezogenen Begriffen und Konzepten, fachspezifischen Kenntnissen sowie unter Berücksichtigung übergreifender Leitvorstellungen wie moralisch-ethische und gesellschaftliche Gesichtspunkte vorgenommen werden und in der Planung von unterrichtlichen Handlungsfortsetzungen oder Handlungsalternativen münden, die umgesetzt und daraufhin erneut reflektiert werden sollten (z.B. Schön, 1983; Zeichner & Liston, 1996; Jay & Johnson, 2002; Etscheidt, Curran & Sawyer, 2012).

Die Kompetenz, Handlungen und Geschehnisse zu reflektieren, muss in der Aus- und Weiterbildung erlernt und geübt werden. Denn Reflexion, wie sie hier verstanden wird, erfordert Wissen und Können, welches gezielt angeeignet werden muss, sowie eine positive Haltung und Bereitschaft gegenüber Reflexionsprozessen (z.b. Neuweg, 2007b; Etscheidt, Curran & Sawyer, 2012; Leonhard & Rihm, 2011; Baumert & Kunter, 2006). So wie es nicht immer und in jeder Situation möglich ist, die beste Leistung zu vollbringen, wird es Lehrpersonen im Unterrichtsalltag nicht immer möglich sein, eine Reflexion auf dem höchsten Niveau vorzunehmen. Die heutige Unterrichtspraxis ist geprägt von vielseitigen Aufgaben und Herausforderungen sowie einer hohen Arbeitsbelastung (z.B. Bucher, 2001) und verlangt tagtäglich viele Entscheidungen, die auch durch Reflexion mit geringem Anspruchsniveau erfüllt werden können. Jede Lehrperson sollte jedoch bewusst entscheiden können, wann welche Form der Reflexion angebracht ist. Dazu braucht sie die notwendigen Kenntnisse, und es ist die Aufgabe der Aus- und Weiterbildung, diese Kenntnisse den angehenden und praktizierenden Lehrpersonen zu vermitteln, sie zu vertiefen und zu stärken (vgl. Neuweg, 2002).

Aus den theoretischen Erkenntnissen und empirischen Befunden der vorliegenden Arbeit wurde ein Rahmenmodell der schulischen Reflexion entwickelt. Es zeigt die möglichen Inhalte und Formen, den Ablauf sowie die Einflussfaktoren von Reflexionsprozessen im Schulbereich (vgl. Abb. 41).

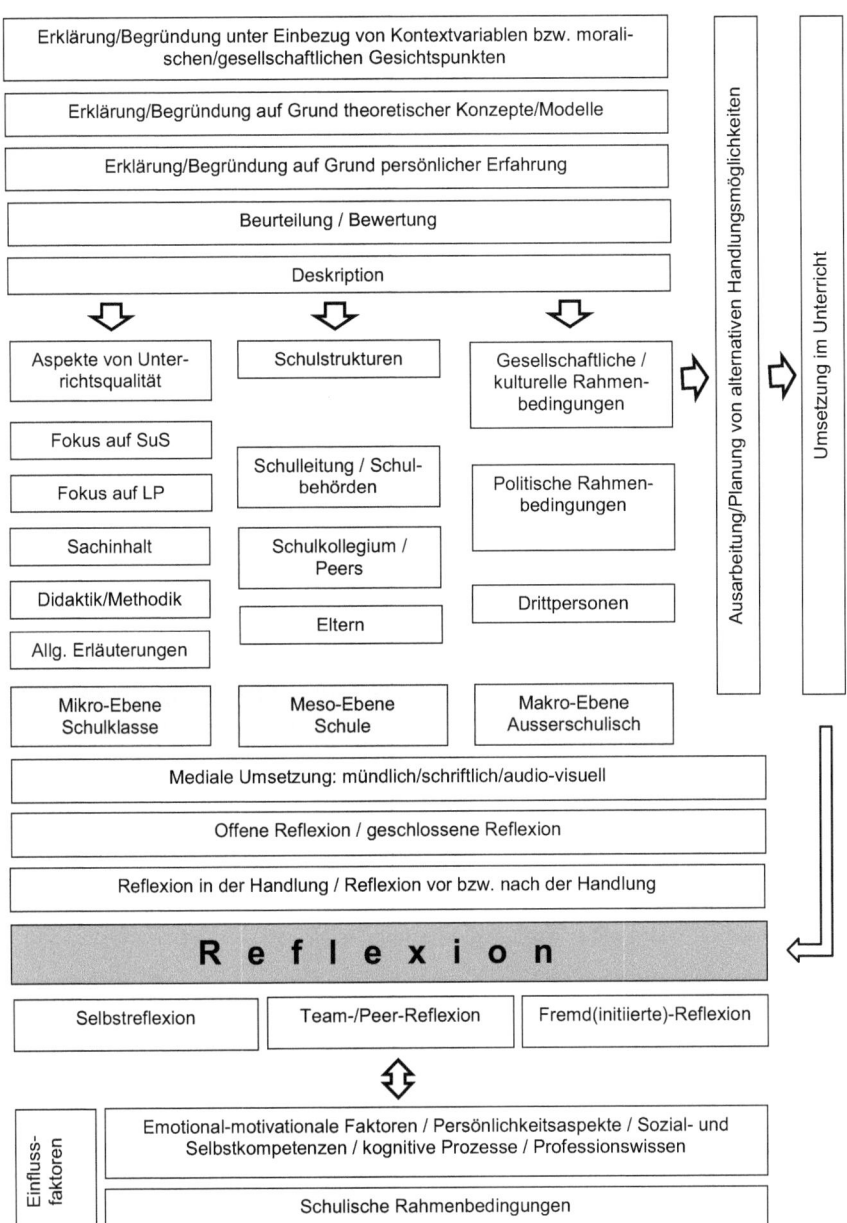

Abb. 41: Rahmenmodell der Reflexion im Schulbereich

Eine verbesserte Reflexionspraxis wird erwartungsgemäss auch Auswirkungen auf das unterrichtliche Handeln der Lehrpersonen zeigen (z.B. Berkemeyer; Järvinen, Otto et al., 2011; Etscheidt, Curran & Sawyer, 2012; Sellars, 2012). Gemäss den Ergebnissen der vorliegenden Untersuchung wurden sowohl in der Planung wie auch in der Durchführung von Unterricht insgesamt nur mittelmässige Leistungen erkennbar, die sich mit zunehmender Berufserfahrung nur geringfügig weiterentwickelten. Sofern die theoretischen Überlegungen zur Reflexion von Bedeutung sind und Lehrpersonen auch nach abgeschlossener Ausbildung regelmässig und bewusst reflektieren, sollten positivere Veränderungen möglich sein. In Abbildung 42 werden die hier beschriebenen Befunde in einem Wirkungsmodell der schulischen Reflexion modellhaft dargestellt.

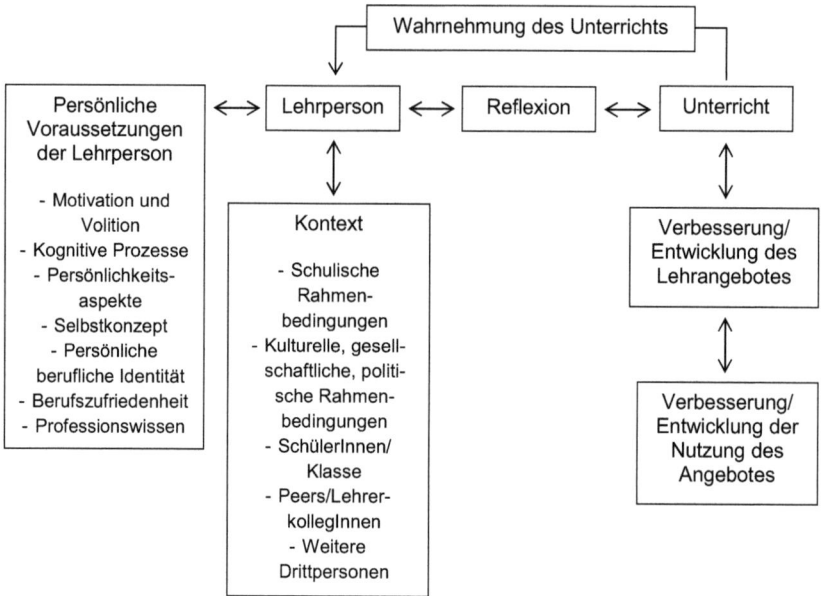

Abb. 42:   Wirkungsmodell der Reflexion im Schulbereich

Eine zentrale Erkenntnis der vorliegenden Arbeit ist, dass die Reflexion der Lehrperson von verschiedenen Kontextvariablen beeinflusst wird. Das sind einerseits persönliche Voraussetzungen der Lehrperson, wie Motivation, Professionswissen oder Merkmale der Persönlichkeit. Andererseits nehmen auch Umweltfaktoren, wie die schulischen oder kulturellen Rahmenbedingungen, die Schülerinnen und Schüler der Schulklasse oder Lehrerkolleginnen und -kollegen, Einfluss auf das Handeln und Reflektieren der Lehrperson. Sofern Lehrpersonen ihr eigenes Handeln regelmässig und bewusst reflektieren, ist davon auszugehen, dass die Reflexion eine Rückwirkung auf die in Abbildung 42 dargestellten Kontextvariablen hat, sie sich damit gegenseitig beeinflussen, entwickeln und ergänzen.

Diese Annahmen weiter zu verfolgen bzw. zu untersuchen wäre eine von verschiedenen spannenden und notwendigen Weiterführungen der vorliegenden Untersuchung.

11.4 Weiterführende Forschungsfragestellungen

Die Konzeption der vorliegenden Untersuchung orientiert sich an bisherigen theoretischen und empirischen Arbeiten. Dabei konnten verschiedene Aspekte aufgegriffen und analysiert werden, die in früheren Arbeiten bereits bearbeitet wurden. Darüber hinaus wurden weiterführende Untersuchungen vorgenommen, die sowohl Quer- und Längsvergleiche wie auch mehrperspektivische Analysen umfassen. Dadurch hat die vorliegende Untersuchung einen explorativen Charakter, der Anlass zu weiterführenden Forschungsfragestellungen gibt.

Das Planungswissen der Lehrpersonen wurde mit Vignetten erfasst, die allgemein ausgerichtet sind und nicht auf die spezifische, videografierte Unterrichtsstunde der Lehrperson. Da eine effektive Reflexion immer auch Auswirkungen auf die Planung zukünftiger Unterrichtsstunden haben sollte, wäre eine Studie aufschlussreich, die die effektiven Überlegungen einer Lehrperson zur Planung einer bestimmten Unterrichtsstunde untersucht. Andererseits besteht die Möglichkeit, die Reflexion nicht anhand der eigenen Unterrichtsstunde vorzunehmen, sondern von allen Lehrpersonen die gleiche Stunde bearbeiten zu lassen. Damit können weniger Aussagen gemacht werden, wie Lehrpersonen ihren eigenen Unterricht reflektieren, sondern wie sie bei der Reflexion von fremdem Unterricht vorgehen. Die Reflexionen der an einer solchen Untersuchung teilnehmenden Lehrpersonen wären insgesamt besser vergleichbar und interpretierbar. Interessant wäre hierzu auch ein Vergleich der Reflexionen der Lehrpersonen der eignen versus einer fremden Unterrichtsstunde (vgl. Seidel, Stürmer, Blomberg et al., 2011).

Insbesondere die Ergebnisse, die die Reflexion der Lehrpersonen mit den Persönlichkeitsmerkmalen vergleichend betrachten, sind nicht schlüssig zu interpretieren. Die Resultate lassen annehmen, dass die Persönlichkeit einen Einfluss auf das reflexive Verhalten der Lehrperson hat. Allerdings gestalten sich die Ergebnisse in verschiedenen Bereichen nicht den Erwartungen entsprechend. In diesem Bereich scheint es besonders zentral, dass die Resultate durch weitere Studien überprüft werden.

Neben den Fragestellungen, die sich aus den Erkenntnissen dieser Untersuchung ergeben, bleiben weitere Fragen offen, die im Rahmen dieser Studie nicht bearbeitet werden konnten. Gemäss den theoretischen Ausführungen in Kapitel 4.3 zu den Zielen der Reflexion im Lehrberuf soll eine bewusste Reflexionspraxis positive Auswirkungen auf das persönliche Wohlbefinden und die Berufszufriedenheit haben (vgl. Dauber, 2006; Stokking, Leenders, de Jong & Tartwijk, 2003; Akbari, 2007). Es wäre interessant zu prüfen, ob und inwiefern solche Zusammenhänge tatsächlich vorhanden sind bzw. inwiefern sich solche entwickeln.

Zunehmend grosse Aufmerksamkeit wird den Selbstüberzeugungen der Lehrpersonen gewidmet. Laut Beijaard, Meijer & Verloop (2004) und Korthagen (2004) wird die persönliche Identität insbesondere durch Prozesse der Reflexion verändert und entwickelt (vgl. Kapitel 2.2). Auch diesbezüglich wäre es interessant zu untersuchen, welche Zusammenhänge bei Lehrpersonen zu beobachten sind und ob empirische Belege für solche Veränderungen gefunden werden können.

Wie bereits erwähnt könnte ausserdem eine weiterführende Untersuchung sehr aufschlussreich sein, die die Auswirkungen einer verbesserten Reflexionskompetenz auf die Unterrichtspraxis prüft. Verschiedene Studien (z.B. Hatton & Smith, 1995; Fund, Court & Kramarski, 2002; Abou Baker El-Dib, 2007) konnten zeigen, dass durch eine Intervention die Reflexionsfähigkeit der Lehrpersonen verbessert werden kann (vgl. Kapitel 5.3.1). Ob die bessere Reflexionskompetenz jedoch auch zu einer positiven Entwicklung des unterrichtlichen Handelns bzw. der ihr zugrundeliegenden didaktischen und diagnostischen Kompetenzen führt, wurde bislang praktisch nicht untersucht (vgl. Fat'hi & Behzadpour, 2011). Eine Interventionsstudie mit entsprechender Ausrichtung könnte hierzu aufschlussreich sein.

Schliesslich besteht auch für die methodische Vorgehensweise zur Messung der Reflexionskompetenz ein Forschungsdesiderat. In der vorliegenden Arbeit wurden Vorschläge und Wege aufgezeigt, wie die Reflexionskompetenz von Lehrpersonen empirisch erfasst werden könnte. Aus bestehenden theoretischen und empirischen Arbeiten wurde ein eigenes Instrument konzipiert und eingesetzt. Wie in Kapitel 11.2.1 und 11.2.2 erläutert, bleiben jedoch auch damit verschiedene Probleme ungelöst. Die Weiterarbeit an und Vertiefung der bisherigen Ansätze wäre deshalb sehr wünschenswert.

Abschliessend sei nochmals auf den explorativen Charakter der vorliegenden Untersuchung mit ihrer kleinen, anfallenden Stichprobe hingewiesen. Obschon viele Resultate statistisch gesichert sind, ist nicht auszuschliessen, dass sie zufällig und auf Grund der beschränkten Anzahl von Untersuchungsteilnehmerinnen und

-teilnehmer oder einer Alpha-Fehlerkumulation entstanden sind. Es ist deshalb ein grosses Anliegen, dass sich weitere Forschungsprojekte der Untersuchung der Reflexionskompetenz und -praxis der Lehrperson widmen. Dadurch können die Resultate dieser Arbeit überprüft und erweitert sowie die Erkenntnisse in die Aus- und Weiterbildung der Lehrpersonen implementiert werden.

In diesem Sinne ist die Aussage von Ghaye (2000, S. 141; vgl. Kapitel 1) folgendermassen anzupassen:

Can the qualities of a reflective (and an intuitive) practitioner be defined?
I think *I* have tried, and we should *still* continue to do so.

Literatur

Abel, J. & Faust, G. (Hrsg.). (2010). *Wirkt Lehrerbildung? Antworten aus der empirischen Forschung*. Münster: Waxmann.

Abou Baker El-Dib, M. (2007). Levels of reflection in action research. An overview and an assessment tool. *Teaching and Teacher Education, 23*, 24–35.

Achtenhagen, F. & Oser, F. (Hrsg.). (2009). *Teachers' professional development: Aims, Modules, Evaluation*. Rotterdam: Sense.

Aeppli, J., Gasser, L., Gutzwiller, E. & Tettenborn, A. (Hrsg.). (2010). *Empirisches wissenschaftliches Arbeiten: Ein Studienbuch für die Bildungswissenschaften*. Bad Heilbrunn: Klinkhardt.

Akbari, R. (2007). Reflections on reflection: A critical appraisal of reflective practices in L2 teacher education. *System, 35* (2), 192–207.

Allemann-Ghionda, C. & Terhart, E. (Hrsg.). (2006). *Kompetenzen und Kompetenzentwicklung von Lehrerinnen und Lehrern: Ausbildung und Beruf* (51. Beiheft der Zeitschrift für Pädagogik). Weinheim: Beltz.

Altrichter, H. & Posch, P. (2007). *Lehrerinnen und Lehrer erforschen ihren Unterricht: Unterrichtsentwicklung und Unterrichtsevaluation durch Aktionsforschung*. Bad Heilbrunn: Klinkhardt.

Altrichter, H., Posch, P. & Somekh, B. (2004). *Teachers investigate their work: An introduction to the methods of action research*. London: Routledge.

Appleton, K. (1996). Using Learning Theory to Guide Reflection during School Experience. *Asia-Pacific Journal of Teacher Education, 24* (2), 147–157.

Argyris, C., Schön, D. A. & Rhiel, W. (2006). *Die lernende Organisation: Grundlagen, Methode, Praxis* (3. Aufl.). Stuttgart: Klett-Cotta.

Arnold, K.-H., Sandfuchs, U. & Wiechmann, J. (Hrsg.). (2006). *Handbuch Unterricht*. Bad Heilbrunn: Klinkhardt.

Asendorpf, J. B. (2005). *Psychologie der Persönlichkeit* (3., überarb. und aktualisierte Aufl.). Heidelberg: Springer Medizin.

Attard, K. & Armour, K. M. (2005). Learning to become a learning professional: reflections on one year of teaching. *European Journal of Teacher Education, 28* (2), 195–207.

Aufschnaiter, S. von & Welzel, M. (Hrsg.). (2001). *Nutzung von Videodaten zur Untersuchung von Lehr-Lern-Prozessen: Aktuelle Methoden empirischer pädagogischer Forschung*. Münster: Waxmann.

Baer, M., Dörr, G., Fraefel, U., Kocher, M., Küster, O. & Larcher, S., et al. (2007). Werden angehende Lehrpersonen durch das Studium kompetenter? Kompetenzaufbau und Standarderreichung in der berufswissenschaftlichen Ausbildung. *Unterrichtswissenschaft, 35* (1), 15–47.

Baer, M., Dörr, G., Fraefel, U., Kocher, M., Küster, O. & Larcher, S., et al. (2009). Competencies and standards in teacher education in Switzerland and Germany – Do prospective teachers become more competent through teacher training? In F. Achtenhagen & F. Oser (Hrsg.), *Teachers' professional development: Aims, Modules, Evaluation*. Rotterdam: Sense.

Baer, M. & Fraefel, U. (2003). *Standarderreichung beim Erwerb von Unterrichtskompetenz in der Lehrerinnen- und Lehrerbildung: Analyse der Wirksamkeit der berufsfeldorientierten Ausbildung*. Kreuzlingen: Geschäftsstelle des Vorstandes des Kooperationsrates IBH. (Forschungsgesuch zuhanden der Internationalen Bodensee Hochschule (IBH) (IBH-Projekt Nr. 6 69/04, Projekt-Nr. 58)).

Baer, M., Guldimann, T., Fraefel, U. & Müller, P. (2005). *Standarderreichung beim Erwerb von Unterrichtskompetenz im Lehrerstudium und im Übergang zur Berufstätigkeit*. Zürich und St. Gallen: Pädagogische Hochschule (Forschungsgesuch zuhanden des Schweizerischen Nationalfonds zur Förderung der wissenschaftlichen Forschung (Projekt Nr. 100013-112467/1)).

Baer, M., Guldimann, T., Kocher, M., Larcher, S., Müller, P. & Wyss, C. (2008). Wirkt Lehrerbildung? Kompetenzaufbau und Standarderreichung in der berufswissenschaftlichen Ausbildung an drei Pädagogischen Hochschulen in der Schweiz und in Deutschland. *Empirische Pädagogik, 22* (3), 259–273.

Baer, M., Guldimann, T., Kocher, M., Larcher, S., Wyss, C., Dörr, G. & Smit, R. (2009). Auf dem Weg zu Expertise beim Unterrichten – Erwerb von Lehrkompetenz im Lehrerinnen- und Lehrerstudium. *Unterrichtswissenschaft, 37* (2), 118–144.

Baer, M., Kocher, M., Wyss, C., Guldimann, T., Larcher, S. & Dörr, G. (2011). Lehrerbildung und Praxiserfahrung im ersten Berufsjahr und ihre Wirkung auf die Unterrichtskompetenzen von Studierenden und jungen Lehrpersonen im Berufseinstieg. Zeitschrift für Erziehungswissenschaft, 14, 85–117.

Balzer, L., Bodensohn, R. & Frey, A. (2004). Diagnose und Rückmeldung von Handlungskompetenzen von Studierenden im Blockpraktikum: das Projekt VERBAL. *Journal für LehrerInnenbildung, 4* (1), 30–36.

Bartlett, L. (1989). Images of reflection: a look and a review. *International Journal of Qualitative Studies in Education, 2* (4), 351–357.

Bauer, K.-O. (2002). Kompetenzprofil: LehrerIn. In H.-U. Otto, T. Rauschenbach & P. Vogel (Hrsg.), *Erziehungswissenschaft: Professionalität und Kompetenz* (UTB für Wissenschaft, S. 49–63). Opladen: Leske + Budrich.

Baumert, J. & Kunter, M. (2006). Stichwort: Professionelle Kompetenz von Lehrkräften. *Zeitschrift für Erziehungswissenschaft, 9* (4), 469–520.

Baumert, J., Kunter, M., Blum, W., Klusmann, U., Krauss, S. & Neubrand, M. (2011). Professionelle Kompetenz von Lehrkräften, kognitiv aktivierender Unterricht und die mathematische Kompetenz von Schülerinnen und Schülern (COACTIV) - Ein Forschungsprogramm. In: M. Kunter, J. Baumert, W. Blum, U. Klusmann, S. Krauss & M. Neubrand (Eds.), Professionelle Kompetenz von Lehrkräften. Ergebnisse des Forschungsprogramms COACTIV. Münster: Waxmann.

Beck, E., Baer, M., Guldimann, T., Bischoff, S., Brühwiler, C. & Müller, P. (Hrsg.). (2008). *Adaptive Lehrkompetenz: Analyse und Struktur, Veränderbarkeit und Wirkung handlungssteuernden Lehrerwissens.* Pädagogische Psychologie und Entwicklungspsychologie: Bd. 63. Münster: Waxmann.

Becker, G., Feindt, A., Meyer, H., Rothland, M., Stäudel, L. & Terhart, E. (2007). *Guter Unterricht: Massstäbe & Merkmale, Wege & Werkzeuge.* Friedrich-Jahresheft: Bd. 25 (2007). Friedrich: Seelze.

Beijaard, D., Meijer, P. & Verloop, N. (2004). Reconsidering research on teachers' professional identity. *Teaching and Teacher Education, 20,* 107–128.

Belenky, M. Field. (1986). *Women's ways of knowing: The development of self, voice, and mind.* New York: Basic Books.

Bell, M. (2001). Supported reflective practice: a programme of peer observation and feedback for academic teaching development. *The International Journal for Academic Development, 6* (1), 29–39.

Bengtsson, J. (1995). What is Reflection? On reflection in the teaching profession and teacher education. *Teachers and Teaching, 1* (1), 23–32.

Bengtsson, J. (2003). Possibilities and Limits of Self-Reflection in the Teaching Profession. *Studies in Philosophy and Education* (22), 295–316.

Benke, G. (2010). Reflexion und Vernetzung als Gestaltungselemente der Lehrerfortbildung: Das Projekt IMST. In F. Hans Müller, A. Eichenberger, M. Lüders & J. Mayr (Hrsg.), *Lehrerinnen und Lehrer lernen. Konzepte und Befunde der Lehrerfortbildung* (S. 145–159). Münster: Waxmann.

Berkemeyer, N., Järvinen, H., Otto, J. & Bos, W. (2011). Kooperation und Reflexion als Strategien der Professionalisierung in schulischen Netzwerken. *Zeitschrift für Pädagogik, 57.* Beiheft, 225–247.

Berliner, D. (1987). Ways of thinking about students and classroom by more and less experienced teachers. In J. Calderhead (Hrsg.), *Exploring teacher's thinking* (Cassel education, S. 60–83). London: Cassell.

Berliner, D. (2001). Learning about and learning from expert teachers. *International Journal of Educational Research, 35,* 463–482.

Bernstein Colton, A. & Sparks-Langer, G. M. (1993). A Conceptual Framework to Guide the Development of Teacher Reflection and Decision Making. *Journal of Teacher Education, 44* (1), 45–54.

Bieri Buschor, C., Schuler Braunschweig, P. & Stirnemann Wolf, B. (2006). Assessment-Centers als Aufnahmeverfahren für Pädagogische Hochschulen? *Beiträge zur Lehrerbildung, 24* (1), 55–62.

Birmingham, C. (2004). Phronesis: A Model for Pedagogical Reflection. *Journal of Teacher Education, 55* (4), 313–324.

Birri, T. & Sonderegger, J. (2004). Aufbau und Überprüfung ausgewählter Berufs- und Studienkompetenzen: Das Konzept an der Pädagogischen Hochschule Rorschach, Schweiz. *Journal für LehrerInnenbildung, 4* (1), 51–59.

Bleach, K. (1997). The importance of critical self-reflection in mentoring newly qualified teachers. *Mentoring & Tutoring: Partnership in Learning, 4* (3), 19–24.

Blomberg, G., Seidel, T. & Prenzel, M. (2011). Einführung in das Themenheft: Neue Entwicklungen in der Erfassung pädagogisch-psychologischer Kompetenzen von Lehrpersonen. *Unterrichtswissenschaft, 39* (2), 98–101.

Blömeke, S. (2007a). Messung der professionellen Kompetenz zukünftiger Lehrpersonen: Standards empirischer Lehrerausbildungsforschung, bildungstheoretische Herausforderungen und exemplarische Ergebnisse einer Studie in Deutschland. In C. Kraler & M. Schratz (Hrsg.), *Ausbildungsqualität und Kompetenz im Lehrerberuf* (Österreichische Beiträge zur Bildungsforschung, S. 191–208). Berlin: Lit.

Blömeke, S. (2007b). Qualitativ – quantitativ, induktiv – deduktiv, Prozess – Produkt, national – international: Zur Notwendigkeit multikriterialer und multiperspektivischer Zugänge in der Lehrerbildungsforschung. In M. Lüders & J. Wissinger (Hrsg.), *Forschung zur Lehrerbildung. Kompetenzentwicklung und Programmevaluation* (S. 13–36). Münster: Waxmann.

Blömeke, S., Eichler, D. & Müller, C. (2003). Rekonstruktion kognitiver Strukturen von Lehrpersonen als Herausforderung für die empirische Unterrichtsforschung. *Unterrichtswissenschaft, 31* (2), 103–122.

Blömeke, S., Felbrich, A. & Müller, C. (2008). Theoretischer Rahmen und Untersuchungsdesign. In S. Blömeke, G. Kaiser & R. Lehmann (Hrsg.), *Professionelle Kompetenz angehender Lehrerinnen und Lehrer. Wissen, Überzeugungen und Lerngelegenheiten deutscher Mathematikstudierender und -referendare; erste Ergebnisse zur Wirksamkeit der Lehrerausbildung* (S. 15–48). Münster: Waxmann.

Blömeke, S., Kaiser, G. & Lehmann, R. (Hrsg.). (2008). *Professionelle Kompetenz angehender Lehrerinnen und Lehrer: Wissen, Überzeugungen und Lerngelegenheiten deutscher Mathematikstudierender und -referendare ; erste Ergebnisse zur Wirksamkeit der Lehrerausbildung*. Münster: Waxmann.

Blömeke, S., Reinhold, P., Tulodziecki, G. & Wildt, J. (Hrsg.). (2004). *Handbuch Lehrerbildung*. Bad Heilbrunn: Klinkhardt.

Bloom, B. S. (1953). Thought processes in lectures and discussions. *Journal of General Education, 7,* 160–169.

Borkenau, P. & Ostendorf, F. (1993). *NEO-Fünf-Faktoren-Inventar (NEO-FFI) nach Costa und McCrae*. Göttingen: Hogrefe.

Boshuizen, H. P. A. (2004). Does practice make perfect? A slow and discontinuous process. In H. P. A. Boshuizen, R. Bromme & H. Gruber (Hrsg.), *Professional learning. Gaps and transitions on the way from novice to expert* (S. 73–95). Dordrecht: Kluwer.

Boshuizen, H. P. A., Bromme, R. & Gruber, H. (2004). On the long way from novice to expert and how travelling changes the traveller. In H. P. A. Boshuizen, R. Bromme & H. Gruber (Hrsg.), *Professional learning. Gaps and transitions on the way from novice to expert* (S. 3–8). Dordrecht: Kluwer.

Boshuizen, H. P. A., Bromme, R. & Gruber, H. (Hrsg.). (2004). *Professional learning: Gaps and transitions on the way from novice to expert.* Innovation and change in professional education: Bd. 2. Dordrecht: Kluwer.

Boud, D., Keogh, R. & Walker, D. (1985). Promoting Reflection in Learning: a Model. In D. Boud, R. Keogh & D. Walker (Hrsg.), *Reflection: turning experience into learning. Turning experience into learning* (S. 18–40). London: Kogan Page.

Boud, D., Keogh, R. & Walker, D. (Hrsg.). (1985). *Reflection: turning experience into learning: Turning experience into learning.* London: Kogan Page.

Boud, D., Keogh, R. & Walker, D. (1985). What is Reflection in Learning? In D. Boud, R. Keogh & D. Walker (Hrsg.), *Reflection: turning experience into learning. Turning experience into learning* (S. 7–17). London: Kogan Page.

Bowman, C. L., Galvez-Martin, M. & Morrison, M. (2005). Developing Reflection in Preservice Teachers. In S. E. Israel, C. Collins Block, K. L. Bauserman & K. Kinnucan-Welsch (Hrsg.), *Metacognition in literacy learning. Theory, assessment, instruction, and professional development* (S. 335–349). Mahwah, NJ: L. Erlbaum Associates.

Braun, J.A. & Crumpler, T.P. (2004). The social memoir: an analysis of developing reflective ability in a pre-service methods course. *Teaching and Teacher Education, 20* (1), 59–75.

Bromme, R. (1992). *Der Lehrer als Experte: Zur Psychologie des professionellen Wissens* (1. Aufl.). Huber-Psychologie-Forschung. Bern: Huber.

Bromme, R. (1997). 4. Kapitel: Kompetenzen, Funktionen und unterrichtliches Handeln des Lehrers. In F. Emanuel Weinert, N. Birbaumer & C. Friedrich Graumann (Hrsg.), *Psychologie des Unterrichts und der Schule* (Enzyklopädie der Psychologie, S. 177–212). Göttingen: Hogrefe Verl. für Psychologie.

Bromme, R. & Haag, L. (2008). Forschung zur Lehrerpersönlichkeit. In W. Helsper & J. Böhme (Hrsg.), *Handbuch der Schulforschung.* 2., durchges. und erw. Aufl. (S. 308–319). Wiesbaden: VS Verlag.

Brookfield, S. (1995). *Becoming a critically reflective teacher* (1st ed.). The Jossey-Bass higher and adult education series. San Francisco: Jossey-Bass.

Brunner, M., Kunter, M., Krauss, S., Baumert, J., Blum, W. & Dubberke, T., et al. (2006). Welche Zusammenhänge bestehen zwischen dem fachspezifischen Professionswissen von Mathematiklehrkräften und ihrer Ausbildung sowie beruflichen Fortbildung? *Zeitschrift für Erziehungswissenschaft, 9* (4), 521–544.

Bucher, B. (2001). *Arbeitszeit und Arbeitsbelastung der Lehrpersonen. Einsichten, Aussichten, Folgerungen: Literaturbericht.* Luzern: Bildungsplanung Zentralschweiz. Verfügbar unter: http://rigi.zebis.ch/inhalte/bildungsregion/verschiedenes/arbeitsbelastung_lehrpersonen.pdf [19.5.2010].

Bullough, R. V. (1989). Teacher Education and Teacher Reflectivity. *Journal of Teacher Education, 40,* 15–21.

Busse, A. & Borromeo Ferri, R. (2003). Methodological reflections on a three-step-design combining observation, stimulated recall and interview. *ZDM, 35* (6), 257–264.

Calderhead, J. (Hrsg.). (1987). *Exploring teacher's thinking.* Cassel education. London: Cassell.

Calderhead, J. (1987). The Quality of Reflection in Student Teachers' Professional Learning. *European Journal of Teacher Education, 10* (3), 269–278.

Calderhead, J. (1988). *Teachers' professional learning* (1st publ.). London: Falmer Press.

Calderhead, J. & Gates, P. (Hrsg.). (1993). *Conceptualizing Reflection In Teacher Development*. London: Falmer Press.

Campbell, R. J., Kyriadides, L. & Muijs, D. Robinson Wendy. (2004). *Assessing teacher effectiveness: Developing a differentiated model*. London: Routledge.

Carlgren, I., Handal, G. & Vaage, S. (Hrsg.). (1994). *Teachers' minds and actions: Research on teachers' thinking and practice*. London: Falmer Press.

Carlsburg, G.-B. von. (2005). *Bildungsreform als Lebensreform: Educational systems development as development of human being* (1. Aufl.). Baltische Studien zur Erziehungs- und Sozialwissenschaft: Bd. 13. Frankfurt am Main: Lang.

Carter, K., Cushing, K., Sabers, D., Stein, P. & Berliner, D. (1988). Expert-Novice Differences in Perceiving and Processing Visual Classroom Information. *Journal of Teacher Education, 39* (3), 25–31.

Carter, K. & Gonzalez, L. (1993). Beginning Teachers' Knowledge of Classroom Events. *Journal of Teacher Education, 44* (3), 223–232.

Chitpin, S., Simon, M. & Galipeau, J. (2008). Pre-service teachers' use of the objective knowledge framework for reflection during practicum. *Teaching and Teacher Education, 24* (8), 2049–2058.

Chomsky, N. (1973). *Sprache und Geist* (1. Aufl.). Suhrkamp-Taschenbuch Wissenschaft: Bd. 19. Frankfurt a. M.: Suhrkamp.

Clandinin, D. Jean. (1986). *Classroom practice: Teacher images in action*. London: Falmer.

Clausen, M. (2002). *Unterrichtsqualität: eine Frage der Perspektive?: Empirische Analysen zur Übereinstimmung, Konstrukt- und Kritieriumsvalidität*. Pädagogische Psychologie und Entwicklungspsychologie: Bd. 29. Münster: Waxmann.

Clausen, M., Reusser, K. & Klieme, E. (2003). Unterrichtsqualität auf der Basis hochinferenzer Unterrichtsbeurteilungen: Ein Vergleich zwischen Deutschland und der deutschsprachigen Schweiz. *Unterrichtswissenschaft, 31* (2), 122–141.

Clauß, G., Finze, F.-R. & Partzsch, L. (2004). *Statistik für Soziologen, Pädagogen, Psychologen und Mediziner*. Frankfurt am Main: Deutsch.

Clayton, P. & Ash, S. (2005). Reflection as a key component in faculty development. *ON THE HORIZON, 13* (3), 161–169.

Clift, R. T., Houston, W. R. & Pugach, M. C. (Hrsg.). (1990). *Encouraging reflective practice in education: An analysis of issues and programs*. New York: Teachers Coll. Pr.

Cole, A. L. (1997). Impediments to Reflective Practice: toward a new agenda for research on teaching. *Teachers and Teaching, 3* (1), 7–27.

Collier, S. T. (1999). Characteristics of Reflective Thought During the Student Teaching Experience. *Journal of Teacher Education, 50* (3), 173–181.

Combe, A. & Kolbe, F.-U. (2008). Lehrerprofessionalität: Wissen, Können, Handeln. In W. Helsper & J. Böhme (Hrsg.), *Handbuch der Schulforschung*. 2., durchges. und erw. Aufl. (S. 857–875). Wiesbaden: VS Verl. für Sozialwiss.

Convery, A. (1998). A Teacher's Response to ‚Reflection-in-action'. *Cambridge Journal of Education, 28* (2), 197–205.

Cranton, P. & Carusetta, E. (2002). Reflecting on teaching: The influence of context. *International Journal for Academic Development, 7* (2), 167–176.

Cruickshank, D. R. (1987). *Reflective Teaching: The Preparation of Students of Teaching.* Reston: Association of Teacher Educators.

Cruickshank, D. R. & Applegate, J. H. (1981). Reflective Teaching as a Strategy for Teacher Growth. *Educational Leadership, 38* (7), 553–554.

Cruickshank, D. R., Kennedy, J. J., Williams, E. Jane, Holton, J. & Fay, D. E. (1981). Evaluation of Reflective Teaching Outcomes. *Journal of Educational Research, 75* (1), 26–32.

Dauber, H. (2006). Selbstreflexion im Zentrum pädagogischer Praxis. In H. Dauber & R. Zwiebel (Hrsg.), *Professionelle Selbstreflexion aus pädagogischer und psychoanalytischer Sicht* (Schriftenreihe zur humanistischen Pädagogik und Psychologie, S. 11–39). Bad Heilbrunn: Klinkhardt.

Dauber, H. & Zwiebel, R. (Hrsg.). (2006). *Professionelle Selbstreflexion aus pädagogischer und psychoanalytischer Sicht.* Schriftenreihe zur humanistischen Pädagogik und Psychologie. Bad Heilbrunn: Klinkhardt.

Day, C. (1985). Professional Learning and Researcher Intervention: an action research perspective. *British Educational Research Journal, 11* (2), 133–151.

Day, C. (1993). Reflection: a necessary but not sufficient condition for professional development. *British Educational Research Journal, 19* (1), 83–93.

Day, C. (1997). Being a Professional in Schools and Universities: limits, purposes and possibilities for development. *British Educational Research Journal, 23* (2), 193–208.

Day, C. (1999). *Developing teachers: The challenges of lifelong learning.* Educational change and development series. London, Philadelphia: Falmer Press.

Day, C., Calderhead, J. & Denicolo, P. (Hrsg.). (1993). *Research on teacher thinking: understanding professional development* (1st publ.). London: Falmer.

Day, C., Pope, M. L. & Denicolo, P. (Hrsg.). (1990). *Insights into teachers' thinking and practice: [selected papers of the 4th ISATT conference held in 1988].* London: Falmer Press.

Densten, I. L. & Gray, J. H. (2001). Leadership development and reflection: what is the connection? *The International Journal of Educational Management, 15* (3), 119–124.

Dewey, J. (1910). *How we think.* Boston, New York, Chicago: D. C. Heath & Co. Publishers.

Dewey, J. (1933). *How we think.* Boston, New York, Chicago: D. C. Heath & Co. Publishers.

Dewey, J. (1997). *How we think.* Mineola N.Y.: Dover Publications.

Dick, A. (1995). Reflexion und Narration als generative Form von Lehrerinnen- und Lehrerforschung. *Beiträge zur Lehrerbildung, 13* (3), 274–292.

Dick, A. (1996a). Ethos der Lehrerinnen- und Lehrerbildung: Die Veränderung der Praxis durch ihre Analyse und Erforschung. *Beiträge zur Lehrerbildung, 14* (1), 5–8.

Dick, A. (1996b). *Vom unterrichtlichen Wissen zur Praxisreflexion: Das praktische Wissen von Expertenlehrern im Dienste zukünftiger Junglehrer* (2. Aufl.). Bad Heilbrunn: Klinkhardt.

Dick, A. (1998). Forschung in der Lehrerinnen- und Lehrerbildung: Von der Finalität zur Fantasie. *Beiträge zur Lehrerbildung, 16* (1), 39–48.

Dinkelman, T. (2003). Self-Study in Teacher Education: A Means and Ends Tool for Promoting Reflective Teaching. *Journal of Teacher Education, 54* (1), 6–18.

Doyle, W. & Ponder, G. A. (1977-78). The Practicality Ethic in Teacher Decision-Making. *Interchange, 8* (3), 1–12.

Ducharme, E. R. & Ducharme, M. K. (1996). Reflecting on Reflecting. *Journal of Teacher Education, 47* (2), 83–84.

Eckstein, P. P. (2008). Angewandte Statistik mit SPSS: Praktische Einführung für Wirtschaftswissenschaftler (6., überarb. Aufl.). Lehrbuch. Wiesbaden: Gabler.

Emery, W. G. (1996). Teachers' Critical Reflection Trough Expert Talk. *Journal of Teacher Education, 47* (2), 110–119.

Erlacher, W. & Ossimitz, G. (2009). Reflexion als schulische (Not-)Wendigkeit. In K. Krainer, B. Hanfstingl & S. Zehetmeier (Hrsg.), *Fragen zur Schule - Antworten aus Theorie und Praxis. Erfahrungen aus dem Projekt IMST* (S. 143–154). Innsbruck: Studienverl.

Erpenbeck, J. & Rosenstiel, L. von. (2003). Einführung. In J. Erpenbeck & L. von Rosenstiel (Hrsg.), *Handbuch Kompetenzmessung. Erkennen, verstehen und bewerten von Kompetenzen in der betrieblichen, pädagogischen und psychologischen Praxis* (S. IX–XL). Stuttgart: Schäffer-Poeschel.

Erpenbeck, J. & Rosenstiel, L. von (Hrsg.). (2003). *Handbuch Kompetenzmessung: Erkennen, verstehen und bewerten von Kompetenzen in der betrieblichen, pädagogischen und psychologischen Praxis.* Stuttgart: Schäffer-Poeschel.

Esslinger-Hinz, I. (2005). *Selbstevaluation im Schulalltag.* Braunschweig: Schroedel.

Esslinger-Hinz, I. (2007). Selbstevaluation von Unterrichtsentwicklungsprozessen. Den Einstieg wagen. *Pädagogik, 59* (2), 10–14.

Etscheidt, S., Curran, C.M. & Sawyer, C.M. (2012). Promoting Reflection in Teacher Preparation Programs: A Multilevel Model. *Teacher Education and Special Education, 35* (1), 7–26.

Fahrländer, H. (2010, 09. April). Mit neuem Modell gegen Defizite: Verlängerte Ausbildung für Oberstufenlehrpersonen soll fachliche Lücken beheben helfen. *Aargauer Zeitung,* S. 13.

Fahrländer, H. (2011, 01. März). „Kein Rucksack, nur ein Znünitäschli": Nordwestschweiz: Experten und Politiker kritisieren Lehrerausbildung für die Sekundarstufe I. *Aargauer Zeitung,* S. 6.

Fat'hi, J., & Behzadpour, F. (2011). Beyond Method: The Rise of Reflective Teaching. *International Journal of English Linguistics, 1*(2), 241–251.

Farrell, T. S. C. (2004). *Reflective practice in action: 80 reflection breaks for busy teachers.* Thousand Oaks Calif.: Corwin Press.

Felten, R. von. (2005). *Lernen im reflexiven Praktikum: Eine vergleichende Untersuchung.* Internationale Hochschulschriften: Bd. 441. Münster: Waxmann.

Felten, R. von & Herzog, W. (2001). Von der Erfahrung zum Experiment. Angehende Lehrerinnen und Lehrer im reflexiven Praktikum. *Beiträge zur Lehrerbildung, 19* (1), 29–42.

Fend, H. (2001). *Qualität im Bildungswesen: Schulforschung zu Systembedingungen, Schulprofilen und Lehrerleistung* (2. Aufl). Heidelberg: Juventa.

Fischer, C., Rieck, K. & Lobemeier, K. R. (2008). Mit Logbüchern dokumentieren und reflektieren: Das Beispiel SINUS-Transfer Grundschule. In E.-M. Lankes (Hrsg.), *Pädagogische Professionalität als Gegenstand empirischer Forschung* (S. 73–85). Münster: Waxmann.

Fischler, H. (2001). Lehrerhandeln und Lehrervorstellungen bei Anfängern: Untersuchungen zu einem gestörten Verhältnis. In S. von Aufschnaiter & M. Welzel (Hrsg.), *Nutzung von Videodaten zur Untersuchung von Lehr-Lern-Prozessen. Aktuelle Methoden empirischer pädagogischer Forschung* (S. 173–184). Münster: Waxmann.

Flick, U. (2004). *Triangulation: Eine Einführung* (1. Aufl.). Qualitative Sozialforschung: Bd. 12. Wiesbaden: VS Verl. für Sozialwiss.

Flick, U. (2007). *Qualitative Sozialforschung: Eine Einführung*. Rororo Rowohlts Enzyklopädie. Reinbek bei Hamburg: Rowohlt-Taschenbuch-Verl.

Flick, U., Kardorff, E. von & Steinke, I. (Hrsg.). (2007). *Qualitative Forschung: Ein Handbuch* (Orig.-Ausg., 5. Aufl.). Rororo Rowohlts Enzyklopädie. Reinbek bei Hamburg: Rowohlt-Taschenbuch-Verl.

Fook, J., White, S. & Gardner, F. (2006). Critical reflection: a review of contemporary literature and understandings. In: S. White, J. Fook & F. Gardner (Eds.), *Critical reflection in health and social care*, (pp. 3–20). Maidenhead, Berkshire, England ;, New York, NY: Open University Press.

Francis, H. & Cowan, J. (2008). Fostering an action-reflection dynamic amongst student practitioners. *Journal of European Industrial Training, 32* (5), 336–346.

Frey, A. & Jung, C. (2011). Kompetenzmodelle und Standards in Lehrerbildung und Lehrberuf. In: E. Terhart, H. Bennewitz & M. Rothland (Hrsg.), *Handbuch der Forschung zum Lehrerberuf*, (S. 540–572). Münster: Waxmann.

Fund, Z., Court, D. & Kramarski, B. (2002). Construction and Application of an Evaluative Tool to Assess Reflection in Teacher-Training Courses. *Assessment & Evaluation in Higher Education, 27* (6), 485–499.

Gagné, R. M. (1971). Learning hierarchies. In D. M. Merrill (Hrsg.), *Instructional design. Readings* (S. 118–131). Englewood Cliffs: Prentice-Hall.

Gagné, R. Mills. (1980). *Die Bedingungen des menschlichen Lernens* [5., neu bearb. Aufl.]. Beiträge zu einer neuen Didaktik. Reihe A, Allgemeine Didaktik. Hannover: Schroedel.

Gläser-Zikuda, M. (2008). *Lehrerexpertise: Analyse und Bedeutung unterrichtlichen Handelns.* Münster: Waxmann.

Gogolin, I. & Krüger, H.-H. (Hrsg.). (2005). *Standards und Standardisierungen in der Erziehungswissenschaft.* Zeitschrift für Erziehungswissenschaft, Beiheft Bd. 4. Wiesbaden: VS Verl. für Sozialwiss.

Göhlich, M. (2011). Reflexionsarbeit als pädagogisches Handlungsfeld. Zur Professionalisierung der Reflexion und zur Expansion von Reflexionsprofessionellen in Supervision, Coaching und Organisationsberatung. *Zeitschrift für Pädagogik, 57. Beiheft*, 138–152.

Gore, J. M. (1987). Reflecting on Reflective Teaching. *Journal of Teacher Education* (38), 33–39.

Grant, C.A. & Zeichner, K.M. (1984). On Becoming a Reflective Teacher. Verfügbar unter: http://www.wou.edu/~girodm/foundations/Grant_and_Zeichner.pdf [08.04.2013].

Gräsel, C., Fussangel, K. & Parchmann, I. (2006). Lerngemeinschaften in der Lehrerfortbildung. Kooperationserfahrungen und -überzeugungen von Lehrkräften. *Zeitschrift für Erziehungswissenschaft, 9* (4), 545–561.

Gräsel, C., Fussangel, K. & Pröbstel, C. (2006). Lehrkräfte zu Kooperation anregen - eine Aufgabe für Sisyphos? *Zeitschrift für Pädagogik, 52* (2), 205–219.

Griffiths, V. (2000). The reflective dimension in teacher education. International Journal of Educational Research, 33, 539–555.

Gruber, H. & Rehrl, M. (2005). *Praktikum statt Theorie? Eine Analyse relevanten Wissens zum Aufbau pädagogischer Handlungskompetenz.* (Forschungsbericht Nr. 15). Universität Regensburg, Lehrstuhl für Lehr-Lern-Forschung.

Habermas, J. (1974). *Theory and Practice.* London: Heinemann.

Häcker, T. & Rihm, T. (2005). Professionelles Lehrer(innen)handeln – Plädoyer für eine situationsbezogene Wende. In: G.-B. von Carlsburg (Ed.) , *Bildungsreform als Lebensreform. Educational systems development as development of human being,* (pp. 359–380). Frankfurt am Main: Lang.

Hadar, L. & Brody, D. (2010). From isolation to symphonic harmony: Building a professional development community among teacher educators. *Teaching and Teacher Education, 26* (8), 1641–1651.

Harford, J. & MacRuairc, G. (2008). Engaging student teachers in meaningful reflective practice. *Teaching and Teacher Education, 24,* 1884–1892.

Harrington, H. L., Quinn-Leering, K. & Hodson, L. (1996). Written Case Analyses and Critical Reflection. *Teaching and Teacher Education, 12* (1), 25–37.

Hartung, J., Elpelt, B. & Klösener, K.-H. (2005). *Statistik: Lehr- und Handbuch der angewandten Statistik.* München: Oldenbourg.

Harvard, G. R. & Hodkinson, P. (Hrsg.). (1994). *Action and reflection in teacher education.* Norwood N.J.: Ablex Pub. Corp.

Hascher, T. (2004). Professionelle Entwicklung von Lehrpersonen. *Journal für LehrerInnenbildung, 4* (1), 44–50.

Hatton, N. & Smith, D. (1995). Reflection in Teacher Education: Towards Definition and Implementation. *Teaching and Teacher Education, 11* (1), 33–49.

Hayon Kemer, L. (1990). Reflection and professional knowledge: A conceptual framework. In C. Day, M. L Pope & P. Denicolo (Hrsg.), *Insights into teachers' thinking and practice. [selected papers of the 4th ISATT conference held in 1988]* (S. 57–70). London: Falmer Press.

Heid, H. & Harteis, C. (Hrsg.). (2005). *Verwertbarkeit: Ein Qualitätskriterium (erziehungs-) wissenschaftlichen Wissens?* (1. Aufl.). Wiesbaden: VS Verl. für Sozialwiss.

Heinrich, M. & Greiner, U. (Hrsg.). (2006). *Schauen, was 'rauskommt: Kompetenzförderung, Evaluation und Systemsteuerung im Bildungswesen.* Österreichische Beiträge zur Bildungsforschung: Bd. 3. Wien: Lit.

Helmke, A. (2003). *Unterrichtsqualität erfassen, bewerten, verbessern.* Seelze: Kallmeyer'sche Verlagsbuchhandlung.

Helmke, A. (2006). Was wissen wir über guten Unterricht?: Über die Notwendigkeit einer Rückbesinnung auf den Unterricht als dem „Kerngeschäft" der Schule. *Pädagogik* (2), 42–45.

Helmke, A. (2009). *Unterrichtsqualität und Lehrerprofessionalität: Diagnose, Evaluation und Verbesserung des Unterrichts; Franz Emanuel Weinert gewidmet* (1. Aufl.). Seelze-Velber: Klett.

Helmke, A., Helmke, T., Heyne, N., Hosenfeld, A., Kleinbub, I., Schrader, F.-W. & Wagner, W. (2007). Erfassung, Bewertung und Verbesserung des Grundschulunterrichts: Forschungsstand, Probleme und Perspektiven. In K. Möller, P. Hanke, C. Beinbrech, A. Katharina Hein, T. Kleickmann & R. Schages (Hrsg.), *Qualität von Grundschulunterricht. Entwickeln, erfassen und bewerten* (Jahrbuch Grundschulforschung, S. 17–34). Wiesbaden: VS Verl. für Sozialwiss.

Helmke, A. & Schrader, F.-W. (2006). Lehrerprofessionalität und Unterrichtsqualität. Den eigenen Unterricht reflektieren und beurteilen. *Schulmagazin 5 – 10, 6,* 5–12.

Helmke, A. & Weinert, F. E. (1997). Bedingungsfaktoren schulischer Leistungen. In F. Emanuel Weinert, N. Birbaumer & C. Friedrich Graumann (Hrsg.), *Psychologie des Unterrichts und der Schule* (Enzyklopädie der Psychologie, S. 71–176). Göttingen: Hogrefe Verl. für Psychologie.

Helsper, W. (2007). Eine Antwort auf Jürgen Baumerts und Mareike Kunters Kritik am strukturtheoretischen Professionsansatz. *Zeitschrift für Erziehungswissenschaft, 10* (4), 567–579.

Helsper, W. & Böhme, J. (Hrsg.). (2008). *Handbuch der Schulforschung* (2., durchges. und erw. Aufl.). Wiesbaden: VS Verl. für Sozialwiss.

Hense, J. U. & Mandl, H. (2009). Evaluations- und Selbstevaluationskompetenzen von Lehrenden: Warum benötigen Lehrende Evaluationskompetenzen? In O. Zlatkin-Troitschanskaia, K. Beck, D. Sembill, R. Nickolaus & R. Mulder (Hrsg.), *Lehrprofessionalität. Bedingungen, Genese, Wirkungen und ihre Messung* (S. 129–139). Weinheim: Beltz.

Herrmann, U. & Hertramph, H. (2000). Zufallsroutinen oder reflektierte Praxis?: Herkömmliche Wege in den Berufseinstieg von Lehrern und notwendige Alternative. *Beiträge zur Lehrerbildung, 18* (2), 172–191.

Herz, O. (2004). Konzepte für Deutschland VIII: „Im Leben Lernen – im Lernen Leben". *a Tempo* (8), 6–9. Otto Herz im Gespräch mit Ralf Lilienthal.

Herzog, W. (2007). Welche Wissenschaft für die Lehrerinnen- und Lehrerbildung? *Beiträge zur Lehrerbildung, 25* (3), 306–316.

Hilzensauer, W. (2008). Theoretische Zugänge und Methoden zur Reflexion des Lernens. Ein Diskussionsbeitrag. *bildungsforschung, 5* (2). Verfügbar unter: http://www.bildungsforschung.org/index.php/bildungsforschung/article/view/77/80 [14.02.2013].

Hoffman-Kipp, P., Artiles, A. J. & López-Torres, L. (2003). Beyond Reflection: Teacher Learning as Praxis. *Theory Into Practice, 42* (3), 248–254.

Hofmann, F. & Burgstaller, W. (2004). Funktionen grundlegender Standards: Gründe für das Zustandekommen der „grundlegenden Standards". *Journal für LehrerInnenbildung, 4* (1), 37–43.

Horn, I.S. & Little, J.W. (2010). Attending to Problems of Practice: Routines and Resources for Professional Learning in Teachers' Workplace Interactions. *American Educational Research Journal, 47* (1), 181–217.

Horstkemper, M. (2004). Diagnosekompetenz als Teil pädagogischer Professionalität. *Neue Sammlung, 44* (2), 201–214.

Hosenfeld, A. (2010). *Führt Unterrichtsrückmeldung zu Unterrichtsentwicklung? Die Wirkung von videographischer und schriftlicher Rückmeldung bei Lehrkräften der vierten Jahrgangsstufe.* Münster: Waxmann.

Hugener, I. (2008). *Inszenierungsmuster im Unterricht und Lernqualität: Sichtstrukturen schweizerischen und deutschen Mathematikunterrichts in ihrer Beziehung zu Schülerwahrnehmung und Lernleistung – eine Videoanalyse.* Pädagogische Psychologie und Entwicklungspsychologie: Bd. 68. Münster: Waxmann.

Hullfish, H. Gordon & Smith, P. G. (1961). *Reflective thinking: The method of education.* Westport Conn.: Greenwood Press.

Hüsgen, M. (2005). *Projektteams: Das Sechs-Ebenen-Modell zur Selbstreflexion im Team – Instrument und Einsatz.* Psychologie und Beruf: Bd. 3. Göttingen: Vandenhoeck & Ruprecht.

Israel, S. E., Collins Block, C., Bauserman, K. L. & Kinnucan-Welsch, K. (Hrsg.). (2005). *Metacognition in literacy learning: Theory, assessment, instruction, and professional development.* Mahwah, NJ: L. Erlbaum Associates.

Izzo, A. (2006). *Research and reflection: Teachers take action for literacy development.* Literacy, language, and learning. Greenwich, Conn.: Information Age Publ.

Jahn, G., Prenzel, M., Stürmer, K. & Seidel, T. (2011). Varianten einer computergestützten Erhebung von Lehrerkompetenzen: Untersuchungen zu Anwendungen des Tools Observer. *Unterrichtswissenschaft, 39* (2), 136–153.

Jay, J.K. & Johnson, K.L. (2002). Capturing complexity: a typology of reflective practice for teacher education. *Teacher and Teacher Education, 18,* 73–85.

Johnson, S. C., Baxter, L. C., Wilder, L. S., Pipe, J. G., Heiserman, J. E. & Prigatano, G. P. (2002). Neural correlates of self-reflection. *Brain, 125,* 1808–1814.

Johnston, S. (1994). Experience is the Best Teacher; or is it? An Analysis of the Role of Experience in Learning to Teach. *Journal of Teacher Education, 45* (3), 199–208.

Kagan, D. M. (1992). Professional Growth Among Preservice and Beginning Teachers. *Review of educational research, 62* (2), 129–169.

Kaufhold, M. (2006). *Kompetenz und Kompetenzerfassung: Analyse und Beurteilung von Verfahren der Kompetenzerfassung* (1. Aufl.). Wiesbaden: VS Verl. für Sozialwiss.

Kegan, R. (1982). *The evolving self: Problem and process in human development.* Cambridge Mass.: Harvard University Press.

Kelle, U. & Erzberger, C. (2007). 4.5 Qualitative und quantitative Methoden: kein Gegensatz. In U. Flick, E. von Kardorff & I. Steinke (Hrsg.), *Qualitative Forschung. Ein Handbuch*. Orig.-Ausg., 5. Aufl. (S. 299–309). Reinbek bei Hamburg: Rowohlt-Taschenbuch-Verl.

Keller-Schneider, M. (2008). *Evaluation der Berufseinführung des Kantons St. Gallen. Entwicklungen im ersten Berufsjahr und Nutzung der Berufseinführungsangebote: Schlussbericht*. Verfügbar unter: http://www.extranet.phsg.ch/web/weiterbildung/berufseinfuehrung/ evaluationen.aspx [12.1.2011].

Keller-Schneider, M. (2009a). Was beansprucht wen? Entwicklungsaufgaben von Lehrpersonen im Berufseinstieg und deren Zusammenhang mit Persönlichkeitsmerkmalen. *Unterrichtswissenschaft, 37* (2), 145–163.

Keller-Schneider, M. (2009b). Sich neue Wege erschliessen! Supervision im Berufseinstieg von Lehrpersonen. *Journal für Lehrerinnen- und Lehrerbildung, 9* (3), 40–46.

Keller-Schneider, M. (2010). Entwicklungsaufgaben im Berufseinstieg von Lehrpersonen. Beanspruchung durch berufliche Herausforderungen im Zusammenhang mit Kontext- und Persönlichkeitsmerkmalen. Münster: Waxmann.

King, P. M & Kitchener, K. Strohm. (1994). Developing reflective judgment: Understanding and promoting intellectual growth and critical thinking in adolescents and adults (1. ed.). The Jossey-Bass social and behavioral science series. San Francisco: Jossey-Bass.

Kitchener, K. Strohm & King, P. M. (1981). Reflective Judgment: Concepts of Justification and Their Relationship to Age and Education. *Journal of Applied Developmental Psychology, 2,* 89–116.

Klieme, E. (2004). Was sind Kompetenzen und wie lassen sie sich messen? *Pädagogik, 6,* 10–13.

Klieme, E. & Hartig, J. (2007). Kompetenzkonzepte in den Sozialwissenschaften und im erziehungswissenschaftlichen Diskurs. In M. Prenzel, I. Gogolin & H.-H. Krüger (Hrsg.), *Kompetenzdiagnostik* (Sonderheft, S. 11–29). Wiesbaden: VS Verl. für Sozialwiss.

Knoblauch, H. (2004). Die Video-Interaktions-Analyse. *sozialersinn* (1), 123–138.

Kocher, M. & Wyss, C. (2008). *Unterrichtsbezogene Kompetenzen in der Lehrerinnen- und Lehrerausbildung: Eine Videoanalyse*. Deutsche Universitätsedition: Bd. 28. Neuried: ars et unitas.

Kohlberg, L. (1981). *Essays on moral development: The nature and validity of moral stages*. San Francisco: Harper.

Korthagen, F. A. J. (1985). Reflective Teaching and Preservice Teacher Education in the Netherlands. *Journal of Teacher Education, 36,* 11–15.

Korthagen, F. A. J. (1992). Techniques for Stimulating Reflection in Teacher Education Seminars. *Teaching and Teacher Education, 8* (3), 265–274.

Korthagen, F. A. J. (1993). Two Modes of Reflection. *Teacher and Teacher Education, 9* (3), 317–326.

Korthagen, F. A. J. (1999). Linking Reflection and Technical Competence: the logbook as an instrument in teacher education. *European Journal of Teacher Education, 22,* 191–207.

Korthagen, F. A. J. (2004). In search of the essence of a good teacher: towards a more holistic approach in teacher education. *Teaching and Teacher Education, 20* (1), 77–97.

Korthagen, F. A. J. & Vasalos, A. (2005). Levels in reflection: core reflection as a means to enhance professional growth. *Teacher and Teaching: theory and practice, 11* (1), 47–71.

Korthagen, F. A. J. & Wubbels, T. (1995). Characteristics of Reflective Practitioners: towards an operationalization of the concept of reflection. *Teachers and Teaching, 1* (1), 51–72.

Krainer, K. (2003). Bereitschaft und Kompetenz zur Reflexion eigenen Denkens und Handelns - ein Schlüssel zur Professionalität im Lehrberuf: „Was ist guter Unterricht?" als Thema von Lehrerfortbildung. *Erziehung und Unterricht* (9/10), 970–977.

Krainer, K., Hanfstingl, B. & Zehetmeier, S. (Hrsg.). (2009). *Fragen zur Schule – Antworten aus Theorie und Praxis: Erfahrungen aus dem Projekt IMST.* Innovationen im Mathematik- und Naturwissenschaftsunterricht: Bd. 4. Innsbruck: Studienverl.

Kraler, C. (2008). *Wissen erwerben, Kompetenzen entwickeln: Modelle zur kompetenzorientierten Lehrerbildung.* Münster: Waxmann.

Kraler, C. & Schratz, M. (Hrsg.). (2007). *Ausbildungsqualität und Kompetenz im Lehrerberuf.* Österreichische Beiträge zur Bildungsforschung: Bd. 4. Berlin: Lit.

Krammer, K. (2009). *Individuelle Lernunterstützung in Schülerarbeitsphasen: Eine videobasierte Analyse des Unterstützungsverhaltens von Lehrpersonen im Mathematikunterricht.* Empirische Erziehungswissenschaft: Bd. 15. Münster: Waxmann.

Krammer, K. & Hugener, I. (2005). Netzbasierte Reflexion von Unterrichtsvideos in der Ausbildung von Lehrpersonen – eine Explorationsstudie. *Beiträge zur Lehrerbildung, 23* (1), 51–61.

Krammer, K., Ratzka, N., Klieme, E., Lipowsky, F., Pauli, C. & Reusser, K. (2006). Learning with Classroom Videos: Conception and first results of an online teacher-training program. *ZDM, 38* (5), 422–432.

Krammer, K. & Reusser, K. (2005). Unterrichtsvideos als Medium der Aus- und Weiterbildung von Lehrpersonen. *Beiträge zur Lehrerbildung, 23* (1), 35–50.

Krammer, K., Schnetzler, C. Lena, Ratzka, N., Reusser, K., Pauli, C., Lipowsky, F. & Klieme, E. (2008). Lernen mit Unterrichtsvideos: Konzeption und Ergebnisse eines netzgestützten Weiterbildungsprojekts mit Mathematiklehrpersonen aus Deutschland und der Schweiz. *Beiträge zur Lehrerbildung, 26* (2), 178–197.

Krapp, A. & Weidenmann, B. (Hrsg.). (2001). *Pädagogische Psychologie: Ein Lehrbuch* (4., vollst. überarb. Aufl.). Weinheim: Beltz PVU.

Krauss, S. (2011). Das Experten-Paradigma in der Forschung zum Lehrerberuf. In: E. Terhart, H. Bennewitz & M. Rothland (Hrsg.), *Handbuch der Forschung zum Lehrerberuf,* (S. 171–191). Münster, München, Berlin [u.a.]: Waxmann.

Kreis, A., Lügstenmann, G. & Staub, F. C. (2008). *Kollegiales Unterrichtscoaching als Ansatz zur Schulentwicklung: Schlussbericht zur Pilotstudie Peer Coaching.* Kreuzlingen: PHTG.

Kreis, A. & Staub, F. C. (2008). Praxislehrpersonen als Unterrichtscoachs und als Mediatoren in der Rekontextualisierung unterrichtsbezogenen Wissens. *Beiträge zur Lehrerbildung, 26* (2), 198–210.

Kreis, A. & Staub, F. C. (2009). Kollegiales Unterrichtscoaching: Ein Ansatz zur Kooperativen und fachspezifischen Unterrichtsentwicklung im Kollegium. In K. Maag Merki (Hrsg.), *Kooperation und Netzwerkbildung. Strategien zur Qualitätsentwicklung in Schulen* (S. 26–39). Seelze-Velber: Klett Kallmeyer.

Kroath, F. (2004). Zur Entwicklung von Reflexionskompetenz in der LehrerInnenausbildung. Bausteine für die Praxisarbeit. In S. Rahm (Hrsg.), *LehrerInnenforschung. Theorie braucht Praxis - braucht Praxis Theorie?* (S. 179–193). Innsbruck: Studien-Verlag.

Krüger, H.-H. & Pfaff, N. (2008). Triangulation quantitativer und qualitativer Zugänge in der Schulforschung. In W. Helsper & J. Böhme (Hrsg.), *Handbuch der Schulforschung*. 2., durchges. und erw. Aufl. (S. 157–179). Wiesbaden: VS Verl. für Sozialwiss.

Krull, E., Oras, K. & Sisak, S. (2007). Differences in teachers' comments on classroom events as indicators of their professional development. *Teaching and Teacher Education, 23*, 1038–1050.

Kunter, M., Baumert, J., Blum, W., Klusmann, U., Krauss, S. & Neubrand, M. (Hrsg.). (2011). *Professionelle Kompetenz von Lehrkräften: Ergebnisse des Forschungsprogramms COACTIV*. Münster: Waxmann.

Kunter, M. & Pohlmann, B. (2009). Lehrer. In: E. Wild & J. Möller (Eds.), *Pädagogische Psychologie*, (pp. 261–282). Heidelberg: Springer.

Kunz, D., Trachsler, E., Rindlisbacher, S., Nido, M. (2007). *Schulen als Lernumgebungen für Lehrerinnen und Lehrer. Zusammenhänge zwischen Schulkontext, persönlichen Merkmalen und dem Weiterlernen von Lehrpersonen*. Verfügbar unter: http://www.phtg.ch/fileadmin/user_upload/Dokumente/PFW/Forschung/PHTG_FB_06_Schulen_als_Lernumgebung_f%C3%BCr_LL.pdf [14.01.2013].

Kwo, O. W. Y. (1996). Reflective Classroom Practice: case studies of student teachers at work. *Teachers and Teaching, 2* (2), 273–298.

Lankes, E.-M. (Hrsg.). (2008). *Pädagogische Professionalität als Gegenstand empirischer Forschung*. Münster: Waxmann.

Larcher, S., Müller, P., Baer, M., Dörr, G., Edelmann, D., Guldimann, T., Kocher, M. & Wyss, C. (2010). Unterrichtskompetenz über die Zeit: Unterrichten lernen zwischen Studienbeginn und Ende des ersten Berufsjahres. In J. Abel & G. Faust (Hrsg.), *Wirkt Lehrerbildung? Antworten aus der empirischen Forschung*. Münster: Waxmann.

Larcher Klee, S. (2005). *Einstieg in den Lehrberuf: Untersuchungen zur Identitätsentwicklung von Lehrerinnen und Lehrern im ersten Berufsjahr*. Schulpädagogik, Fachdidaktik, Lehrerbildung: Bd. Bd. 9. Bern: Haupt.

Larrivee, B. (2008). Meeting the Challenge of Preparing Reflective Practitioners. *The New Educator, 4* (2), 87–106.

Lay, K. & McGuire, L. (2010). Building a Lens for Critical Reflection and Reflexivity in Social Work Education. *Social Work Education, 29* (5), 539–550.

Lee, H.-J. (2005). Understanding and assessing preservice teachers' reflective thinking. *Teaching and Teacher Education, 21*, 699–715.

Lehmann-Rommel, R. (2004). Partizipation, Selbstreflexion und Rückmeldung: gouvernementale Regierungspraktiken im Feld Schulentwicklung. In N. Ricken & M. Rieger-Ladich (Hrsg.), *Michel Foucault. Pädagogische Lektüren* (S. 261–283). Wiesbaden: VS Verl. für Sozialwiss.

Leinhardt, G. & Greeno, J. G. (1986). The cognitive skill of teaching. *Journal of Educational Psychology, 78*, 75–95.

Leitch, R. & Day, C. (2000). Reflection and professional knowledge: A conceptual framework. *Educational Action Research, 8* (1), 179–193.

Leijen, Ä., Lam, I., Wildschut, L. & Simons, P. Robert-Jan. (2009). Difficulties teachers report about students' reflection: lessons learned from dance education. *Teaching in Higher Education, 14* (3), 315–326.

Lenzen, D. & Baumert, J. (Hrsg.). (2004). *PISA und die Konsequenzen für die erziehungswissenschaftliche Forschung.* Zeitschrift für Erziehungswissenschaft Beiheft: Bd. 3. Wiesbaden: VS Verl. für Sozialwiss.

Leonhard, T. & Rihm, T. (2011). Erhöhung der Reflexionskompetenz durch Begleitveranstaltungen zum Schulpraktikum? - Konzeption und Ergebnisse eines Pilotprojekts mit Lehramtsstudierenden. *Lehrerbildung auf dem Prüfstand, 4* (2), 240–270.

Leschinsky, A. (Hrsg.). (1996). *Die Institutionalisierung von Lehren und Lernen: Beiträge zu einer Theorie der Schule* (34. Beiheft der Zeitschrift für Pädagogik). Weinheim: Beltz.

Leutwyler, B. & Maag Merki, K. (2004). *Mittelschulerhebung 2004. Indikatoren zu Kontextmerkmalen gymnasialer Bildung. Perspektive der Schülerinnen und Schüler: Schul- und Unterrichtserfahrungen. Skalen- und Itemdokumentation.* Zürich: Forschungsbereich Schulqualität & Schulentwicklung, Pädagogisches Institut, Universität Zürich.

Lintorf, K., McElvany, N., Rjosk, C., Schroeder, S., Baumert, J., Schnotz, W., Horz, H. & Ullrich, M. (2011). Zuverlässigkeit von diagnostischen Lehrerurteilen – Reliabilität verschiedener Urteilsmasse bei der Einschätzung von Aufgabenschwierigkeiten. *Unterrichtswissenschaft, 39* (2), 102–120.

Livingston, C. & Borko, H. (1989). Expert-Novice Differences in Teaching: A Cognitive Analysis and Implications for Teacher Education. *Journal of Teacher Education, 40* (4), 36–42.

Loughran, J. John. (1996). *Developing reflective practice: Learning about teaching and learning through modelling.* London: Falmer Press.

Lüders, M. & Wissinger, J. (Hrsg.). (2007). *Forschung zur Lehrerbildung: Kompetenzentwicklung und Programmevaluation.* Münster: Waxmann.

Luttenberg, J. & Bergen, T. (2008). Teacher reflection: the development of a typology. *Teachers and Teaching, 14* (5), 543–566.

Maag Merki, K. (2006). *Lernort Gymnasium: Individuelle Entwicklungsverläufe und Schulerfahrungen.* Bern: Haupt.

Maag Merki, K. (Hrsg.). (2009). *Kooperation und Netzwerkbildung: Strategien zur Qualitätsentwicklung in Schulen.* Seelze-Velber: Klett Kallmeyer.

Mackenzie, C. (2002). Critical Reflection, Self-Knowledge, and the Emotions. *Philosophical Explorations, 5* (3), 186–206.

MacKinnon, A. M. (1987). Detecting reflection-in-action among preservice elementary science teachers. *Teaching and Teacher Education, 3* (2), 135–145.

MacRuairc, G. & Harford, J. (2008). Researching the Contested Place of Reflective Practice in the Emerging Culture of Performativity in Schools: views from the Republic of Ireland. *European Educational Research Journal, 7* (4), 501–511.

Maiello, C. (2006). *Verhaltenswissenschaftliche Forschung für Einsteiger: Methodenlehre, Statistik und computergestützte Datenauswertung.* Forschung, Statistik und Methoden: Bd. 10. Landau: Verl. Empirische Pädagogik.

Mayr, J. (2006). Theorie + Übung + Praxis = Kompetenz? Empirisch begründete Rückfragen zu den „Standards in der Lehrerbildung". In C. Allemann-Ghionda & E. Terhart (Hrsg.), *Kompetenzen und Kompetenzentwicklung von Lehrerinnen und Lehrern. Ausbildung und Beruf* (S. 149–163). Weinheim: Beltz.

Mayr, J. (2007). Wie Lehrer/innen lernen: Befunde zur Beziehung von Lernvoraussetzungen, Lernprozessen und Kompetenz. In M. Lüders & J. Wissinger (Hrsg.), *Forschung zur Lehrerbildung. Kompetenzentwicklung und Programmevaluation* (S. 151–168). Münster: Waxmann.

Mayring, P. (2007). *Qualitative Inhaltsanalyse: Grundlagen und Techniken* (9. Aufl.). Weinheim: Beltz Verlag.

Mayring, P. & Gläser-Zikuda, M. (Hrsg.). (2005). *Die Praxis der qualitativen Inhaltsanalyse.* Weinheim: Beltz.

McConnell, D. (1985). Learning from Audiovisual Media: assessing students' thoughts by stimulated recall. *Journal of Educational Television, 11* (3), 177–187.

McElvany, N., Schroeder, S., Hachfeld, A., Baumert, J., Richter, T., Schnotz, W., Horz, H. & Ullrich, M. (2009). Diagnostische Fähigkeiten von Lehrkräften bei der Einschätzung von Schülerleistungen und Aufgabenschwierigkeiten bei Lernmedien mit instruktionalen Bildern. *Zeitschrift für Pädagogische Psychologie, 23* (3-4), 223–235.

Meentzen, U. & Stadler, M. (2010). Wie Lehrkräfte bei der Reflexion über ihren Unterricht unterstützt werden können. Das Fachgruppenportfolio im Programm SINUS-Transfer. In: F.H. Müller, A. Eichenberger, M. Lüders & J. Mayr (Eds.), Lehrerinnen und Lehrer lernen. Konzepte und Befunde der Lehrerfortbildung, (pp. 161–173). Münster: Waxmann.

Merrill, D. M. (Hrsg.). (1971). *Instructional design: Readings.* Englewood Cliffs: Prentice-Hall.

Messner, H. & Reusser, K. (2000a). Die berufliche Entwicklung von Lehrpersonen als lebenslanger Prozess. *Beiträge zur Lehrerbildung, 18* (2), 157–171.

Messner, H. & Reusser, K. (2000b). Berufliches Lernen als lebenslanger Prozess. *Beiträge zur Lehrerbildung, 18* (3), 277–294.

Meyer, H. (2004). *Was ist guter Unterricht?.* Berlin: Cornelsen Scriptor.

Mezirow, J. (1998). On critical reflection. *Adult Education Quarterly, 48* (3), 185–199.

Mezirow, J. (1990). *Fostering Critical Reflection in Adulthood. A Guide to Transformative and Emancipatory Learning.* San Francisco. Jossey-Bass.

Möller, K., Hanke, P., Beinbrech, C., Hein, A. K., Kleickmann, T. & Schages, R. (Hrsg.). (2007). *Qualität von Grundschulunterricht: Entwickeln, erfassen und bewerten.* Jahrbuch Grundschulforschung: Bd. 11. Wiesbaden: VS Verl. für Sozialwiss.

Moon, J. A. (2000). *Reflection in learning and professional development: Theory and practice.* London: Kogan Page.

Moon, J. A. (2004). *A handbook of reflective and experiential learning: Theory and practice.* London: Routledge Falmer.

Mühlhausen, U. (2006). *Unterrichten lernen mit Gespür: Szenarien für eine multimedial gestützte Analyse und Reflexion von Unterricht* (2. überarb. Aufl.). Baltmannsweiler: Schneider.

Müller, F. H., Eichenberger, A., Lüders, M. & Mayr, J. (Hrsg.). (2010). *Lehrerinnen und Lehrer lernen: Konzepte und Befunde der Lehrerfortbildung.* Münster: Waxmann.

Müller-Fohrbrodt, G., Cloetta, B. & Dann, H.-D. (1978). *Der Praxisschock bei jungen Lehrern: Formen, Ursachen, Folgerungen.* Stuttgart: Klett.

Neuenschwander, M. P. (2004). Lehrerkompetenzen und ihre Beurteilung. *Journal für LehrerInnenbildung, 4* (1), 23–29.

Neuweg, G. H. (2000). *Wissen – Können – Reflexion: Ausgewählte Verhältnisbestimmungen.* Innsbruck: Studienverlag.

Neuweg, G.H. (2002). Lehrerhandeln und Lehrerbildung im Lichte des Konzepts des impliziten Wissens. *Zeitschrift für Pädagogik, 48* (1), 10–29.

Neuweg, G. H. (2007a). Ist das Technologie-Modell am Ende? Zu den Möglichkeiten und Grenzen der Förderung der Kompetenz von Lehrerinnen und Lehrern durch erziehungswissenschaftlich-technologisches Wissen. In C. Kraler & M. Schratz (Hrsg.), *Ausbildungsqualität und Kompetenz im Lehrerberuf* (Österreichische Beiträge zur Bildungsforschung, S. 227–245). Berlin: Lit.

Neuweg, G.H. (2007b). Wie grau ist alle Theorie, wie grün des Lebens goldner Baum? LehrerInnenbildung im Spannungsfeld von Theorie und Praxis. *Berufs- und Wirtschaftspädagogik-online, 12,* 1–14. Verfügbar unter: http://www.bwpat.de/ausgabe12/neuweg_bwpat12.pdf [27.01.2012].

Newell, S.T. (1996). Practical Inquiry: Collaboration and Reflection in Teacher Education Reform. *Teaching and Teacher Education, 12* (6), 567–576.

Nielsen, D. A. (1987). A Theory of Communicative Action or a Sociology of Civilizations? A Critique of Jürgen Habermas. *International Journal of Politics, Culture, and Society, 1* (1), 159–188.

O'Brien, J. (1993). Action Research through Stimulated Recall. *Research in Science Education, 23* (1), 214–221.

Oser, F., Curcio, G.-P. & Düggeli, A. (2007). Kompetenzmessung in der Lehrerbildung als Notwendigkeit – Fragen und Zugänge. *Beiträge zur Lehrerbildung, 25* (1), 14–26.

Oser, F. & Renold, U. (2005). Kompetenzen von Lehrpersonen – über das Auffinden von Standards und ihre Messung. In I. Gogolin & H.-H. Krüger (Hrsg.), *Standards und Standardisierungen in der Erziehungswissenschaft* (Zeitschrift für Erziehungswissenschaft Beiheft, S. 119–140). Wiesbaden: VS Verl. für Sozialwiss.

Osterman, K. Figler & Kottkamp, R. B. (1993). *Reflective practice for educators: Improving schooling through professional development.* Newbury Park Calif.: Corwin Press.

Otto, H.-U., Rauschenbach, T. & Vogel, P. (Hrsg.). (2002). *Erziehungswissenschaft: Professionalität und Kompetenz.* UTB für Wissenschaft: Bd. 8194. Opladen: Leske + Budrich.

Ovens, A. & Tinning, R. (2009). Reflection as situated practice: A memory-work study of lived experience in teacher education. *Teaching and Teacher Education, 25* (8), 1125–1131.

Pädagogische Hochschule Zürich. (2006). *Studienführer: Ausbildung Pädagogische Hochschule Zürich.* Verfügbar unter: http://www.phzh.ch/webautor-data/162/studienfuehrer2006.pdf [5.10.2009].

Pädagogische Hochschule Zürich. (2007). *Anforderungen an Praxislehrpersonen der Pädagogischen Hochschule Zürich.* Verfügbar unter: http://www.phzh.ch/webautor-data/326/anforderungsprofilpral.pdf [5.10.2009].

Pädagogische Hochschule Zürich. (2008). *Berufspraktische Ausbildung: Diplomprüfung (alle Stufen): Weisungen.* Verfügbar unter: http://www.phzh.ch/webautor-data/832/080916_Weisungen.pdf [5.10.2009].

Pädagogische Hochschule Zürich. (2009). *Kompetenzstrukturmodell: Ausbildungsmodell NOVA 09.* Verfügbar unter: http://www.phzh.ch/webautor-data/509/Broschuere_Kompetenzstrukturmodell.pdf [5.10.2009].

Pallasch, W. & Reimers, H. (1987). *Lehrverhalten und Problemlösen: Lern- und Trainingsprogramme zur Schulung pädagogischer Fertigkeiten und Reflexion des Selbstkonzepts.* Pädagogisches Training. Weinheim: Juventa.

Pauli, C. & Reusser, K. (2006). Von international vergleichenden Video Surveys zur videobasierten Unterrichtsforschung und -entwicklung. *Zeitschrift für Pädagogik, 52* (6), 774–798.

Petillon, H., Auffenfeld, A. & Ingenkamp, K. (Hrsg.). (1986). *Schülergerechte Diagnose: Theoretische und empirische Beiträge zur pädagogischen Diagnostik.* Beltz Mongraphie. Weinheim: Beltz.

Postholm, M. Britt. (2008). Teachers developing practice: Reflection as key activitiy. *Teaching and Teacher Education, 24,* 1717–1728.

Poulu, M. (2007). Student-teachers' concerns about teaching practice. *European Journal of Teacher Education, 30* (1), 91–110.

Prenzel, M. (2004). *PISA 2003: Der Bildungsstand der Jugendlichen in Deutschland; Ergebnisse des zweiten internationalen Vergleichs.* Münster: Waxmann.

Prenzel, M., Duit, R., Euler, M., Lehrke, M. & Seidel, T. (Hrsg.). (2001). *Erhebungs- und Auswertungsverfahren des DFG-Projekts „Lehr-Lern-Prozesse im Physikunterricht – eine Videostudie".* IPN-Materialien. Kiel: IPN.

Prenzel, M., Gogolin, I. & Krüger, H.-H. (Hrsg.). (2007). *Kompetenzdiagnostik.* Sonderheft: Bd. 8. Wiesbaden: VS Verl. für Sozialwiss.

Quinton, S. & Smallbone, T. (2010). Feeding forward: using feedback to promote student reflection and learning - a teaching model. *Innovations in Education and Teaching International, 47* (1), 125–135.

Radnitzky, E., Schratz, M. & Breinbauer, A. (1999). *Der Blick in den Spiegel: Texte zur Praxis von Selbstevaluation und Schulentwicklung.* Studien zur Bildungsforschung und Bildungspolitik: Bd. 23. Innsbruck: Studienverlag.

Radtke, F.-O. (1996). *Wissen und Können: Die Rolle der Erziehungswissenschaft in der Erziehung.* Studien zur Erziehungswissenschaft und Bildungsforschung: Bd. 8. Opladen: Leske und Budrich.

Rahm, S. (Hrsg.). (2004). *LehrerInnenforschung: Theorie braucht Praxis – braucht Praxis Theorie?* Studien zur Bildungsforschung & Bildungspolitik: Bd. 26. Innsbruck: Studien-Verl.

Rasch, B., Friese, M., Hofmann, W. & Naumann, E. (2010). *Quantitative Methoden Band 2: Einführung in die Statistik für Psychologen und Sozialwissenschaftler* (3., erweiterte Auflage.). Berlin, Heidelberg: Springer-Verlag.

Razum, O., Breckenkamp, J. & Brzoska, P. (2009). *Epidemiologie für Dummies* (1. Aufl.). Weinheim: Wiley-VCH-Verl.

Reiman, A. J. (1999). The evolution of the social roletaking and guided reflection framework in teacher education: recent theory and quantitative synthesis of research. *Teaching and Teacher Education, 15*, 597–612.

Reusser, K. (1999). *KAFKA und SAMBA als Grundfiguren der Artikulation des Lehr-Lerngeschehens* (Skript zur Vorlesung Allgemeine Didaktik). Zürich: Pädagogisches Institut der Universität Zürich.

Reusser, K. (2005). Situiertes Lernen mit Unterrichtsvideos: Unterrichtsvideografie als Medium des situierten beruflichen Lernens. *Journal für Lehrerinnen- und Lehrerbildung* (2), 8–18.

Reusser, K. (2009). Unterricht. In: S. Andresen, R. Casale, T. Gabriel, R. Horlacher, S. Larcher Klee & J. Oelkers (Eds.), Handwörterbuch Erziehungswissenschaft, (pp. 881–896). Weinheim, Basel: Beltz.

Richardson, V. (1990). The Evolution of Reflective Teaching and Teacher Education. In R. T. Clift, W. Robert Houston & M. C. Pugach (Hrsg.), *Encouraging reflective practice in education. An analysis of issues and programs* (S. 3–19). New York: Teachers Coll. Pr.

Richardson, V. (Hrsg.). (2001). *Handbook of research on teaching* (4. ed.). Washington, D.C.: American Educational Research Assoc.

Ricken, N. & Rieger-Ladich, M. (Hrsg.). (2004). *Michel Foucault: Pädagogische Lektüren.* Wiesbaden: VS Verl. für Sozialwiss.

Rigg, C. & Trehan, K. (2008). Critical reflection in the workplace: is it just too difficult? *Journal of European Industrial Training, 32* (5), 374–384.

Rimmele, R. (2004). *Videograph. Multimedia-Player zur Kodierung von Videos (Version 2.3.2).* Kiel: IPN.

Ropo, E. (2004). Teaching Expertise: Empirical findings on expert teachers and teacher development. In H. P. A. Boshuizen, R. Bromme & H. Gruber (Hrsg.), *Professional learning. Gaps and transitions on the way from novice to expert* (Innovation and change in professional education, S. 159–179). Dordrecht: Kluwer.

Ross, D. Doerre. (1989). First Steps in Developing A Reflective Approach. *Journal of Teacher Education, 40* (2), 22–30.

Rost, D. H. (Hrsg.). (2006). *Handwörterbuch Pädagogische Psychologie* (3., überarb. und erw. Aufl.). Weinheim: Beltz PVU.

Roth, W.-M. (2005). Das Video als Mittel der Reflexion über die Unterrichtspraxis. In M. Welzel & H. Stadler (Hrsg.), *Nimm doch mal die Kamera! Zur Nutzung von Videos in der Lehrerbildung. Beispiele und Empfehlungen aus den Naturwissenschaften* (S. 11–28). Münster: Waxmann.

Rüegg, R. (2007). Reflektieren, was soll das? *profi-L, 07* (1), 4–5.

Rumsey, D. (2008). *Weiterführende Statistik für Dummies* (1. Aufl.). Weinheim: Wiley-VCH.

Rumsey, D. (2010). *Statistik für Dummies* (2., überarb. Aufl.). Weinheim: Wiley-VCH.

Russell, T. & Korthagen, F. A. J. (Hrsg.). (1995). *Teachers who teach teachers: Reflections on teacher education.* London , Washington D.C.: Falmer Press.

Russell, T. & Munby, H. (1992). *Teachers and teaching: From classroom to reflection.* London, New York: Falmer Press.

Rychen, D. S. & Salganik, L. H. (Hrsg.). (2001). *Defining and selecting key competencies.* Seattle: Hogrefe & Huber.

Rychen, D. S. & Salganik, L. H. (Hrsg.). (2003). *Key competencies for a successful life and a well-functioning society.* Cambridge, Mass.: Hogrefe & Huber.

Säde-Pirkko, N. (2005). Individual and collective reflection: how to meet the needs of development in teaching. *European Journal of Teacher Education, 28* (2), 209–219.

Sato, M., Akita, K. & Iwakawa, N. (1993). Practical Thinking Styles of Teachers: A Comparative Study of Expert and Novice Thought Processes and Its Implications for Rethinking Teacher Education in Japan. *Peabody Journal of Education, 68* (4), 100–110.

Scanlan, J. M. & Chernomas, W. M. (1997). Developing the reflective teacher. *Journal of Advanced Nursing, 25,* 1138–1143.

Schempp, P., Tan, S., Manross, D. & Fincher, M. (1998). Differences in Novice and Competent Teachers' Knowledge. *Teachers and Teaching, 4* (1), 9–20.

Schendera, C. F. G. (2004). *Datenmanagement und Datenanalyse mit dem SAS-System: Vom Einsteiger zum Profi.* München: Oldenbourg.

Schepens, A., Aelterman, A. & van Keer, H. (2007). Studying learning processes of student teachers with stimulated recall interviews through changes in interactive cognitions. *Teaching and Teacher Education, 23* (4), 457–472.

Schippers, M. C. & Den Hartog, D. N. (2007). Reflexivity in Teams: A Measure and Correlates. *Applied Psychology. An International Review, 56* (2), 189–211.

Schmelzing, S., Wüsten, S., Sandmann, A. & Neuhaus, B. (2010). Fachdidaktisches Wissen und Reflektieren im Querschnitt der Biologielehrerbildung. *Zeitschrift für Didaktik der Naturwissenschaften, 16,* 189–207.

Schneider, R., Roters, B., Koch-Priewe, B., Thiele, J. & Wildt, J. (Hrsg.). (2009). *Forschendes Lernen im Lehramtsstudium: Hochschuldidaktik, Professionalisierung, Kompetenzentwicklung.* Bad Heilbrunn: Klinkhardt.

Schnetzler, C. Lena. (2007). *Video- und netzbasierte gemeinsame Unterrichtsreflexion in der Weiterbildung von Lehrpersonen: Potenzial, Probleme und Ertrag aus Sicht der Teilnehmenden einer Langzeitweiterbildung.* Zürich (Lic. phil. I Univ. Zürich, 2008. - Ref.: K. Reusser).

Schön, D. A. (1983). *The Reflective Practitioner: How professionals think in action.* Aldershot: Arena.

Schön, D. A. (1987). *Educating the reflective practitioner* (1. ed.). San Francisco: Jossey-Bass.

Schön, D. A. (1991). *The Reflective turn: Case studies in and on educational practice.* New York, N.Y.: Teachers College Press.

Schrader, F.-W. (2006). Diagnostische Kompetenz von Eltern und Lehrern. In D. H. Rost (Hrsg.), *Handwörterbuch Pädagogische Psychologie.* 3., überarb. und erw. Aufl. (S. 91–96). Weinheim: Beltz PVU.

Schüpbach, J. (2007). *Über das Unterrichten reden: Die Unterrichtsnachbesprechung in den Lehrpraktika - eine „Nahtstelle von Theorie und Praxis"?* Bern: Haupt.

Schüßler, I. (2008). Reflexives Lernen in der Erwachsenenbildung – zwischen Irritation und Kohärenz. *bildungsforschung, 2.* Verfügbar unter: http://www.bildungsforschung.org/Archiv/2008-02/erwachsenenbildung/.

Schwarzer, R. & Jerusalem, M. (Hrsg.). (1999). *Skalen zur Erfassung von Lehrer- und Schülermerkmalen: Dokumentation der psychometrischen Verfahren im Rahmen der Wissenschaftlichen Begleitung des Modellversuchs Selbstwirksame Schulen.* Berlin: Freie Universität Berlin.

Schwindt, K. (2008). *Lehrpersonen betrachten Unterricht: Kriterien für die kompetente Unterrichtswahrnehmung.* Empirische Erziehungswissenschaft: Bd. 10. Münster: Waxmann.

Seel, N. M. (2000). *Psychologie des Lernens.* München: Reinhardt.

Seidel Horn, I. & Warren Little, J. (2010). Attending to Problems of Practice: Routines and Resources for Professional Learning in Teachers' Workplace Interactions. *American Educational Research Journal, 47* (1), 181–217.

Seidel, T. & Prenzel, M. (2007). Wie Lehrpersonen Unterricht wahrnehmen und einschätzen – Erfassung pädagogisch-psychologischer Kompetenzen mit Videosequenzen. In M. Prenzel, I. Gogolin & H.-H. Krüger (Hrsg.), *Kompetenzdiagnostik* (Sonderheft, S. 201–216). Wiesbaden: VS Verl. für Sozialwiss.

Seidel, T., Prenzel, M., Duit, R. & Lehrke, M. (Hrsg.). (2003). *Technischer Bericht zur Videostudie „Lehr-Lern-Prozesse im Physikunterricht".* IPN-Materialien. Kiel: IPN.

Seidel, T., Stürmer, K., Blomberg, G., Kobarg, M. & Schwindt, K. (2011). Teacher learning from analysis of videotaped classroom situations: Does it make a difference whether teachers observe their own teaching or that of others? *Teaching and Teacher Education, 27* (2), 259–267.

Sellars, M. (2012). Teachers and change: The role of reflective practice. *Procedia - Social and Behavioral Sciences, 55,* 461–469.

Senge, P. M. & Klostermann, M. (2006). *Die Fünfte Disziplin: Kunst und Praxis der lernenden Organisation* (10. Aufl.). Stuttgart: Klett-Cotta.

Seyfried, C. & Seel, A. (2005). Subjektive Bedeutungszuschreibungen als Ausgangspunkt schulpraktischer Reflexion. *Journal für Lehrerinnen- und Lehrerbildung, 5* (1), 17–24.

Seyfried, C., Seel, A. & Huber, A. (2006). Praxiskompetenz durch Reflexion „Subjektiver Relevanz": Evaluierung eines Modells für den Aufbau von Reflexions- und Praxiskompetenz. In M. Heinrich & U. Greiner (Hrsg.), *Schauen, was 'rauskommt. Kompetenzförderung, Evaluation und Systemsteuerung im Bildungswesen* (Österreichische Beiträge zur Bildungsforschung, S. 279–290). Wien: Lit.

Shavelson, R. & Dempsey-Atwood, N. (1976). Generalizability of Measures of Teaching Behavior. *Review of educational research, 46* (4), 553–611.

Shulman, L. S. (1986). Those Who Understand: Knowledge Growth in Teaching. *Educational Researcher, 15* (2), 4–14.

Sinus-Transfer Grundschule. Verfügbar unter: http://www.sinus-grundschule.de [3.9.2009].

Smith, E. (2011). Teaching critical reflection. *Teaching in Higher Education, 16* (2), 211–223.

Smith, T. W. & Strahan, D. (2004). Toward a Prototype of Expertise in Teaching: A Descriptive Case Study. *Journal of Teacher Education, 55* (4), 357–371.

Smyth, J. (1989). Developing and Sustaining Critical Reflection in Teacher Education. *Journal of Teacher Education, 40* (2), 2–9.

Somekh, B. & Zeichner, K. (2009). Action research for educational reform: remodeling action research theories and practices in local contexts. *Educational Action Research, 17* (1), 5–21.

Sparks-Langer, G. M., Simmons, J. M., Pasch, M., Colton, A. & Starko, A. (1990). Reflective Pedagogical Thinking: How Can We Promote It and Measure It? *Journal of Teacher Education, 41* (4), 23–32.

Spinath, B. (2004). Diagnostische Kompetenz von Lehrerinnen und Lehrern. *Lernende Schule, 7* (26), 16–17.

Spinath, B. (2005). Akkuratheit der Einschätzung von Schülermerkmalen durch Lehrer und das Konstrukt der diagnostischen Kompetenz. *Zeitschrift für Pädagogische Psychologie, 19* (1/2), 85–95.

Staub, F. C. (2001). Fachspezifisch-pädagogisches Coaching: Theoriebezogene Unterrichtsentwicklung zur Förderung von Unterrichtsexpertise. *Beiträge zur Lehrerbildung, 19* (2), 175–198.

Staub, F. C. (2004). Fachspezifisch-Pädagogisches Coaching: Ein Beispiel zur Entwicklung von Lehrerfortbildung und Unterrichtskompetenz als Kooperation. In D. Lenzen & J. Baumert (Hrsg.), *PISA und die Konsequenzen für die erziehungswissenschaftliche Forschung* (Zeitschrift für Erziehungswissenschaft Beiheft, S. 113–141). Wiesbaden: VS Verl. für Sozialwiss.

Stewart, J., Keegan, A. & Stevens, P. (2008). Postgraduate education to support organisation change: a reflection on reflection. *Journal of European Industrial Training, 32* (5), 347–358.

Stokking, K., Leenders, F., Jong, J. de & van Tartwijk, J. (2003). From student to teacher: reducing practice shock and early dropout in the teaching profession. *European Journal of Teacher Education, 26* (3), 329–350.

Sumsion, J. & Fleet, A. (1996). Reflection: can we assess it? Should we assess it? *Assessment & Evaluation in Higher Education, 21* (2), 121–130.

Tan, C. (2008). Improving schools through reflection for teachers: lessons from Singapore. *School Effectiveness and School Improvement, 19* (2), 225–238.

Tenorth, H.-E. (2006). Professionalität im Lehrerberuf. *Zeitschrift für Erziehungswissenschaft, 9* (4), 580–597.

Terhart, E. (2002). *Nach PISA.* Hamburg: Europäische Verlagsanstalt.

Terhart, E. (2007). Erfassung und Beurteilung beruflicher Kompetenz von Lehrkräften. In M. Lüders & J. Wissinger (Hrsg.), *Forschung zur Lehrerbildung. Kompetenzentwicklung und Programmevaluation* (S. 37–62). Münster: Waxmann.

Thompson, M. (2010). Where reflection and motivation meet. *Professional Development in Education, 36* (3), 393–397.

Turner-Bisset, R. (1999). The Knowledge Bases of the Expert Teacher. *British Educational Research Journal, 25* (1), 39–55.

Valli, L. (Hrsg.). (1992). *Reflective teacher education: Cases and critiques.* SUNY series, Teacher preparation and development. Albany, N.Y: State University of New York Press.

Valli, L. (1997). Listening to Other Voices: A Description of Teacher Reflection in the United States. *Peabody Journal of Education, 72* (1), 67–88.

van Buer, J. & Wagner, C. (Hrsg.). (2007). *Qualität von Schule: Ein kritisches Handbuch.* Frankfurt am Main: Lang.

van Buer, J. & Zlatkin-Troitschanskaia, O. (2007). Diagnostische Lehrerexpertise und adaptive Steuerung unterrichtlicher Entwicklungsangebote. In J. van Buer & C. Wagner (Hrsg.), *Qualität von Schule. Ein kritisches Handbuch* (S. 381–400). Frankfurt am Main: Lang.

van Looy, L. & Goegebeur, W. (2007). Teachers and teacher trainees as classroom researchers: beyond Utopia? *Educational Action Research, 15* (1), 107–126.

van Manen, M. (1977). Linking Ways of Knowing with Ways of Being Practical. *Curriculum Inquiry, 6* (3), 205–228.

Wahl, D. (1991). *Handeln unter Druck: Der weite Weg vom Wissen zum Handeln bei Lehrern, Hochschullehrern und Erwachsenenbildnern.* Weinheim: Deutscher Studien-Verlag.

Wahl, D. (2001). Nachhaltige Wege vom Wissen zum Handeln. *Beiträge zur Lehrerbildung, 19* (2), 157–174.

Wahl, D. (2006). *Lernumgebungen erfolgreich gestalten: Vom trägen Wissen zum kompetenten Handeln* (2., erw. Aufl.). Bad Heilbrunn: Klinkhardt.

Wahl, D. & Schlee, J. (1983). *Naive Verhaltenstheorie von Lehrern: Abschlußbericht e. Forschungsvorh. zur Rekonstruktion u. Validierung subjekt. psycholog. Theorien.* Oldenburg: Univ. Zentrum für Pädag. Berufspraxis.

Wahl, D., Weinert, F. E & Huber, G. L. (2001). *Psychologie für die Schulpraxis: Ein handlungsorientiertes Lehrbuch für Lehrer* (7. Aufl.). München: Kösel.

Watts, M. & Lawson, M. (2009). Using a meta-analysis activity to make critical reflection explicit in teacher education. *Teaching and Teacher Education, 25* (5), 609–616.

Weinberger, A. & Seyfried, C. (2009). RIFE: Reflection Instrument for Education. *Salzburger Beiträge zur Erziehungswissenschaft, 13* (1+2), 83–94.

Weinert, F. E. (Hrsg.). (2001a). *Leistungsmessungen in Schulen.* Weinheim: Beltz.

Weinert, F. E. (2001b). Vergleichende Leistungsmessung in Schulen – eine umstrittene Selbstverständlichkeit. In F. E Weinert (Hrsg.), *Leistungsmessungen in Schulen* (S. 17–31). Weinheim: Beltz.

Weinert, F. E., Birbaumer, N. & Graumann, C. F. (Hrsg.). (1997). *Psychologie des Unterrichts und der Schule.* Enzyklopädie der Psychologie: Bd. 3. Göttingen: Hogrefe Verl. für Psychologie.

Weinert, F. E & Helmke, A. (1996). Der gute Lehrer: Person, Funktion oder Fiktion? In A. Leschinsky (Hrsg.), *Die Institutionalisierung von Lehren und Lernen. Beiträge zu einer Theorie der Schule* (S. 223–233). Weinheim: Beltz.

Weinert, F. E & Schrader, F.-W. (1986). Diagnose des Lehrers als Diagnostiker. In H. Petillon, A. Auffenfeld & K. Ingenkamp (Hrsg.), *Schülergerechte Diagnose. Theoretische und empirische Beiträge zur pädagogischen Diagnostik* (Beltz Mongraphie, S. 11–29). Weinheim: Beltz.

Welzel, M. & Stadler, H. (Hrsg.). (2005). *Nimm doch mal die Kamera! Zur Nutzung von Videos in der Lehrerbildung. Beispiele und Empfehlungen aus den Naturwissenschaften.* Münster: Waxmann.

Werning, R. (2004). Pädagogische Beobachtungskompetenz. *Lernende Schule, 7* (26), 4–7.

West, L. & Staub, F. C. (2003). *Content-focused coaching: Transforming mathematics lessons.* Portsmouth: Heinemann.

White, S., Fook, J. & Gardner, F. (2006). *Critical reflection in health and social care.* Maidenhead, Berkshire, England, New York: Open University Press.

Wiater, W. (2006). Analyse und Beurteilung von Unterricht. In K.-H. Arnold, U. Sandfuchs & J. Wiechmann (Hrsg.), *Handbuch Unterricht* (S. 701–709). Bad Heilbrunn: Klinkhardt.

Wild, K.-P. (2003). Videoanalysen als neue Impulsgeber für eine praxisnahe prozessorientierte empirische Unterrichtsforschung. *Unterrichtswissenschaft, 31* (2), 98–102.

Wild, K.-P. & Krapp, A. (2001). Pädagogisch-psychologische Diagnostik. In A. Krapp & B. Weidenmann (Hrsg.), *Pädagogische Psychologie. Ein Lehrbuch.* 4., vollst. überarb. Aufl. (S. 513–563). Weinheim: Beltz PVU.

Wildman, T. M., Magliaro, S. G., Niles, J. A. & McLaughlin, R. Anne. (1990). Promoting Reflective Practice among Beginning and Experienced Teachers. In R. T. Clift, W. Robert Houston & M. C. Pugach (Hrsg.), *Encouraging reflective practice in education. An analysis of issues and programs* (S. 139–162). New York: Teachers Coll. Pr.

Williams, J. & Power, K. (2010). Examining Tacher Educator Practice and Identity through Core Reflection. *Studying Teacher Education, 6* (2), 115–130.

Wittrock, M. C. (1986). *Handbook of research on teaching: A project of the American Educational Research Association* (3. ed.). New York: Macmillan.

Wolfensberger, B., Piniel, J., Canella, C. & Kyburz-Graber, R. (2010). The challenge of involvement in reflective teaching: Three case studies from a teacher education project on conducting classroom discussions on socio-scientific issues. *Teaching and Teacher Education, 26* (3), 714–721.

Wolff, S. (2007). 5.1 Wege ins Feld und ihre Varianten. In U. Flick, E. von Kardorff & I. Steinke (Hrsg.), *Qualitative Forschung. Ein Handbuch.* Orig.-Ausg., 5. Aufl. (Rororo Rowohlts Enzyklopädie, S. 334–349). Reinbek bei Hamburg: Rowohlt-Taschenbuch-Verl.

Woolfolk, A. (2008). *Pädagogische Psychologie.* (10th ed.). München, Boston [u.a.]. Pearson Studium.

Wyss, C. (2008). Zur Reflexionsfähigkeit und -praxis der Lehrperson. *bildungsforschung*, 2. Verfügbar unter: http://www.bildungsforschung.org/index.php/bildungsforschung/article/view/80 [27.01.2012].

Yinger, R. J. (1986). Examining Thought in Action: A Theoretical and Methodological Critique of Research on Interactive Teaching. *Teaching and Teacher Education, 2* (3), 263–282.

Yip, K.-s. (2007). Self-reflection in reflective practice: a Jaspers' orientation. *Reflective Practice, 8* (2), 285–298.

Yost, D. S., Sentner, S. M. & Forlenza-Bailey, A. (2000). An Examination of the Construct of Critical Reflection: Implications for Teacher Education Programming in the 21st Century. *Journal of Teacher Education, 51* (1), 39–49.

Zahner Rossier, C., Berweger, S., Brühwiler, C., Holzer, T., Moser, U. & Nicoli, M. et al. (Hrsg.). (2004). *PISA 2003: Kompetenzen für die Zukunft: Erster nationaler Bericht.* Neuchâtel/Bern: BFS/EDK.

Zahner Rossier, C., Berweger, S., Brühwiler, C., Holzer, T., Moser, U. & Nicoli, M., et al. (2005). *PISA 2003: Kompetenzen für die Zukunft - Zweiter nationaler Bericht.* Neuchâtel/Bern: BFS/EDK.

Zeichner, K. M. (1981-1982). Reflective Teaching in Field-Based Experience in Teacher Education. *Interchange, 12* (4), 1–22.

Zeichner, K. M. (1994). Research on Teacher Thinking and Different Views on Reflective Practice in Teaching and Teacher Education. In I. Carlgren, G. Handal & S. Vaage (Hrsg.), *Teachers' minds and actions. Research on teachers' thinking and practice* (S. 9–27). London: Falmer Press.

Zeichner, K. M. & Liston, D. P. (1987). Teaching Student Teachers to Reflect. *Harvard Educational Review, 57* (1), 23–48.

Zeichner, K. M & Liston, D. Patrick. (1996). *Reflective teaching: An introduction.* Reflective teaching and the social conditions of schooling. Mahwah, NJ: Erlbaum.

Zeichner, K. M & Nofke, S. E. (2001). Practitioner research. In V. Richardson (Hrsg.), *Handbook of research on teaching.* 4. ed. (S. 298–330). Washington, D.C.: American Educational Research Assoc.

Zlatkin-Troitschanskaia, O., Beck, K., Sembill, D., Nickolaus, R. & Mulder, R. (Hrsg.). (2009). *Lehrprofessionalität: Bedingungen, Genese, Wirkungen und ihre Messung.* Weinheim: Beltz.

Zöfel, P. (2007). *Statistik verstehen: Ein Begleitbuch zur computergestützten Anwendung.* München: Addison-Wesley.

Abbildungen

Tabellen

15 Anhang

Anhang 1: Statistische Kennwerte der Auswertungen von Kapitel 8

Tabelle A1: Reflexion der eigenen Unterrichtsstunde: deskriptive Statistik der Beurteilungswerte der Junglehrpersonen (Nov) zu t_1 und t_2 sowie der erfahrenen Lehrpersonen (Exp) im Reflexionsbogen (Items 1 bis 19)

Item	Nov t_1			Nov t_2			Exp		
	N	M	SD	N	M	SD	N	M	SD
1. In der Unterrichtsstunde habe ich mich wohl gefühlt.	21	**5.333**	0.796	21	**4.476**	0.981	8	**5.250**	0.463
2. Die Unterrichtslektion ist mir gut gelungen.	21	**4.667**	0.577	21	**3.857**	1.014	8	**4.500**	0.535
3. Für diese Lektion habe ich mich überdurchschnittlich vorbereitet.	21	**2.810**	1.504	21	**2.524**	1.078	8	**2.625**	0.916
4. Die Ziele der Lektion waren für meine Schüler/innen klar.	21	**3.476**	1.401	21	**3.619**	1.396	8	**4.625**	0.744
5. Methoden und Sozialformen habe ich angemessen variiert.	21	**4.429**	0.926	21	**4.333**	1.197	8	**4.375**	1.506
6. Ich achtete auf eine positive Fehlerkultur.	21	**5.048**	0.865	21	**5.048**	0.973	8	**5.000**	0.756
7. Die S arbeiteten konzentriert und motiviert.	21	**4.762**	0.768	21	**4.191**	1.078	8	**5.125**	0.835
8. Ich lobte und ermutigte meine Schüler/innen.	21	**5.190**	0.865	21	**4.429**	1.076	8	**4.750**	0.886
9. Mein Unterricht war für die Schüler/innen interessant.	21	**4.429**	0.811	21	**4.000**	1.000	8	**4.750**	0.463
10. Ich achtete darauf, dass die Schüler/innen immer etwas zu tun hatten.	21	**4.810**	1.030	21	**5.000**	0.707	8	**4.875**	1.126
11. Ich kontrollierte laufend, was die Schüler/innen können.	20	**4.650**	1.137	20	**4.500**	0.761	8	**4.125**	0.991
12. Bei Fragen und Problemen konnte ich den Schüler/innen helfen.	21	**5.333**	0.856	21	**5.095**	0.944	8	**5.250**	0.707
13. Bei Unterrichtsstörungen konnte ich gleich eingreifen.	21	**4.952**	0.865	21	**4.429**	1.028	8	**5.143**	1.069
14. Die Schüler/innen hatten die Gelegenheit, selbstständig zu arbeiten.	21	**5.238**	1.044	21	**5.095**	1.044	8	**4.250**	1.283
15. Meine Anweisungen und Aufträge waren klar formuliert.	21	**4.476**	0.981	21	**4.381**	0.921	8	**4.875**	0.835
16. Die Unterrichtszeit konnte ich effektiv nützen.	21	**4.762**	0.768	21	**3.905**	1.338	8	**5.250**	0.707
17. Die Abfolge der Unterrichtsphasen war logisch und kohärent.	21	**4.714**	0.784	21	**4.571**	0.811	7	**5.286**	0.488

18. Ich schätze mein Fachwissen im unterrichteten Fach als gut ein.	21	**5.143**	0.793	21	**4.571**	0.870	8 **5.375**	0.518
19. Der Unterricht wurde durch die Anwesenheit der Kamera beeinflusst.	21	**3.476**	1.436	21	**3.905**	1.578	8 **2.875**	1.458
Gesamteinschätzung: Mittelwert der Items 4-18	21	**4.761**	0.447	21	**4.479**	0.548	8 **4.864**	0.407

Tabelle A2: Beurteilung der Reflexionspraxis: deskriptive Statistik der Beurteilungswerte der Junglehrpersonen (Nov) zu t_1 und t_2 sowie der erfahrenen Lehrpersonen (Exp) im Reflexionsbogen (Items 20 bis 24)

	Nov t_1			Nov t_2			Exp		
Item	**N**	**M**	**SD**	**N**	**M**	**SD**	**N**	**M**	**SD**
20. Ich reflektiere meinen Unterricht bewusst und regelmässig selber.	21	**4.571**	0.926	21	**4.905**	0.981	8	**5.125**	0.835
21. Unterricht wird in meinem Lehrerkollegium häufig gemeinsam reflektiert.	20	**3.000**	1.556	21	**3.381**	1.658	8	**3.375**	1.685
22. Ich würde gerne häufiger über Unterricht reflektieren.	21	**3.381**	1.359	21	**3.762**	1.091	8	**3.875**	0.991
23. Gefilmte Unterrichtslektionen können hilfreich für die Reflexion sein.	21	**5.429**	0.746	21	**5.095**	0.944	8	**5.375**	0.744
24. Selbstreflexion von Unterricht hilft, den eigenen Unterricht zu verbessern.	21	**5.667**	0.577	21	**5.571**	0.811	8	**5.375**	0.744

Tabelle A3: Stimulated Recall Interview: deskriptive Statistik der Auswertung der Reflexionsbeiträge der Junglehrpersonen (Nov) zu t1 und t2 sowie der erfahrenen Lehrpersonen (Exp)

	Nov t_1			Nov t_2			Exp		
Kategorie	**n**	**M**	**SD**	**n**	**M**	**SD**	**n**	**M**	**SD**
A1: Anzahl Wörter	6	**1'998**	639	6	**1'731**	892	6	**1'409**	489
A2: Anzahl Bedeutungseinheiten	6	**23.00**	8.967	6	**18.17**	8.841	6	**16.33**	5.241

	Nov t_1			Nov t_2			Exp		
Kategorie	**n**	**M**	**SD**	**n**	**M**	**SD**	**n**	**M**	**SD**
		%	%		%	%		%	%
A3 Inhalt	6	**1.9**	2.2	6	**5.8**	5.1	6	**8.9**	9.7
A4 Didaktik	6	**69.8**	17.1	6	**57.7**	18.5	6	**63.6**	18.6
A5 Erklärung / Erläuterung	6	**28.3**	16.0	6	**36.5**	22.0	6	**27.5**	17.4
B1.1 Diagnostik	6	**2.9**	3.5	6	**2.7**	4.6	6	**2.9**	3.4
B1.2 Klassenführung	6	**11.3**	10.0	6	**8.0**	5.3	6	**6.1**	5.1
B1.3 Sachkompetenz	6	**1.1**	1.8	6	**1.5**	2.5	6	**6.7**	9.7
B1.4 Strukturierung	6	**0.9**	2.1	6	**1.4**	3.4	6	**1.7**	2.7

	N	M	SD	N	M	SD	N	M	SD
B1.5 Differenzierung	6	**3.2**	6.7	6	**3.3**	4.9	6	**0.6**	1.6
B1.6 Umgang mit Unterrichtszeit	6	**9.7**	6.5	6	**9.1**	14.1	6	**4.3**	5.2
B1.7 Qualität der Organisation	6	**18.3**	8.5	6	**20.0**	10.1	6	**21.6**	9.2
B1.8 Umgang mit Fehlern	6	**0.0**	0.0	6	**0.5**	1.3	6	**3.1**	5.0
B1.9 Motivierungsfähigkeit	6	**9.8**	6.5	6	**11.0**	7.1	6	**16.6**	7.7
B1.10 Pacing	6	**2.7**	3.5	6	**2.4**	4.5	6	**3.8**	5.9
B1.11 Lehrperson als Mediator	6	**3.6**	4.2	6	**2.8**	3.1	6	**1.0**	2.6
B1.12 Sprachliche Qualität	6	**3.8**	3.3	6	**2.8**	5.0	6	**1.3**	3.1
B1.13 Gesprächsführung	6	**3.2**	4.0	6	**1.2**	1.9	6	**4.7**	7.5
B1.14 Zielklarheit	6	**6.7**	7.4	6	**6.5**	5.8	6	**3.8**	7.5
B1.15 Anderes	6	**22.8**	11.0	6	**26.8**	5.4	6	**21.8**	17.5
B1a1 Beurteilung negativ	6	**29.9**	16.8	6	**25.5**	23.4	6	**19.8**	11.9
B1a2 Beurteilung neutral/deskriptiv	6	**49.3**	20.0	6	**51.3**	17.7	6	**54.0**	12.3
B1a3 Beurteilung positiv	6	**20.8**	16.9	6	**23.2**	21.6	6	**26.2**	10.4
B2a1 Verhalten negativ	6	**26.5**	16.9	6	**23.1**	17.7	6	**16.4**	11.0
B2a2 Verhalten positiv	6	**20.1**	15.2	6	**20.6**	21.3	6	**25.3**	11.9
B2a3 Verhalten anderes	6	**52.1**	14.0	6	**55.7**	15.0	6	**58.3**	14.5
B2.1 Lehrperson	6	**83.0**	11.8	6	**77.3**	11.7	6	**82.2**	12.4
B2.2 Kind	6	**16.7**	10.7	6	**22.0**	12.2	6	**17.2**	11.9
B2.3 Drittperson	6	**0.8**	1.9	6	**0.0**	0.0	6	**0.6**	1.6
B3.1 Keine Handlungsalternative	6	**77.0**	16.3	6	**82.0**	11.7	6	**84.8**	9.0
B3.2 Handlungsalternative genannt	6	**10.7**	10.0	6	**5.1**	6.2	6	**7.2**	9.0
B3.3 Handlungsalternative elaboriert	6	**11.4**	8.0	6	**12.9**	10.4	6	**8.0**	6.1
B4.1 Deskription	6	**37.5**	26.3	6	**25.6**	13.3	6	**21.2**	8.7
B4.2 Persönliche Erläuterung	6	**62.8**	26.3	6	**74.4**	13.3	6	**78.8**	8.7
B4.3 Theoretische Erläuterung	6	**0.0**	0.0	6	**0.0**	0.0	6	**0.0**	0.0
B4.4 Kritische Erläuterung	6	**0.0**	0.0	6	**0.0**	0.0	6	**0.0**	0.0
B4.5 Ethisch moralische Erläuterung	6	**0.0**	0.0	6	**0.0**	0.0	6	**0.0**	0.0

Tabelle A4:   Kodierung der Unterrichtsvideos: deskriptive Statistik der Auswertung der Unterrichtsvideos der Junglehrpersonen (Nov) zu t1 und t2 sowie der erfahrenen Lehrpersonen (Exp) durch die Kodierung

	Nov t_1			Nov t_2			Exp		
Facette (2) unterrichtliche Arbeitsformen									
Kategorie	**N**	**M**	**SD**	**N**	**M**	**SD**	**N**	**M**	**SD**
		%	%		%	%		%	%
Keine	21	**8.3**	3.4	21	**8.1**	5.2	8	**8.5**	4.8
Klassenunterricht	21	**45.1**	13.8	21	**41.7**	18.4	8	**55.6**	16.9
Stillarbeit/Einzelarbeit	21	**23.1**	16.8	21	**13.9**	16.5	8	**10.4**	7.1
Partnerarbeit	21	**5.8**	6.9	21	**7.2**	13.0	8	**8.7**	11.2
Gruppenarbeit	21	**10.6**	6.9	21	**20.3**	27.0	8	**10.4**	5.3

Übergang	21	**10.3**	8.2	21	**8.7**	6.9	8	**8.5**	4.0
Mehrere Arbeitsformen gleichzeitig	21	**4.6**	15.0	21	**7.9**	16.0	8	**5.2**	14.3
Störung durch die LP	21	**0.6**	1.5	21	**0.3**	0.9	8	**1.2**	1.1
Andere	21	**0.0**	0.0	21	**0.0**	0.0	8	**0.0**	0.0

Facette (3) allgemein didaktische Unterrichtsphasen

Kategorie	N	M	SD	N	M	SD	N	M	SD
		%	%		%	%		%	%
Keine	21	**8.2**	3.4	21	**8.1**	5.2	8	**8.5**	4.8
Einführung	21	**47.1**	21.7	21	**34.0**	18.5	8	**38.5**	17.8
Arbeits-, Anwendungs- und Vertiefungsphase	21	**38.8**	23.6	21	**52.6**	22.2	8	**37.6**	15.8
Zusammenfassung / Rückschau	21	**0.6**	1.9	21	**1.8**	5.3	8	**1.1**	2.3
Prüfen / Hausaufgaben Kontrolle / Repetition	21	**2.1**	5.6	21	**0.9**	3.1	8	**0.2**	0.6
Andere	21	**3.1**	7.2	21	**2.7**	7.2	8	**14.1**	8.0

Facette (4) Aktivitäten im Klassenunterricht

Kategorie	N	M	SD	N	M	SD	N	M	SD
		%	%		%	%		%	%
LP Vortrag	21	**2.7**	7.5	21	**5.2**	7.4	8	**12.0**	13.6
S Vortrag	21	**0.2**	0.8	21	**0.0**	0.0	8	**0.7**	1.0
Unterrichtsgespräch	21	**35.1**	24.3	21	**38.1**	22.3	8	**39.6**	11.1
Diktat / Abschreiben	21	**0.0**	0.0	21	**0.1**	0.4	8	**1.7**	4.7
Diskussion	21	**0.0**	0.0	21	**0.0**	0.0	8	**2.0**	5.7
Film / Video	21	**0.0**	0.0	21	**0.3**	1.5	8	**0.0**	0.0
Lesen	21	**2.1**	4.0	21	**3.2**	8.2	8	**4.2**	5.7
Spielformen	21	**6.1**	14.4	21	**3.1**	6.3	8	**5.4**	8.3
Mehrere Aktivitäten gleichzeitig	21	**0.0**	0.0	21	**0.8**	3.7	8	**0.5**	1.0
S leitet den Unterricht	21	**0.2**	0.9	21	**0.0**	0.0	8	**0.5**	1.5
Abfragen von Resultaten	21	**5.5**	10.2	21	**2.5**	4.1	8	**1.3**	3.7
Andere	21	**44.9**	21.1	21	**48.9**	27.0	8	**31.9**	22.2

Facette (5) Kommunikation im Unterricht

Kategorie	N	M	SD	N	M	SD	N	M	SD
		%	%		%	%		%	%
Keine	21	**8.3**	3.4	21	**8.1**	5.2	8	**8.5**	4.8
Niemand spricht	21	**12.0**	9.8	21	**7.2**	8.4	8	**12.3**	7.4
LP spricht	21	**27.8**	8.0	21	**25.2**	11.1	8	**38.5**	10.5
S spricht	21	**5.0**	4.4	21	**5.5**	5.0	8	**9.8**	3.4
Mischformen	21	**46.9**	17.3	21	**54.1**	19.3	8	**30.9**	12.2
Andere	21	**0.0**	0.0	21	**0.0**	0.0	8	**0.0**	0.1

Facette (6) Strukturierung

Kategorie	N	M	SD	N	M	SD	N	M	SD
		%	%		%	%		%	%
Keine	21	**92.4**	5.9	21	**92.4**	6.3	8	**91.6**	5.8
Ziel und Ablauf der Stunde	21	**0.7**	0.6	21	**0.8**	0.7	8	**0.5**	0.7

Ziel und Ablauf weiterer Stunden	21	**0.3**	0.4	21	**0.7**	1.5	8	**0.8**	1.0
Inhaltliche Arbeitsaufträge	21	**6.0**	5.8	21	**4.2**	2.2	8	**5.8**	4.1
Zusammenfassen	21	**0.5**	1.7	21	**0.4**	1.2	8	**0.0**	0.0
Rückschau	21	**0.2**	0.8	21	**1.5**	5.3	8	**1.1**	2.3
Andere	21	**0.1**	0.2	21	**0.0**	0.2	8	**0.2**	0.4

Facette (7) Differenzierung

Kategorie	N	M	SD	N	M	SD	N	M	SD
		%	%		%	%		%	%
Keine	21	**96.6**	15.7	21	**100.0**	0.0	8	**98.6**	3.9
Leistungsdifferenzierung durch Selbsteinschätzung	21	**0.0**	0.0	21	**0.0**	0.0	8	**0.0**	0.0
Leistungsdifferenzierung durch LP	21	**0.0**	0.0	21	**0.0**	0.0	8	**1.4**	3.9
Neigunsdifferenzierung	21	**0.0**	0.0	21	**0.0**	0.0	8	**0.0**	0.0
Mischformen	21	**3.4**	15.7	21	**0.0**	0.0	8	**0.0**	0.0

Tabelle A5:   Rating der Unterrichtsvideos: deskriptive Statistik der Auswertung der Unterrichtsvideos der Junglehrpersonen (Nov) zu t1 und t2 sowie der erfahrenen Lehrpersonen (Exp) durch das Rating

	Nov t_1			Nov t_2			Exp		
Dimension	N	M	SD	N	M	SD	N	M	SD
Dimension Klarheit und Strukturiertheit	21	**3.791**	0.860	21	**4.110**	0.847	8	**4.275**	0.840
Dimension Kognitive Aktivierung	21	**3.110**	1.079	21	**3.438**	1.034	8	**3.450**	1.146
Dimension Schülerorientierung	21	**3.862**	1.038	21	**4.064**	0.901	8	**4.264**	1.013
Dimension Instruktionseffizienz	21	**3.804**	0.891	21	**3.821**	1.118	8	**4.484**	0.854
Mittelwert der 37 Ratingitems	21	**3.627**	0.899	21	**3.855**	0.901	8	**4.098**	0.863

Tabelle A6:   Beurteilung der videografierten Unterrichtsstunde durch die Schülerinnen und Schüler: deskriptive Statistik der Beurteilungswerte der Junglehrpersonen (Nov) zu t1 und t2 sowie der erfahrenen Lehrpersonen (Exp) im Fragebogen SchülerInnen

	Nov t_1			Nov t_2			Exp		
Items	N	M	SD	N	M	SD	N	M	SD
1. Die Stunde hat mir gefallen.	21	**3.596**	0.299	21	**3.433**	0.384	8	**3.446**	0.316
2. In der letzten Stunde hatte ich immer etwas zu tun.	21	**3.600**	0.223	21	**3.432**	0.327	8	**3.383**	0.320
3. In der letzten Stunde hatte ich immer etwas zu tun.	21	**3.765**	0.191	21	**3.765**	0.191	8	**3.728**	0.196
4. Meine Lehrperson hat mir bei Schwierigkeiten geholfen.	21	**3.755**	0.197	21	**3.638**	0.329	8	**3.632**	0.294

5. Meine Lehrperson hat mir bei Schwierigkeiten geholfen.	21	**3.577**	0.460	21	**3.571**	0.421	8	**3.590**	0.229
6. In der letzten Stunde habe ich mitgedacht.	21	**3.756**	0.159	21	**3.575**	0.265	8	**3.733**	0.173
7. In der letzten Stunde konnte ich selbstständig arbeiten.	21	**3.588**	0.251	21	**3.564**	0.252	8	**3.549**	0.366
8. Die Ziele der Stunde waren mir klar.	21	**3.656**	0.210	21	**3.616**	0.296	8	**3.645**	0.226
9. Meine Lehrperson wusste, wenn ich im Unterricht nicht mitkam.	21	**3.463**	0.341	21	**3.479**	0.454	8	**3.166**	0.465
10. Meine Lehrperson wusste, was ich leisten kann.	21	**3.551**	0.249	21	**3.539**	0.350	8	**3.465**	0.328
11. Die Arbeitsaufträge waren verständlich.	21	**3.772**	0.241	21	**3.676**	0.274	8	**3.681**	0.181
12. Meine Lehrperson konnte mich begeistern.	21	**3.527**	0.353	21	**3.336**	0.503	8	**3.309**	0.490
13. Meine Lehrperson wusste, was ich nicht verstanden habe.	21	**3.489**	0.299	21	**3.397**	0.405	8	**3.244**	0.423
14. Die Fragen meiner Lehrperson waren mir klar.	21	**3.689**	0.268	21	**3.643**	0.216	8	**3.701**	0.285
15. In der letzten Stunde konnte ich mein Wissen zeigen.	21	**3.460**	0.412	21	**3.226**	0.485	8	**3.133**	0.269
16. Meine Lehrperson wusste, bei welchen Aufgaben ich Schwierigkeiten habe.	21	**3.398**	0.423	21	**3.316**	0.438	8	**3.282**	0.340
17. In der letzten Stunde konnte ich meine eigenen Ideen einbringen.	21	**3.317**	0.457	21	**3.091**	0.526	8	**2.946**	0.368
Mittelwert der 17 Items	21	**3.586**	0.212	21	**3.488**	0.271	8	**3.449**	0.219

Tabelle A7: Auswertung der Vignetten: deskriptive Statistik der Auswertung der Vignetten der Junglehrpersonen (Nov) zu t1 und t2 sowie der erfahrenen Lehrpersonen (Exp)

	Nov t_1			Nov t_2			Exp		
Dimension	N	M	SD	N	M	SD	N	M	SD
Dimension Didaktik	21	**9.81**	2.542	21	**9.14**	3.167	7	**10.14**	3.338
Dimension Diagnostik	21	**3.95**	1.774	21	**5.14**	1.424	7	**5.14**	2.035
Dimension Klassenführung	21	**0.05**	0.218	21	**0.33**	0.577	7	**0.29**	0.756
Dimension Sachkompetenz	21	**0.67**	0.483	21	**0.57**	0.507	7	**1.29**	0.488
Gesamtpunktzahl	21	**14.48**	3.430	21	**15.19**	4.155	7	**16.86**	4.634

Tabelle A8:   Fragebogen NEO-FFI: deskriptive Statistik der Auswertung der
               NEO-FFI Fragebögen der Junglehrpersonen (Nov) zu t1 und t2
               sowie der erfahrenen Lehrpersonen (Exp)

| | **Nov t_1** | | | **Nov t_2** | | | **Exp** | | |
Skala	**N**	**M**	**SD**	**N**	**M**	**SD**	**N**	**M**	**SD**
Skala Neurotizismus	21	**2.349**	0.459	21	**2.292**	0.695	9	**1.963**	0.443
Skala Extraversion	21	**3.795**	0.492	21	**3.825**	0.434	9	**3.769**	0.340
Skala Offenheit für Erfahrung	21	**3.591**	0.495	21	**3.592**	0.470	9	**3.630**	0.435
Skala Verträglichkeit	21	**3.893**	0.377	21	**3.950**	0.406	9	**3.722**	0.588
Skala Gewissenhaftigkeit	21	**3.790**	0.479	21	**3.879**	0.560	9	**4.065**	0.439

Anhang 2: Statistische Kennwerte der Auswertungen von Kapitel 9.4

Tabelle A9: Deskriptive Statistik für den Gruppenvergleich zwischen Junglehrpersonen mit hohem (n=6) bzw. tiefem (n=8) Rating der Unterrichtsstunde zum Messzeitpunkt 2: Aussagen der Lehrperson im Reflexionsbogen und der SchülerInnenbeurteilung

	Nov Rating tief			Nov Rating hoch		
Item	**n**	**M**	**SD**	**n**	**M**	**SD**
Mittelwert der SchülerInnenbeurteilung	8	**5.056**	0.524	6	**5.378**	0.216
Mittelwert Selbstbeurteilung LP im Reflexionsbogen: Mittelwert der Items 4-18	8	**4.392**	0.416	6	**4.700**	0.759
19. Der Unterricht wurde durch die Anwesenheit der Kamera beeinflusst.	8	**4.125**	1.642	6	**3.67**	1.97
20. Ich reflektiere meinen Unterricht bewusst und regelmässig selber.	8	**4.875**	1.126	6	**4.83**	1.17
21. Unterricht wird in meinem Lehrerkollegium häufig gemeinsam reflektiert.	8	**3.250**	1.753	6	**4.00**	1.67
22. Ich würde gerne häufiger über Unterricht reflektieren.	8	**3.625**	1.188	6	**3.67**	1.03
23. Gefilmte Unterrichtslektionen können hilfreich für die Reflexion sein.	8	**4.500**	1.069	6	**5.33**	0.82
24. Selbstreflexion von Unterricht hilft, den eigenen Unterricht zu verbessern.	8	**5.625**	0.744	6	**5.33**	1.21

Tabelle A10: Deskriptive Statistik für den Gruppenvergleich zwischen Junglehrpersonen mit hohem (n=6) bzw. tiefem (n=8) Rating der Unterrichtsstunde zum Messzeitpunkt 2: Aussagen im Vignetten-Test

	Nov Rating tief			Nov Rating hoch		
Dimension	**n**	**M**	**SD**	**n**	**M**	**SD**
Gesamtpunktzahl	8	**14.25**	2.252	6	**15.17**	6.616
Dimension Didaktik	8	**8.62**	2.264	6	**9.17**	5.456
Dimension Diagnostik	8	**4.62**	1.061	6	**5.17**	1.472
Dimension Klassenführung	8	**0.25**	0.463	6	**0.17**	0.408
Dimension Sachkompetenz	8	**0.75**	0.463	6	**0.67**	0.516

Tabelle A11: Deskriptive Statistik für den Gruppenvergleich zwischen Junglehrpersonen mit hohem (n=6) bzw. tiefem (n=8) Rating in Messzeitpunkt 2: Ergebnisse im Persönlichkeitsfragebogen NEO-FFI

Skala	Nov Rating tief			Nov Rating hoch		
	n	M	SD	n	M	SD
Skala Neurotizismus	8	2.167	0.423	6	2.083	0.693
Skala Extraversion	8	3.708	0.342	6	3.958	0.462
Skala Offenheit für Erfahrung	8	3.479	0.230	6	3.708	0.446
Skala Verträglichkeit	8	3.896	0.230	6	3.806	0.562
Skala Gewissenhaftigkeit	8	3.979	0.339	6	3.847	0.852

Tabelle A12: Deskriptive Statistik für den Gruppenvergleich zwischen Junglehrpersonen mit positiver (n=7) bzw. negativer (n=7) Veränderung der Ratingwerte im ersten Berufsjahr: Aussagen der Lehrperson im Reflexionsbogen und der SchülerInnenbeurteilung zum Messzeitpunkt 2

Item	Nov Diff Rating neg			Nov Diff Rating pos		
	n	M	SD	n	M	SD
Mittelwert der SchülerInnenbeurteilung	7	5.169	0.524	7	5.253	0.222
Mittelwert Selbstbeurteilung LP im Reflexionsbogen: Mittelwert der Items 4-18	7	4.429	0.324	7	4.810	0.674
19. Der Unterricht wurde durch die Anwesenheit der Kamera beeinflusst.	7	4.000	1.732	7	3.857	1.773
20. Ich reflektiere meinen Unterricht bewusst und regelmässig selber.	7	4.857	1.069	7	5.000	0.817
21. Unterricht wird in meinem Lehrerkollegium häufig gemeinsam reflektiert.	7	3.143	1.676	7	3.143	1.864
22. Ich würde gerne häufiger über Unterricht reflektieren.	7	3.714	1.113	7	4.000	1.291
23. Gefilmte Unterrichtslektionen können hilfreich für die Reflexion sein.	7	5.143	0.900	7	5.714	0.488
24. Selbstreflexion von Unterricht hilft, den eigenen Unterricht zu verbessern.	7	5.571	0.787	7	5.714	0.488

Tabelle A13: Deskriptive Statistik für den Gruppenvergleich zwischen Junglehr-
personen mit positiver (n=7) bzw. negativer (n=7) Veränderung der
Ratingwerte im ersten Berufsjahr: Aussagen im Vignetten-Test zum
Messzeitpunkt 2

	Nov Diff Rating neg			Nov Diff Rating pos		
Dimension	**n**	**M**	**SD**	**n**	**M**	**SD**
Gesamtpunktzahl	7	**15.71**	5.794	7	**16.00**	3.742
Dimension Didaktik	7	**9.71**	4.821	7	**9.00**	1.826
Dimension Diagnostik	7	**5.29**	1.113	7	**5.86**	1.773
Dimension Klassenführung	7	**0.29**	0.488	7	**0.57**	0.787
Dimension Sachkompetenz	7	**0.43**	0.535	7	**0.57**	0.535

Tabelle A14: Deskriptive Statistik für den Gruppenvergleich zwischen Junglehrpersonen mit positiver (n=7) bzw. negativer (n=6) Veränderung der
Ratingwerte im ersten Berufsjahr: Ergebnissen im Persönlichkeitsfragebogen NEO-FFI zum Messzeitpunkt 2

	Nov Diff Rating neg			Nov Diff Rating pos		
Skala	**n**	**M**	**SD**	**n**	**M**	**SD**
Skala Neurotizismus	6	**1.972**	0.379	7	**2.226**	0.756
Skala Extraversion	6	**3.986**	0.276	7	**4.071**	0.383
Skala Offenheit für Erfahrung	6	**3.431**	0.559	7	**3.691**	0.610
Skala Verträglichkeit	6	**4.000**	0.274	7	**4.036**	0.366
Skala Gewissenhaftigkeit	6	**4.167**	0.211	7	**3.821**	0.615

Anhang 3: Reflexionsbogen Lehrperson

Forschungsprojekt:
Standarderreichung beim Erwerb von Unterrichtskompetenz im Lehrer/innenstudium und im
Übergang zur Berufstätigkeit

PHZH0907

Reflexion von Unterricht

Code der Lehrperson:_____

Bitte erinnern Sie sich an die letzte Unterrichtslektion und beantworten Sie die folgenden Fragen. Die Fragen beziehen sich lediglich auf die letzte unterrichtete Unterrichtsstunde.

Schätzen Sie bitte den Anteil der Stunde in Prozent, in dem Sie mit der ganzen Klasse im

Klassenunterricht gearbeitet haben: _____ % (die gesamte Lektion wäre 100%).

Schätzen Sie bitte ein, wie viel Prozent der Stunde

    Sie selber gesprochen haben: _____ %

    Ihre Schülerinnen und Schüler gesprochen haben: _____ %

    Niemand gesprochen hat: _____ %

    (Die gesamte Lektion wäre 100%)

	Trifft überhaupt nicht zu				Trifft voll und ganz zu
1. In der Unterrichtsstunde habe ich mich wohl gefühlt.					
2. Die Unterrichtslektion ist mir gut gelungen.					
3. Für diese Lektion habe ich mich überdurchschnittlich vorbereitet.					
4. Die Ziele der Lektion waren für meine Schüler/innen klar.					
5. Methoden und Sozialformen habe ich angemessen variiert.					
6. Ich achtete auf eine positive Fehlerkultur.					
7. Die Schüler/innen arbeiteten konzentriert und motiviert.					
8. Ich lobte und ermutigte meine Schüler/innen.					
9. Mein Unterricht war für die Schüler/innen interessant.					
10. Ich achtete darauf, dass die Schüler/innen immer etwas zu tun hatten.					
11. Ich kontrollierte laufend, was die Schüler/innen können.					
12. Bei Fragen und Problemen konnte ich den Schüler/innen helfen.					
13. Bei Unterrichtsstörungen konnte ich gleich eingreifen.					
14. Die Schüler/innen hatten die Gelegenheit, selbstständig zu arbeiten.					
15. Meine Anweisungen und Aufträge waren klar formuliert.					
16. Die Unterrichtszeit konnte ich effektiv nützen.					
17. Die Abfolge der Unterrichtsphasen war logisch und kohärent.					
18. Ich schätze mein Fachwissen im unterrichteten Fach als gut ein.					
19. Der Unterricht wurde durch die Anwesenheit der Kamera beeinflusst.					
Allgemeine Fragen					
20. Ich reflektiere meinen Unterricht bewusst und regelmässig selber.					
21. Unterricht wird in meinem Lehrerkollegium häufig gemeinsam reflektiert.					
22. Ich würde gerne häufiger über Unterricht reflektieren.					
23. Gefilmte Unterrichtslektionen können hilfreich für die Reflexion sein.					
24. Selbstreflexion von Unterricht hilft, den eigenen Unterricht zu verbessern.					

Besten Dank!

Anhang 4: Kodiermanual für die Auswertung der Stimulated Recall Interviews

Das Auswertungsmanual für die Stimulated Recall Interviews kann auf der Webseite des Waxmann Verlags unter www.waxmann.com/buch2987 eingesehen und heruntergeladen werden.